北京高等教育精品教材
新编21世纪高等职业教育精品教材 ● 工商管理类

+ BUSINESS ADMINISTRATION

企业文化管理

（第六版）

王成荣 ● 编 著

中国人民大学出版社
· 北京 ·

图书在版编目（CIP）数据

企业文化管理 / 王成荣编著. --6版. --北京：中国人民大学出版社，2025.1. --(新编21世纪高等职业教育精品教材). --ISBN 978-7-300-33304-5

Ⅰ. F272-05

中国国家版本馆CIP数据核字第2024ZR8272号

北京高等教育精品教材

新编21世纪高等职业教育精品教材·工商管理类

企业文化管理（第六版）

王成荣　编著

Qiye Wenhua Guanli

出版发行	中国人民大学出版社		
社　　址	北京中关村大街31号	**邮政编码**	100080
电　　话	010－62511242（总编室）		010－62511770（质管部）
	010－82501766（邮购部）		010－62514148（门市部）
	010－62515195（发行公司）		010－62515275（盗版举报）
网　　址	http://www.crup.com.cn		
经　　销	新华书店		
印　　刷	北京密兴印刷有限公司	**版　　次**	2003年10月第1版
开　　本	787 mm×1092 mm　1/16		2025年1月第6版
印　　张	17.5	**印　　次**	2025年1月第1次印刷
字　　数	398 000	**定　　价**	48.00元

前　言

企业文化，作为一种社会微观文化现象，伴随着企业的产生而产生，伴随着企业的发展而发展，具有自身的演变规律。企业文化理论是研究企业文化现象及其产生、发展规律的新兴理论。本教材定位于高职高专应用型教材，坚持理论与实际相结合，以企业文化理论为基础，吸收相关学科理论，融合创新，突出实用，具有较广泛的教学适用性。

本教材于2005年和2013年两次被评为“北京高等教育精品教材”；2006年被评为普通高等教育“十一五”国家级规划教材，2014年被评为“十二五”职业教育国家规划教材。自首版至今累计发行量超过20万册，被全国数百所高校和大中型企业选作教材或培训用书，这是对作者极大的鼓励。

党的二十大提出，要以社会主义核心价值观为引领，发展社会主义先进文化，弘扬革命文化，传承中华优秀传统文化，满足人民日益增长的精神文化需求。同时强调，要弘扬企业家精神，弘扬诚信文化，培育创新文化。本次修订，笔者按照党的二十大精神对本书内容做了必要的补充和修改。

2022年修订的《中华人民共和国职业教育法》的颁布实施，为深化职业教育改革、促进职业教育高质量发展提供了法律遵循，也为本书的进一步修改完善提供了方向。

数字经济的蓬勃发展，互联网、大数据、物联网、人工智能等新技术的普遍应用，在颠覆各类产业形态的同时，也在改变着企业的经营理念、商业模式、组织形态和文化生态，企业文化管理的地位与作用日益凸显，同时也为本教材的修订提出了新的要求。

在本次修订中，笔者坚持以习近平新时代中国特色社会主义思想为指导，突出职业教育的类型特点，突出教材的应用性特色，突出质量为先，把教材修订与课程建设和改革结合起来，把知识传授与技术技能培养结合起来，将人文知识、职业道德和工匠精神融入教材内容，强化学生的素质养成。同时，联系企业实际，洞悉新时代企业文化发展的新趋势和人才新需求，用典型案例，将企业发展的新理念、新技术、新方法纳入教材内容，反映典型岗位的职业能力要求。

在具体修订时，优化了教材体系结构，把原十一章优化调整为九章。在内容上，本着理论精简够用、突出实际应用的原则，吐故纳新，进行了通篇修改。增加了互联网时代企业文化创新、企业精神家园建设等内容，增加了品牌文化的内涵；适应全球化和服务“一带一路”建设的需要，改写了“跨文化管理”一章；适应“1+X”证书制度发展需要，将企业文化职业技能标准有关内容融入教材内容；对全书引用数据做了全面更新；增加了新的案例并对部分原案例进行了改写或删除。同时，把每章的“学习提示”改为“学习目标”；把“复习与思考”改为“复习题”；把“深入学习参考书目”统一以“参考书目”列于书后；拓展资料用二维码形式呈现，并提供配套的网络教学资源。

本次修订由笔者主持并统筹安排，张瑛、王羽茜参与了修改。

在中国式现代化建设实践中，企业文化创新层出不穷，职业教育改革日益深化，本次修订尽力吸纳了近几年来企业文化的创新成果，体现了职业教育改革的新要求，但书中遗漏、不足乃至错误在所难免，敬请职业院校师生和广大读者批评指正。我愿意与大家共建这本教材，使其与企业文化理论和实践一起成长，与职业教育一起成长。

王成荣

目　录

第一章 绪 论

学习目标

知识目标：

1. 了解企业文化理论形成的时代背景。
2. 理解企业文化的核心要义。

能力目标：

1. 能够简要分析企业文化理论在中国快速传播与发展的必然性。
2. 从华为和海尔等成功企业案例中归纳出几点启示。

素养目标：

从早期中国企业培育企业精神的探索、当代企业在企业文化建设的成功实践中，汲取精神力量，坚定文化自信。

学习导图

- 绪论
  - 企业文化理论形成的背景
    - 全球化、经济与文化互动发展趋势
    - 企业管理思想的演进与实践的新变化
    - 日本经济奇迹的启示与美国经验的总结
  - 企业文化理论的传播与发展
    - 改革开放与企业制度创新的推动
    - 文化的反思与觉醒
    - 理论研究方兴未艾
    - 实践的成功探索
  - 企业文化理论的性质和学术地位
    - 一种新兴的管理理论
    - 学术地位与核心要义

第一节　企业文化理论形成的背景

企业文化理论形成于20世纪80年代初期。它的诞生与第二次世界大战后全球化、经济与文化互动发展、企业管理思想的演进及实践变化紧密相联，与日本在软性管理方面的成功探索、美国在管理上的反省与总结密不可分。

一、全球化、经济与文化互动发展趋势

第二次世界大战结束后，美国实力膨胀，占据了世界经济的中心地位。欧洲和日本等经历战后重建，经济迅速复兴。到了20世纪70年代，世界经济格局出现新的变化，由美国独霸天下走向多极化。因此，世界各国经济、科技、文化相互交流与融合，出现全球化、经济与文化互动的发展趋势。

（一）全球化进程加速

第二次世界大战后世界经济复兴，各国公司经营逐渐走向国际化，资源配置冲破国别限制，生产的产品纷纷销往国外市场，资本也在国际市场上寻找更好的机会。如日本、欧洲的一些公司对产品出口和能源及原材料的进口依赖性非常大，多数大公司采用的是一种国际贸易主导型的经营模式。市场的扩大，要求这些公司有国际化的视野，以适应全球化的发展战略、经营理念和品牌策略。

由于生产和资本日益国际化，以及现代运输工具和通信设备的出现，西方国家跨国公司在战后规模迅速扩大，并在世界经济中起着举足轻重的作用。同时，大型跨国公司之间出现合作化趋势，通过并购、联合，实现在新产品和新技术的开发、市场的拓展等方面的优势互补。在各国经济越来越相互依存、相互渗透、相互影响的情况下，越来越多具有不同国籍、不同文化背景的人为同一家公司工作，要求人们跨越文化障碍和冲突，学会合作。

（二）世界各国文化交流不断加强

随着科学技术的飞速发展，全球化进程的加速，以及产品、资本、技术的流动及传播媒介的发展，世界各国、各民族之间相对缩短了地理上的距离，文化得以迅速而广泛地传播与交流，尤其是发达国家的强势文化对较落后国家的文化冲击越来越大，人们的视野更加开阔，思想更加开放，在不断追求新颖、时尚、高品质生活方式的同时，工作自主性、独立性及民主意识也越来越强。

全球化促进了不同国家间企业管理经验与文化的交流，向跨国公司提出了如何调动不同文化背景下员工的积极性问题；文化交流加深也促进了各国生活方式和消费习惯的趋同化，为全球市场的形成奠定了基础。

（三）经济和文化的结合日益紧密

经济与文化相互推动，相互渗透，出现了一体化发展趋势。文化的作用日益明显，科技、教育等都成为推动经济发展和企业进步的巨大推动力。经济与文化的一体化发展，对企业的技术创新能力以及劳动者文化素质的要求越来越高，促使企业更加重视研发投入和教育投入，重视文化价值，尤其是无形资产价值的创造与积累。

可见，经济全球化和文化交流的不断加强，尤其是经济与文化在全球范围内紧密结合，不仅为企业文化理论的产生和传播准备了肥沃的土壤，而且也是企业文化理论得以迅速发展的重要原因。

二、企业管理思想的演进与实践的新变化

（一）企业管理思想的演进

自从管理学诞生以来，在管理思想的演进中，管理学家已经注意到了文化因素的重要性。最早将文化概念用于企业管理，研究价值观念以及文化传统等对企业管理影响的是美国著名管理学家切斯特·巴纳德。1938 年，切斯特·巴纳德出版了《经理人员的职能》一书，该书认为，办好企业的关键是价值观和积极性问题，并且注意到了管理者在发挥人的积极性方面那种异乎寻常的关键作用。1957 年，菲尼普·塞尔茨尼克在《领导与行政管理》一书中也曾指出，机构的领导人主要是促进和保护价值的专家。此后，美国波士顿大学组织行为学教授 S. M. 戴维斯于 1970 年在《比较管理：组织文化的展望》一书中，系统地从民族文化、社会文化、组织文化诸角度阐述了企业管理。美国著名管理学家彼得·德鲁克在 1971 年出版的《管理学》一书中，把管理与文化直接联系起来，指出管理是一种社会职能，隐藏在价值、习俗、信念的传统里，以及政府的政治制度中，管理受文化制约；同时管理也是“文化”，不是无价值观的科学。这些论断为企业文化理论的诞生奠定了思想基础。

（二）企业管理出现的新变化

从企业管理实践角度看，第二次世界大战结束以后，世界各国，尤其在西方国家，随着科学技术的迅猛发展及在生产领域的广泛应用，企业生产条件得到极大改善，脑力劳动比例扩大且逐渐成为决定生产率的主导力量，劳动者的主体意识日益觉醒。同时，由于生产社会化程度提高，市场范围和竞争规模也越来越大，因此传统的企业管理方式受到越来越多的挑战。

面对企业管理实践的重大变化，传统纯理性管理方式已经束手无策，基于“机械人”“经济人”看法的经验型管理和靠组织技术严密控制的制度型管理，逐渐朝着以人为中心的管理方向发展，人本化和人性化管理成为世界企业管理的一股潮流。

在美国，与重视科学技术、推行科学管理并驾齐驱的是倡导个人能力主义的管理方式，以至于不少企业纷纷把人事部的牌子，换成了人力资源部，以加强对人力资源的开发与管理。

在西欧各国，强调企业员工参与制度和弹性工作制度，让员工有表达意见、参加决策与管理的机会；通过设立众多的员工管理委员会、工作改善委员会、半自治团体等组织形式来保证该目标的实现。

在日本，企业对以人为中心的管理进行了更多的探索，日本企业重视家族意识和团队精神的培养，倡导集体决策和全员管理，很多企业采用终身雇佣制、年功序列工资制等，逐渐形成日本式管理模式。

在中国，以人为中心的管理思想有很深的文化渊源和充分的体现。在长期革命实践中，中国共产党一直围绕“人”这个中心进行工作，倡导为人民服务、走群众路线、关心群众生活、注意工作方法等。在企业实践中，全心全意依靠工人阶级，创造了“两参一改三结合”① 等民主管理的经验，强化员工的主人翁精神；利用党建和思想政治工作优势，充分调动工人的主动性、积极性和创造性，走出了一条有特色的人本管理之路。

第二次世界大战后世界各国流行的以人为本的管理，改变了以物、事、任务为中心的传统管理模式，重视把人的要求、发展欲望和价值实现放在第一位；改变了单纯依靠严格规章制度和严密监督体系进行强制性管理的方法，重视对员工心理、行为的深入研究，通过培养人的自主性，实现自主管理和自我控制；改变了金字塔式的科层组织体系和独裁式的管理方式，通过建立大森林式的扁平组织结构和分权式管理方式，鼓励员工参与管理，参与决策；传统的权力纽带和资本纽带作用递减，而文化纽带却在日益发挥着巨大的凝聚作用和导向作用。同时，企业也正在逐渐摆脱“一切以利润为中心”的传统经济伦理的束缚，坚持顾客利益至上，谋求企业利益与社会利益的契合，谋求企业与社会的同步发展。

第二次世界大战后以人为中心管理思想的发展和实践探索，促进了企业文化理论的诞生；加之这一时期整个行为科学的快速发展和目标管理理论的提出，为企业文化理论的诞生提供了有力的理论支持。

三、日本经济奇迹的启示与美国经验的总结

日本在 20 世纪六七十年代，经济突飞猛进，一跃进入发达国家行列；特别是到了 80 年代，日本已经在世界工业技术的许多领域处于领先地位。很大程度上，日本经济增长源于企业活力和竞争力，这种活力和竞争力依赖于独特的管理模式。

日本的企业管理模式强调软性要素，推崇信念与情感的力量和着眼于人的管理。1979 年美国哈佛大学埃兹拉·F. 沃格尔出版了《日本第一，美国要吸取的教训》一书，1980 年比尔·安伯纳西在《哈佛商业评论》上发表了《在经济衰退中进行管理》一文，同年 7 月美国国家广播公司制作了《日本能，为什么我们不能》的电视专题节目，它们分析了美、日企业管理的差异，找到了日本企业文化上的优势，把日本的成功归因于日本人对企业的忠诚及团体意识、企业对员工的关怀和重视等精神文化因素。继而，威廉·大内的《Z 理论——美国企业界怎样迎接日本的挑战》、理查德·帕斯卡尔和安东尼·阿索斯的《日本企业管理艺术》等著作，也从比较的角度，揭示了日本企业管理的真谛，并提出应向日本企业学习。

日本企业的成功表明，企业管理层应着眼于人的管理，着眼于人的情感的照顾，着

① “两参”为干部参加劳动、工人参加管理；“一改”为改革不合理的规章制度；“三结合”为干部、工人和技术人员相结合。

眼于人与人之间的微妙关系。这种灵性主义的管理避免了理性主义管理带来的普遍划一的僵滞和情感的损伤，有着理性主义管理所无法产生的凝聚效应，为企业管理和企业发展展现了一个新的天地。可以说，日本经济的成功和企业管理的成功，为企业文化理论的诞生提供了最直接的实践依据。

与此相适应的是，美国受到来自日本成功的启示，对自身的管理模式进行了反省与经验总结。

20 世纪 70 年代后的美国，虽仍是世界三大经济中心之一，但相对实力下降。在企业管理方面，不少美国企业过分拘泥于以理性主义为基石的“科学管理”，过分依赖解析的、定量的方法，只相信复杂的结构、明确的分工、周密的计划、严格的规章制度和自上而下的控制手段，相信大规模生产和理性的、科学的手段能够带来更高的生产效率；忽视人的因素，尤其是忽视团队精神的培养等非理性手段的作用。这种管理压抑人性，抑制企业活力，致使美国企业在与欧洲、日本及新兴工业化国家和地区的企业竞争中，逐渐丧失了优势。

在一些经济学家和管理学家比较美日企业管理差异，批评美国，提出向日本学习的时候，也有一些人并不服气。他们认为，美日两国历史、地理、文化等方面存在巨大差异，日本经验不能照搬；况且，美国一直是世界公认的企业管理理论与实践的老师，与其屈尊求教日本，不如本地寻根。在这种背景下，丹尼尔·雷恩的《管理思想的演变》，托马斯·彼得斯和小罗伯特·沃特曼的《成功之路——美国最佳管理企业的经验》，特雷斯·迪尔和阿伦·肯尼迪的《企业文化——现代企业的精神支柱》以及劳伦斯·米勒的《美国企业精神——美国未来企业经营的八大原则》等著作相继问世。他们一方面反省管理思想的历史，反省美国企业的不足；另一方面也在大量实证研究的基础上，总结出美国若干优秀公司的管理经验，发现人是最根本的力量，文化和价值观比管理组织制度、管理技术与方法更起作用。美国也不乏优秀的公司，重视文化的力量是这些优秀公司的共同经验。

由此，总结美国优秀企业经验的学者与推崇日本企业管理模式的学者，在研究上殊途同归，在相互争论中揭示了企业管理的共同规律：人是管理的主体，必须靠文化凝聚力量，实现管理软性要素与硬性要素的结合。

第二节 企业文化理论的传播与发展

企业文化理论在中国备受推崇，得以迅速传播与发展，最主要的动力来自我国改革开放与企业制度创新、文化的反思与觉醒、学术界的推动及企业界的实践探索；同时也与政界的肯定和新闻界的宣传分不开。

一、改革开放与企业制度创新的推动

企业文化理论在中国的传播与发展，与改革开放和企业制度创新的不断深化密不可分。改革开放以来，中国宏观经济环境发生了巨大变化，社会主义市场经济体制不断完善，微观的企业改革已经发展到纵深层次，企业基本上实现了市场化运作，实行了现代企业制度。

（一）市场变化与经营理念创新

由于改革开放和社会主义市场经济体制的确立，中国经济实现了前所未有的持续高速增长，市场供求出现了巨大变化，几乎所有商品供过于求或供求平衡，长期困扰中国经济的市场短缺时代已经结束，随之而来的是商品供应丰富，市场繁荣。

20 世纪 80 年代以来，随着科学技术的进步，人们的生活条件不断改善，消费者的价值观念变化很快，市场需求的差异性显著增加，从而使产品的寿命周期大大缩短。为了适应这种市场需求多变的环境，小品种大批量的生产方式转变为多品种小批量生产或多样化生产方式，即主要按客户的需求进行生产。由于城乡居民收入水平的大幅度提高，人们消费观念的变化，买方市场的到来，那些质量好、功能全、有文化特色的品牌成为人们消费的首要选择。特别是国外大量知名品牌涌入中国市场，进一步加剧了中国市场的竞争。因此，认真研究消费者的需求变化趋势，加强研发和产品创新，提高产品的质量，增强产品的差异性和文化附加值，赢得继产品竞争后的第二次竞争——服务竞争的优势，成为中国企业管理的首要任务。

同时，随着市场的快速变化，市场交易关系越来越复杂，所有市场领域的经营者必须严守合同，恪守信用，一切交易关系均按照市场规则，依法律和双方协议办事。违约失信就会丢掉用户，失去市场。因此，市场对企业的诚信管理提出了更高的要求，即要求企业坚持用户至上的经营理念和合作共赢的竞争理念，视信用与信誉为生命，经营中遵纪守法，重视道德自律，树立良好的企业形象，提高自身的知名度、美誉度和客户忠诚度，靠诚信文化取得市场优势地位。

（二）企业制度创新与管理变革

随着社会主义市场经济体制的确立与不断完善，企业所有制结构及组织形式发生了巨大变化，逐步形成了以公有制为主体、多种所有制并存的局面。国有企业逐渐完成了公司制改革，越来越多的大型国有企业公开发行股票上市融资，带动了全国范围内企业的股份化进程。企业组织形式的变化，要求企业必须严格按照现代企业制度的要求，以市场为导向，完善法人治理结构，建立起新型的企业领导制度和科学的内部运行机制。

与企业制度创新相适应，多数企业实现了全员劳动合同制以及用工制度、人事制度和分配制度的改革。这一系列的改革，使企业传统的劳动用工及分配观念、劳动者传统的劳动就业及报酬观念受到很大冲击，企业和劳动者之间形成了一种新型的劳动关系——以市场经济原则为基础的契约关系。因此，企业必须转变管理方式，既要加强科学管理，运用新的激励、控制手段挖掘劳动者的工作潜能，提高劳动效率，同时也要帮助劳动者进行职业生涯设计，为他们个人价值的实现和全面发展创造更好的条件，探索新的劳动关系条件下民主管理的形式，确保劳动者在企业管理中的主体地位。

市场环境的变化，经济体制改革的深入和现代企业制度的推行，改变了传统计划经济体制和单一国有企业组织形式下形成的企业管理方式和企业文化。企业如何解决好对外坚持以顾客为中心、扩大市场、树立良好诚信形象、提高竞争力，对内坚持以员工为本、激发员工积极性和创造性、提高企业凝聚力等问题显得特别突出。所以说，企业文化理论传入中国以后，引起学术界、企业界的高度重视，并且在理论和实践上进行积极探索是必然的。

二、文化的反思与觉醒

20 世纪 60 年代日本及亚洲“四小龙”经济腾飞以后，东亚经济发展的动因问题曾引起国际学术界的极大兴趣，到底是经济制度，还是儒家思想文化在其中起了关键作用，认识迥然有别。到了 80 年代，中国经济进入持续发展轨道，这种认识逐渐趋同。东亚及中国经济的发展与繁荣，虽然模式有所不同，但经济与文化根源的确有不少相同之处：既有现代市场经济伦理的引导，也受东亚尤其是中国文化价值的积极影响。

毫无疑问，市场经济造就了现代企业制度与企业家精神。市场经济的本质决定了商人必然为满足市场的需要而生产，决定了他们必然以追求最大利润为经营目标。这样，最大限度地通过交换赚钱，就成为他们的原始驱动力。马克思在《资本论》中曾引用托·约·登宁的话说，一旦有适当的利润，资本就胆大起来。如果有 10%的利润，它能保证到处被使用；有 20%的利润，它就活跃起来；有 50%的利润，它铤而走险；为了 100%的利润，它就敢践踏一切人间法律；有 300%的利润，它就敢犯任何罪行，甚至冒被绞首的危险。可见这个动力是巨大的。怎样实现赚钱的目标，对商人来说，必须富于商业头脑及创新精神，勤奋、节约、精于算计，否则就可能亏本，就不能生存，因此形成了商人最基本的价值准则。市场经济也造就了“独立的人格”，改变着或冶炼出商人的新品质、新观念，尤其是启发了人们的平等观、权利观和自由观。同时，市场经济是竞争经济，商品交换是在竞争中实现的，但竞争要公平、公正、讲信用。竞争制度是一架精巧的机构，通过一系列的价格和市场，发挥无意识的调节作用。尽管“每个人都不断地努力为自己所能支配的资本找到最有利的用途。诚然，他所考虑的是自身的利益，而不是社会的利益。但他对自身利益的考量自然会毋宁说必然会引导他选定最有利于社会的用途”，因为“有一只看不见的手引导他去达到一个他无意追求的目的。虽然不是他的本意，可对社会来说并非不好。他追求自己的利益，常常能促进社会的利益，比有意这样去做更加有效”①。

但是，市场经济所创造的规范与秩序，以及企业“主观为自己、客观为社会”的结果，是一个痛苦的调节与整合过程，往往要付出巨大的成本和代价；并且市场经济体制不是万能的，不能解决企业经营过程中的所有问题，尤其是社会责任问题。因此，东亚一些国家和地区，在发展经济、构建自身企业管理模式的过程中，特别重视伦理道德建设，吸收传统文化，尤其是中国儒家文化思想，实现“《论语》+算盘”的有机结合，实践证明是成功的。在市场经济高度发达、现代企业制度较为完备的西方国家，由于市场竞争、人与自然冲突、人与人之间情感淡漠等原因，也不断向东方尤其是中国寻求和谐的思想与特有的人情味。

在中国经济高速增长过程中，市场机制与企业制度不断完善，但也出现了一些不和

---

① 亚当·斯密．国富论．沈阳：万卷出版公司，2008：288－289.

谐的现象，有些企业重利轻义、缺乏诚信与人本精神，缺乏环保意识和社会责任感，缺乏消费者保护意识，导致利润增长、道德滑坡，影响社会和谐与企业的可持续发展。人们在总结经验教训的时候也在反思，中国 20 世纪五六十年代的企业创造了积极进取、甘于奉献、力争上游等可贵的企业精神，今天中国实行社会主义市场经济体制，在遵循市场伦理的同时，更需要有先进的文化来引领企业的发展。

中国不乏优秀的传统文化和现代精神文明的资源，尽管其中有些方面与市场经济伦理有些冲突，但从深层次上讲，它能引导和促进市场经济向更健康的轨道发展。如中国传统文化中的人本思想、和谐思想、义利共生思想、天人合一思想等都是现代企业所需要的宝贵价值资源。很多企业在长期的经营过程中也认识到一个基本哲理，企业不单是一个赚钱的机器，更应有超越物质的更高追求；办好企业不仅要靠资本和价值规律，更要靠人，靠先进的价值观、道德与人文精神；只有物质财富的积累与精神文化财富的积累相适应，企业才有生命活力。这种文化上的反思与觉醒，成为中国兴起“企业文化热”的重要原因。

三、理论研究方兴未艾

早在 20 世纪 80 年代初，中国管理学界在研究现代西方管理思想的发展时，就敏锐地观察到企业文化理论的出现，并在及时翻译介绍国外相关论著的同时，在国内有所提倡、有所传播、有所讨论、有所研究。1988 年成立了中国企业文化研究会，继而在全国成立了上百个地区性和行业性企业文化社团组织，对推动企业文化理论研究、实践推广起到重要作用。同时，《中外企业文化》《企业文化》《企业文明》等数十种企业文化刊物诞生，也成为企业文化理论研究和学术成果、实践经验交流与传播的良好平台。

中国企业文化研究会

在中国，企业文化的理论研究主要经历了以下三个阶段：

第一阶段是 20 世纪 80 年代初期到 90 年代初期。这一阶段以“引进、传播与评介”为主，大量介绍西方国家企业文化的研究成果，介绍国外企业文化成功的经验。

第二阶段是 20 世纪 90 年代初期到 21 世纪初期。这一阶段以“比较、特色研究”为主，形成一大批中国自己的研究成果。

第三阶段是进入 21 世纪以后。这一阶段以“理论与实践创新”为主，企业文化著作、教材、案例研究成果大量出现。

四、实践的成功探索

对中国来讲，企业文化问题在实践上并不是一个全新的课题。历史上，中国企业很早就开始重视企业精神与道德的培育。

中华人民共和国成立前，在民族企业中有“民生精神”“东亚铭”“同仁堂古训”；中华人民共和国成立后，在社会主义企业中有“孟泰精神”“铁人精神”“一团火精神”“鞍钢宪法”的管理模式等。在这方面，我们积累了很多宝贵经验，创造了很多优秀的企业文化，并引起国外企业界的重视，有些还被国外企业吸收借

鞍钢宪法

鉴。但是，我们没有自觉地结合企业管理日趋现代化的实际探讨它的规律性，使之上升为系统的理论和管理方式。只是在改革开放以后，国外关于企业文化的研究信息和论著大量传入中国，才引起我们特别地关注和研究。所以，在理论上，企业文化问题对中国来讲又是一个新的课题。

当企业文化理论传入中国以后，引起理论界关注的同时也迅速引起了企业界的高度重视与推崇。不少企业在实践中清醒地认识到，一个人应该有精神，一个企业也应该有精神。企业管理如果只见物、不见人，重物质、轻精神，缺乏精神支柱和正确的价值观念，经营就缺乏动力，就不会产生活力。同时，企业的各项经济活动都与企业全员的道德水准、风俗、传统、习惯等文化因素有关，只有创造良好的文化，各项经营活动才能顺利进行。特别是在当代，不少企业越来越迫切地希望在继承优良传统的基础上，树立新的价值观念，寻找到新的精神支柱，创建一种与中国经济、社会发展相适应的新型企业文化。企业文化理论的出现，正巧与中国企业发展的内在要求相吻合。因此，不少企业捷足先登，大胆探索，与引进的先进技术和管理经验相结合，与党建及思想政治工作创新相结合，积极推进企业文化管理，取得了不少新鲜经验。现在，企业文化管理已经成为中国企业现代管理的一股潮流，成为成功企业的一种标志，成为推动企业提高管理素质、提升形象、提高核心竞争力的途径。

在中国，最先尝试进行企业文化管理的是民营企业、三资企业和管理意识较超前的国有企业，其中以高科技企业最为积极。海尔、华为、联想、东风汽车、宝钢、西安杨森、同仁堂、全聚德、白云山制药等企业，都较早地在不同方面对企业文化进行了有力的探索，取得了明显的成效。其中海尔、华为等成为率先进行企业文化实践探索的佼佼者。海尔的创新文化、华为的“基本法”，一方面为本企业的发展提供了巨大的精神动力，起到了很好的引导、激励作用；另一方面，对其他企业也产生了积极的示范作用，从而带动其他企业积极践行企业文化管理方式。同时，企业文化的成功个案，也为研究者提供了典型的研究范例，推动了企业文化理论研究的深化。随着中国市场经济的进一步发展和数字经济的兴起，企业文化的实践探索将更加深入，也会进一步促进企业文化理论研究的繁荣。

案例 1-1

“华为基本法”

1987 年，任正非靠集资 2.1 万元起家创立华为。经过 30 多年的奋斗，华为现已成长为全球领先的 ICT（信息与通信）基础设施和智能终端提供商。华为坚持以客户为中心，以奋斗者为本，基于客户需求持续创新，致力于把万物互联的智能世界带入每个人、每个家庭、每个组织，赢得了全球客户的尊重和信赖。

华为每年将销售收入的 10%以上投入研发，在中国深圳、上海、北京等多个城市，以及德国、瑞典、美国、印度、俄罗斯、日本、加拿大、土耳其等地设立研究所，进行产品与解决方案的研究，研发人员达到 114 000 名，占公司总人数 55.4%，华为在基础研究领域持续发力，深入通信与计算的理论本质，解决基础理论问题，突破产业演进瓶颈。在技术领域，坚持持续创新，促进产业快速发展，助力万兆体验、千亿联接、内生智能的新世界到来。华为在无线电、光网、数据通信、智能运维、云和计算、终端、AI算法、基础软件等前沿领域均有创新突破。华为在170多个标准组织和开源组织中担任核心职位，至2022年年底，已累计在全球获得有效专利授权超过12万件，以确保公司始终处于行业科技前沿。如今，华为拥有20.7万员工，遍及170多个国家和地区，为全球30多亿人口提供服务。2022年，华为实现营收6 423亿元，位居《财富》世界500强第96位，是受全球瞩目、具有全球竞争力的高科技公司。

华为的成长与壮大，首先源于它的理想与正确的战略选择。华为把“构建万物互联的智能世界”作为自己的愿景，把“聚焦客户关注的挑战和压力，提供有竞争力的通信解决方案和服务，持续为客户创造最大价值”作为自身使命，坚守“聚焦、创新、稳健、和谐”的核心理念和“成就客户、艰苦奋斗、自我批判、开放进取、至诚守信、团队合作”的价值观。华为奉行“以客户为中心”的战略：“为客户服务是华为存在的唯一理由，客户需求是华为发展的原动力。”“坚持以客户为中心，快速响应客户需求，持续为客户创造长期价值进而成就客户。”为适应信息行业正在发生的革命性变化，华为围绕客户需求和技术领先持续创新，与业界伙伴开放合作，聚焦构筑面向未来的信息管道，持续为客户和全社会创造价值。

华为竞争力的形成，离不开技术创新与科学管理，也离不开“华为基本法”潜移默化的力量。

“华为基本法”对企业文化管理是这样描述的：“资源是会枯竭的，唯有文化才会生生不息。一切工业产品都是人类智慧创造的，华为没有可以依据的自然资源，唯有在人的头脑中挖掘出大油田、大森林、大煤矿……精神是可以转化成物质的，物质文明有利于巩固精神文明。我们坚持以精神文明促进物质文明的方针。这里的文化不仅包含知识、技术、管理、情操……也包含了一切促进生产力发展的无形要素”。

正是基于这种认识，华为在企业文化中，推崇“宏伟抱负的牵引原则，为祖国、民族和为个人的双利益驱动原则，实事求是的科学原则，艰苦奋斗的工作原则，胜则举杯相庆、败则拼死相救的协调、合作原则，相互尊重、平等沟通、权威管理的管理原则”，并独创“吃文化”与“睡文化”，还有著名的“冬天文化”，强化沟通意识、市场意识、危机意识，发扬艰苦创业精神。“华为基本法”的精髓是“力出一孔，利出一孔”，目标坚定，凝心聚力，全心全意。

案例讨论

1. “华为基本法”对华为的发展起到哪些作用？
2. 华为坚持持续创新的动力来自哪里？
3. 华为的“冬天文化”与华为的创新有什么关系？

案例 1-2

海尔文化

海尔自创立以来，从创业初期的单一冰箱起家，始终以用户为中心，目前在全球设立了 10 大研发中心、71 个研究院、35 个工业园、143 个制造中心和 23 万个销售网络（数据截至 2024 年 8 月），拥有海尔、卡萨帝、Leader、GE Appliances、Fisher & Paykel、AQUA、Candy 等全球化高端品牌和三翼鸟智慧家庭场景品牌，连续 5 年作为全球唯一物联网生态品牌蝉联“BrandZ 最具价值全球品牌 100 强”，连续 14 年稳居“欧睿国际全球大型家电品牌零售量”第一名。2023 年，海尔集团全球营收 3 718 亿元。在世界品牌实验室发布的 2023 年中国 500 最具价值品牌榜单中，海尔位居第三名。

海尔持续聚焦实业，布局智慧住居和产业互联网两大主赛道，建设高端品牌、场景品牌与生态品牌，以科技创新为全球用户定制智慧生活，助推企业实现数字化转型，助力经济社会高质量发展、可持续发展。1984 年以来，先后经历了名牌战略、多元化战略、国际化战略、全球化品牌战略、网络化战略五个阶段，2019 年开始，海尔进入第六个战略阶段，即生态品牌战略阶段。生态品牌战略的核心是“创客生增值，增值生创客”。

海尔的成功，除了得益于改革开放的大好机遇外，很重要的一条是从创业开始就持续不断地推进管理与文化创新，以海尔精神和海尔作风为内核的海尔文化，与海尔战略相适应，与时俱进，前后经历“四代”，成为海尔发展的巨大精神动力和行为指南。第一代“海尔精神”是“敬业报国、追求卓越”，海尔作风是“迅速反应、马上行动”；第二代海尔精神是“创造资源、美誉全球”，海尔作风是“人单合一、速决速胜”；第三代海尔精神是“诚信生态、共享平台”，海尔作风是“人单合一、小微引爆”；第四代海尔精神是“诚信生态、共赢进化”，海尔作风是“人单合一、链群合约”。

文化与管理相得益彰。海尔独创、发展并有效地推行了符合企业特点的科学管理方法——“OEC 管理法”（Overall Every Control and Clear，简称 OEC）。做到全方位地对每天、每人、每件事进行清理、控制。在管理实践中，不断强化“人人是人才”的观念，建立了一个“赛马不相马”、有利于每个人发挥潜力和特长的机制，使每个人都能在企业里找到适合展现自己才华的位置；实行“三工并存，动态转化”的原则，使企业不断焕发出新的活力；实行多层次的精神奖励，为职工自主管理创造更多的“自我创造”“自我设计”“自我表现”的机会。在创新实践中，海尔还探索实施了“市场链”管理及“人单合一”的发展模式，均引起了国际管理学界的高度关注。美国哈佛大学和南加州大学、瑞士 IMD 国际管理发展学院、法国欧洲管理学院、日本神户大学等商学院专门对此进行案例研究。海尔“市场链”管理还被纳入欧盟案例库。

海尔进入生态品牌战略阶段以后，从文化上看，共享平台升级为共赢进化，小微引爆升级为链群合约。共赢进化，就是和用户一起进化；链群合约，就是去中介化的价值自传递。一方面，海尔将从价钱交易转型为价值交互，打造生活场景的物联网生态品牌，持续涌现物联网新物种；另一方面，海尔也将用“有温度的交流”，拉近与用户的距离，从而充分挖掘用户需求，持续为用户提供所需的个性化产品和服务，实现从“做产品生命周期”到“做用户体验周期”的转型。一个生态化的海尔将给消费者带来全新的生态体验。

案例讨论

1. 海尔文化的核心内容是什么？

2. 海尔发展战略的不断变革与海尔“四代”企业文化是什么关系？

第三节 企业文化理论的性质和学术地位

一、企业文化理论是一种新兴的管理理论

自20世纪80年代初期企业文化理论创立以来，其研究与探索在全球盛行不衰。经过几十年的发展，企业文化理论日渐成熟，现已成为管理学大家庭中一门年轻且充满活力的学科。

企业文化理论作为一种新兴的管理理论，在成长过程中，以它巨大的魅力，在广阔的研究领域内，吸引了来自不同专业的研究者，大家发挥各自研究专长，分别从哲学、管理学、经济学、营销学、文化学、伦理学、美学以及思想政治工作等不同角度，探索企业文化理论产生、发展的规律性及实践方法，并从人学、心理学、社会学、领导学、组织行为学、传播学等众多学科中吸收大量营养，使得这一学科领域中各种思想表现活跃，各种思路纵横驰骋，同时也大大丰富了这门学科的内涵与外延，使它呈现出明显的边缘学科属性。

企业文化理论源于实践，其理论正确与否必须得到实践的检验；离开实践，企业文化理论就失去了存在的意义。企业文化理论是一门融理论性与实践性于一体、理论与实践完美结合的新兴应用学科。

二、企业文化理论的学术地位与核心要义

企业文化理论虽然比较年轻，但它在管理科学发展中具有重要学术地位，体现了以人为中心的管理要义。

（一）企业文化理论的学术地位

1. 管理理论的三个里程碑

自从1911年美国管理学家泰勒出版《科学管理原理》一书开始，人们围绕重人还是重物、强调理性管理还是强调非理性管理等基本问题，一直在努力探求如何管理好企业这个复杂的课题，管理学者从不同角度各抒己见，提出了大量的学说，形成了丛林般的管理学派。其中有代表性的是以下三个学派：

（1）组织技术学派。组织技术学派也称古典管理学派，其代表人物主要有泰勒、法

约尔和韦伯等。他们把人当作“经济人”和活机器看待，强调在组织技术上下功夫，主张对人严格管理、严密控制；同时主张用科学的方法、手段，如工作定额、工作标准化、刺激性的计件工资制度、科学的管理过程和理想的管理组织等，加大工人的劳动强度，防止工人“故意偷懒”，提高企业的生产效率。

（2）行为科学学派。行为科学学派的代表人物有梅奥、马斯洛、赫茨伯格、布莱克、穆顿、道格拉斯·麦格雷戈和利克特等。他们从“社会人”和“自我实现人”的假设出发，重视对人的需要、动机及行为规律的研究，承认人的社会性和主动性、创造性、进取性，主张用引导、激励的方式调动人的积极性，并通过“参与管理”“目标管理”“职业生活充实化”等方式实现个人目标同企业目标的结合。

（3）管理科学学派。管理科学学派也称现代管理学派。其代表人物有巴纳德和西蒙等人。这个学派主要基于复杂人的假设，吸收现代自然科学和技术科学的最新成果，重视系统论、信息论、控制论、先进的数学方法和电子计算机等在管理中的运用，强调系统分析、定量分析和数学模型的作用，力求使管理活动更加程序化、系统化、科学化。到了当代，这个学派的发展又融进了信息技术和网络技术，更加强调信息化。

以上三个学派被公认为是管理理论发展的三个里程碑。这三个学派到底哪个对管理实践最有效，最能“放之四海而皆准”，实践并没有作出唯一的选择。

这是因为，每个企业都身处特定的经济、社会环境，面对的文化传统、市场状况、生产特点以及管理水平等存在很大差异。面对复杂的管理实践，上述学派虽各具优势，但也存在着不可弥补的局限性。首先，缺乏对人的正确认识。把员工作为管理的客体、工具看待，员工在管理中始终处于被动地位，仍然视管理者与被管理者为两个对立阵营；管理的核心问题是研究如何控制人、激励人。泰勒在晚年曾说过：“我为了提高企业工人的劳动生产率竭尽了全力，但是，他们的抵抗决心也是坚固的。如果我当时年纪更大一些，更加世故一些，我就不会硬让他们干他们不愿干的事了。”其次，缺乏对员工整体的研究。只注重研究个体，强调个人的作用和积极性。行为科学学派加强了对人的研究，揭示了人的行为、动机与需求之间的关系，但研究的不是整体文化。管理科学学派着眼于管理的系统性，但重点还是放在企业管理的“硬系统”上，对“软系统”涉猎较少。再次，对企业组织行为的研究层次较低。着眼点停留在组织、制度、技术、方法、手段上，没有上升到文化这一更高层次上来。最后，没有找到硬管理和软管理、理性控制和非理性控制的最佳结合点以及与之相适应的一套“非正式规则”，没有研究通过文化“微妙性的暗示”和集体精神的感受对员工起约束作用的价值观念、行为准则和风气、传统等。

2. 企业文化——管理理论第四个里程碑

由于前三个学派存在不可克服的缺陷，管理实践迫切要求管理理论的创新和突破，即寻找到一种可以弥补上述缺陷的新理论。管理学家和企业家们通过长期的探索和实践，以及对各国管理方式进行比较研究，发现了一个新的研究角度，即从文化的角度研究企业管理，可以弥补前三个学派的缺陷，使管理更富有整体性、人情味和文化色彩，更有利于发挥文化优势，提升企业软性竞争力，因而创造了企业文化理论。企业文化理论是对企业管理科学的丰富和发展。

企业文化由自发的现象到自觉的实践，再升华到理论，标志着管理上的一场革命。

以研究企业文化的产生、发展规律为对象的企业文化理论，不仅是企业管理理论的重要组成部分和企业管理理论发展的最高层次，而且是继古典管理、行为科学和管理科学之后，构成的一个新的管理理论学派，形成企业管理科学发展的“第四个里程碑”。

（二）企业文化理论的核心要义

企业文化理论适应了全球化及人本化背景下管理人性化、组织扁平化、管理方法软性化和企业目标社会化的需要，对以物为中心、企业利润最大化等传统价值观提出挑战，确立了以人为中心的核心思想，从根本上提升了企业管理的层次和境界，促进了企业管理方式的变革与进步。

企业文化理论是一种以人为中心的理论，把人看成是企业的主体，其核心要义可概括以下三点：

（1）以人为本，以文化人。坚持把人放在企业管理的主体地位上，尊重人，信任人，培养人，发展人，把提高人的素质、激发人的精神潜能作为管理的根本出发点和归宿点；同时注重满足人的精神文化需求，构建企业的精神家园。

（2）团队至上，和谐共享。强调群体意识、文化认同和团队精神，主张通过建立共同价值，凝聚力量，实现个人价值与企业价值、个人目标和企业目标的融合，实现经营过程与文化养成的一体化；谋求企业与社会、自然环境以及企业内部物质、制度、精神各个层面的动态平衡与和谐发展。

（3）以文兴企，价值引领。倡导用先进的人本理念和市场理念引领企业经营，用鲜明的文化特色和文化手段提升经营层次，创造和提升品牌的文化价值。

本章小结

企业文化理论的提出是全球化、经济与文化互动在企业管理中的反映，是企业管理理论与实践发展到“人本化”阶段的必然结果。中国实行改革开放，企业文化理论的盛行成为必然。

当今时代，文化越来越成为民族凝聚力和创造力的重要源泉。就一个国家来讲，文化是国家软实力；就一个企业而言，文化构成核心竞争力。

把企业文化理论界定在管理科学的范畴，它是管理理论的第四个里程碑。实际上，企业文化理论在其不断发展中已经超越狭隘管理的范畴，对产品研发、品牌塑造、客户管理、市场创新、社会责任的履行和企业发展战略的制定与实施，起到全方位引领作用。学习企业文化理论，应用开阔的视野，善于从各种相关学科中吸收营养，学习借鉴国际上优秀企业的经验，兼收并蓄，博采众长，融合提炼，不断创新。

复习题

一、单选题

1. 企业文化理论的诞生，与第二次世界大战后（　　）、经济与文化互动发展、企业管理思想的演进及实践变化紧密相联。

A. 国际化　　　　B. 全球化　　　　C. 信息化

2. 最早将文化概念用于企业管理的是（　　）。

A. 切斯特·巴纳德　　B. 菲尼普·塞尔茨尼克　　C. S. M. 戴维斯

3. 人是管理的主体，必须靠（　　）凝聚团队力量。

A. 管理制度　　B. 文化　　C. 组织纪律

4. 在中国，企业文化的理论研究经历了（　　）阶段。

A. 两个　　B. 三个　　C. 四个

二、多选题

1. 讲求（　　），是日本企业管理的精髓。

A. 信任　　B. 理性　　C. 微妙性

D. 人与人之间的亲密性　　E. 协作

2. 企业文化理论从（　　）等众多学科中吸收大量营养。

A. 人学、心理学　　B. 社会学、领导学　　C. 生态学、生物学

D. 历史学、语言学　　E. 组织行为学、传播学

3. 在企业文化理论提出之前，管理理论有三个里程碑（学派），包括（　　）。

A. 组织技术学派　　B. 目标管理学派　　C. 行为科学学派

D. 管理科学学派　　E. 系统管理学派

三、判断题

1. 全球化促进了不同国家间企业管理经验与文化的交流。（　　）

2. 管理也是“文化”，不是无价值观的科学。（　　）

3. 中国传统文化中的科学思想、人本思想、和谐思想、义利共生思想、天人合一思想等都是现代企业所需要的宝贵价值资源。（　　）

4. 企业文化理论是管理学大家庭中一门成熟且充满活力的学科。（　　）

5. 企业文化理论是企业管理理论的“第四个里程碑”。（　　）

四、简答题

1. 简述企业文化理论形成的时代背景。

2. 简述企业文化理论在管理科学中的学术地位。

3. 简述企业文化理论的核心要义。

练习与操作

1. 列出管理理论四个里程碑的名称、代表人物、代表作和核心观点。要求对核心观点的概括简洁、清晰，可用列表方式完成。

2. 通过文献检索或实际调研，列出三个你认为企业文化管理最成功的典型企业（书中已介绍的除外），要求分别做简要分析。

第二章 企业文化基本原理

学习目标

知识目标：

1. 了解企业的生命属性，企业文化开创者的基本学说和企业文化的理论基础。
2. 明确企业文化的概念及特征、基本功能与价值。
3. 重点理解企业文化方格理论。

能力目标：

1. 运用所学知识，对现有企业的企业文化进行大致分类。
2. 能够区分企业文化现象、企业文化管理、企业文化理论的不同点。
3. 能够辨析企业文化管理与制度管理的关系。

素养目标：

1. 深谙文化是一个国家、一个民族的灵魂，也是企业发展的灵魂的道理。
2. 增强文化意识和企业文化管理意识。

学习导图

- 企业文化基本原理
  - 企业的生命属性
    - 企业是一个生命体
    - 企业文化是企业生命的基因
  - 企业文化现象
    - 从文化到企业文化
    - 企业文化的特征
    - 企业文化的分类
  - 企业文化管理
    - 从无形之手到有形之手
    - 从冰山理论看企业文化管理
    - 企业文化管理与制度管理的关系
    - 企业文化管理与人力资源管理的关系
    - 企业文化管理的基本功能与基本价值
  - 企业文化理论
    - 企业文化理论溯源
    - 开创者的基本学说
    - 企业文化方格理论

第一节　企业的生命属性

一、企业是一个生命体

传统经济学一直把企业定义为“营利性经济组织”，认为企业只是一个向社会提供有效产品与服务，以收抵支，取得利润的经济体；或者说企业就是一个会赚钱的机器。因此，衡量一个企业办得好坏，往往只以盈利能力大小和盈利多少为唯一标准。

实践证明，只把企业视为经济组织的观点是狭隘的。无论从仿生学角度还是从文化学角度来看，企业除了具有追求利润的物质属性外，还有精神与文化属性，具有生命体的基本体征。

人是有需要、有思想、有感情、有理想、有追求的。企业作为人的集合，是一个生命复合体，也是有需要、有思想、有感情、有理想、有追求的。企业生存的目的不仅是生产产品与赚钱，企业存在的真正目的是生产快乐、创造幸福。

当我们把企业视作一个生命体时，不难发现，要想使企业活得精彩、有意义、健康长寿，必须有比赚钱更高的精神追求，既重视物质财富的创造与积累，也注重精神文化财富的创造与积累。一个企业精神文化财富积累的数量与质量，如果滞后于物质财富积累的数量与质量，这个企业肯定会出毛病，会走下坡路。两种财富的积累相互适应、相互推动，企业的生命力才会更加旺盛。

二、企业文化是企业生命的基因

（一）企业文化基因及其规律性

基因，也称遗传因子，是 DNA 或 RNA 分子上具有遗传信息的特定核苷酸序列，是生命的密码。基因具有物质性和信息性双重属性，它既能够忠实地复制自己，又能够发生突变，给生物带来不利影响，或使物种增强适应性。

人类除了具有同其他生物一样的遗传基因外，还具有不同思想、感情、信仰，是会以不同方式思考、行动的特殊生物；决定人类思想和行为的基因是文化基因。生物学意义上的基因一般是以家族为单位遗传的；文化基因的遗传往往由家族扩展到一个组织或群体，直至一个民族和国家。文化基因相对于生物学意义上的基因而言，是先天遗传和后天习得的，是主动或被动、自觉与不自觉地置入人体内的最小信息单元和最小信息链路，主要表现为信念、习惯和价值观等。文化因素（或因子）浩瀚如海，不是所有的文化因素（或因子）都能成为基因或起基因作用。一般来说，语言文字和生活习惯都具有基因性质。

企业作为一种生命现象，具有文化基因——企业文化。这种文化基因的进化总是由低级到高级，进化过程即经过不断竞争，先进文化淘汰落后文化的过程。在企业中，文化基因往往以一种不均衡的方式分布着。当一种新的观念出现时，它们有先有后、或多或少地感染着人们的思想；当一种新的做法在局部被证明成功时，它可能扩散到其他部分，也可能不扩散。优秀企业文化是各种文化基因相互竞争不断累积的结果。

不同的企业具有不同的基因。而基因的不同，决定着企业的规模、效率、市场表现、品牌特征，决定着企业的生存状态和生命周期。成功的企业尽管有不同的经验，但在文化基因上具有共同点；反之，失败的企业其原因虽各有不同，但在千千万万个失败的案例中，一定能找到大致相同的基因缺陷。

企业文化基因论

《长寿公司》一书总结出成功企业的四条原则：一是对环境非常敏感，与时俱进，关注变化，适应市场和外界的需求；二是员工对企业有较强的认同感，即文化上的同一性；三是公司的包容性很强；四是财政比较保守，有审慎的财政政策，敢冒风险，但比较谨慎。这可能就是长寿公司的一部分共同基因。

（二）企业文化基因具有可分性

依据对企业的分类，也可以对企业文化基因进行分类。不同类的企业，其基因有不同之处，因此可以划分出不同的企业文化基因组。

如按所有权归属的不同，可划分为国有企业文化基因组、民营企业文化基因组和股份制企业文化基因组等。不同类型的企业诞生的时代、所处环境、管理体制、人员素质、文化传统等方面都不同，因此它们的基因组特征是不同的。比如，国有企业文化基因组有很多优势，包括国家意识、法治意识、社会责任感、艰苦奋斗精神、创业精神、勇争一流的精神等，但也有等级思想、依赖思想、保守思想等基因缺陷。民营企业和股份制企业有强烈的市场意识、盈利意识、竞争精神和创新精神等基因优势，但也不能忽视他们的文化短视症，如过分追求利润最大化等，还有小富即安的保守意识、家族主义或泛家族主义的小家文化等不良基因。

按产业划分，可分为传统产业企业文化基因组和新型产业企业文化基因组等。如以数字技术、人工智能为主的行业，其企业文化所具有的创新、冒险、宽容等文化基因与传统的煤炭、钢铁、石油等企业的求稳定、顾大局、讲奉献等文化基因存在较大差异。

按地域或商帮划分，可分为浙商企业文化基因组、粤商企业文化基因组、京商企业文化基因组、晋商企业文化基因组、徽商企业文化基因组，等等。不同地域的企业，受不同经济、社会及文化环境的影响，其文化基因就有很大不同。

（三）企业文化基因具有可塑性

企业文化基因与纯粹遗传学意义上的基因有所不同，它具有较强的可塑性，因为决定这些基因的企业自身因素和各种环境因素是可变与可控的，因此企业文化基因也是可变、可改造的。

不过，既然是基因，就不太容易改变和改造，企业文化管理工程是一项基因再造工程，具有明显的长期性、艰巨性和复杂性。

第二节 企业文化现象

一、从文化到企业文化

（一）什么是文化

“文化”（Culture）一词来源于拉丁文，原意有耕作、培养与教育、发展与尊重的意思。在中国古代，文化是指“文治教化”。“文化”一词最早出现在中国西汉时期刘向的《说苑》中，原文为：“圣人之治天下也，先文德而后武力。凡武之兴，为不服也，文化不改，然后加诛。”

从19世纪后期现代文化学诞生，人们对文化才从学科的角度有了全新的解释。现代文化学的奠基人E. B. 泰勒在《原始文化》一书中说：文化是一个复杂的总体，包括知识、信仰、艺术、道德、法律、风俗，以及人类在社会里所取得的一切能力与习惯。英国《柯林斯英语词典》中的“文化”定义，列出了两条：一是指相传的思想、信念、价值、知识的总体，它构成为社会活动的共同基础；二是指具有共同传统的某一类人的活动与思想的总体，其传统在成员间传播并得到加强。《辞海》对文化的定义是：“广义指人类社会历史实践过程中所获得的物质、精神的生产能力和创造的物质、精神财富的总和；狭义指精神生产能力和精神产品，包括一切社会意识形式：自然科学、技术科学、社会意识形态。”

从上述定义和解释可以看出，文化是一个内涵深邃、外延宽广的概念。从广义去理解，人类有史以来，凡是与人的思想、行为及人工制品相联系的都是文化；从狭义去理解，文化特指精神产品及行为方式。从宏观上看，文化可以指国家的、民族的、宗教的、社会的；从微观上看，它又可以指社会中的某一特定群体。

（二）企业文化是一种微观文化现象

文化作为一种社会现象，它是以物质为基础，伴随着社会物质生产的发展以及生产方式的进步而不断发展的。人类社会发展的各个阶段，都有与之相适应的社会文化。在社会文化的大环境下，也存在着与物质生产基本经济单位相适应的群体文化，如原始时代的氏族、部落文化，封建时代的家庭经济和手工作坊文化等。当生产力提高，商品生产发展到一定水平，社会生产的基本经济单位由家庭和手工作坊逐渐演变为现代企业的时候，企业文化就随之产生了。企业文化作为一种微观文化现象，具有三种属性。

1. 客观属性

企业文化是客观存在、不以人们的意志为转移的，自企业诞生的那一天起，就在企业经营活动中开始孕育并逐渐形成。

企业文化在其发展过程中，有积极与消极之分。如有些企业积极创新，不断进取，有些企业消极保守，故步自封；有些企业齐心协力，内聚力强，有些企业人心涣散，犹如一盘散沙；有些企业民主氛围浓厚，有些企业“家长”说了算；有些企业在经营中把顾客放在第一位，有些企业则坚持自身利益最大化等。一般来讲，积极的企业文化使企业朝着团结、创新、卓越、高效的方向发展，它对企业的经营活动起到正向推动作用；消极的企业文化使企业弥漫着分散、保守、迟缓、低效的“空气”，对企业的经营活动起阻滞作用。

2. 亚文化属性

企业文化是社会文化的亚文化，是在社会政治、经济、文化的综合作用下产生并发展的。企业是个独立的经济体，但它不是封闭的，它的经营活动是社会经济活动的一部分，每时每刻都与市场发生着千丝万缕的联系，通过商品交换，与市场上其他商品生产者及消费者相互依赖而存在。同时，在一定生产方式下，企业还要受到国家法律法规的约束，接受国家政策的指导以及行政上的管理，受到政治、文化环境的制约和影响，受到社会价值取向、习俗、风气的感染。因此，企业文化现象是整个社会文化现象的一部分。

3. 经济属性

企业文化现象的产生和发展是与企业经营活动相适应的，它有自身的运动规律。就其特性来讲，企业文化是一种经济文化，反映着人们从事经济活动的观念和方式；就其具体内容来讲，它取决于企业发展的历史、经营特点，所处社会、经济、地理环境以及企业全员尤其是管理人员的素质与价值取向等因素。不同的企业具有不同的文化风格与特色。

（三）企业文化概念的界定

企业文化有广义和狭义之别。广义来说，它既包括一个企业的物质文化，即有形的“显文化”或“硬文化”，也包括一个企业的精神文化，即无形的“隐文化”或“软文化”。从狭义来说，企业文化只包括精神与行为层面的文化。有人从广义角度认为，企业文化包括物质文化、制度文化和精神文化。有人从狭义角度认为，企业文化包括精神文化、道德文化与形象文化。文化学者庞朴认为，企业文化即“企业人化”。

本书认为，企业文化以企业的精神文化为研究对象。追溯企业文化理论的奠基者的有关论述，可以佐证这一观点的合理性。大内认为，一个公司的文化由其传统和风气所构成。此外，文化还包含一个公司的价值观，如进取性、守势、灵活性，即确定活动、意见和行动模式的价值观。彼得斯和沃特曼指出，所谓公司文化包含为数不多的几个基本原则，这些原则是算数的，必须严肃对待，它们代表了公司存在的意义。迪尔和肯尼迪认为，企业文化由价值观、神话、英雄和象征凝聚而成，这些价值观、神话、英雄和象征对公司的员工具有重大的意义。

从以上论述可以看出，尽管这些管理学者对企业文化（公司文化）的表述不尽一致，但基本上是从狭义的角度界定企业文化的内涵的。

企业文化作为特定的管理概念，专指以价值观念为核心的企业价值体系及由此决定的行为方式。这些价值体系和行为方式渗透并体现在企业的一切经营管理活动中，构成企业的信仰和精神支柱，形成企业的惯例、传统。它虽然决定于物质文化，但它不像产品、设备那样以实物形态呈现在人们面前，看得见，摸得着，容易改变；相反，它以一种无形的力量蕴藏于员工的思想和行动之中，又作为一种氛围笼罩着整个企业，它虽不以实物形态存在，却不易改变，企业无时无刻不感受到它的存在。

综上所述，企业文化是指在一定社会文化环境的影响下，经过企业家的倡导和员工的认同与实践创新，所形成的整体价值观、精神追求、道德、行为方式以及传统和习惯的总和。

（四）企业文化体系

企业文化作为一个完整的体系，其内容构成包括企业价值观、企业精神、企业伦理道德和企业形象四个部分。

1. 企业价值观

企业价值观主要反映企业的基本信仰、追求和从事经营管理的基本理念与准则。涉及办企业是为了什么，企业追求什么样的目标，企业提倡什么、反对什么，以什么样的标准判断事物的价值，以什么指导思想进行经营管理等方面的问题。

2. 企业精神

企业精神与企业价值观是紧密相连的，是企业信念化了的意识表现，反映企业的优良传统和经营管理中积极的主导意识。企业价值观及企业精神是员工团结一心、努力工作的精神源泉，也是企业赖以生存和发展的精神支柱，对企业的成败兴衰起决定作用。

3. 企业伦理道德

企业伦理道德是企业处理人与人之间关系的准则和行为规范的总和。它根源于企业价值观，表明人们对善良与邪恶、正义与非正义、公正与偏私、诚实与虚伪、美与丑等问题的基本看法，并以此为标准评估员工的行为，调整员工与员工、企业与员工以及企业与社会之间的关系。企业的伦理道德以规章制度等形式表现出来，对规范企业行为、员工个体行为，起到教育、引导和制约作用。

4. 企业形象

企业形象是企业从事生产经营活动和管理活动所表现出来的外部行为特征、视觉特征以及企业风格、风气、传统、习惯等，表现为企业在社会上的知名度、美誉度、忠诚度的大小和企业内部精神面貌的好坏。企业形象决定于企业价值观和企业精神，受企业伦理道德的影响。一个企业是否具有良好的形象，对企业员工的工作追求、工作干劲，企业整体凝聚力、创造力及竞争力都有直接影响。

上述四个部分在企业文化体系结构中处于不同层次，是依次递进、相互影响的关系。其中，企业价值观和企业精神处于企业文化体系结构的深层，是企业文化的内核，决定着整个企业文化的方向、本质、层次；企业伦理道德处于企业文化体系结构的中层，直接把深层文化转换成一种成文或不成文的规则，对组织成员的言行起引导和制约作用；企业形象处于企业文化体系结构的表层，体现着企业文化的风格和品位，也以一种特有的氛围对组织成员起影响、感染、教化和引导作用。表层文化和中层文化是由深层文化决定的。企业文化体系结构如图 2－1 所示。

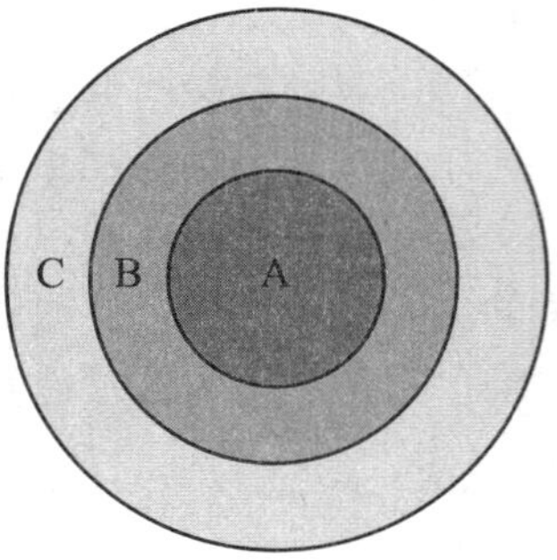

图 2－1　企业文化体系结构

企业文化体系结构中的不同层次均受到来自社会政治、经济、人文、民族传统等多重因素的影响，在一个国家、一个民族、一定区域内具有很多共同特征。

企业文化内容源于实践，具有客观性和多元性，它是经营实践中形成的理念、传统、风格、习惯、习俗的沉积，但又是可以在实践的基础上经过主观改造与培植，得到升华和提高的。一般经过改造与培植的企业文化，其主流具有积极作用，并用富有哲理、具有象征性和感召力的语言进行高度概括。经过高度概括的企业文化，表面看来像一些宣传口号，其实不然，它是深深扎根于企业员工中的群体意识，是一种整体感受，对员工的思想与行为起导向作用。

二、企业文化的特征

企业文化是辩证的多元体系，具有以下特征：

（一）无形性与有形性

企业文化中包含各种价值因素、信念因素、道德因素、心理因素等，作为一种精神氛围存在于特定组织中，是看不见、摸不着的，具有无形性。

然而，无形的事物寓于有形事物之中。无形的价值因素、信念因素、道德因素、心理因素等通过有形的载体，如人的行为方式、企业的规章制度和经营策略等体现出来。人们往往通过有形的事物去观察、分析、研究和培植企业内在文化。

无形性是对内容而言，有形性是对形式和载体而言。企业文化是内容与形式、载体的统一，无形性与有形性的统一。

（二）抽象性与具体性

企业文化所反映的基本经营理念和管理哲学往往是概念性的。优秀的企业文化往往引导大家追求卓越，追求成效，追求创新，内涵清晰而目标“模糊”。它不像生产计划、产品标准、管理规范那样明确具体，它只给人们提供一种指导思想、价值判断和行为规则。它不会告诉人们用什么方式和方法去处理每一个具体问题，它只会告诉人们应根据什么样的思想和标准去处理每一个具体问题。

但是，企业文化又是具体的，它由具体的行为方式、习俗、习惯、传统等浓缩、凝结、升华而成。企业员工的每一具体言行都在反映着企业文化，同时也感受着企业文化的导向、激励和制约作用。尽管这种作用是微妙的、暗示性的，但在多数情况下，决定着人们的行为方向和动力。

（三）理念性与实践性

企业文化在形态上表现为一种理念、观念、认识、群体意识。但是，观念的东西不外是移入人的头脑并在人的头脑中改造过的物质的东西而已。人的认识是客观世界在人们头脑中的反映，任何认识都以客观的具体事物为其实在内容。客观世界是认识的对象，但它只有在实践中才可能被人所充分认识。认识来源于实践。企业文化作为一种认识，也离不开企业的生产经营活动，它既来源于实践，同时又指导实践，为实践服务。因此，企业文化是理念性和实践性的统一。

（四）经济性与社会性

企业文化具有经济属性。这一属性是由企业作为一个独立的经济组织的性质决定的。企业文化与军队文化、机关文化、学校文化、医院文化等有明显区别。

同时还必须看到，企业作为社会的一个细胞而存在，不仅有创造物质财富的功能，而且也具有社会功能。在中国，企业文化体现着社会主义生产关系的要求，具有为党建和思想政治工作创造条件，培育有理想、有道德、有文化、有纪律的员工队伍，促进企业履行社会责任，加强社会主义精神文明建设等重要作用。因此，企业文化也具有社会属性或政治属性。况且，企业是个开放的系统，企业员工生活在社会的各个层次，每时每刻都会受到社会大文化的感染和熏陶。所以，企业文化是经济性与社会性的完美统一。

（五）超前性与滞后性

生产力是推动社会发展的根本力量，是最活跃的要素。企业是生产力的直接组织者，企业文化相对于社会文化是超前的，往往最先反映时代新观念、新思想、新气息。企业文化的超前性决定了它的社会价值。

但企业文化相对于科学技术的飞速发展、市场的变化、组织变革等，往往相对滞后。解决企业文化的滞后性，及时推动企业文化因势而变，不断进步，是企业文化管理需要解决的突出问题。

（六）吸收性与排他性

优秀的企业文化对于外来的优秀文化具有很强的学习吸收能力，能够吸取经济发展、文化进步和社会变革中的积极因素，吸取其他企业的好思想、好经验。

同时，对于与本企业主流文化相悖的思想意识也有相应的抵御能力，即排他性。一般来讲，不良的企业文化不具备这一特点，它是区分或衡量企业文化优劣的标志之一。

三、企业文化的分类

不同环境造就不同的企业文化。每个企业的发展环境都有差异，因此每个企业的文化特质都不尽一致，正像自然界没有两片完全相同的树叶一样，有多少个企业就有多少种企业文化。

但当我们对不同的企业文化的构成要素和影响要素进行必要抽象时，发现很多相近或相同的文化特质，所以依据不同的文化特质组合，可以对千差万别的企业文化进行大致分类。

（一）按发育状态分类

按企业文化的发育状态分类，可以划分为成长型文化、成熟型文化和衰退型文化。

1. 成长型文化

企业文化的发育状态一般和企业的发展状态相适应。在企业初创期，事业蓬勃发展，资本迅速膨胀，规模快速扩张，企业中各种文化相互冲突，表现出新文化不断上升的态势。在内外环境的作用下，企业被注入了很多新的观念、新的价值和新的精神。此时企业的盈利状况呈现一种日益上升的趋势，前景看好。成长型文化对员工具有很大吸引力和感召力，是一种年轻而充满活力的企业文化。但是，由于企业初创期所面对的外部市场环境不够稳定，企业内部人员、结构、制度以及经营模式尚未定型，因此企业成长型文化往往不够稳定，如果引导和培育不力，容易出现偏差。

2. 成熟型文化

一般来讲，企业发展进入成熟期，经营规模和市场稳定，人员流动率降低，管理运行状态良好，规章制度顺理成章，政令畅通无阻，企业内部人际关系及企业与社会公众的关系也调试到了正常状态，与之适应的企业文化也进入稳定阶段，主流文化深入人心，非正式规则和文化氛围已经形成，因此，企业形成了个性鲜明的成熟型文化，这标志着企业文化的发展也进入黄金时期。企业成熟型文化具有某种惯性和惰性，创新与变革的难度较大。

3. 衰退型文化

企业文化从成长到成熟，再到衰退是必然的。当企业发展到一定阶段，市场渐变或突变，传统经营管理方式面临越来越大的挑战，原有企业文化逐渐成为衰退型文化。衰退型文化是一种不合时宜的企业文化，急需变革与更新。衰退型文化如果不能随着企业环境的变化实时创新，就会成为企业发展的障碍，或成为导致企业走下坡路直至被市场淘汰的根本原因。

（二）按企业性质分类

按企业的性质对企业文化进行分类，可以划分为国有企业文化、合资企业文化、民营企业文化等。这种分类具有一定的局限性。

1. 国有企业文化

长期以来，国有企业在中国国民经济中占据主导地位。国有企业文化具有较强的政治责任感和社会责任感，政策性、计划性、全局意识和奉献精神也较强，且有一定“以老大自居”的观念。中国国有企业文化是在计划经济的摇篮中发育成长的，目前在市场经济体制中，正在进行深度转型、更新与再造。

2. 合资企业文化

改革开放以来，中国大量引进国外资本与技术，形成了庞大的合资企业群体。合资企业文化的形成受合资双方文化背景和经营管理方式的影响，是双方文化优势的嫁接，因此具有综合、优化的特点。这种文化中渗透着比较浓重的科学、理性、创新和卓越意识。但合资企业文化也容易出现文化冲突、合资各方貌合神离的现象，这是导致合资失败的主要原因之一。

3. 民营企业文化

中国的民营企业大多经历了艰苦的创业历程，改革开放初期多数起家于乡镇企业，也有些民营企业发展的起点比较高，在科技、人才上占据优势。因此，民营企业文化中大都具有创新精神、冒险精神和强烈的争夺市场的意识，更有现代企业的科技意识和人才观，特别是其中较多地体现了创业者——企业家个人的品格，企业家精神成为企业文化的主导力量。民营企业文化具备鲜明的现代企业文化特征，富有生机和活力。但也有些民营企业受农耕文化和传统家族文化影响较深，其文化带有明显的农村社区文化和泛家族文化特征，这严重制约着民营企业的可持续发展。

（三）按市场角度分类

按市场角度对企业文化进行划分，可以划分为强人文化、拼搏与娱乐文化、赌博文化和过程文化。这种划分，取决于市场的两种因素：一是企业经营活动的风险程度；二是企业及其员工工作绩效的反馈速度。

1. 强人文化

这是一种高风险、快反馈的企业文化。这种企业文化在建筑业、风险投资业及娱乐业等行业较为普遍，具有孤注一掷的特性，总是设计最诱人的广告，试图赢得巨大成功，追求最优、最大、最好的价值。在这种企业，员工工作紧张、压力大，工作绩效反馈及时。强人文化是倾向于年轻人的文化，虽有活力但缺乏持久力。

2. 拼搏与娱乐文化

这是一种低风险、快反馈的企业文化。这种企业文化赖以生存的土壤往往是生机勃勃、运转灵活的销售组织和服务行业，在这类企业中，员工们拼命干、尽情玩，工作风险极小，而工作绩效的反馈极快，这种文化造就了最好的工作环境，使工作与娱乐实现最完美的结合。

3. 赌博文化

这是一种高风险、慢反馈的企业文化。具有这种文化的企业往往是一些实力较强的大公司，在具备赌博文化的企业中，员工重视理想、重视未来，具有极强的风险意识，会促使高质量产品的开发和高科技的发明，但效率较低，发展较慢。

4. 过程文化

这是一种低风险、慢反馈的企业文化。这类企业文化一般是在金融保险业和公共事业中产生的。这种企业文化的核心价值是用完善的技术、科学的方法解决所意识到的风险，即做到过程和具体细节绝对正确无误。具有这种文化的企业，员工循规蹈矩，严格按程序办事，缺乏创造性，因为收入尚好，人员流动率较低，企业整体效率低下但却具有相当的稳定性。

第三节 企业文化管理

一、从无形之手到有形之手

企业文化与企业相伴而生，它像一只无形之手，看不见，摸不着，但时刻引导、支配着企业家与员工的思想与行为，影响、决定着企业生产经营的质量与绩效。当人们没有意识到它的存在，或者只意识到了它的存在而没有对它进行管理的时候，它只是自然地成长，缓慢地发育，自发地发挥作用；当人们意识到它的客观存在，并有意识地倡导和管理的时候，它就会朝着健康的方向发展，因而，企业文化也就逐渐演变为一种新型的管理方式。

企业文化由无形之手变为有形之手，是企业文化现象到企业文化管理的升华，是由自发成长到自觉管理的转变。企业文化管理，是指企业依据企业文化产生发展的规律，对企业文化进行有效规划、组织与控制的过程。

二、从冰山理论看企业文化管理

（一）冰山理论

1. 冰山理论的提出

心理学家弗洛伊德和作家海明威曾经在各自领域里较早提出过“冰山理论”。1895年，弗洛伊德与布罗伊尔合作发表《歇斯底里研究》，首次提出“冰山理论”。他认为人格有意识的层面只是这个冰山的尖角，其实人的心理行为当中的绝大部分是冰山下面那个巨大的三角形底部，那是看不见的，但正是这看不见的部分决定着人类的行为。1932年，海明威在其纪实性作品《午后之死》中，第一次把文学创作比作漂浮在大洋上的冰山，他说，冰山运动之雄伟壮观，是因为它只有八分之一在水面上。他认为，文学作品中的文字和形象是“八分之一”，而情感和思想是“八分之七”。前两者是具体可见的，后两者则寓于前两者之中。

2. 企业管理冰山理论

引入冰山理论观察和研究企业管理现象，可以把整个企业管理系统比作漂浮在大洋上的冰山，露出水面部分是有形管理，看得见、摸得着，包括企业管理体制、制度、规范、标准、流程及方法和手段等，但这种“有形”的管理只是冰山的一角，占冰山比重的“七分之一”。隐在水下面的部分为“无形”的文化管理，虽看不见、摸不着，所占比重却达到“七分之六”。①

① 科学研究证实，冰山作为从冰川或极地冰盖临海一端破裂落入海中漂浮的大块淡水冰，大多数比重为0.9，其质量的七分之一在海面以上，七分之六在海面以下，因此本书使用这一说法。

冰山理论揭示出企业文化管理在整个企业管理系统中处于根基地位，不仅所占比重大，而且决定着企业整体管理的特色及效率。

冰山理论告诉我们，在管理中不能只见树木，不见森林，只重视有形忽视无形。只有正确认识文化管理对企业整体管理的决定性意义，处理好局部与全局、有形与无形的关系，才能提高企业整体管理效率。

冰山理论还告诉我们，由于企业文化管理具有无形性，其管理难度更大，管理者只有利用更高的智慧，付出更大的精力，做出更长时间不懈的努力，才能取得较好的管理效果。

（二）企业文化管理的特点

1. 培育共同价值

企业文化管理强调整体意识和共同价值的培育，追求“一体化”思想；反对用“个识”和个别价值强加于企业全体员工身上，取代整体意识和共同价值。当然，共同价值是由个别价值抽象而成的，共同价值是相对而言的。在现实生活中，不可能想象一个企业几百、几千甚至上万名员工都会像机器一样，整齐划一，只有一种思想、一种判断、一种价值。人的素质参差不齐，人的需要、追求、个性异彩纷呈，人的观念更是复杂多样。因此，企业文化只能追求相对的“共识”和多数人的共同价值。

这种“共识”和共同价值开始往往比较集中地体现在企业少数代表人物，如创业者、决策者、英雄人物、模范和标兵等身上。因为一种积极的企业文化的形成，总是以少数人具有的先进思想意识和价值观为起点向外发散，通过领导者的倡导和身体力行，使之影响并渗透在企业每一个员工的行为、每件产品的制造过程、经营管理的每一个环节之中，进而逐渐成为多数人的“共识”和共同价值的。尤其是当企业文化在某些方面总体处于消极落后状态时，更要善于从中发现积极的因子——“个识”和先进价值观，通过精心培植，使之成长壮大，进而带动整体企业文化的革新与进步。优秀的企业文化，总是由“个识”发展到“共识”，由个别价值发展到共同价值。

企业文化管理所追求的共同价值，不仅是指企业内部各类文化因子，包括股东、管理者、员工等之间形成的共同价值，也包括企业与顾客、合作者形成的共同价值，还包括企业在履行社会责任过程中与社会形成的共同价值。

2. 建立自律机制

企业文化管理不同于以规章制度和纪律等为手段的科学管理，它强调人的自主意识，主张通过促进人的心理“认同”，启发人的文化自觉，形成自控与自律机制。

对多数人来讲，由于认同了某种文化，能够自觉按某种文化的引导和暗示去行事，因此，文化管理是非强制性的。当然，其中也包含某种“强制性”，即软性约束。即对少数人来讲，在一种主流文化中，即使他们并未产生认同或共识，也同样受这种主流文化中的氛围、风俗、习惯等非正式规则的约束；违背这种主流文化的言行是要受到舆论谴责或制度惩罚的，这就是文化管理的“强制性”。大内说，这种文化管理，可以部分地代替发布命令和对工人进行严密监督的专门方法，从而既能提高劳动生产率，又能发展工作中的支持关系。可见，企业文化管理与传统管理对人的调节方式不同，传统管理主要是外在的、硬性的制度调节；企业文化管理主要是内在的文化自律与软性的文化引导。

3. 保持持续稳定

文化的形成呈现长期性，文化的作用具有延续性。一种积极的企业文化，尤其是居核心地位的价值观的形成，往往需要很长时间，需要管理者坚持不懈的倡导和精心培育，需要先进人物的典型示范，需要一些特殊事件的引发等。根据全息理论，企业文化作为社会文化的“亚文化”，同样具有社会文化的一般属性，其主流文化一旦形成，就会逐渐稳定下来，成为企业发展的灵魂。

因此，企业文化管理强调企业文化的持续稳定，尤其是主流文化不能朝令夕改，不能因为企业产品的更新、组织机构的调整和个别领导人的更换而发生根本性改变。当然，企业文化的稳定性是相对的，根据企业内外环境变化，尤其是当社会发生大变革、市场急剧变化、企业治理结构剧烈变动的时候，必须对企业文化进行调整、完善和创新。适者生存，优胜劣汰，企业文化是在不断调整、完善和创新中得以进步和发展的。

4. 坚守独特风格

企业作为市场经济和文明社会的产物，其文化中体现着市场经济的一般规律，渗透着人类文明的共同基因。就其内容来讲，不仅一个地区、一个行业的企业文化具有相同的地方，一个国家、民族的企业文化，也呈现共同性，甚至世界各国的企业，由于文化传播，相互交流、借鉴，各自的企业文化中也含有相同的因素。培养企业共有价值观，是企业文化管理的重要任务。

然而，不同国家、不同民族、不同地区、不同行业的不同企业，其文化风格各有不同，即使两个企业同处一个行业、一个市场环境，其组织规模、生产流程、管理制度上十分相近，在文化上也会呈现出不同的特色和魅力。这是由企业历史、人员构成与素质、企业家素养风范以及企业风气等因素决定的。因此，企业文化管理十分强调培养文化个性，坚守文化独特风格。企业文化个性是文化精华所在，也是文化生命力和活力的源泉。多数成功企业的文化都是具有这种鲜明个性的。

三、企业文化管理与制度管理的关系

（一）海尔定律

海尔定律（即斜坡球体论）认为，企业如同爬坡的一个球，受到来自市场竞争和内部员工惰性而形成的压力，如果没有一个止动力，它就会下滑，这个止动力就是基础管理。依据这一理念，海尔集团创造了“OEC 管理法”，这个模式是“制度管理”。在此基础上，海尔坚持把“创中国的世界名牌”作为其发展目标，矢志不渝，并大力倡导以创新为核心的企业文化，因而使“爬坡的球”有了“牵引力”，这就是“文化管理”。如果只有“止动力”，没有“牵引力”，或者说只有制度管理，没有文化管理，海尔就不会有今天的业绩。这说明海尔把制度管理与文化管理有机地结合起来了。

（二）文化管理与制度管理的差异

在企业文化管理中，人们对文化与制度的认识经常陷入误区，分不清二者在企业管理中的各自地位与作用。有人把企业文化概括成物质文化、制度文化和精神文化。这种概括无疑把制度包含在文化之内，即把制度也视为文化。如从狭义角度看，制度只是文化的载体；进一步说，把企业文化作为一种新的管理方式，制度与文化属于两种不同的管理方式。文化管理高于制度管理，制度更多地强调外在监督与控制，是企业倡导的“管理底线”，即要求员工必须做到的；文化更多地强调价值观、理想信念和道德的力量，强调内在的自觉与自律，是“文化高境界”，二者的具体差异表现在以下三个方面：

1. 制度与文化演进方式的差异

文化的演进是渐进式的，制度的演进是跳跃式的，但二者同处于一个过程之中。从制度到文化，再建新制度，再倡导新文化，二者交互上升。企业管理正是在这种交互上升的过程中不断优化、臻于完善的。

2. 制度与文化表现形态的差异

制度是直接可视的，往往以责任指标、标准、规章、条例、纪律等形式表现出来；文化存在于人的头脑中，是一种观念形态和精神状态，往往通过有形的事物、活动，反映和折射出来。但二者却是一体两面，有形的制度中渗透着文化，无形的文化通过有形的制度载体得以表现，一表一里，不可分离。

3. 制度与文化作用方式的差异

制度管理主要是外在的、硬性的调节；文化管理主要是内在的文化自律与软性的文化引导。脑力劳动者与体力劳动者对制度与文化的感受度不同。一般而言，体力劳动者因为其作业方式要求标准化的程度高，对制度管理的强制性敏感度较低，也就是说，遵守制度是顺理成章的事，制度管理对他们更适合；脑力劳动者因为创造性强，自由度较高，对较低层次的条条框框比较反感，需要较多的文化管理。

（三）文化管理与制度管理的互动关系

正确认识文化管理与制度管理的互动性，需要把握以下几个要点：

1. 制度与文化相互推动

当管理者需要倡导某种文化时，可以通过培养典型或开展活动的形式来实现。但要把倡导的新文化迅速渗透到管理过程，变成人们的行动，制度则是最好的载体之一。人们普遍认同一种新文化一般需要较长时间，而把文化“装进”制度，则会加速这种认同过程。当企业中的先进文化或管理者倡导的新文化已经超越制度水准，这种文化又在催生着新的制度。

2. 制度与制度文化不是同一概念

当制度内涵未被员工认同时，制度只是管理者的“文化”，对员工只是外在约束；当制度内涵已被员工接受并自觉遵守时，制度就变成一种组织文化。比如，企业要鼓励员工提合理化建议，先制定一项激励制度，时间长了，员工接受了这一制度内涵，提合理化建议成为一种自觉的行为和习惯，制度就变成空壳，随之诞生了参与文化。

3. 文化优劣程度或主流文化的认同度决定制度成本

当企业倡导的文化优秀且主流文化认同度较高时，企业制度成本就低；当企业倡导的文化适应性差且主流文化认同度较低时，企业的制度成本则高。制度是外在约束，当制度文化未形成时，没有监督，工人就可能偷懒、“越轨”或不能按要求去做，其成本自然就高；而当制度文化形成以后，人们自觉从事工作，制度成本大为降低，尤其当超越制度的文化形成，制度成本会更低。有的公司取消“打卡”制度，是因为员工能够认识到工作的意义是什么。大庆人“三老四严”“四个一样”的工作作风，是大庆人自觉的文化表现。

4. 制度与文化永远并存

制度再周全也不可能凡事都规定到，但文化时时处处都能对人们的行为起约束作用。制度永远不可能代替文化的作用；文化管理也不可能替代制度管理。由于人的价值取向的差异性、对组织目标认同的差异性，要想使个体与群体之间达成协调一致，光靠文化管理是不行的。实际上，在大生产条件下，没有制度，即使人的价值取向和对组织的目标有高度的认同，也不可能达成行动的协调一致。海尔为“爬坡的球”创造了一个“止动力”，之后又为它创造了一个“牵引力”，使球既不至于下滑，又有动力往上滚，是制度管理与文化管理结合的典范。

案例 2-1

张朝阳如是说

搜狐的文化是开放的，对某个阶段新进来的人，把一些好的东西带进来，也能在搜狐得到发展，新的文化元素能够在这里存活，就是有点像一条河的源头的汇聚，不断地有新的支流加进来，汇成搜狐现在这样的整体的文化感觉：既有创新，又有规则和一系列的制度。

搜狐 2000 年以前乱七八糟，我说什么时候开会就什么时候开会，比较凌乱，以前提升员工，我觉得谁做得不错聊一聊就提升。还是后来这种制度性的节奏比较好。现在每半年做一次绩效考核，会议的规章制度也很完善。

企业管理要规范化，但是制度不能太多，否则会影响企业发展，但是也不能没有，我们现在感觉搜狐建立这些制度的“度”掌握得挺好，不失灵活性，也有规范性。灵活性很重要，鼓励大家创新，但同时我们也有很严密的财务制度、人事制度等。

这种规范性和灵活性体现在每个员工所理解的公司文化，但是这种灵活性能够纳入规范的流程，比如说当你有一个创意或者点子的时候，甚至我自己有一个点子的时候，不会马上去运作，而是要在会上提出来，要把创意纳入一个程序里，实际上也是帮助其更好地完善。

案例讨论

1. 从文化管理与制度管理的角度，分析张朝阳所说的“灵活性”与“规范性”的关系。

2. 试分析 IT 行业的企业与制造业企业在管理“灵活性”与“规范性”的差异。

案例 2-2

心力管理

江苏黑松林黏合剂厂有限公司董事长刘鹏凯独创了心力管理模式。“心力”是人依据自身的心思和能力、精神与体力、思想和才智，发自内心做好某一件事的精神力量。心力管理是将企业员工的心之所及转化为力之所达的过程；是将企业团队层面的意识培育转化为物质层面的生产力资源，并有效地进行集聚、发散和增效的过程；是共同构建心心相印的和谐发展环境的过程。其主要内容包括：

1. 善用其心——善于发挥思想、感情、信念、价值观的作用，激发员工的工作热情，提高员工的工作效率。

2. 自净其心——善于引导员工找到自身的不足，克服落后的思想、消极的感情，以及不正确的价值取向，通过自省达到自净，提升员工的精神境界。

3. 消除恶心——通过教育或诱导，使员工克服在外部环境的影响下悄悄滋长的不良思想或错误倾向。

4. 增加爱心——千方百计地引导员工增加对本职岗位的爱、对工作的爱、对同事的爱、对客户的爱、对领导的爱、对下级的爱、对家庭的爱、对企业的爱、对国家的爱。从小爱到大爱，用爱心创造奇迹。

5. 发自内心，共同构建心心相印的和谐的发展环境——以诚相待，发自内心的沟通和合作，使大家团结得像一个人一样，互相关心、互相帮助、互相爱护、互相学习、凝聚人心，像一个和谐的大家庭。

6. 将企业员工的心之所及转化为力之所达——以文化人，入脑入心，再外化为行动，提高绩效。也就是将企业团队层面的意识培育转化为物质层面的生产力资源，并有效地进行集聚、发散和利用，实现“人本”到“心本”再到“心力”的飞跃。

管理有限　心力无边

心力管理是以心力开发为核心，细节管理为手段，文化管理为归宿，和谐管理为灵魂的管理模式。心力管理注重的是对员工心智模式的培育，精髓是用心管理，管到心力，从知心、聚心和塑心三个维度进行创新实践。

案例讨论

1. 试分析心力管理与文化管理的关系。

2. 怎样理解从“人本管理”到“心本管理”，再到“心力管理”是一次飞跃？

四、企业文化管理与人力资源管理的关系

人力资源管理的对象是人，企业文化管理的核心是以人为本，二者具有密切的联系。

（一）正确理解人力资源管理的内涵

1. 人力资源管理的内涵

人力资源管理的内涵是，把人视同可以开发的可增值的资源，通过对人进行培训，对人的行为进行激励、控制，发挥人的主观能动性。人力资源同其他物质资源不同，人是一种特殊资源，具有可发展性；另外，人与人在生理、心理和能力上是有差别的，因才施培、因才适用、知人善任、人尽其才，是人力资源管理的重要原则。人力资源管理包括人力资源规划、招聘与配置、培训与开发、绩效管理、薪酬管理和劳动关系管理等。

2. 现代人力资源管理与传统人事管理的区别

传统人事管理以“事”为中心，见“事”不见“人”，管理形式和目的是“控制人”。现代人力资源管理以“人”为核心，管理是追求人与事的系统优化。

传统人事管理把人设为一种成本，当作一种“工具”，注重的是投入、使用和控制。现代人力资源管理把人作为一种“资源”，注重产出和开发。工具论者认为对人可以随意改造、控制、使用，资源论者认为对人要小心保护、引导、开发。

3. 现代人力资源管理的意义

（1）实现人力资源的最大价值。

（2）最大限度地发挥人的主观能动性。

（3）培养全面发展的人。提高人的素质，使之成为合格的社会公民。

（二）人力资源管理与企业文化管理的关系

1. 一致性

人力资源管理与企业文化管理的目的具有一致性，即都是通过作用于人，进而提升企业效益；人力资源管理与企业文化管理的指导思想具有一致性，即都是坚持以人为本；人力资源管理与企业文化管理的投入产出形式具有一致性，即都是一种投资（不是成本），产出具有间接性。

2. 差异性

人力资源管理与企业文化管理在工作着眼点、工作方式、工作边界上存在差异。在工作着眼点上，人力资源管理更注重个体技能与素质的提升，主观能动性的发挥；企业文化管理则重视整体价值观的培养。在工作方式上，人力资源管理是管理主体行为，企业文化管理是主客体互动行为。在工作边界上，企业文化管理除了面向企业人，还要面向顾客。

3. 互动性

通过人力资源管理，建立良好的人-机关系，提高人的素质，激发人的主动性与创造性，为发展高层次企业文化奠定坚实基础；通过企业文化管理，建立了共同愿景和价值观，形成良好的人际关系和文化氛围，可以大大提高人力资源管理的效能。同时，企业文化理论也改变了人力资源管理的理论基点，使人们更加重视个体价值与整体价值的契合，而不仅仅是个体能力与组织目标和要求的简单适应。

人力资源管理与企业文化管理紧密结合，能够放大对人的管理的效应。二者在实践中可以通过组织设置统筹、工作方式互补、活动安排协同等实现结合。

五、企业文化管理的基本功能与基本价值

（一）基本功能

1. 凝聚功能

企业文化管理通过强化群体意识，改变以个人价值观为本位的一盘散沙状态，有效实现合拢管理①。优秀文化像磁石一般，把员工个人追求和企业追求紧紧联系在一起，

---

① 合拢管理被学术界认为是世界流行的三种管理方式之一，其他两种管理方式是走动式管理和抽屉式管理。

将分散的个体力量聚合成团队的整体力量。与外在硬性管理方法相比，企业文化管理本能地具有一种内在聚合力和感召力，使每个员工产生强烈的归属感、荣誉感和目标服从感。企业文化管理的这种凝聚功能，在企业创业之时和危难之际尤其能显示出巨大的力量。

2. 导向功能

企业文化管理的导向功能，表现在企业整体价值观对企业管理者和员工行为的引导上。由于企业整体价值观是企业多数人的“共识”，因此它的导向作用对多数人来讲是建立在自觉的基础之上的。他们能够自觉地把自己的一言一行经常对照企业价值观进行检查，纠正偏差，发扬优点，改正缺点，使自己的行为符合企业目标的要求。对少数未取得“共识”的人来讲，这种导向功能就带有某种“强制”性质。企业的目标、规章制度、传统、风气等迫使他们按照企业整体价值取向行事。如企业所培育的价值观始终把顾客放在第一位，这种价值观就会引导员工为顾客提供一流的产品和服务；如强调创新意识，它就会引导员工在工作中不畏风险，不怕失败，勇于打破旧框框，实现产品和技术的革新。

3. 激励功能

管理的核心是人，管理的目的是要把蕴藏在人体中的智能和体能充分激发出来。企业文化管理强调尊重每一个人，相信每一个人，凡事都以员工的共同价值观念为尺度；员工在企业中受到重视，参与愿望能够得以满足。因此，能够较大限度地激发员工的积极性和首创精神，使他们以主人翁的姿态，关心企业发展，贡献自己的聪明才智。实际上，在优秀文化的激励下，员工积极工作，将自己的劳动投入到集体事业中去，共同创造与共享企业的荣誉和成果，本身又会得到自我实现等高层次精神需要的满足，从中受到自我激励。所以，企业文化管理具有良好的激励功能，能够使员工士气步入良性循环轨道，并长期处于最佳状态。日本人提出“车厢理论”，即强调在一个目标轨道上，动车组每节车厢（个人）都有动力，这样的列车动力强劲，速度就快。这种理论比单纯强调“火车头”的作用更科学。

4. 约束功能

企业文化对员工行为具有无形的约束力。文化虽不是明文规定和硬性要求，但它以潜移默化的方式，使组织形成一种群体道德规范和行为规则，某种违背这些群体道德规范和行为规则的言行一经出现，就会受到群体舆论和感情压力的无形约束，使员工产生自控意识，达到内在的自我约束。企业文化管理把以尊重个人感情为基础的无形的外部控制和以群体目标为己任的内在自我控制有机融合在一起，实现了外部约束和自我约束的统一。

5. 协调功能

企业文化管理使员工在共同价值观的驱使下，对众多问题的认识趋于一致，增加了相互间的共同语言和信任，使大家在较好的文化氛围中相互交流和沟通，减少了各种摩擦和矛盾，使企业上下左右的关系较为密切、和谐，各种活动更加协调，个人工作也比较心情舒畅。企业文化管理不仅充当着企业内部“协调者”的角色，而且也能够把企业与顾客、合作者，企业与社会的关系调试到最佳状态。

6. 维系功能

企业文化管理像一根无形的“纽带”，维系一个企业的正常运行。应该说，维系一个企业的正常运行有三个“纽带”，即资本纽带、权力纽带和文化管理纽带。在这三个“纽带”中，文化管理纽带是韧性最强、最能突出企业个性的纽带，同时也是维系企业内部力量统一、维系企业与环境良好关系、保持企业持久繁荣的最重要的精神手段。

7. 教化功能

企业倡导的卓越文化，营造似学校一般的文化环境，能够为员工提升素质创造良好的学习、实践条件。企业文化管理具有的教化功能，可以使员工树立崇高理想，培养员工的高尚道德，磨练员工的意志，净化员工的心灵，使员工学到为人处世的艺术，学到进行生产经营及管理的知识、经验，提高员工的能力，有助于促进员工的全面发展。

8. 优化功能

企业铸就的优秀企业文化，可以内生出一种无形的力量，对企业经营管理的方方面面起到优化作用。如当企业目标、决策偏离企业价值观轨道时，它可以自动加以纠正；当企业组织机构不合理或运转失灵时，它可以自动地进行调节；当员工的行为有悖于企业道德规范时，它可以自动地纠偏和矫正。实际上，企业文化管理的优化功能，不仅体现在“过程”之后，即对错误结果进行修正，而且也体现在“过程”之前和“过程”之中，对组织活动和个人行为起到必要的预防、警示和监督作用。

9. 免疫功能

有效的企业文化管理可以增强企业文化的免疫功能。当企业处于顺境时，企业文化表现为推动力；当企业处于逆境时，企业文化则表现为一种“免疫力”。如当外部环境恶化、出现经济危机时，文化优秀的企业就表现出了较强的“免疫力”，不但能顺利度过“严冬”，甚至还能在“严冬”中抓住机遇、赢得发展，而文化相对落后的企业，“免疫力”就差，就会受到较大的冲击。企业文化管理既要着眼于增强企业文化发展力，培育积极向上、拼搏进取的精神，同时也要注意增强企业文化的免疫功能。

（二）基本价值

1. 经济价值

优秀的企业文化具有一种神秘的推动企业发展的力量，即“文化力”①。日本本田汽车公司创始人本田宗一郎指出，思想比金钱更多地主宰世界，好的思想可以产生金钱。这说明好的思想是一种力量。文化力的表现形态虽然是价值观念、信仰、态度、行为准则、道德规范及传统、习惯等精神产品，但对企业物质财富的增长起着极大的促进作用，即文化力可以转换为经济力。企业文化管理是推动文化力向经济力转化的根本路径，具有重要的实用经济价值。

企业文化管理的经济价值表现在以下五个方面：

---

① “文化力”一词的相近概念是美国学者约瑟夫·奈于1990年提出的“软实力”。在中国，“文化力”一词源于毛泽东在《新民主主义论》一书中使用的“文化力量”。近年来，著名学者贾春峰率先提出市场经济中的“文化力”问题，并应用于企业文化研究中。

（1）引导企业尊重经济规律。

（2）提高企业的商誉。

（3）增加产品附加值。

（4）开发人的潜能。

（5）引领企业发展与变革。

2. 社会价值

企业文化管理的价值超越企业界限，服务于社会，具有社会价值。这种价值不仅表现在能够促进企业经济效益的提高，进而带来整个社会物质财富的增长上，而且它还表现出对社会文化的继承和发展的重大作用。具有远见卓识的企业家不仅看到了企业文化管理的这种价值，而且把企业文化的发展自觉地同人类文明的前途联系在一起。松下幸之助就曾提出“为社会经营”“为社会生活的改善以及世界文化的进步做贡献”的经营哲学。中国很多公司也把报国兴业作为自身崇高的价值追求。

企业文化管理的社会价值主要通过以下两个方面体现出来：

（1）传承优秀的传统文化。

（2）催生新的社会文化。

第四节　企业文化理论

一、企业文化理论溯源

企业文化理论在形成过程中，吸收了不少相关理论的思想精华。如人学理论、团体动力理论、领导理论、学习型组织理论等，这些理论从不同角度奠定了企业文化学说的基础。

（一）人学理论

人学理论是探讨、研究人性的生成、发展规律，解释为什么要用教育的方法帮助人们树立正确的价值观，以及为什么能够通过教育的方法提高人对组织的忠诚度，增强组织凝聚力的学说。

1. 中国古代的人学思想

中国古代人学思想博大精深，对企业文化影响较大的是人性理论和仁学理论。

（1）人性理论。《淮南子·修务训》论证了人的品质和才能是后天环境磨炼的产物，它批判先秦道家“人性各有所修短”的观点，举马为例说：“故其形之为马，马不可化；其可驾御，教之所为也。马，聋虫也，而可以通气志，犹待教而成，又况人乎！”这是说，马的形状是不可改变的，但马的性格是可以驯服的，人性也可因教而变。

孟子认为，人性趋向善良。“犹水下就下也”，尽管利用其他的力量，如拍打、堵挡，也可以使水跳起来，或是从山下流到山上，但这只是改变了水的“行为”，并没有改变水的“本性”。同样，人周围的环境尽管也可以使其变为不善良，但他的本性还是善良的。为了恢复和保持人的善良本性，孔子主张先格物、致知、诚意、正心，而后方能修身、齐家、治国、平天下。

荀子主张人性恶。他说：“饥而欲食，寒而欲暖，劳而欲息，好利而恶害，是人之所生而有也。”因此，“人之性恶，其善者伪也”。荀子具有朴素唯物主义思想，他主张人性恶，其实是指人的基本生理需要。这种基本生理需要若得不到满足，便会出现争夺，天下于是产生混乱。如果努力生产，使人丰衣足食，天下也就太平了。这实际上与管子的“衣食足则知荣辱，仓廪实则知礼节”别无二致。

“性善论”与“性恶论”对于研究调动企业员工积极性具有同样重要价值。即企业既要通过大力发展生产，满足员工的物质需要，又要注重满足员工高层次的精神文化需要，加强教育和文化激励，为员工个人发展创造条件。

（2）仁学理论。“仁”是孔子道德哲学的最高范畴和儒家思想的内核。“仁”最基本的含义是“爱人”。个体的人总是和周围其他人联系在一起而处于一个系统中，以自己为中心，由近及远，由亲至疏，形成一个亲疏贵贱的阶梯，因而对他们的爱也有所区别。故儒家的仁爱，不是主张对一切人都同样地爱，而是要先爱、厚爱亲者、贵者。但儒家的仁爱又不主张把任何人（包括疏者、贱者）排除在外，也强调“泛爱众”，即依据由近及远、由亲到疏的原则，把仁爱原则应用于一切对象，目的是建立和保持家族内部和谐的关系，形成家族成员之间亲密的情感和内聚力。

儒家仁学主张“忠恕”之道。“忠”强调在处理人与人的关系时，应有尽心尽力、诚实无欺的忠诚态度；为了忠诚，可以放弃自己的利益乃至生命。“忠”在管理中可延伸至忠于企业、忠于顾客、忠于社会。“恕”则是以自己的仁爱之心，去推度别人的心，从而正确地处理人际关系，谅解别人的不周不妥之处，“己所不欲，勿施于人”。儒家“恕”道在管理中的积极意义在于，强调检查自己，多为对方考虑，相互理解、包容，这有利于形成和谐的人际关系。

儒家仁学还主张“和”与“信”。“和”直接来自中国传统文化中的“和同”之辨。古人认为“和”与“同”是两个内涵不同的概念，应加以严格区别，“和”是指把不同的事物结合到一起，达到平稳、和谐、统一，这样就能产生新的事物。而“同”是指无差别地绝对等同，是相同事物的叠加，不能产生新的事物。只有用不同的乐器，彼此配合得当，才能形成悦耳动听的音乐，这是“和”，如只用一种乐器，这就是“同”。儒家主张“和”，反对“同”，认为“君子和而不同，小人同而不和”。儒家“和”的思想在管理中有着促进协调、融合、合作的作用。“信”就是诚实不欺，既强调组织内部各成员之间相互信任，又强调企业对顾客、对公众等要守信用。儒家所宣扬的“信”对于企业以及员工遵守规则、恪守承诺、树立信誉具有重要意义。

2. 西方国家的人学理论

西方国家的人学理论主要围绕对人的假设展开，对人的假设不同，其管理主张也不同。

（1）X－Y理论。美国社会心理学家道格拉斯·麦格雷戈1957年11月在美国《管理评论》上发表了《企业的人性面》一文，把人性恶的行为理论称为X理论，把人性善的行为理论称为Y理论。

X理论认为，人生来懒惰，只要有可能就会逃避工作；对绝大多数人只有加以强迫、控制，以惩罚相威胁，才能使他们为组织付出适当的努力；人生来以自我为中心，漠视组织需要；人惯于守旧，反对变革，把个人安全看得高于一切；只有极少数人，才具有解决组织问题所需要的想象力和创造力；人缺乏理性，容易受外界或他人的影响，做出一些不适宜的行为。由科学管理之父泰罗开创的科学管理理论，将人看成是经济人，管理上强调严密监督、控制和物质刺激，是与X理论相一致的。

Y理论则认为，人并非生来懒惰，要求工作是人的本能；在适当条件下，人们不但愿意而且能够主动承担责任；人们有追求满足欲望的需要，与组织需要没有矛盾；只要管理得当，人们会把个人目标与组织目标统一起来；人并非必然会对组织目标产生抵触和采取消极态度，其成因主要是由组织压力造成的；人对于自己所参与的工作，能实行自我指挥与自我控制，人对企业目标的参与程度，同获得成就的报酬直接相关；大多数人都具有解决组织问题的想象力和创造力，在现代工业社会里，人的智力还没有得到充分发挥。由梅奥的"霍桑实验"所开创的行为科学学派，将人看成是"社会人""自我实现人"，管理上更加强调参与、调动和激励，是典型的Y理论。

（2）超Y理论。1970年，美国管理学家洛希在权变管理基础上提出了"超Y理论"。该理论认为，现实生活中没有绝对的X理论和绝对的Y理论，应根据组织目标、工作性质、员工素质等决定采用何种管理方式。人们是抱着各种各样的愿望和需要加入企业组织的，这种愿望和需要可以分成不同的类型。有人愿意在正规化的、有严格规章制度的组织中工作，但不想参与决策和承担责任；也有人愿意有更多的自治权和充分发挥个人创造性的机会。不同的人对管理方式的要求不一样。主张当一个目标达到以后，企业应激发员工的胜任感和满足感，使之为达到更高的目标而努力。

3. 人本管理理论

以中西方人学、人性理论为基础，经过综合提炼和提升，便形成了人本管理理论。这种理论引入了社会学、组织行为学和心理学的某些基本原理，从人性的本质和人类的行为方式出发，为人类提供一个全面发展的空间，最大限度地发挥出人的积极性与创造性。人本管理理论强调：员工是企业的主体；有效管理的关键是确保员工的参与，并使人性得到最完善的发展。人本管理理论为企业文化学说的形成奠定了重要理论基础。

（二）团体动力理论

团体动力理论是西方行为科学发展的产物。泰勒在对企业进行实验的时候，曾隐隐约约地感受到工人中非正式组织的存在。后来，梅奥在霍桑实验中，证实了工人中确实存在非正式组织。团体动力理论解释了处于集体生活中的个体是如何同他人进行联系的，也回答了通过怎样的方式才能使个体融于集体生活，从而形成集体合力的问题。

1. 团体要素论

美国心理学家霍曼斯在20世纪50年代提出了团体要素理论。该理论认为，任何一个团体都是由活动、相互作用（信息沟通和行为响应）、思想情绪（团体成员的态度、感受、意见、信念、思维过程）和团体规范四种要素组成的系统。此后，有些行为科学家还提出八要素理论，认为包括共同目标和利益、团体规模、团体与外部的关系、成员对团体的依赖性、团体的地位、目标的达成、信息的沟通、领导的要求与压力。团体要素论的主要贡献是分析影响团体合力的各种因素以及影响程度，探析如何通过改善或强化某些要素，达到提高组织凝聚力和组织效率的目的。

2. 团体动力论

团体动力论是美国心理学家库尔特·卢因提出的。他认为一个人的行为（B）是个体内在需要（P）和环境外力（E）相互作用的结果，可以用函数式 $B=f(P, E)$ 来表示。团体动力论的本质就是论述团体中的各种力量对个体的作用和影响。其主要观点是：

（1）团体领导方式影响。团体领导方式可分为专制型、民主型、自由放任型三种。对若干名 10 岁左右的男孩所做的实验表明：在专制型团体中，成员普遍表现出攻击性言行、引人注目的出风头行为、使用“我”而不是“我们”、推卸责任、对团体活动缺乏满足感等人格特征。而在民主型团体中，成员的表现则正好相反。同一个成员一旦从专制型团体调入民主型团体，他的行为也将有变化。

（2）团体组织形式影响。研究者发现，在欧洲战场上被德军俘虏的美国士兵，反抗情绪和逃跑率都很高；而在朝鲜战场上被中国人民志愿军俘虏的美国士兵，反抗情绪和逃跑率都很低。这种行为反差是由团体组织形式的不同造成的。在中国的战俘营中，看守人员与战俘的伙食、医疗条件平等，战俘经常被调动而组成新的战俘群，战俘被提审后不再回原来的战俘群，并有意识地让被俘士兵管理被俘军官。在德国的战俘营中，组织管理方法与中国正好相反。战俘营的组织形式不同，导致了战俘行为的不同，这一现象对团体行为研究具有借鉴意义。

（3）团体结构性质影响。美国学者威尔逊等人将 36 名大学生分成两组进行行为实验，甲组成员是安全需要较强、自尊需要较低的学生；乙组是自尊需要较强、安全需要较低的学生。实验结果表明，甲组在平等型团体中的生产率较低，而在不平等型团体中的生产率较高；乙组的表现则正好相反。可见，成员行为取决于个人需要类型和团体领导方式如何搭配。

（4）团体规则影响。卢因在 20 世纪 40 年代就团体规则对人们行为的影响做过一系列实验。实验结果表明，团体的规则比一般性的宣传说服更能改变团体成员的行为。

（5）团体多数压力影响。社会心理学家阿奇于 20 世纪 50 年代通过多次实验证明：对于用来做实验的“问题”，如团体中只有一个成员故意给出错误回答，就会产生团体压力，被试者接受错误答案的次数达 13.6%；若有 3 个成员故意答错，被试者接受错误答案的比率就上升为 31.8%。

（三）领导理论

领导理论涉及范围广泛，与文化的形成和演变有密切关系的领导理论有领导行为方式理论、情境理论等。

1. 领导行为方式理论

（1）双维理论。由美国学者利克特提出。该理论首先把领导者区分为“以生产为中心”和“以员工为中心”两种类型。关心生产的领导者注重工作的组织与计划，明确工作职责、程序，注重监督等，这种领导者是工作导向型的。关心员工的领导者注重与下属的关系，关心员工的需要，注重人员的行为反应及问题，善于利用群体实现目标，给予组织成员较大的自由空间等，这种领导者是员工导向型的。

据此，该理论主张员工集体参与管理，认为有效的领导者，善于向下属提出挑战性目标，并对他们达成目标表示出信心；能够引导员工参与管理过程，依靠信息沟通使所有部门、所有人像一个整体那样行事。群体所有成员是一种相互支持关系，他们感到在需求、愿望、价值追求和目标等方面有真正共同的利益。

（2）管理方格理论。美国学者布莱克和穆顿于1964年设计了一个巧妙的管理方格图，用横坐标1－9和纵坐标1－9分别表示对生产和对人的关心程度，两个要素以不同程度相结合就构成一种管理方式。其中，（9，9）型团队管理是最理想的管理模式。这种管理模式对人和工作都很关心，能使组织目标与个人需求最有效地结合起来，既高度重视组织的各项工作，又能通过沟通和激励，使群体合作，使工作成为组织成员自觉自愿的行为，形成人人为组织目标而努力的生动活泼的局面。

（3）不成熟-成熟连续流理论。由美国学者阿吉里斯提出。这种理论主张，有效的领导者应帮助人们从不成熟或依赖状态转变到成熟状态。人们不成熟的特点是被动、有依赖性，办事没主意，兴趣淡漠，目光短浅，追求从属职位，缺乏自知之明；人们成熟的特点是有能动性、独立性，办事办法多，兴趣浓厚，目光长远，追求显要职位，有自知之明并能自我控制。领导者的工作，就是帮助每个人由不成熟走向成熟。如果组织不为人们提供使他们成熟起来的机会，或不提供把他们作为成熟的个人对待的机会，人们就会变得忧虑、沮丧，并且将会以违背组织目标的方式行事。

除此，美国俄亥俄州州立大学的研究者提出以“关怀”和“定规”为不同构面的“二维构面理论”；美国人雷定在此基础上提出任务导向、关系导向和领导效能的“三维构面理论”。这些理论都试图找到一种最好的领导方式，使员工主动、积极地参与组织目标实现的过程，创造最有效率的管理。

2. 情境理论

（1）路径-目标理论。由美国人豪斯提出。该理论以激励理论中的期待理论为基础，认为最富有成效的领导，是采取各种方法设计一种环境，使群体成员潜在地或明显地受到动机的激励，并能对它做出有效的反应。从本质上讲，这种理论要求领导者应能帮助下属实现组织目标和个人目标，特别是一些成就和报酬目标。为此，领导者要明确规定职位和工作责任，消除障碍，在制定目标时谋求群体成员的帮助，促进群体成员协作，增进个人在工作中得到满足的机会，减少不必要的紧张与外部控制，使酬劳及其他期望得以实现。

（2）权变理论。由美国人菲德勒提出。该理论认为，领导是一个过程，领导者施加影响的能力取决于群体的工作环境、自身个性风格以及领导方法的适应性。制约领导工作的三个基本因素分别是职位权力、任务结构和领导者与下级的关系，根据这三个因素的情况，领导者所处的环境从最有利到最不利可分为多种类型。三个要素齐备是领导者最有利的工作环境，三个要素都缺乏则是领导者最不利的工作环境。领导者采取的领导方式只有与环境类型相适应，才能使领导最有成效。实际上，领导者面对的最大环境是文化环境，领导者是文化环境的营造者，也是文化环境的受制约者，只有营造更好的文化环境，才能使领导更有成效。

（四）学习型组织理论

学习型组织的构想，源自美国管理学者佛睿斯特教授1965年提出的“一种新型的公司设计”构想。他运用系统动力学原理，具体地构想出未来企业的组织形态——层次扁平化、组织咨询化、系统开放化，逐渐由从属关系转向工作伙伴关系，不断学习，不断重新调整结构关系。彼得·圣吉作为佛睿斯特的学生，继续以组织系统动力学为基础，研究如何建立一种更理想的组织，除了进一步融入更多整体动态搭配的细节性的技术外，还将一些新的创造性管理技术结合起来，发展出一种新型的组织概念。1990年彼得·圣吉出版了《第五项修炼——学习型组织的艺术与实务》一书，使学习型组织理论得以发展和完善。

学习型组织的五项新技术，即五项修炼汇聚在一起，使学习型组织演变成一种管理科学。“五项修炼”被管理界称为建立学习型组织的“圣吉模型”。这一模型包括以下内容：

1. 自我超越

自我超越的核心是实现心灵深处的渴望。首先是不断理清并加深个人的真正愿望；其次是在不断学习中，客观地观察现实，了解目前的真实情况。组织整体对于学习的愿望与能力，取决于个别成员对于学习的愿望与能力。对于学习型组织来讲，要设计出鼓励其成员不断成长的个人职业生涯计划。

2. 改善心智模式

改善心智模式的核心是用“新眼睛”看世界。心智模式根植人们心中，它源于对过去事物的认识过程，但又参与对现实事物的认识。人的心智模式影响着人们看世界、对待事物的态度，有时直接决定人们的决策。学习如何将自己的心智模式打开，并加以检视和改善，有助于改变心中对于周围世界如何运作的既有认识。改善心智模式，即把“镜子”转向自己，学会有效地表达自己的想法，并以开放的心灵容纳别人的想法。

3. 建立共同愿景

建立共同愿景的核心是打造生命共同体。共同愿景是指组织中人们共同愿望的景象。建立共同愿景，即要求组织的全体成员拥有一个共同的目标、价值观与使命感，为了实现大家由衷渴望实现的目标而主动地去努力学习、追求卓越。

4. 团体学习

团体学习的核心是激发群体智慧。团体学习是指发展团体成员整体协调能力和提高实现共同目标能力的过程。当团体成员真正在学习的时候，不仅整体产生出色的成果，成员成长的速度也比其他的学习方式更快。在现代组织中，学习的基本单位应是团体而不是个人。

5. 系统思考

系统思考的核心是既见树木又见森林。系统思考要求人们运用系统的观点看待组织的发展，它引导人们从看局部到纵观整体，从看事物的表面到洞察其变化背后的结构，以及从静态的分析到认识各种因素的相互影响，进而寻找一种动态的平衡。系统思考可以帮助人们认清整个变化形态，并了解应如何有效地掌握变化，开拓新局面。

二、开创者的基本学说

企业文化理论的形成，最初主要体现在几本经典的企业文化著作中。其中，有代表性的学说有 Z 理论、7S 模式、五要素说和八大原则等。

（一）Z 理论

Z 理论，是大内在《Z 理论——美国企业界怎样迎接日本的挑战》一书中提出的。大内用比较的方法，分析了企业管理与文化的关系，证明以无形的信任、情感的微妙性和集体价值观为特征的日本管理方式，更适应现代企业管理环境，能带来更高的生产率；进一步揭示了形成美、日管理模式差别的文化原因：日本管理模式根源于日本民族长期的“文化均质”，美国管理模式则根源于美国的“异质性”。一个公司的文化由其价值观、传统和风气所构成，它包括一整套象征、仪式和神话，给那些原本就稀少而又抽象的概念添上血肉，赋予它们以生命力。日本企业和美国企业的差异，如表 2-1 所示。

表 2-1 日本企业和美国企业的差异

日本企业特征	美国企业特征
终身雇佣制	短期雇佣制
缓慢的评估与升级	迅速的评估与升级
非专业化的经历道路	专业化的经历道路
含蓄的控制	明确的控制
集体的决策过程	个人的决策过程
集体负责	个人负责
整体关系	局部关系

资料来源：威廉·大内．Z 理论：美国企业界怎样迎接日本的挑战．北京：中国社会科学出版社，1984：48-49.

大内把典型的美国企业称作 A 型组织，把典型的日本企业称作 J 型组织，主张美国应向日本学习，在两国成功经验有效结合的基础上建立 Z 型组织，形成 Z 型文化。

Z 型组织具有以下管理和文化上的特征：

(1) 倾向于长期雇佣制，虽然没有说明是终身雇佣关系。

(2) 评估和升级比 A 型组织慢一些，但有显著工作业绩的人会得到较快的升迁。

(3) 雇员的职业途径经常在岗位和职务之间流动。

(4) 现代化的明确控制方法多用于获得情报，很少在重要决策中起决定作用。在 Z 型组织中，含蓄和明确之间似乎存在一种平衡状态。

(5) 决策问题是一个多人参加并取得统一意见的过程；决策可能是集体做出的，但是最终要由一个人对这个决定负责。这种集体决策和个人负责的结合，要求组织中有相互信任的气氛。

（6）把对于下级和同事的广泛关切看作是工作关系的自然组成部分。人与人之间的关系趋向于无拘无束，保持一种强烈的平等气氛，并且着重于全体人员在工作中相互打交道。

Z型文化的核心是信任、微妙性和人与人之间的亲密性。一家Z型组织的所有方面，从战略到人事，没有不为这种文化所涉及的，就连其产品也是由这些价值观所决定的。事实上，这种文化的人道化因素还扩展到组织之外。

（二）7S模式

7S模式，是帕斯卡尔和阿索斯在《日本企业管理艺术》一书中提出的。他们认为企业管理既要注重“硬件”，更要重视“软件”；企业管理不仅是一门科学，还应是一种文化，即具有自己的价值观、信仰、工具和语言的一种文化。

美日企业管理最基本的差异，表现在企业价值观和对人的看法上。日本重视集体主义价值观，美国信奉个人主义价值观；日本企业管理人员认为人既是供使用的客体，也是应该给予尊重的主体；美国管理人员则只把员工看成是被动受制的工具，是“可以互换的生产零部件”。正是这种差异导致两种不同的增长率。日本的管理方式代表了企业管理的发展方向。

“7S模式”[①] 认为，企业管理包含不可分割的七个要素（英文首字母均为“S”），即战略（Strategy）、结构（Structure）、制度（Systems）、人员（Staff）、作风（Style）、技能（Skills）和最高目标（Super Ordinate Goals）。7个“S”之间的相互关系，形成网状结构，如图2-2所示。

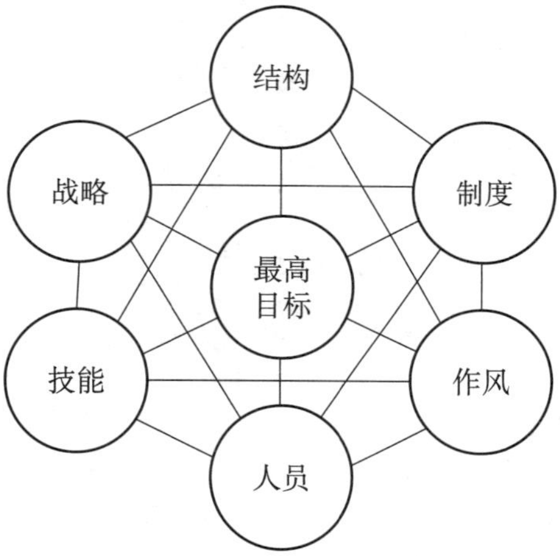

图2-2 “7S模式”结构图

资料来源：理查德·帕斯卡尔，安东尼·阿索斯．日本企业管理艺术．北京：中国科学技术翻译出版社，1984：201.

① 关于此类模式研究，佩格尔斯于1984年在《日本与西方管理比较》一书中，还提出以“文化”为核心的11C模式：文化、观念、集中、竞争、协作、协商、控制、沟通、小组活动、关心和结合；小罗伯特·沃特曼于1987年在《创新经营》一书中提出以人的能力为核心的7C模式：能力、文化、机会与信息、交流沟通、控制、危机点、事业心与献身精神。

这七个要素融合构成一个相互依靠的强有力的网络。在管理实践中，管理者只重视其中一两个“S”，如战略和结构是不够的，只有在所有的“S”上下功夫，并耐心地长期坚持下去，才会取得满意的效果。有些公司之所以优秀，是因为这些公司的7S要素健全且整个网络运行良好；有些公司软弱无力，是因为缺乏这个完整的网络，或是它内部之间相互抵触。

在7S要素中，战略、结构和制度是硬性“S”，而技能、作风、人员和最高目标是软性“S”。帕斯卡尔、阿索斯认为，典型的美国公司习惯于重视3个硬性“S”。概括了解一个企业的最好方法，就是计算它变更战略、结构和制度的次数。由于工作成果一再令人失望，所以就得不断进行变革。如果这个企业的经理人员对其他“S”的注意仅是断断续续或是风行一时，而一见到利润减少就改弦易辙，那么，这个公司就很可能存在典型的美国难题。典型的日本公司在重视3个硬性“S”的同时，更加重视软性管理，在4个软性“S”上占上风，即重视企业共同信念和最高目标的确立，重视员工的尊严、价值，关心员工的生活，注重整体协作作风的培养和技能的提高。日本企业管理方式的最大成果是让企业中的每一个人比美国人更积极主动，设法把工作做得更好，以每人微小的贡献帮助企业成功。这就像建造金字塔或是蚂蚁筑窝一样，成千上万的小人物抱着同一个目标做一些小事，最后就可以达到移山倒海的效果。

（三）五要素说

五要素说，是迪尔和肯尼迪在其合著的《企业文化——现代企业的精神支柱》中提出来的。他们通过对美国近80家公司的调查，得出一个重要的结论：一个强大的企业文化几乎一直是美国企业持续成功的幕后驱动力。企业领导人应当区别和诊断自己的企业文化，把主要时间用来思考企业的价值观，并将协调不同价值观的冲突作为自己的主要职责。对企业的管理，首先是对文化的管理，企业领导者只有全力以赴地从事文化管理，才能取得成功。一个总经理的最终成功，在很大程度上取决于正确理解本公司的文化，以及对文化进行精雕细琢，并使它形成适应市场不断变化所需要的能力。

既然文化如此重要，那么构成一种“强文化”包括哪些要素呢？他们认为，企业文化的组成要素包括企业环境、价值、英雄、习俗和仪式以及文化网络，由此可概括为“五要素说”。

1. 企业环境

每个企业都因其产品、竞争者、顾客、技术、政府的影响以及其他条件而面临着不同的现实环境，这种环境是形成企业文化最大的影响因素。处于不同环境的企业，文化建设是有差异的。例如，依靠生产大众类产品而获得成功的企业，应该发展“拼命干、尽情玩”的文化，以保持销售人员旺盛的精力。

2. 价值

价值是一个组织的基本准则和信仰，因而构成了企业文化的核心。价值为所有的员工提供了共同的方向，并指导他们的日常工作。这些成功的准则决定了企业文化中的英雄、神话、仪式和习俗的类型，同时影响公司的所有方面，从设计什么样的组织，到制造什么产品，再到怎样对待员工。企业从共享价值中获得了强大的力量，成功的企业经常是因为他们的员工对组织价值的确认、信奉和实践。

3. 英雄

如果价值是文化的灵魂，那么英雄就是这些价值的化身和组织机构力量的集中体现，他们有着不可动摇的个性和作风，为员工提供了有形的可效仿榜样。在强文化中，英雄是中流砥柱，是一个巨大的火车头、一个魔术师，是每个遇到困难的人都想依靠的对象。英雄是一种象征，他们的行为超乎寻常，但离我们并不遥远，成功是力所能及的。

4. 习俗和仪式

习俗和仪式是企业日常生活中系统的和规划好的一些惯例，包括庆典、社会仪式、工作仪式、管理仪式以及游戏等。习俗和仪式是企业文化的体现。“如果没有一定的表达方式，企业文化将会死亡。在缺乏仪式与庆典的地方，价值的重要性没有任何影响。庆典对文化来说，就像电影与剧本、音乐会与总谱，或是用任何方式都难以表达的舞蹈的价值。”① “一种企业文化，如果它走向繁荣的话，就必须有某些仪式活动来体现它的价值。”②

5. 文化网络

文化网络作为组织内部主要的（但是非正式的）沟通手段，是组织价值和英雄式神话的“载体”。每一个人在组织中都有一个正式职位，还有一个不印在名片上的非正式职位，例如好讲故事者（Story-tellers）、密探（Spies）、牧师（Priests）、耳语者（Whisperers）、小团伙（Cabal）等，这些人形成隐藏的权力阶层，组成了文化网络。这个网络能量很大，它们不仅相互传递信息，而且成为对组织具有极高价值的事件的解释者。在强文化中，不仅有强大的正式组织网络，更有强大的非正式的文化网络。这个网络是文化传播与价值共享所不可缺少的。

上述五个要素相互结合构成企业文化体系。具有强文化的公司一定是这五个方面做得都比较出色或相互结合得比较好的公司。

（四）八大原则

美国学者彼得斯、沃特曼在《成功之路——美国最佳管理企业的经验》一书中，提出了著名的企业文化“八大原则”③。这“八大原则”是作者在对 43 家优秀公司进行研究的基础上，通过大量生动的实例概括出来的。具体内容是：贵在行动、紧靠用户、自主创新、以人促产、价值驱动、不离本行、精兵简政、宽严并济。表面看来，这“八大原则”是美国 43 家优秀公司的成功经验，实际上，它揭示了美国企业文化的基本精神和主要特色。

1. 贵在行动

不纠缠于制订规划和计划，而是立即着手解决各种实际问题，奉行“干起来，再整顿，再试验”的哲学，以行动为导向，简化组织，集中精力，瞄准目标，在尝试中不断学习。

---

①② 特雷斯·迪尔，阿伦·肯尼迪．企业文化：现代企业的精神支柱．上海：上海科学技术文献出版社，1989：59.

③ 托马斯·彼得斯，小罗伯特·沃特曼．成功之路：美国最佳管理企业的经验．北京：中国对外翻译出版公司，1985.

2. 紧靠用户

变“以我为中心”为“以用户为中心”，坚持用户导向，倾听用户的意见，向用户学习，执着于质量和服务的改进，不断提升用户的满意度。

3. 自主创新

在管理上鼓励革新和竞争，宽容失败，充分调动员工的主动性、创造性，设计新工艺，开发新产品，开辟新市场。

4. 以人促产

坚持以人为本，关心每一个人，尊重和信任每一个人，激励每一个人；重视员工的参与，发掘人的最大潜力；把员工作为推动企业生产经营活动、提高生产率的根本源泉。

5. 价值驱动

一个企业要有一套健全而清晰的价值体系，并且一以贯之；领导者应带头践行这些价值和信念，深入现场，以身作则，用先进的价值影响和引导员工，使企业形成共同目标和团队凝聚力、向心力，降低管理成本，提高竞争力。

6. 不离本行

坚持企业经营的专业化，即使采取多样化的经营战略，也不能离开企业的核心能力，不能离开本行。扬长避短，发挥优势。

7. 精兵简政

推进组织变革，精简组织结构，善用简单组织形式和临时性组织形式，保持组织的灵活性；缩小编制，减少管理人员和员工，提高效率，降低成本。

8. 宽严并济

在管理过程中不仅要注重理性化的科学管理，同时也要注重人性化管理，集权与分权结合，制度约束与价值驱动结合，宽严有度，在提高作业效率的同时，保持员工的积极性与主动性。

上述“八大原则”中的每一条，都不是全新理念，但该书却把这八大原则构筑成一个体系，变成一种新的管理方式，这说明管理与文化并不是高深莫测的科学，只要把那些人们认为最寻常的事情做得最不寻常，企业就能做好了。“八大原则”从理论上开辟了一条研究企业管理的新道路。这条路沿着企业软管理，特别是企业文化管理的方向不断拓展，取得很多新成果。

除此，美国管理学家劳伦斯·米勒出版了《美国企业精神——未来企业经营的八大原则》一书，也提出了未来企业经营的八大原则，即目标原则、共识原则、一体原则、卓越原则、绩效原则、实证原则、亲密原则和正直原则。

除上述四种最具代表性的学说以外，还有一些著作在企业文化学说形成过程中做出过卓越贡献，从企业文化内涵、体系、企业文化与领导、企业文化与经营业绩、企业文化评估等多角度，进一步丰富和发展了企业文化理论。

（五）理论共识

在“管理的企业文化时代”，国外学者对企业文化的理解尽管有一定差别，但在以下几个方面是有共识的。

1. 建立以人为本的软性管理模式

企业文化是一种重视人、以人为中心的企业管理方式，相较于以制度为核心的硬性管理，企业文化是一种软性管理模式，这种软性管理强调人的自觉与自律，强调共同价值的力量，代表着企业管理理论发展的新趋势。

2. 善于利用无形力量

企业文化是一个企业在长期的生产经营中形成的特定价值观、信念、道德规范、传统习惯和与此相联系的经营服务理念，它是一种无形的力量，优秀的企业善于利用这些无形的力量，组织内部各种有形力量，将其统一于共同的目标之下。

3. 建设全员文化

企业领导和英雄人物在企业文化形成过程中起着关键作用。但企业文化不是企业家文化和英雄文化，它是一种全员文化，只有把建构企业共同价值和员工团体意识作为企业文化管理的重点和核心，才能使企业成为人人都有责任感和使命感的命运共同体。

4. 强化文化与绩效的正相关性

企业文化决定企业的经营效率与经营绩效，企业文化与经营绩效有极大的正相关性。自然发展的企业文化容易导致不健康的文化，而提升绩效的文化需要管理者努力培育。

三、企业文化方格理论

（一）理论的提出

企业文化理论远远超越企业管理学的范畴，是一门跨越经济、管理与文化三大领域的相对独立的边缘学科理论。企业文化形成与演变的规律，是受市场规律、管理规律及文化规律多重影响的。

企业文化理论倡导“以人为本”，这里的“人”，不仅包括企业员工，也包括顾客，甚至从更广义来说，包括所有与企业文化有关联的社会公众。开展企业文化管理，其目的不仅要调动员工积极性，提高企业凝聚力，满足员工精神文化需求，而且要赢得顾客，扩大市场，树立形象，提升竞争力。因此，企业文化管理不仅有“人本化”的内涵，也有“市场化”内涵；企业文化的优劣，不仅决定着企业的管理方式和风格，而且决定着企业的经营方式和风格，对企业经营管理活动起全方位的决定作用；企业文化不是用来孤芳自赏的，其优劣最终由市场来评估。这些认识构成企业文化方格理论的思想来源。

（二）理论内涵

1. 企业文化方格矩阵

企业文化是沿着“人本化”和“市场化”两条脉络发展的，企业文化管理既要关注“人”，也要关注“市场”，坚持“两点论”。企业文化的先进性与有效性，集中体现在“人本化”和“市场化”强度上。“人本化文化”和“市场化文化”不同强度的结合，能够形成多种类型的企业文化模式。

任何一个企业都会涉及这两个文化维度的发展方向和发展强度的高低。有的企业偏重于“人本化”，有的企业偏重于“市场化”，有的则二者兼顾。在发展强度上，由低到高也有相应的差别。根据不同的发展方向和发展强度，即可以建立一个坐标体系——企业文化方格矩阵。

企业文化方格矩阵的横坐标表示“市场化文化强度”，纵坐标表示“人本化文化强度”。按照不同强度各分为 9 个档次，1 为最低，9 为最高，纵横交错，共构成具有 81 个方格的矩阵，其中有 5 个方格具有企业文化学上的典型意义，如图 2－3 所示。

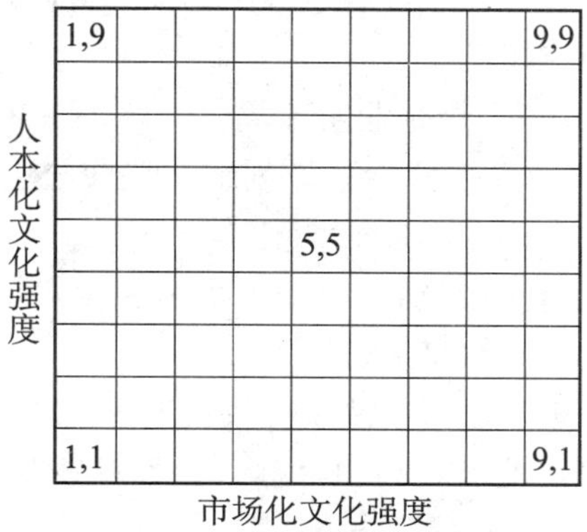

图 2－3 企业文化方格矩阵图

(1)“1，1”沙漠型文化。秉承这类文化的企业既不重视人，也不关注市场，是一片文化沙漠。这类企业人心涣散，效率低下，远离顾客。如果没有特殊的条件支撑与保护，势必被市场所淘汰。

(2)“1，9”情感型文化。秉承这类文化的企业，关心人、重视人，企业人际关系和谐，像个快乐的大家族。但这类企业缺乏市场意识和竞争意识，没有目标，没有真正的发展动力，更谈不上效率与效益。这类企业如果处在竞争性行业中，会存在较大危机和市场风险。

(3)“9，1”趋利型文化。秉承这类文化的企业，高度关注市场，追逐利润，企业像个高效的赚钱机器。但这类企业缺乏人性，缺乏亲情，泯灭个体精神和个人价值，也缺乏社会责任感。对于知识型员工和脑力劳动者较多的企业，以及面向最终消费者的企业，如果秉承这类文化，其失败的可能性很大。

(4)“5，5”平庸型文化。秉承这类文化的企业，对人和市场都给予适度的关心与关注，中庸无创新，和谐无效率，企业稳定性和依赖性较强。

(5)“9，9”理想型文化。秉承这类文化的企业，既重视人，也关注市场，是最为理想的双强文化模式。长期坚守这种文化的企业，一定是有活力、有效率的长寿企业。

2. 企业文化方格之“人本化”内涵

企业文化方格之“人本化”，指企业对经营中涉及的所有人的需求、价值实现和发展的一种态度和理念，它驱使企业关心员工的报酬与工作环境、人际交往与自尊、精神需要与个人价值等；也驱使企业关心顾客及相关社会公众的价值与满意度等。

优秀的企业文化超越机械的组织构架和狭隘的功利观，坚持人本化，重视员工和顾客，追求为员工和顾客创造幸福与快乐，把以员工为本和以顾客为本统一起来，牢牢植根于企业本位价值之中。

企业文化方格之“人本化”维度，从管理角度来说，就是坚持以人为中心，体现人在企业中的主体地位和人的精神需要的满足；以文化人，激励人的竞争心和进取心；培养协作精神，形成团队心灵契约，实现全员的价值共享；提高人的整体素质，促进人的全面发展。即一方面追求人力资本的最大回报，另一方面为社会培养高素质的社会公民。从营销角度来说，人本化就是坚持以顾客为中心，树立顾客至上的服务意识和为社会公众服务的社会责任意识，建立顾客满意系统和社会责任体系。

3. 企业文化方格之“市场化”内涵

企业文化方格之“市场化”，指企业对市场及竞争的一种态度和理念，它驱使企业关注市场需求与竞争状态，关注产品与服务创新，关注经营效率与效益等。具体内涵如下：

（1）坚持市场中心论。直面市场，以市场为中心组织企业的经营活动。市场是恒星，企业是行星，行星永远围绕恒星运行。

（2）创新与卓越意识。善于学习，敢于挑战自我，创新自我，视今天为落后，志在追求卓越，追求速度与效率，追求更高的目标；善于打破今天的平衡，创造新的平衡，使企业永远处于动态发展中。

（3）危机意识。能够在平稳发展尤其是快速发展中迅速找到危机点，建立完善的危机防范机制和应急机制。

（4）适度冒险精神。敢于在市场博弈中承担经营风险，善于在风险中寻找更好的经营机会，并且善于行动，千方百计把好的想法变成现实。

（5）借力法则。树立大市场观和大资源观，充分利用和发挥自身的优势，从全球的视野去寻找合作伙伴，组合资源，借力发展；捕捉市场机会，建立虚拟供应链，改变大而全、小而全的经营理念与经营方式，提高灵活、柔性、合作、共享、快速反应、高效输出的素质和能力；注重培育品牌，开发无形资产价值，提升核心竞争力。

（6）诚信原则。筑牢诚信底线，改变农耕民族狭隘的以家族为中心的诚信观，树立与现代市场经济相适应的普遍主义平等诚信观，加强信用积累，提高信誉，在与全社会信用机制建设的互动中，不断提高信用管理水平。

（三）“理想型文化”模式

从企业文化方格矩阵中我们可以看出，“人本化”和“市场化”两个维度在实践中既相互独立，又相互交叉。在企业文化管理实践中是相互推动、共同发展的。

一方面，人的主体地位的体现，人的价值的最终实现，依赖于市场。市场经济造就独立人格，给人以独立意识，给人的价值实现提供最广阔的竞争平台。只有企业文化充分“市场化”，才能真正体现以人为本。

另一方面，企业作为营利性经济组织，在走“市场化”道路中，也必然依赖于“人本化”。开发市场，要靠人的才智；赢得市场，要靠人的道德。只有把“人本化”思想融入“市场化”过程中，依靠员工，以顾客为本，关注社会公众利益，才能最终决胜于市场。

建立理想型的企业文化模式，避免企业文化的畸形发展，必须把“人本化”与“市场化”的文化结合起来。实现二者的结合和互动发展，需坚持以下观点并努力付诸实践。

（1）企业具有双重性。企业首先具有经济性，追逐利润；同时企业也是一个生命，具有社会属性，追求生命存在的社会价值与意义。企业经营的目的是获取双重的回报，既获得财富，又满足人的需要，培养人，实现人的价值，促进人的发展，而后者是终极目的，财富只是过程与手段。

（2）企业的“人本化”价值观是建立在大写的人的基础上的。狭隘的“人本化”，单纯强调以员工为本，可能损害顾客利益和社会利益；片面强调以顾客和外部公众为本，可能直接或间接损害员工的利益。只有把二者统一起来，才是完整意义上的“人本化”。

（3）在当代，“市场化”是实现人的价值的最好途径。通过市场创新和市场竞争，为顾客提供最好的产品与服务，为社会创造最好的环境，实现顾客与社会价值的最大化；通过建立人才招聘与竞争的市场机制，激发员工的创造性，提高员工的素质，最终最大限度地实现员工的价值。

案例 2-3

小米的“米粉文化”

小米的愿景是“和用户交朋友，做用户心中最酷的公司”。小米是一家少有的拥有“粉丝文化”的高科技公司。对于小米而言，用户是朋友。

为感谢“米粉”的一路相伴，小米将 4 月 6 日这一天定为“米粉节”，每年 4 月初都会举办盛大活动与“米粉”狂欢。同时自 2015 年起，每年年底小米都会举办小米家宴，邀请“米粉”回家吃“团圆饭”。同时小米员工还会自发地为“米粉”手写 10 万张明信片，这是小米不一样的地方，是小米人发自内心、一笔一画亲手表达的情感，这是对愿景的最好诠释，这是和“米粉”交朋友的实际行动。

在众多领域，小米都以一流的品质、紧贴成本的定价，彻底改变了行业面貌，大大加速了产品普及，做到“感动人心，价格厚道”。其实，小米心中装着的是“米粉”，是用户朋友。

案例讨论

1. 小米“米粉文化”的本质内涵是什么？
2. 尊重“米粉”、和用户交朋友，给小米带来了什么？

本章小结

企业是一个生命体；企业文化是企业生命的基因。

企业文化是一种“微观文化现象”。作为一种社会亚文化，企业文化包括价值观、信仰、精神追求、道德、行为方式以及传统和习惯等，它与企业相伴而生，像一只“无形之手”，对企业及员工的行为产生着全方位的持久的影响。

企业文化是一种“管理方式”。企业文化管理本质上是把文化“无形之手”变为

"有形之手"的过程。企业文化管理在整个企业管理体系中处于根基地位，与传统的制度管理相比，它更加强调共同价值、自律机制，注重持续稳定并凸显独特风格。

企业文化是一种"管理理论"。企业文化理论是行为科学的延伸和发展，直接受益于中西方人学理论、团体动力理论、领导理论和学习型组织理论。它的形成应直接归功于彼得斯、沃特曼、大内、帕斯卡尔、阿索斯、迪尔、肯尼迪等学者的开创性研究。企业文化方格理论是企业文化理论在"人本化"与"市场化"协调发展上的创新。

复习题

一、单选题

1. 企业作为一种生命现象，具有（　　）基因。

A. 生物　　B. 文化　　C. 突变

2. 企业文化以企业的（　　）为研究对象。

A. 物质文化　　B. 精神文化　　C. 制度文化

3. 企业文化按发育状态，可以划分为成长型文化、成熟型文化和（　　）。

A. 创新型文化　　B. 跨越型文化　　C. 衰退型文化

4. 海尔定律中所说的"止动力"是指（　　）。

A. 基础管理　　B. 文化管理　　C. 目标管理

5. 中国古代人学思想对企业文化影响较大的是（　　）和仁学理论。

A. 人本理论　　B. 人性理论　　C. 人格理论

6. 帕斯卡尔、阿索斯提出的"7S 模式"，是指战略、结构、制度、人员、作风、技能和（　　）

A. 伟大梦想　　B. 工作目标　　C. 最高目标

二、多选题

1. "文化"（Culture）一词来源于拉丁文，原意有（　　）的意思。

A. 耕作　　B. 播种　　C. 培养与教育

D. 发展与尊重　　E. 创造与创新

2. 企业文化作为一种微观文化现象，具有如下属性：（　　）。

A. 客观属性　　B. 亚文化属性　　C. 政治属性

D. 经济属性　　E. 制度属性

3. 企业文化是指在一定社会文化环境影响下，经过企业家的倡导和员工的认同与实践创新，所形成的（　　）的总和。

A. 整体价值观　　B. 精神追求　　C. 道德

D. 工作标准　　E. 行为方式以及传统和习惯

4. 企业文化管理具有如下特点：（　　）。

A. 培育共同价值　　B. 制定工作流程　　C. 建立自律机制

D. 保持持续稳定　　E. 坚守独特风格

5. 西方人学理论对人的假设主要有：（　　）。

A. A 理论　　B. X 理论　　C. Y 理论

D. 超 Y 理论　　E. Z 理论

三、判断题

1. 企业作为人的集合，是一个生命复合体。（　　）

2. 企业文化基因有可分性，不具有可塑性。（　　）

3.《辞海》对文化的广义定义是：指人类社会历史实践过程中所创造的物质财富和精神财富的总和。（　　）

4. 企业文化从无形之手发展到有形之手，即逐渐演变为一种新型的管理方式。（　　）

5. 人力资源管理的对象是人，企业文化管理的核心是以人为本，二者是可以相互替代的。（　　）

四、简答题

1. 简述企业文化体系的构成要素。

2. 简述企业文化的基本功能与价值。

3. 简述企业文化管理与制度管理的关系。

4. 简述企业文化理论开创者的基本学说。

5. 简述学习型组织“五项修炼”的内容。

6. 简述企业文化方格理论的基本内容。

练习与操作

1. 画出管理冰山理论示意图，并说明企业文化在管理体系中的地位与作用。要求图示简单明了。

2. 选择三个不同行业的具有代表性的企业，根据各自企业文化的特点与表现，在企业文化方格图上标出其方格位置，说明各自倾向于哪种企业文化类型并作出评估。要求评估客观、一针见血。

第三章 企业文化基本体系

学习目标

知识目标：

1. 了解企业文化基本体系中各要素在企业文化中的地位、作用。
2. 明确企业文化基本体系中各要素的概念、内容。

能力目标：

1. 熟悉企业价值观、企业精神、企业伦理道德、企业形象各要素的建设要点，并具备相应的分析、概括能力。
2. 初步学会对企业精神进行命名和提炼。

素养目标：

1. 牢固树立并践行社会主义核心价值观，厚植爱党、爱国、爱社会主义的情感。
2. 理解并树立正确的“三观”。

学习导图

- 企业文化基本体系
  - 企业价值观
    - 价值观是企业文化的内核
    - 企业价值观的构成
    - 成功企业的共同价值观
    - 培养现代企业价值观
  - 企业精神
    - 企业精神是企业文化的亮点
    - 卓越企业的共同精神追求
    - 培育有个性的企业精神
  - 企业伦理道德
    - 伦理道德是企业文化的无形规则
    - 企业伦理道德建设的原则和内容
    - 建设新型的企业伦理道德
  - 企业形象
    - 企业形象是企业文化的外显形态
    - 企业形象的构成要素
    - 塑造鲜亮的企业形象

第一节　企业价值观

一、价值观——企业文化的内核

（一）价值与价值观

界定价值和价值观的内涵是研究企业价值观的起点。马克思认为，“价值”这个普遍的概念是从人们对待满足他们需要的外界物的关系中产生的①。也就是说，价值是一种关系范畴，用来表示主体与客体之间需要与满足的关系。对于主体而言，能够满足主体需要的客体属性，就是有价值的。

英国社会学家莫里斯认为，价值是个人选择或选取行为的基础，基本上都有所偏好，且因状况不同而分成三项不同的价值：

（1）运作的（Operational）价值，选择行为时表现的实际偏好。

（2）设想的（Conceived）价值，对选择行为后果所作的判断。

（3）客体的（Objective）价值，根据客观条件选取对象的客观性质，与其实际运作价值不一定相同。

美国社会心理学家罗基奇把价值观分为两大类：

（1）目的性价值，又称终极价值，是对生命意义与生活目标的信念。

（2）工具性价值，又称手段价值，是对生活手段及行为方式的信念。

价值观是价值主体在长期的工作和生活中形成的对于价值客体的总的根本性的看法，具有鲜明的评判特征。价值观一旦形成，就成为人们立身处世的抉择依据。价值观的主体可以是一个人、一个团体、一个民族、一个国家，也可以是一个企业。

企业价值观是指指导企业有意识、有目的地选择某种行为去实现物质和精神的满足，去判定某种行为的好坏、对错以及是否具有价值或价值大小的总体看法和根本观点。迪尔和肯尼迪指出：价值观贯彻于人的整个活动过程的始终，也贯彻于管理活动的始终。它构成人们对待客观现实的态度，评估和取舍事物的标准，选择对象的依据和推动人们实践和认识活动的动力。价值观的一致性、相容性，是管理活动中人们相互理解的基础，是组织成立、管理成功的必要前提。对拥有共同价值观的那些公司来说，共同价值观决定了公司的基本特征，使其与众不同。同样，这些共同价值观为公司员工创造出实质意义，使他们感受到与众不同。更

三观

① 马克思，恩格斯．马克思恩格斯全集：第19卷．北京：人民出版社，1963：406.

重要的是，价值观不仅在高级管理者的心目中，而且在公司绝大多数人的心目中，成为一种实实在在的东西，它是整个企业文化系统，乃至整个企业经营运作、调节、控制与实施日常操作的文化内核，是企业生存的基础，也是企业追求成功的精神动力。彼得斯和沃特曼在对国际知名的成功企业深入考察后指出：所有优秀公司都很清楚它们主张什么，并认真地建立和形成了公司的价值准则。事实上，如果一个公司缺乏明确的价值准则或价值观念不正确，我们很怀疑它是否有可能获得经营上的成功。

案例 3-1

三个砌砖工人的故事

一位记者到某建筑工地采访，分别问了三个建筑工人同一个问题："你在干什么？"第一个工人头也不抬地回答："正在砌墙。"第二个工人回答："我正在盖房子。"第三个工人的回答是："我在为人们建造家园。"记者觉得三个建筑工人的回答很有趣，就将其写进了自己的报道。

若干年后，记者在整理过去的采访记录时又看到了这三个工人的回答，三个不同的回答让他产生了强烈的欲望，想去看看这三个工人现在的工作和生活怎么样。

等他找到这三个工人的时候，结果令他大吃一惊：当年的第一个建筑工人现在还是一个建筑工人，仍然像从前一样砌着他的墙；而在施工现场拿着图纸的工程师竟然是当年的第二个工人；至于第三个工人，记者没费多少工夫就找到了，他现在成了一家房地产公司的老板，前两个人正在为他工作。

案例讨论

1. 为什么不同的人对同一份工作看法不同，会影响到他们的未来职业发展？

2. 试讨论人们为什么要树立正确的"三观"（即世界观、人生观、价值观），它对人生有什么意义？

（二）企业价值观的特点

1. 判定人的行为时表现出浓厚的感情色彩

人们持有某种价值观，在判断、区分人的行为好坏、对错过程中，自然对认为好的和对的行为，表示感情上的支持和赞扬，而对那些被认为是坏的和错的行为，表示感情上的反对和厌恶。

2. 判定人与自然的关系时具有明显的审美倾向

人们在改造自然、创造物质财富的过程中，每时每刻都存在着对自身与自然的关系的判断，进而作出相应的决策。如企业在建设公司大楼、厂房，或在选择公司标志或产品包装时，采用什么风格、什么色调，都受到价值观及审美观的影响。

3. 价值观的内容具有客观性并趋向于真理性

正确的企业价值观，经过实践的反复检验，反映客观事物及其发展规律。企业价值观的威力根源于它的真理性。如果一个企业的价值观脱离了客观实际，错误的价值观任意泛滥，企业就会在吸取教训中不断修正其价值观，直到步入正轨、趋向于真理；如果企业没有能力修正其错误的价值观，最终必然走向失败。

4. 价值观对员工行为具有一定强制性

企业价值观是一个不断一致化的认同过程，也是规范、约束企业全员行为的过程。在实践中，人们总是逐渐把那些有利于企业生存与发展的行为，定为好的、正确的或可行的，而把那些危及企业生存和发展的行为，定为坏的、错误的或不可行的，从而为员工的正当行为提供充足理由，鞭挞与制约非正当行为。

（三）企业价值观的作用

1. 提供企业精神支柱

企业价值观一经确立，就成为企业全体成员共识和长期遵奉的信念，对企业具有持久的精神支撑力。人既有生理、安全等物质需求，也有情感、自尊和自我实现等精神需求。精神需求一般通过以价值观为基础的理想、信念、伦理道德等形式表现出来。当个体价值观与企业价值观一致时，员工就会把为企业工作看作是为自己的理想奋斗。一个企业在发展过程中总要遭遇顺境和坎坷，如果能使其价值观为全员所接受，并为之自豪，那么它就具有克服各种困难的强大精神动力。一个企业的长久生存，最重要的条件不是资本或管理技能，而是正确的企业价值观。企业的命运最终是由价值观决定的。

2. 决定企业基本特性和发展方向

在不同的社会条件下或不同的历史时期，会存在一种被人们认为是最根本、最重要的价值，并以此作为价值判断的基础，其他价值可以通过一定的标准“折算”成这种价值，这种价值被称为“本位价值”。历史上，金钱、权力等都曾充当过本位价值。由本位价值所派生的观念就是“本位价值观”。在企业价值观中，必然存在某种本位价值观，这种本位价值观决定着企业的经营个性、管理特点，也决定着企业的发展方向。例如，一个把维护顾客利益和社会利益作为本位价值观的企业，当企业利润和顾客利益、社会利益发生冲突时，它会很自然地选择后者；当它把追求企业利润作为本位价值观时，其行为往往是通过牺牲顾客利益和社会利益而获取企业利润最大化。

3. 具有导向和规范作用

企业价值观是企业占主导地位的意识，其导向和规范作用十分明显。拥有清晰价值观的企业，像阿里的“六脉神剑”，公司决策易于被员工理解和执行，员工会自觉按企业整体目标调整自己的行为，从而节约企业运营成本，提高经营效率。企业价值观的导向和规范作用，既通过规章制度、管理标准等手段加以实现，也通过群体氛围、传统习惯和舆论引导来实现。企业成员如果做出违反企业价值观的事，就会受到制度惩罚、舆论谴责，即使他人不知或不加责备，本人也会感到内疚，产生精神压力，因而进行自我修正。

阿里的“六脉神剑”

4. 增强企业合力

企业的合力取决于员工对企业目标的认同度及能否最大限度地发挥精神潜能。一个合力强大的企业，往往有以下特征：合力来自内部凝聚力而不是外部压力；组织中相互对立的小团体倾向得到有效抑制；基层单位具有处理内部冲突、适应外部变化的能力；同事间具有一种较强的认同感；全体员工都了解企业的总体奋斗目标；决策层和执行层在工作上都有发自内心的支持态度；员工承认企业的外在价值并具有巩固和维护企业继续发展的愿望。

华能集团的“三色文化”

企业价值观类似于一种理性的黏合剂，像华能集团的“三色文化”，把企业员工凝聚在同一信念目标下，以大量微妙的方式沟通员工的思想，创造一个共同协作的背景，把企业内部各种力量汇聚到一个共同的方向。

二、企业价值观的构成

（一）企业价值观的层次

企业价值观由多种因素复合而成，若从纵向系统考察，可分为个体价值观、群体价值观和整体价值观三个层次。

1. 个体价值观

个体价值观是员工在生活、工作中形成的价值观念，包括人生意义、工作目的、个人与他人关系、个人与企业关系和个人与社会关系等观念。比如，员工是把工作看成神圣事业还是谋生手段？是否把为企业所做的创造、奉献看作是自己人生的意义？是否把企业的成败荣辱视为自己的成败荣辱？能否像关心自己的荣誉一样关心企业的信誉？对企业、对工作、对金钱荣誉的不同看法，形成了员工不同的价值选择和行为方式。

需求层次理论

员工价值观的形成，受其年龄、个性、兴趣爱好、需求结构、教育背景、生活阅历、生活方式、人生理想和社会环境等多种因素影响。如从员工需求结构看，需求层次理论把人的需要由低到高归纳为生理、安全、感情和归属、地位和受尊重、自我实现五个层次。人通常按照需要的层次等级去追求满足。在现代社会，人们追求低层次需要的满足一般来说不再是难题，他们更多地追求个性的发展、自我价值的实现。因此，企业员工价值观的多元化和复杂化不可避免。企业管理者的使命是：使员工感到企业是发挥自己才能、自我实现的“自由王国”，从而愿意把个人价值融进企业整体价值当中。

2. 群体价值观

群体价值观是指正式或非正式群体所拥有的价值观。

正式群体是指有计划设计的组织机构，其价值观是管理者思想和信念的体现。正式群体成员间关系明确，职务角色所包含的内容和价值也相当明确，其职权范围包含着互助关系、服从关系等，具有一定的等级色彩。正式群体最关心组织成员的忠诚与否，而易于忽略不同人的个性价值差异。

企业是由若干小正式群体构成的，这些小正式群体的价值观与企业整体价值观总体是一致的，但由于“部门利益”的存在，有时也会发生一些摩擦或矛盾。管理者要善于把企业内部不同群体的目标融入企业整体目标之中，使群体成员认识到，只有实现了企业整体的目标，群体目标和个人目标才有可能实现。

企业非正式群体是指企业员工在共同工作过程中，由于血缘、感情、兴趣爱好、利益等人际关系因素自然结成的一种“联合体”。非正式群体虽然没有明文的规定和制度，但有共同的形成基础和联系纽带，自然地联合成一个系统，是配合默契的群体，具有整体性特征。它通过种种方式满足自己的需求，目的十分明确。非正式群体依据一定的主、客观条件而产生，条件改变就有可能解体，或依新出现的条件由一种类型转化为另一种类型，甚至可以转化为企业的正式群体。非正式群体一旦形成，必然对企业员工的心理倾向和行为举止产生深刻的影响，对企业目标的实现产生深刻的影响。

有人把正式群体与非正式群体比喻为“一把剪刀的两个部分”，剪刀两部分的夹角平分线构成群体运动的实际方向线。当非正式群体价值观与正式群体价值观一致时，必然促进信息交流和效率提升，加速企业目标的实现；反之，必然抵制企业正式群体目标，有碍企业正常运行。因此，企业的管理者必须正视非正式群体的特点，把非正式群体价值观引导、升华到企业价值观。

3. 整体价值观

企业整体价值观是全员共有的价值理想，全面体现员工发展、企业发展与社会发展的一致性，具有综合性和高层次特点。因此，整体价值观指导、制约和统率着个人价值观和群体价值观。员工个体和群体只要树立了整体价值观，就能产生对企业发展的信念和实现整体目标的抱负，因而构筑出一种文化环境，使每一个员工超越自我，使企业成为追求生命价值的场所，从而引爆出惊人的创造力。

整体价值观建立在企业对外部环境的认识和态度的基础上。企业是社会经济活动中的基本单位，它的经营活动既有独立性，又是整个社会生产活动的有机组成部分。一方面，企业要从社会（市场）输入经营要素和各种社会服务；另一方面，企业要向社会输出产品、服务和税利等。正是在这种相互交换的基础上，企业与各环境要素之间结成了相互依存、共存共荣的互利关系，产生了企业对顾客、供应商、经销商、竞争者、金融机构、税务机关等相关要素的看法和态度，成为价值观形成的基础。

4. 三个层次价值观之间的关系

综上所述，企业价值观体系中既包括体现企业主导意识的整体价值观，也包括异彩纷呈的个体价值观和群体价值观，整体价值观构成企业文化的主流，是个体价值观、群体价值观的最大公约数；个体价值观、群体价值观形成若干支脉，共存于企业文化生态体系中。

理想主义者主张，为纯洁企业文化，应张扬、放大整体价值观，限制个体价值观的生长，乃至完全取缔个体价值观；严格规范或制约群体价值观。其实，这种想法是有害的。

首先，个体价值观是客观存在的。人的差异及受环境的影响不同，会产生不同的价值观，继而形成不同的处世态度、思维方式和行为方式；即使其本位价值观具有共同性，从属价值观也是千差万别的。在市场经济体制下，人们的个性得以解放、张扬和放大，价值追求和价值判断呈现多样化的趋势，尤其在脑力劳动群体中表现得更为明显。人为地想取缔个体价值观的想法是幼稚的。

其次，群体价值观的存在也具有客观性。企业中的各种群体是人们协作、交往和满足情感需要的基础，各种群体的性质、目标不同，自然会产生不同的价值取向和价值判断。进一步分析，当整体价值观取得主流地位后，允许一定的个体价值观和群体价值观的自由成长，个体价值观和群体价值观与整体价值观在相互矛盾冲突中，会促进整体价值观得以提升。如果企业有足够的力量硬性去做价值观整合，最大限度地放大整体价值观，限制个体价值观和群体价值观的实现，其结果肯定是破坏了企业价值生态，最终也就使整体价值观貌合神离，走向专断，最终窒息企业的生命。

因此，在企业文化管理中，要正确处理整体价值观与个体价值观、群体价值观之间的关系，塑造企业整体价值观时，要为个性发挥、个人成长、个体价值与群体价值的实现留下较大的空间。学会“砌石”而不是“砌砖”，千方百计找到个体价值、群体价值与企业整体价值的契合点，为实现个体价值和彰显群体价值搭建平台，达成不同层次价值观共同实现的“共赢”结果。

（二）企业价值观的取向

1. 企业价值观的演变

在企业发展史上，企业价值观经历了最大利润价值观、经营管理价值观和企业社会互利价值观三个不同时期的演变。

最大利润价值观指企业全部经营决策和行动，都围绕如何获取最大利润这一目的进行，能否获得最大利润成为评估企业经营好坏的根本标准的价值观。

经营管理价值观指企业在组织规模大而复杂、投资大而投资者分散的条件下，管理者受投资者的委托，从事经营管理而形成的价值观。一般来说，除了尽可能地为投资者获利以外，还非常注重企业人员自身价值的实现。

企业社会互利价值观是 20 世纪 70 年代兴起的一种企业价值观，它要求企业在确定利润水平时，把员工、企业、社会的利益统筹起来考虑，不能有所偏颇。

2. 当代企业价值观的四种取向

（1）经济价值取向。企业是经济实体，其价值观中必定包含十分明确的经济价值取向。但经济价值取向绝不等同于利润最大化倾向。倘若一个企业一味地、不择手段地赚钱，必然成为一个不受社会欢迎的“经济动物”，必然终日被充满了算计和铜臭味的气氛所笼罩。那么，无论其一时何等繁荣，终会因内外环境的“恶化”而走上绝路。企业必须作为一个社会器官而在社会中存续，它的基本的、直接的目的是创造市场需求，为人们带来幸福和快乐，正如德鲁克所说“企业的目的在于企业之外”。为了达到这一“企业之外”的目的，它必须执行两项基本功能：市场营销和技术创新；利润只是企业执行这两项基本功能的补偿和报酬之一。因此，企业具体经营项目、作业、组合、投向等的抉择，绝不会完全从盈利出发，其原始诱惑力与驱动力也多半不直接来自利润率的高低和利润总量的多寡，它们只是事业抉择的限制条件。

（2）社会价值取向。企业是社会的一个细胞，是国家的一个集团公民。因此，它正视并积极处理企业全部经营活动所造成的自然环境和社会影响，把履行环保责任和解决社会问题视为企业发展的机会。这种社会价值取向使得企业既肩负起了多重社会责任，又获得了一个日益改善、日渐完美的市场环境。

（3）伦理价值取向。这种价值取向主要涉及企业所有者、经营者、员工、消费者之间重大关系的确立与维持的准则问题。经营企业如同做人，正直、善良与诚实等美德不但适用于个人，也适用于企业。优秀的企业都极为推崇正直、善良与诚实，并把它作为企业文化核心的一部分。

(4) 政治价值取向。企业是在一定的政治环境中生存的，经济、社会、伦理道德问题与政治问题密切相关。对人权、种族、就业、福利、慈善等一系列问题的介入与解决，是企业不可推卸的政治责任；对一些容易转化为政治问题的社会敏感问题的解决，企业也不能袖手旁观。中国企业具有明确的政治价值取向和政治责任感，坚持中国共产党的领导，坚持社会主义核心价值观，把培养有理想、有道德、有文化、有纪律的社会主义劳动者作为自身的使命。

三、成功企业的共同价值观

(一) 企业价值观的共性与个性

企业文化既有共性，也有个性。作为企业文化内核的企业价值观，其共性更明显，它反映了企业发展的共有规律。基因理论证实，人与猿的基因98%是一样的，只有2%不一样；人与小白鼠的基因只有500对不同。这说明相近的生命体多半基因是相同的。以此推论，不同企业作为同一类生命体，其生命的文化基因——价值观，可能95%是共性，只有5%是个性。

在塑造企业价值观时，首先要关注共性。即要关注企业共处的自然、经济、人文、政治与法律环境对企业价值观的共同影响；关注市场经济规律、社会大生产规律、人类一般心理及行为规律对企业价值观的共同影响，以便学习和借鉴他人的先进经验。

关注企业价值观的个性也是十分重要的。企业价值观的个性虽然是少数，但却鲜亮、耀眼，是企业文化的精华所在，也是企业的活力与源泉所在。在企业价值观中突出个性，让人过目不忘；把它渗透在企业经营行为中，使人充满激情，带来良好感受；在企业品牌、形象和广告推广中注入价值个性，能产生文化感召力、亲和力、吸引力和冲击力。

成功企业的价值观往往是融共性与个性为一体的，既重共性塑造，又重个性培养，使企业价值观在反映共性规律的同时又富有个性的魅力。

具有350多年历史的同仁堂，始终秉承优秀企业共有的诚信文化，坚守“炮制虽繁必不敢省人工，品味虽贵必不敢减物力”的古训和“修合无人见，存心有天知”的信条；在市场经济条件下，又提炼出“同修仁德，济世养生”的精神，作为品牌的核心价值，使古老的同仁堂焕发青春，在市场上树立起鲜亮的品牌形象。

(二) 现代企业价值观的排序

兰德公司花了20多年的时间，跟踪了500多家世界大企业，发现其中百年不衰企业的共同特点是：它们不再以追求利润为唯一目标，而是有超越利润的社会目标。它们一般遵循以下三条排序原则：

1. 人的价值高于物的价值

卓越的企业总是把人的价值放在首位，物是第二位的。由人支配物，而不是由物支配人。人是企业最佳的不可替代的资产，是企业价值的源泉。松下幸之助告诫自己的员工：如果有人问“你们松下公司是生产什么的”，你应当这样回答他：“我们松下公司首先制造人才，兼而生产电器。”

2. 共同价值高于个人价值

共同协作优于独立单干，集体高于个人。卓越的企业所倡导的团队精神、团队文化，其本意就是倡导一种共同价值高于个人价值的企业价值观。诺贝尔经济学奖得主阿马蒂亚·森说，一个基于个人利益增进而缺乏合作价值观的社会，在文化意义上是没有吸引力的，这样的社会在经济上也是缺乏效率的，以各种形式出现的狭隘的个人利益增进，不会对我们的福利增加产生好处。当然，企业的基础是个人，没有个人能力的发挥，企业就不能成为一个有机的生命体，也就不能产生经营活力。因此，必须把个人的价值实现和企业价值成长有机地结合起来。

3. 社会价值高于利润价值，用户价值高于生产价值

卓越的公司总是将顾客满意原则作为企业价值观不可或缺的内容。每个企业都有自己的价值目标，其中有自身利润方面的，也有用户的，还有社会的。当自身利润目标与用户和社会目标发生矛盾时，优秀公司优先选择的是确保用户价值和社会价值目标的实现。

案例 3-2

“非典”流行时的同仁堂

2003 年春天，突如其来的“非典”(SARS)，袭击了中国很多地区。

因“非典”暴发突然，医学界一时查不出“真凶”，陷入了御敌乏术的境地。而“非典”的症状在中医来看，是明显的“热毒”，可以用清热解毒、芳香化湿、补气生津的药物进行防治。北京东直门医院的姜良铎大夫开了一服预防“非典”的药方，由苍术、藿香、银花、贯众、黄芪、沙参、防风、白术八味药组成，时称“姜八味”。

药方一公布，京城即出现争购风潮。同仁堂各门市部从早晨四五点钟就排起了长龙，供不应求。此时有人议论：“‘非典’一闹，这药价哪怕涨一两分，同仁堂也赚足了。”“这就叫‘商机’，是个企业就得抓住了。”同仁堂派到外地的采购员急急火火地给公司领导打电话：“金银花由每千克不到 20 元涨到了 300 元，这药材咱买还是不买?”公司领导斩钉截铁：“买，涨价也买！保证供应的承诺一定要兑现。”销售部门又请示：“药材涨成这样，咱们的药是不是也得涨价?”公司领导毫不犹豫：“不涨价，一分钱也不涨!”

同仁堂不仅不涨价，反而加紧组织货源，果断停产国公酒、生脉饮，改产防治“非典”的汤剂，扩大生产规模。个别职工不理解：“国公酒和生脉饮都是同仁堂的主打产品，市场好、效益高，停了损失太大啦。”“生产防治‘非典’药，现在是生产越多，亏得越多。”

梅群总经理开导大家：“现在是抗‘非典’特殊时期，为百姓排忧解难，防病治病，不正是践行‘同修仁德，济世养生’的企业精神嘛!”

此时有人还回忆起了当年支援上海抗击“甲肝”的事情。那是 1988 年年初，由于有人食用被污染的毛蚶，在上海造成“甲肝”大规模爆发。两个月内，全市累计发病约 30 万例，直接死亡 11 人。上海急需能防治“甲肝”的“板蓝根冲剂”。为了支援上海人民抗击“甲肝”，同仁堂制药二厂职工放弃了春节休假，日夜加班生产“板蓝根冲

剂”。尽管如此，板蓝根冲剂仍供不应求，等着拉货的汽车在厂门前排成了长队。上海出现了板蓝根冲剂黑市交易，而且价格高得离谱：一箱板蓝根冲剂能换一台紧俏的21英寸彩电。在某些人看来，这可是同仁堂“千载难逢”的赚钱机会，可是同仁堂生产的“板蓝根冲剂”没有涨一分钱，为此最后还赔了17万元。

整个“非典”期间，同仁堂坚持不停售、不加价，一共卖出了198万服饮片，100多万瓶代煎液。同仁堂每卖出一服抗“非典”药就要亏2元钱，仅此一项就亏600万元。如果加上停产、停售其他利润高的产品的亏损，还远不止这个数。

资料来源：根据新浪读书发布的文献（2010-02-26）改写。

案例讨论

1. 同仁堂在“非典”流行时期的做法，体现了企业什么样的价值观？
2. 在特殊时期，当企业利益与社会利益发生矛盾时，应本着什么原则去处理？

（三）现代企业价值观的本质——以人为本

现代企业价值观的本质特征，就是坚持以人为本，以关心人、爱护人、尊重人、发展人的人本思想为导向。过去，企业人力资源管理的目的仅限于挖掘人的潜力。西方企业也强调在员工技术训练上投资，以此作为企业提高效率、获得更多利润的途径。这种做法，实际上是把人作为工具来看待。现代企业的发展趋势已经开始把人的发展视为目的，而不单纯是手段，这是企业价值观的根本性变化。企业能否给员工提供一个良好的发展环境，提高员工的获得感与幸福感，成为衡量一个企业文化优劣的根本标志。康德说过，在经历种种冲突、牺牲和曲折复杂的漫长路程之后，历史将走向一个充分发挥人的全部才智的美好社会。随着现代科学技术的发展，社会的真正财富，将越来越表现为人通过主体力量的发挥而实现对客观世界的支配。这就要求充分注意人的全面发展，这无论对于企业中的人，还是对全社会来说，都是极为重要的。

以人为本的“人”，包含股东、管理者、员工、顾客和公众。如何看待股东、管理者、员工、顾客和公众以及如何处理与这些人的关系，反映着企业是否坚持了以人为本的企业价值观。股东对企业拥有所有权；管理者对企业经营有决策权和控制权；员工是企业经营的主体，通过参与管理行使自己的权利；顾客通过购买企业产品与服务，通过手中的“货币选票”行使他们的选择权；公众通过“舆论”等形式行使他们的监督权。股东有投资增值的需要；管理者和员工有权力、地位、成就感和与取得的贡献相适应的经济报酬的需要；顾客有获得质量高、价格低、方便快捷的产品和服务的需要；公众希望企业承担社会责任。企业如果不能满足这些需要，股东就要抛售股票，管理者和员工就要跳槽，顾客就会不买企业的产品，公众就会抨击企业无德或无能。企业只有坚持以人为本，不断创造满足人的需要的新途径，才能不断创造更高的效率和效益。

在企业内部，以人为本的核心是解决员工和企业的关系问题，即如何看待员工的权力和需要的问题。德国通过“社会契约”和“共同决策”的监事会制度，在权力的平衡方面步子迈得最大，但因决策缓慢，企业获得的活力和竞争力是有限的。几十年来，日本企业通过文化和制度来造就一种心理上的权力平衡，但日本的传统用工制度和工资制度受到严峻挑战。美国企业是通过工会来达到某种权力平衡的，但工会面对近年来员工与管理者收益差距扩大的趋势无能为力。

在信息时代，员工多元化的价值追求，已不仅仅是需求的满足问题，还越来越成为创造力的源泉。信息时代将给企业带来新的机会，快速、激烈的竞争将迫使企业越来越趋向民主化，因为这是取得竞争优势的唯一途径。在开放的社会中，人们对级别和地位的竞争将渐渐淡化，知识和能力将构成企业新的价值基础，这将净化企业内部人与人的关系。在重新构建的企业文化中，人的自我实现的价值在于创造而不在于权力，在于工作而不在于等级。社会微观生产基础的变化必将最终影响全社会。信息时代的企业组织形式也要适应以人为本的价值观，这种组织形式和组织制度不仅要考虑到员工的职业，还要考虑到员工的兴趣、爱好、气质、秉性，以及他们可能的发展方向。组织的核心能力将可能不再是业务能力，而是人际关系能力和善于把握方向的能力。同时，员工的报酬将不是根据职位，而是根据能力和贡献。企业各类人才能各尽其能、发挥所长，在自己选择的专业道路上不断实现自我价值，不断取得应有的经济、社会地位和自我心理需求的满足。

四、培养现代企业价值观

培养企业价值观，要以社会主义核心价值观为引领，把社会主义核心价值观贯穿到培育企业核心价值观全过程。培养企业价值观是一项内容繁杂的系统工程，要求企业遵循员工和群体心理活动规律，正确处理企业内部因素与外部环境、企业整体与员工个人、企业与社会、传统文化与时代精神以及现实与未来等一系列关系，系统设计，精心施工。

（一）整合现有价值观

一般来说，具有一定历史的企业，其价值观总是客观存在的，但由于这种观念形态的东西往往不易被人发现，因此它在企业发展中的地位和作用也就常被人忽视。迪尔和肯尼迪指出：价值观和信念主要得自经验，得自经济环境下各种尝试所积累的结果。企业员工在特定经济环境中进行尝试后知道什么可行、什么不可行，再加以概括和总结，这就是价值观念的理念化过程。任何企业组织无论是处在创业阶段，还是处在发展阶段或成熟阶段，如果在实践中已经取得了一些经验，就必须对之加以提炼，使之升华到价值观层次。把经验提升到理念也就是对价值观整合与提炼的过程，这是塑造企业价值观的第一步。

在确认和进一步培育企业价值观时，要根据企业的性质、规模、类型、员工素质、经营的特殊性和环境要求来选择适当的价值标准，从而反映出企业的使命和特色；还要注意企业价值理想实现的可能性，使企业价值观有实在的客观基础，与员工的心理承受能力相一致。同时，价值观来源于实际又高于实际，要有超前性，以体现企业未来发展和长远奋斗目标，成为员工行动的灯塔。

（二）传承基础上创新价值观

企业价值观具有动态性，要随客观环境和企业内在因素的变化，不断创新，切实保证其在内容上与企业经营实践一样充满活力。企业诞生以来，企业价值观经历几次演变，呈现出这样的趋势：超越企业功利观，关注人的发展和社会责任。新的价值观的形成是对传统价值观的扬弃，是不断注入时代精神的创新，也是企业技术创新、市场创新和管理变革的需要。只有培育创新的价值观，才能时刻保持企业价值观的勃勃生机。

（三）凸显企业特色价值观

企业价值观反映着企业经营中最鲜活的内容，在总结与提升企业价值观时要突出这种个性化特点。如中国移动的“正德厚生、臻于至善”，安踏的“消费者导向、专注务实、创新超越、尊重包容”，宝洁的“做正确的事”，IBM 的“IBM 就是服务”，杜邦的“创造美好生活”等。有特色的价值观，一方面体现了企业的自信，是企业自信力达到成熟阶段的标志，这种价值观不仅在高级管理人员心目中，而且在企业绝大多数人的心目中，都成为一种实实在在的东西，真正起着凝聚、支配人行为的作用；另一方面，可以使员工产生一种个性感，一种与众不同的自豪感，激励起企业成员的创造潜能和竞争取胜的信心。企业价值观的表述，要具有特色，要用与众不同的词语表示，避免雷同和过于空泛。

（四）引导员工认同与践行价值观

提出价值观并非难事，关键在于把组织倡导的价值观变为员工的共同信念并付诸实践。没有转化为员工信念与行动的价值观，不仅对企业没有任何裨益，还会扭曲、损伤企业的形象。企业价值观从确立到转化为全体成员的信念，是一个价值观内化的过程；再从信念转化为自觉行动，是一个价值观外化的过程。在企业价值观的内化与外化过程中，领导者处于主导地位，领导者持续不断地灌输，以身作则、率先垂范，并善于树立楷模，利用制度、典礼和仪式等形式去助推是很重要的。

第二节 企业精神

一、企业精神——企业文化的亮点

企业精神是企业文化中最富感染力的部分，是企业文化的亮点。

（一）企业精神的内涵

企业精神是一个企业基于自身特定的性质、任务、宗旨、发展方向，经精心培育而逐步形成的企业正向心理定式、价值取向、主导意识和精神追求。企业精神是时代精神与企业个性相结合的一种群体精神，是企业成员健康人格、积极心态的外化和对企业的信任感、自豪感、荣誉感的集中表现形态。企业精神一旦形成，即成为企业管理调节系统的基本准则和价值动力。每个企业都有各具特色的企业精神，它往往以简洁而富有哲理的语言形式加以概括。

企业精神源于经营实践，源于员工先进的群体意识，更集中反映了企业家的事业追求、理想目标和主导意识。企业提炼出带有经典意义的企业精神，一般带有企业家个性与精神追求的影子，企业家以身作则，是企业精神不遗余力的传播者。

企业精神作为企业文化的组成部分，从形成角度看，它是企业文化发展到一定阶段的产物，是企业文化特质，即最富个性、最先进的内容的反映。企业文化与企业精神的关系，不是简单的包含与被包含的关系。用一个形象比喻，二者好比土壤与鲜花，企业文化是土壤，企业精神是鲜花，只有在肥沃的企业文化土壤中，才能栽培和繁育出绚丽多彩的企业精神之花；否则，再好的企业精神表达形式，没有肥沃的企业文化土壤为之提供营养和水分，也只能是昙花一现。

企业精神决定于企业价值观，是对企业价值观的个性张扬，能够把抽象的企业价值观诠释、演绎为一种具体的信念，对增强企业向心力和凝聚力，将企业各方面的力量集中到企业的经营目标上来起到重要的引导和激励作用。企业文化管理方式，其最终目标就是试图寻找一种先进的、具有代表性的共同理想，将全体员工团结在统一的旗帜下，最大限度地发挥人的主观能动性。培育企业精神是实施企业文化管理方式的途径之一。企业精神渗透于企业生产经营活动的各个方面和各个环节，它能给人以理想与信心，给人以鼓励与荣誉，也给人以引导与约束。企业精神的实践过程即是一种员工共同意识的信念化过程，其信念化的结果，会大大提高员工主动承担责任和修正个人行为的自觉性，从而主动地关注企业的前途，维护企业的声誉，自觉为企业贡献自己的力量。

（二）企业精神的基本特征

从企业精神的塑造和践行过程可以发现，企业精神具有以下几个基本特征：

1. 客观性

企业生产力状况是企业精神产生的基础。很难想象在生产力低下、企业经营管理水平十分落后的情况下，企业会产生一流的企业精神。企业精神的倡导可以适当超前，但不能脱离现实而成为“泡沫精神”。只有正确反映现实的企业精神，才能起到指导企业实践活动的作用。

2. 群体性

企业精神是全体员工共同拥有、普遍坚守的理念。当然，企业精神在产生的萌芽时期，可能只表现在少数文化楷模身上，只是领导者或企业英雄倡导的一种“口号”。如果这种萌芽不能生长，说明没有很好的文化土壤，企业精神不能形成；如果这种萌芽顺利生长，说明有良好的文化土壤，经过领导者精心倡导、培育和全体员工的践行与体验，企业精神就会发育，并逐渐成长、成熟。如在大庆油田，由最初体现在铁人王进喜身上的“铁人精神”，逐渐演绎发展为“苦干实干”“三老四严”的大庆精神。

3. 动态性

企业精神的内容和表达具有相对稳定性。但稳定并不是固定，企业精神需要随着时代变迁、环境变化而不断发展。首先，企业精神内容应当让人感受时代的脉动和时代赋予企业的使命。其次，随着技术进步、市场变化、经营观念不断更新以及管理方式不断演进，企业需不断充实、丰富或升华企业精神的内涵。

4. 卓越性

企业精神是企业最先进的意识和积极向上风貌的反映，其中必然内生有开拓进取、拼搏奉献、追求卓越的基因。而且，企业家在企业精神培育中具有主导作用，自然要把自身创新和冒险的企业家精神注入其中，并加以强化。具有卓越特性的企业精神，是企业活力和财富的源泉。任何企业经营的成功，都是其积极创新、追求卓越的结果。追求卓越是当代企业精神的基本属性。

二、卓越企业的共同精神追求

目前，世界各国先进的企业都非常重视企业精神的培育，如澳大利亚、美国、德国等国超过70%的企业，日本几乎100%的企业都有比较明确的企业精神或类似用语的表述。我国多数大中型企业也都有企业精神的概括。从企业精神的内容来看，主张参与、协作、奉献和创新，成为现代企业精神的主导意志。

（一）参与精神

培育参与精神，是企业兼顾满足员工各种需求和企业效率、效益要求的基本文化追求。员工通过参与企业管理，发挥聪明才智，得到了价值认可与经济报酬，改善了人际关系，实现了自我价值。而企业则由于员工的参与，改进了工作，降低了成本，提高了效率。培育参与精神，企业要特别注意引导，要把企业当前工作重点和努力方向传达给员工，使员工参与具有明确的方向性。实施参与管理，要根据员工素质和参与经验，分别采取控制型参与、授权型参与、全方位参与等不同参与管理方式。培育参与精神，在具体表述时，一般用“爱厂如家”“爱岗敬业”等词语来概括。

（二）协作精神

协作是大生产的基本要求，也是企业谋求创造整体效应的要求。协作不仅能够放大整体价值，也能更好地实现个体价值。培育协作精神，可以通过明确分工、制定清晰的岗位职责以及协作制度等，也可以利用工作后的聚餐、郊游等形式来增进同事之间的私人感情和协作的意愿。协作精神还可以通过非正式组织、团队（以班组、部门，或以临时任务组织、兴趣小组为基础）形式来促进企业员工的协作精神。在培育协作精神中，多用“团结一致”“共创共享”等词语表达。

（三）奉献精神

奉献精神是与企业的社会责任相联系的。企业讲奉献，就要积极参加社会公益事业，支持文化、教育、社会福利、公共服务等事业，参与环保事业。在企业内部讲奉献精神，体现员工对企业的责任感。尽管在等价交换原则和劳动契约制度面前，不能硬性推行无私和无偿奉献，但企业倡导奉献精神，员工践行奉献精神，每个人都十分清楚这不仅对企业有益，也对个人有利，能够使企业找到企业价值最大化和个人价值最大化的平衡点。企业倡导奉献精神，一般表述为“无私奉献”“报国为民”“关注公益”“奉献社会”等。

（四）创新精神

在市场经济条件下，企业不创新即死亡。因此，创新精神是现代企业精神的应有之义，是几乎所有企业都积极倡导和培育的。与倡导创新精神相联系的，多数企业还倡导竞争精神、开拓精神、探索精神、进取精神、卓越精神、超越精神、争创一流精神等，这些都是现代企业创新精神的突出表现。

三、培育有个性的企业精神

（一）培育步骤

企业精神的培育是一项艰巨的工作。它一般需要经过确认、倡导和深化三个阶段，三个阶段密切关联、层层递进。

1. 确认阶段

确认阶段的任务，是把企业精神认定下来，明确它的名称、内涵及外延。第一步是进行企业精神一般知识的宣传、普及，提高员工对企业精神的理解和认识，奠定良好的思想文化基础。第二步是广泛发动群众，集思广益，征集企业精神提案，酝酿提炼企业精神。第三步是确认企业精神。一般采用上下结合、内外结合、反复筛选的办法。可以组成一个包括专家、企业家和各方代表在内的评审委员会，根据企业精神最佳提案和多数员工的意见，经加工润色最后确认企业精神。

2. 倡导阶段

倡导阶段的任务，是利用多种形式大力宣传并开展多种活动推广企业精神，使员工从思想上了解它、接受它，从行动上践行它。尤其是企业领导者要带头实践企业精神，有意识地树立践行企业精神的典型人物，鼓励、引导员工深刻认识企业精神的内涵，增强实践企业精神的自觉性。

3. 深化阶段

深化阶段的任务，是使员工从“要我做”变成“我要做”。企业精神的培育在第二阶段的基础上向更深层次发展，将企业精神人格化，把简练、抽象的企业精神具体化、形象化，并由群体精神内化为个体自觉意识，使员工成为“企业人”，使企业精神成为员工自觉实践的一种“本能”。

以上培育企业精神的三个阶段，是人们对企业精神内涵的认识由低到高、由浅入深的过程，也是企业精神从实践中总结出来，又回到群众实践中去，并通过群众的实践不断丰富和发展的过程。

（二）个性表达

企业精神不能自发地产生，也不能由外界强加，它需要一个由分散到系统、从现象到本质，去伪存真，去粗取精，不断概括、升华的提炼过程。如果没有这个过程，企业群体意识和价值观将始终处于一种自发、散乱、不自觉的状态，无法升华为企业精神。

1. 表达原则

（1）准确而深刻。提炼企业精神应抓住企业群体意识的精华和企业价值观的核心，反映企业实质的、根本性的精神理念，既要准确无误，不使人产生歧义，又要富有深刻内涵，饱含理性与思辨色彩，不能让人一看就觉得平淡无味、苍白无力。王府井百货大楼倡导的“一团火”精神，具体表述为：“用我们的光和热，去照亮、去温暖每个顾客、每一颗心。”既准确地表达了源自企业文化楷模张秉贵全心全意为顾客服务的火热情感，又深刻地反映了“大楼人”在正确处理义利关系、积极奉献社会的经营宗旨。

(2) 有个性特色。企业精神提炼出来后，既不能与别的企业雷同，甚至不能相似、相近，也不能哪个企业都能搬用、套用，而只能是企业专用。这就要求提炼企业精神时，对企业所处行业特点、自身传统、经营优势、领导人修养与风范、员工心理期望以及企业发展目标等做全面深刻的研究、分析，然后进行聚焦，给予精辟的表述。

(3) 简洁而生动。表述企业精神不能冗长拖沓、干巴无味，必须简单明了、生动感人。在用词上要准确、达意，富有哲理。表述时可以直接利用员工或企业家的习惯“语言”，这种语言语境清晰、纯朴简洁、富有特色；也可以重新提炼概括，这样容易做到用词讲究、内涵深刻。企业精神表述最忌讳面面俱到，好词堆砌，表达过长，一般以不超过 10 个字为宜。要让人觉得既明快又自然，既深刻又亲切，易读，易懂，易记，朗朗上口，自然流畅。

2. 表述方式

(1) 目标表述式。以理想和奋斗目标作为企业精神，富有号召力。如中国国际航空公司的企业精神“永不休止地追求一流”。

(2) 经验荟萃式。将企业创业与发展中积淀的最宝贵的经验提炼出来，形成企业精神。这种表达方式既继承了企业历史精神财富，又为未来发展提供精神动力。

(3) 特点整合式。对企业经营特点进行提炼，形成企业精神。如北京邮政系统员工把“一封信，一颗心”奉为行业精神，美国德尔塔航空倡导“亲如一家”精神。

(4) 传统继承式。以企业多年形成的优良传统为核心，提炼企业精神。如同仁堂的“同修仁德，济世养生”，既继承了历史诚信传统，又注入了体现时代人文关怀的“仁爱”内涵。

(5) 人格升华式。将企业英雄人物、先进典型的精神品格和优秀事迹，总结、升华为企业精神，如大庆油田的“铁人精神”。这种人格化的企业精神表述方法亲切、形象、生动，企业员工容易接受。但要注意，企业精神所依托的英雄人物或先进典型必须有过硬的优秀事迹，为群众所信服，经得起历史考验。

(6) 名人名言式。即以名人名言作为企业精神的内容，并赋予本企业理念的内涵，如日本日产公司的企业精神是“品不良在于心不正”；也有企业用《孙子兵法》中的“上下同欲者胜”作为企业精神。

(7) 单一警句式。以反映企业特色、信念、追求的一两句话作为企业精神，如波音公司“我们每个人都代表公司”；日本 3S 公司“善的循环”。

(8) 复合多句式。以几组语句并列综合表述企业精神，如中国石化的“爱我中华、振兴石化”；北京松下彩色显像管有限公司“产业报国、光明正大、团结一致、奋发向上、礼貌谦让、改革发展、服务奉献”。

3. 命名方式

企业精神提炼出来后，还应该给其命名，命名的方式大致有以下几种：

(1) 企业名称命名式。即以企业简称命名企业精神。如“宝钢精神”“一汽精神”等。这种命名方式明确了企业精神的归属，不致让人搞混。有些企业名称本身就是企业精神内涵的浓缩。

(2) 产品商标命名式。企业产品商标的知名度较高者宜采用这种命名方式。如“康佳精神”“蜜蜂精神”等。

（3）形象比喻命名式。以形象生动的比喻方式表达企业精神。如燃料公司的“火炬精神”、纺织企业的“春蚕精神”、铁路企业的“火车头精神”等。

企业精神实例

（4）内涵提炼命名式。将企业精神的内涵反复提炼命名，如统一企业的“三好一道”，即信誉好、品质好、服务好和价格公道。

（5）人名命名式。以企业创始人、英雄人物的姓名命名企业精神。如鞍山钢铁公司的“孟泰精神”、日本松下电器公司的“松下精神”等。

案例 3-3

“全聚德”三个字的内涵

“全聚德”三个字的含义：“全而无缺、聚而不散、仁德至上”。

“全而无缺”，说明全聚德菜品丰富、质量上乘、无缺憾；“聚而不散”，说明天下宾客在此聚餐聚情，情意深厚；“仁德至上”，体现了“全聚德”人以仁爱之心，真诚服务于宾客。

“一炉百年的火，铸成了全聚德。”全聚德创立于 1864 年，历经 160 年的发展，形成了独具特色的挂炉烤鸭以及集“全鸭席”和 400 多道菜品于一体的京菜菜系，备受社会各界广大顾客的青睐。全聚德成立集团继而上市后，把周总理对“全聚德”的解释“全而无缺、聚而不散、仁德至上”作为企业精神加以弘扬，不负众望，守正创新，逐渐赢得“中华第一吃”的美誉。

案例讨论

1. “全聚德精神”属于哪种命名方式？这种命名方式对企业精神的传播有何益处？
2. “全聚德精神”内涵的背后，蕴含着哪些中华优秀传统文化？

第三节　企业伦理道德

一、伦理道德——企业文化的无形规则

在企业中，引导或约束人们行为的力量，主要来自法律与制度、权力与命令和伦理道德。伦理道德作为企业文化的无形规则，其力量往往渗透于法律与制度、权力与命令

之中，又作用于法律与制度、权力与命令管不到的地方，弥补其不足；不仅如此，伦理道德的力量可以超越法律与制度、权力与命令，对企业和员工行为起到强制作用。

伦理道德贯穿于企业经营活动的始终和管理活动的各个层面，对企业文化的其他因素以及整个企业运行质量都有深刻影响。

（一）伦理道德的内涵

1. 伦理道德的概念与本质

在我国，最早“道”“德”是两个不同概念。先哲们以“道”表示事物运动变化的规律或规则，而把对自己有所得的东西称为“德”。“伦理”一词中的“伦”，是指人们之间的关系，“理”则是道德或规则。伦理比道德前进了一步，是指人与人之间关系的道德和规则。当代人们常常把伦理和道德合并使用。伦理道德是指人类社会依据对自然、社会和个人的认识，以是非、善恶为标准，调整人们社会关系的行为规范和准则。伦理道德本质上是由经济基础决定的，也受民族文化和社会文化的影响，具有历史性和具体性。

企业的伦理道德是指调整股东、管理者、普通员工之间，企业与社会公众之间的关系的行为规范的总和。

2. 伦理道德的层次

伦理道德既有符合现实的一般道德，也有滞后于现实的落后道德，还有超越现实、体现先进文化的高尚道德。要实现员工行为和企业倡导的价值观的统一，必须坚持道德高标准，即崇尚高尚道德。只有通过企业伦理道德建设，把企业制定和倡导的先进道德规范化为企业员工的自觉行为，企业的价值观才能得以贯彻。

企业坚守道德高标准，从长远看能够通过取得社会信任和顾客忠诚，获取较高的回报。

（二）企业伦理道德的特征

1. 一致性与特殊性

企业伦理道德反映了社会伦理道德的基本精神和要求，是社会伦理道德的具体体现，企业与社会的伦理道德具有一致性。但企业伦理道德产生于企业特定的经营活动过程，是企业处理各种经济关系时遵从的特定道德规范和道德要求，因此又有特殊性。高尚的企业伦理道德是先于社会伦理道德而产生的，是社会伦理道德中的积极因子，显示着社会伦理道德的发展方向。

2. 统一性与独立性

企业伦理道德与规章制度都是企业调节人们行为的力量。规章制度的内容体现着伦理道德的基本要求；伦理道德渗透在规章制度中，通过“章程”“条例”“制度”“规范”“规程”“流程”“标准”等形式发挥作用，伦理道德与规章制度具有统一性。但必须看到，规章制度再健全，对员工行为的约束也有鞭长莫及之处，伦理道德在此时起到补充作用，产生更广泛的约束力。伦理道德与规章制度存在着职能上的区别，前者要求员工“应该怎样做”，但不是强制性的；后者要求员工“必须这样做”，是一种对禁止性后果的确认，具有强制性。企业对员工采用强制手段限于维持生产经营正常秩序的行为；而对于鼓励的行为，一般通过倡导某种先进道德风尚来实现，这就是伦理道德的独立性。

3. 长期稳定性

企业员工比较稳定的职业心理、职业习惯和职业道德评估，铸就了他们稳定的道德品质，从而决定了企业伦理道德的长期稳定性。企业伦理道德与社会伦理道德的一致性，也使其与员工所受的家庭和社会教育相一致，这也强化了企业伦理道德的长期稳定性。

二、企业伦理道德建设的原则与内容

（一）建设原则

1. 爱国主义原则

人民有信仰，国家有力量，民族有希望。企业是有国籍的，爱国是企业伦理道德的最高境界。企业只有加强爱国主义教育，引导人们树立正确的历史观、民族观、国家观、文化观、经营观，才能赋予伦理道德以灵魂。

2. 集体主义原则

企业是一个由出资者、经营者、管理者和员工组成的命运共同体。只有在坚持集体主义原则基础上，协调好出资者、经营者、管理者和员工的关系，协调好个人目标与整体目标、个人利益与整体利益之间的关系，才能使企业在“一体化”愿景下，创造最高效率和最佳效益。

3. 诚实性原则

诚实乃企业之魂。企业坚守诚实的道德原则主要包括：遵守协议和合同；承认产品缺陷，并尽可能予以纠正；为所得报酬付出诚实的劳动；给劳动者付适当的工资；在合理利润限度内，确定诚实的价格；根据价值提供高质量的产品；在提供劳务产品与支付报酬方面说实话；在企业和员工关系中不说谎；不对股东隐瞒企业状况；做广告时说实话；确保及时发现并消除经营中不诚实和不道德的现象。

4. 公正原则

企业道德领域的公正主要包括：交易公正、分配公正和社会公正。交易公正是指涉及对所提供的劳务或生产、销售的产品做出的补偿要公正；分配公正是指企业总利润在企业股东、经理、员工之间的分配要公正；社会公正是指企业及其成员对待消费者和全体社会公众要公正。

（二）建设内容

1. 企业与员工之间的道德规范

企业与员工的关系，其实就是集体与个人之间的关系。一方面，集体要承认员工个体价值的存在，为个体价值的实现和全面发展服务。一个合格的企业应该有以下的道德观念和道德规范：一是确保员工职业安全，保护员工生命价值；二是承认个人利益，尽力满足员工合理的且有实现可能的要求；三是尊重员工的个性、专长、价值与尊严，为员工得到全面发展和充分发挥聪明才智创造良好的环境条件；四是确保员工在企业中的主体地位和政治地位、人格地位的平等，为员工广泛参与管理创造条件。（参见社会责任国际标准体系 SA8000。）另一方面，员工要加强自我修养，自觉遵守符合集体主义要求的个人行为规

社会责任国际标准体系（SA8000）

范。这些行为规范包括爱国家、爱集体、爱公物、爱岗位、爱科学、爱劳动；讲诚信、讲责任、讲纪律、讲协作、讲勤俭、讲奉献。以主人翁精神，竭力为企业做出贡献，成为企业利益共同体、命运共同体、理想共同体和情感共同体中合格的一员。在现代企业制度下，构筑员工行为规范的理念基础：一是契约与忠诚，即只要与一个企业签订劳动合同，其行为就要符合企业利益的根本要求，不能背叛；二是承认差别，即承认能力、职务与权力差别，承认劳动报酬的差别。

管理者与普通员工的关系是否协调，直接影响到企业凝聚力的强弱。为此，首先要求管理者树立“以人为本”的管理思想和服务思想，以自己良好的品德、渊博的知识、超群的能力，把员工聚合在自己的周围，率先垂范，科学管理，充分依靠员工和善于激发员工的劳动积极性、主动性和创造性。同时，要求普通员工对管理者的工作给予尊重、理解和支持，主动参与管理，做好本职工作。使管理者和普通员工在实现企业目标的轨道上保持一致，形成良好的相互支持和相互推动的关系。

2. 员工与员工之间的道德规范

在企业内部，员工之间存在着个性、气质、性格、能力上的差异，存在着学历、经历、经验上的差别，所在的岗位、履行的职责不同，归属的群体也不同，因此，相互之间存在着复杂的工作协作关系和情感关系。员工之间的关系应以“平等、团结、友爱、互助”为基本道德规范，在集体主义原则和企业共同愿景下，平等相处，协作互助，共创共享物质与精神成果，共享和谐工作与生活的快乐。

3. 企业与股东之间的道德规范

企业与股东的关系主要体现为经营者与出资人之间的关系。双方在处理相互关系时，要严格履行各自的义务，遵循各自的道德规范。资本是企业存续的基础，为了确保企业的注册和持续经营，股东承担着按公司章程的规定提供经营资本的责任，股东对自己所提供的经营资本只有转让或出售的权利，而不能随意抽回。股东应通过股东会和董事会等形式关心企业经营，支持经营者有效地进行资本运作和业务经营。作为经营者，必须有效地运用企业的资本，遵纪守法，创新经营，科学管理，正确处理好股东、企业和员工的利益关系，处理好企业眼前利益和长远利益的关系，防止“内部人控制”，努力为股东创造最大利润回报。

4. 企业与社会之间的道德规范

企业在处理与社会公众关系时必须有道义上的自律，遵守职业道德。正确处理企业与社会公众的关系，应坚持“平等、互助、互利”的伦理道德规范。例如，在处理与客户关系时，要始终坚持以客户为中心，讲质量，讲信誉，自觉维护客户利益；在处理与合作者关系时，要做到诚实守信、互利互惠；在处理同金融机构的关系时，坚持信用至上；在处理与媒体的关系时，坚持实事求是；在处理与国家税务及行政管理部门的关系时，坚持照章纳税，服从法律，主动承担责任，把国家利益与企业利益统一起来。

三、建设新型的企业伦理道德

企业伦理道德建设是一个长期过程，需要企业将精神文明建设及思想政治工作创新相结合，做好长期规划，努力付诸实施。

（一）确立伦理道德标准

企业进行伦理道德建设，必须善于发掘和吸取传统道德和习俗中的精华，注入时代精神和本企业价值观，建立完善成文的伦理道德标准，纳入企业文化理念体系，使员工明确对与错、好与坏、美与丑的标准，以及哪些事应该做，哪些事不应该做。经过长期不懈的灌输、说服、示范、疏导，最终使较抽象的伦理道德标准，转化为员工可操作的规则和规范。

（二）与员工教育相结合

良好的道德同员工的政治、文化素养和职业素质紧密相连。企业在伦理道德建设过程中，必须坚持对员工进行理想信念、人文知识、科学技术和企业文化教育，建立良好的伦理道德基础，增强员工道德自觉，做到不管是否有外在监督，都能以高尚的道德标准要求自己。

（三）与管理创新相结合

为更好地规范员工的行为，使员工在良好的道德环境中发挥主动性和创造精神，企业应不断进行管理理念与方法创新，在强化科学管理的同时，注重发挥软性管理的作用。如改善管理者与员工的关系，尊重员工的意见与建议，使员工有更多机会参与管理与决策等，促进员工提升敬业精神和道德水平。

（四）与规章制度建设相结合

企业伦理道德建设是一种心理建设，主要诉之于舆论与良心。一方面，要善于通过对员工进行反复、系统的伦理道德教育，利用舆论进行引导，强化员工道德意识，使之形成道德自律，养成道德习惯。另一方面，当某种先进道德被多数人认同后，也需要适时通过规章制度的形式进行固化，成为硬性约束，起到严格规范员工行为的作用。

（五）个人示范与集体影响相结合

个人示范和集体影响在企业伦理道德建设中相辅相成、缺一不可。个人示范有两种：一是管理者要身先士卒，以模范的道德行为为员工做好表率；二是通过挖掘、培养、宣传文化楷模，以典型的力量引导员工自觉遵从企业的道德规范。重视集体影响，主要是利用集体活动、礼仪，形成良好的道德风气，使员工置身其中，通过整体氛围的熏陶和互相影响，提高员工整体道德水平。

第四节　企业形象

一、企业形象——企业文化的外显形态

表面看来，企业形象是企业的一件“外衣”，不管内在文化如何，只要善于包装，就可以做到金玉其外、美名远扬。实际上，经受市场考验的企业形象是包装不出来的。

它作为企业文化的外显形态，既是企业文化的一部分，又是企业文化的载体，也是企业的无形资产——“文化资本积累”。从一个成功企业的形象上，不仅可以感受到该企业的文化，甚至可以感受到一个地区、一个民族或国家的文化。随着全球化和信息化的发展，企业经营资源的重点已由物质资本转向文化资本；企业竞争的本质由产品转向品牌与文化。企业形象建设成为企业谋求发展的重大战略。

（一）企业形象的概念与特征

1. 企业形象的概念及内涵

形象一般是指能够引起人们思想和感情活动的具体形状和姿态，即人们对于特定人和事物的一种认识和评估。形象既是具体的、客观的，又是抽象的、主观的。形象是一个普遍意义的概念，无论是一个人、一个企业，还是一个城市或一个国家，都呈现着特定形象。塑造形象的目的在于识别，即通过具体可感的视觉或行为表现，象征地显示一种价值和意志，在公众心目中引起思想和感情的反应，进而影响人们的行为趋向。

企业形象是一个企业在顾客及公众心目中的总体印象、整体认识与综合评估，其内涵可以从辩证的角度加以理解。

（1）主客观的统一。企业形象既是企业自身特征和运营状况的客观呈现，又反映消费者和公众对企业整体经营的主观认识和评估，是主客观的统一。企业形象所表达的是企业与消费者之间的关系、企业与社会公众之间的关系。它会影响消费者的购买行为，影响社会公众对企业的关注与支持，甚至影响内部员工对企业的认同度与工作积极性。所以，企业在塑造形象中，既要充分展现自己的个性，在众多企业中脱颖而出，又要注意满足消费者、社会公众和内部员工的心理需求和审美情趣，争取消费者、社会公众和内部员工的认同。

（2）具体和抽象的统一。企业形象是由企业环境、产品、经营、服务、公共关系以及管理者、员工形象等具体因素构成的，但又不是上述因素的简单相加，它反映着企业的整体精神风貌和具有远见性的价值观念、经营理念。因此，企业形象是体现了具体要素哲学抽象的形象，其形成非一朝一夕之功。

（3）内在与外在的统一。内在形象是企业在员工心目中的形象，它左右着员工对工作的选择以及对所从事工作的态度。内在形象好坏是通过企业凝聚力、向心力和吸引力大小反映出来的。外在形象是企业在社会公众和消费者心目中的形象，它表示企业对外的知名度、美誉度及社会公众和消费者对企业的信赖度和忠诚度。内在形象和外在形象是相辅相成的统一关系，良好的企业形象是二者完美结合的产物。

2. 企业形象的特征

（1）整体性。企业形象包含的内容范围相当广，从物到人、从产品到服务、从经营到管理、从硬件到软件，无所不及，具有多方位、多角度、多层面、多因素的特点，它是一个复杂的系统。

（2）对象性。企业形象在不同的社会公众对象中有不同的理解和认识。企业要与方方面面的社会公众打交道，而社会公众自身的需要、动机、兴趣、爱好、价值观、文化素质等千差万别，导致他们在对企业形象的认识途径、认识方法上会有所不同。企业所做的主观努力与社会公众评估在大多数情况下是一致的，但也有不尽一致甚至矛盾的时候。这就要求企业在塑造形象时，要研究社会公众一般与个别的兴趣、爱好、需求等，尽可能取得社会公众广泛的认同。

（3）效用性。企业形象代表着企业的信誉、产品的质量、人员的素质、管理的效率、股票的价值等，是企业重要的战略资源和无形资产，也是一种生产力。一个著名企业的形象价值有时高得令人难以置信，但却是真实存在的；而平庸、不良的企业形象，则得不到社会公众的支持，尤其得不到顾客的青睐，其价值在市场上一文不值，甚至是负值。

（4）固化性。企业形象一旦在社会公众心目中形成某种心理定式后，一般不易改变，即俗话说的“先入为主”，表现出相对固化的特征。即使企业某些方面发生一些变化，如果信息刺激较弱，也不会引起社会公众的足够重视。当然，固化也是相对的，只要企业变化的信息刺激足够大，且这些变化又正是社会公众所关注的，那么社会公众对企业的态度和评估也会发生改变。

（二）企业形象的功能

1. 赢得公众支持

良好的企业形象促使社会公众肯定企业为社会所做出的贡献，进而使其对企业产生信任感，发自内心地给予企业以厚爱和支持。

2. 创造消费信心

良好的企业形象引导消费者认识企业、光顾企业、忠诚企业，争取消费者的青睐，创造消费信心，在市场占有率的争夺中获得消费者更多的选票。

3. 增强筹资能力

良好的企业形象使企业在较短的时间内积聚资本，扩大经营规模，提高市场开拓能力和抗风险的能力，增强发展后劲。

4. 稳定供应链

良好的企业形象可以吸引更多的合作伙伴，使企业建立稳定可靠的经销渠道，为建立稳定的供应链奠定信用基础。

5. 提高凝聚力

良好的企业形象使员工产生与企业荣辱与共的思想，赋予员工自豪感和自信心，从而自觉把自己的命运同企业命运联系起来，产生强烈的责任心，形成强大的企业凝聚力。

6. 强化竞争力

因为企业形象中体现的品牌价值可以作为无形资产进行评估，著名品牌的市场价值往往超过它的营业收入或有形资产，使企业展示出雄厚的经济实力和核心竞争力。

7. 广纳贤才

良好的企业形象会像磁石一样产生人才磁场，吸引优秀人才的流入，增强企业人才优势，形成企业人才高地。

案例3-4

为老字号画像

中央电视台“品牌中国”节目，曾就全聚德、五粮液、商务印书馆、同仁堂四家老字号做了一个品牌联想比较：把企业品牌形象及品牌内涵想象成一个穿着什么衣服，乘坐着什么交通工具的人。所穿服装备选的有：长袍马褂、中山装、运动装和西装；所乘交通工具备选的有：马车、汽车、火车和飞机。分别请四家老字号的掌门人，即全聚德姜俊贤、五粮液王国春、商务印书馆杨德炎和同仁堂梅群给自己的企业品牌画像，并和来自北京、上海、广州的消费者抽样调查出的画像进行比较。结果发现，老字号掌门人的自我认知（画像）与消费者评估（画像）存在很大差距（见表3-1）。

表3-1 四家老字号的品牌画像比较

老字号	掌门人自我认知（画像）	消费者（相对多数）评估（画像）
全聚德	一个穿（现代）唐装、坐飞机的人	一个穿长袍马褂、坐马车的人
五粮液	一个穿唐装、坐飞机的人	一个穿中山装、坐汽车的人
商务印书馆	一个穿西装、坐汽车的人	一个穿中山装、坐汽车的人
同仁堂	一个穿长袍马褂、坐飞机的人	一个穿长袍马褂、坐马车的人

案例讨论

1. 为什么上述老字号掌门人的品牌自我认知（画像）与消费者的评估（画像）存在差异？

2. 试分析存在上述差异说明了什么，对企业形象有何影响。

二、企业形象的构成要素

从企业形象的内容看，其构成要素包括理念、产品、服务、员工、经营管理、公共关系、环境和作风等。

（一）理念形象

企业理念是企业文化的个性体现，也是企业理想信念、精神价值在哲学境界的表现形式。理念形象，也就是文化形象，是指顾客和社会公众对企业价值追求和文化品位的总体印象与评估。清晰的理念形象决定企业形象的鲜明个性。理念形象的内容往往通过向社会公开昭示的经营方针、经营宗旨、企业精神、品牌核心价值及主打广告语等反映出来，成功的企业理念传播，能够为企业树立起一面鲜艳的旗帜，使企业形象深入人心。

（二）产品形象

产品形象是指顾客和社会公众对企业产品的品种、质量、性能、规格、款式、造型、设计、商标、包装、标志、价格等方面的总体印象与评估。产品形象是企业形象的物质基础，其优劣是企业形象好坏的直接体现。企业要塑造良好的企业形象，必须首先研究目标市场的需要，突出产品优异的质量和卓越的性能，突出产品的特色和品牌魅力。

（三）服务形象

服务形象是指顾客和社会公众对企业服务方式、功能、态度和质量等方面的总体印象与评估。企业的服务功能越全，服务方式越广泛，服务态度越好，人们对企业的亲切感、依赖感越强，企业的知名度和美誉度越高。在“顾客至上”的市场环境里，面对产品同质化越来越突出的现实，服务竞争成为继产品竞争后第二次竞争的焦点。以精湛周到的服务取胜，是塑造良好企业形象的关键，它既能弥补产品形象的不足，也能提升产品形象。服务形象包含有形服务形象和无形服务形象。随着服务竞争的加剧，竞争的重点逐渐由有形服务转移到无形服务上。无形服务形象是企业形象的活力所在。

（四）员工形象

员工形象是顾客和社会公众对企业员工工作状态、效率及精神面貌等的总体印象与评估。员工形象具体包括管理者形象和一线员工形象。管理者形象主要通过管理者群体，尤其是企业家的知识、能力、魄力、品行、风格和业绩等方面反映出来；一线员工形象主要通过员工的职业道德、行为规范、精神风貌、文化水准、服务态度、业务技能和仪表仪容等方面反映出来。管理者形象好，可以增强企业的向心力和社会公众对企业的信任度；一线员工形象好，可以提高企业的服务力和竞争力。企业是人的集合体，员工形象是决定企业形象的能动力量。

（五）经营管理形象

经营管理形象是指社会公众对企业的管理体制、管理制度、经营战略、经营方式以及经营成果与效益等方面的总体印象与评估。一个制度先进、经营有方、管理有序、效益突出的经营管理形象是企业实力的表现。

（六）公共关系形象

公共关系形象是指社会公众对企业在处理各种社会关系时的态度及行为的总体印象与评估。现代企业既是经济组织，也是社会组织，只有开展好各种维护信用、环保、公益并且善于同社会友好交往的公共关系活动，争取社会公众的理解、信任与支持，才能求得生存与发展。公共关系已被现代企业视为与资金、技术和人才并列的影响企业发展的四大因素之一。成功的公共关系本身就是企业形象的重要内容。

（七）环境形象

环境形象是指社会公众对企业生产、生活条件状况的总体印象与评估。对企业来说，环境形象如同人的仪容仪表，好的环境形象不仅清新悦目、魅力十足，而且富含神韵、感染力极强。所以，树立环境形象应以企业理念与精神为基调，体现企业经济实力和经营管理特色，体现健康、美感和创造性，展现企业特色文化的风采。好的环境形象，对内能激发员工的积极性与创造性，渲染一种愉悦、审美的氛围；对外能吸引顾客和社会公众，获得意想不到的情感表述效果。

大庆“三老四严”

（八）作风形象

作风形象是指顾客和社会公众对企业风格和精神风貌等方面的总体印象与评估，是企业软性形象的综合反映。企业风格表现了企业行为方式的个性，如员工的工作态度、管理者的工作作风等；精神面貌是员工工作状况的表象特征，如勤奋敬业的工作状态、隆重热烈的典礼仪式、健康多彩的业余生活、浓烈的学习氛围和团结和睦的气氛等。影响作风形象形成的因素，包括企业家素质与个性作风、企业文化传统以及企业经济与人文环境、时代精神和传统文化等。

英特尔的风格

三、塑造鲜亮的企业形象

（一）企业形象的基础

企业形象的背后是质量、信誉及顾客满意度。没有质量、信誉及顾客满意度为基础，企业形象是无源之水；靠“包装”出来的企业形象，只能是金玉其外、败絮其中。

1. 质量

质量是企业的生命，是企业形象的物质基础，也是企业产品形象和服务形象的本质属性。只有在保证质量的前提下，企业所提供的产品和服务才谈得上形象问题。质量是产品和服务进入市场的通行证，又是顾客评估企业形象优劣最直接的要素。在互联网时代，网评（如大众点评网）以最快速度、最大影响力，决定着消费者和社会公众对企业形象的评估。

大众点评网

现代企业不仅重视产品质量，更重视服务质量。市场越发达，服务的内涵和外延越大。企业为了增加利润，既要靠技术创新、降低成本、扩大市场，更要注重增加服务附加值。只有为顾客提供更多的服务附加值，才能赢得顾客的信赖与忠诚，在顾客心目中树立起代表着崇高价值的企业形象。服务不仅成为一种特殊的商品，而且还有着深厚的文化内涵，体现着“尊重人的价值，尊重人的需求”的人文精神。

2. 信誉

信誉是企业长期诚信经营的必然结果，也是企业各种具体形象的综合反映。一个信誉良好的企业，必定视信用为生命，把践约守信作为企业经营的基本信条，在销售产品的同时，也在销售企业的信誉，树立企业的知名度、美誉度和可信赖度。提升企业信誉，夯实企业形象，就要求企业在经营服务和管理活动中，在公共关系活动中，取信于顾客，取信于合作者，取信于社会公众。在企业内部，领导取信于员工，员工取信于企业。

3. 顾客满意度

无论是质量还是信誉，都是以满足顾客需求的程度来衡量的。建立顾客满意的管理系统，显示以顾客利益为重的真诚，将顾客满意所引发的对企业的信任和忠诚作为企业最重要的资产，是企业客户管理的基本理念。企业形象最终是由顾客评估的，所以企业的一切经营活动都是为了最大限度地使顾客达到满意，即使再先进的技术、再优质的产品，如果不能满足顾客的意愿，不为顾客所需要，这样的企业及其产品也是无用的。可以说，使顾客满意是树立企业形象的根本目的和根本出发点，从企业理念的确立，到领导者、员工素质的提升和作风的改变，到产品、服务及经营管理质量的提高，到公共关系的开展，再到环境的改善，均应以顾客为轴心，以顾客满意为目标。

综上所述，企业的质量和信誉分别构成了企业形象的有形基础和无形基础，而这两个基础又是以顾客满意度为核心和灵魂的，所以塑造企业形象的过程实质上是处理企业与顾客、企业与社会公众关系的过程。可以说，塑造企业形象的基础，就是打好“群众”基础，就是要赢得顾客的心，进而赢得公众的心。

（二）企业形象的塑造

塑造企业形象是科学，也是艺术。在实践中既要按照其内在的规律办事，又需要创造性地工作。塑造企业形象应坚持做到以下三点：

1. 差别化设计

塑造企业形象要从实际出发，坚持别具一格，突出个性差异，勇于创新形象。具体来说，一是要坚持差别化设计，突出民族或地区特色、行业特色、产品特色和文化特色；二是要根据客观需要，着力抓好塑造形象的突破口，通过视觉识别设计，应用别具一格的象征性标记，如商标、店徽等，使企业个性特征易于传播，便于记忆，使企业形象深入人心。

2. 整体性推进

首先，塑造企业形象应与培育企业价值观、企业精神和伦理道德同频共振。其次，塑造企业形象过程中，既要发挥领导者的组织引领作用，还要发动员工参与，通过其良好的行为为整体形象增辉。再次，塑造企业形象，必须与技术创新、经营创新、市场开发、管理改善以及宣传推广结合起来。最后，做好企业形象整体传播策划，实现传统媒体与新媒体、自媒体的融合推广。

3. 战略性谋划

塑造企业形象是企业对未来的投资，是一项长期的战略任务，需要企业投入较大的精力和费用，需要有目标、有计划、有步骤地实施，而且要因势利导、顺势而为。当企业形象受损时，要及时维护形象；当企业遇到危机时，要及时挽救形象；当企业创新市场、改变战略时，要及时更新形象，重塑更受社会欢迎的形象，从而使企业形象经常保持良好状态。

案例3-5

可口可乐修改配方

“就算可口可乐的全部工厂在一夜之间烧毁，也可以在第二天重现辉煌……可口可乐99.61%是碳酸、糖浆和水。如果没有在饮料瓶上打上‘可口可乐’商标，还有谁会喝它呢?”可口可乐前总裁罗伯特·伍德罗夫如是说。可口可乐的形象有太多内涵，而这些内涵中，不可或缺的就是其鲜明的文化特征。

1985年4月23日，可口可乐公司宣布更换可口可乐配方，推荐“更圆润、更可口”的New Cole，借助媒体的广泛传播，在24小时之内，有81%的美国人知道了这一消息，其公众获悉率竟超过了1969年7月的阿波罗登月。在“新可乐”问世的当天，就有1.5亿人品尝到了它。新产品走进市场如此之快，几乎是绝无仅有的。但这并未因此而使新可乐代替老可乐的计划获得成功。面对铺天盖地的反对浪潮，甚至游行活动，可口可乐公司不得不在新可乐上市的79天后恢复老可乐的生产。

虽然可口可乐更换配方未能如愿，甚至被百事可乐公司美国业务部总裁罗杰尔·恩里克称为“80年代的Easel”（Easel是美国福特公司在20世纪50年代开发失败的车名），但是，人们（包括可口可乐公司）却从中发现了可口可乐品牌或产品深处隐含着的文化，这也是使可口可乐得以再度崛起的重要原动力。

案例讨论

1. 可口可乐公司改配方为什么失败？

2. 企业在产品更新换代时应该考虑哪些因素？

本章小结

本章所阐述的企业文化基本体系，在企业文化理论研究和管理实践中都具有重要地位。

企业文化是一个整体，其内容不可割裂。在管理实践中，只有整体考量、规划和培育，才能事半功倍。

在企业文化基本体系中，企业价值观和企业精神是内核。整个体系由外向内，是由具体到抽象的。较具体的形象和行为规范，相对容易改变；较抽象的价值观和企业精神，更多地反映企业文化的普遍规律和内在特质，管理难度较大。企业文化体系的改变，最根本的是企业价值观和企业精神的改变。在管理实践中，往往从改变企业形象和建立新的企业伦理道德入手，进而推动企业价值观和企业精神的提升。

复习题

一、单选题

1. 美国社会心理学家罗基奇把价值观分为目的性价值和（　　）两大类。

A. 能动性价值　　B. 过程性价值　　C. 工具性价值

2. 企业价值观在判定人的行为时表现出浓厚的（　　）

A. 审美倾向　　B. 感情色彩　　C. 真理性

3. 企业价值观从纵向系统角度，可分为个体价值观、群体价值观和（　　）三个层次。

A. 本位价值观　　B. 团队价值观　　C. 整体价值观

4. 企业伦理道德是指调整股东、管理者、普通员工之间，企业与（　　）之间的关系的行为规范的总和。

A. 政府　　B. 消费者　　C. 社会公众

5. 企业形象是企业文化的载体，也是企业的（　　）——“文化资本积累”。

A. 有形资产　　B. 无形资产　　C. 固定资产

二、多选题

1. 企业非正式群体是指企业员工在共同工作过程中，由于（　　）等人际关系因素自然结成的一种“联合体”。

A. 血缘　　B. 感情　　C. 兴趣爱好
D. 工作目标　　E. 利益

2. 当代企业价值观的取向包括（　　）。

A. 经济价值取向　　B. 社会价值取向　　C. 伦理价值取向
D. 审美价值取向　　E. 政治价值取向

3. 企业精神具有（　　）基本特征。

A. 客观性　　B. 排他性　　C. 群体性
D. 动态性　　E. 卓越性

4. 企业伦理道德建设的原则包括（　）。

A. 爱国主义原则　　B. 实用主义原则　　C. 集体主义原则
D. 诚实性原则　　E. 公正原则

5. 企业形象具有（　　）的特征。

A. 整体性　　B. 对象性　　C. 效用性
D. 易变性　　E. 固化性

三、判断题

1. 企业价值观是指指导企业有意识、有目的地选择某种行为去实现物质和精神的满足，去判定某种行为的好坏、对错以及是否具有价值或价值大小的总体看法和根本观点。（　　）

2. 企业价值观主要指体现企业主导意识的整体价值观，不包括异彩纷呈的个体价值观和群体价值观。（　　）

3. 企业精神是企业正向心理定式、价值取向、主导意识和精神追求，是企业文化中最富理性的部分。（　　）

4. 卓越企业的共同精神追求包括参与精神、协作精神、奉献精神、创新精神等。（　　）

5. 伦理道德作为企业文化的有形规则，其力量往往渗透于法律与制度、权力与命令之中，又作用于法律与制度、权力与命令管不到的地方。（　　）

6 企业坚守道德高标准，从长远看，能够通过取得社会信任和顾客忠诚，但不能获取较高的回报。（　　）

四、简答题

1. 简述现代企业价值观的排序和本质。

2. 简述如何培养现代企业价值观。

3. 简述企业精神的表达原则、表达方式及命名方式。

4. 简述企业伦理道德的内容以及如何建设新型的企业伦理道德。

5. 简述企业形象的构成要素以及如何塑造鲜亮的企业形象。

练习与操作

1. 选择 1～2 个有明确价值观表述的企业，试根据“企业价值观的排序”，对其价值观进行分析与评价。要求分析全面、评价客观。

2. 选择 5 个有明确企业精神表述的企业，根据企业精神的表述原则，对其企业精神做简要评价，并对其企业精神表达方式、命名方式进行归类。要求评价客观，可用列表方式完成。

3. 选择 3 个同类型企业，试对其各自企业形象（分构成要素）做出综合评价。要求评价客观，可用列表方式完成。

第四章 企业文化演变规律

学习目标

知识目标：

1. 理解企业文化积累的含义。

2. 重点理解企业文化传播规律、企业文化整合规律和企业文化变革规律的内涵。

能力目标：

1. 通过了解企业文化演变过程以及每个阶段的相互关系，提升对企业文化个案发展状态的观察力与判断力。

2. 初步学会运用企业文化传播规律，利用企业文化内传播的方式方法，有效进行企业文化内传播。

3. 能够熟练运用常用的自媒体进行企业文化传播。

素养目标：

1. 提高对企业文化优劣的鉴别能力。

2. 自觉践行并传播优秀企业文化。

学习导图

- 企业文化演变规律
  - 起源、积累与传播
    - 企业文化的起源
    - 企业文化的积累
    - 企业文化的传播
  - 冲突、选择与创新
    - 企业文化的冲突
    - 企业文化的选择与创新
  - 整合与变革
    - 企业文化的整合
    - 企业文化的变革

第一节 起源、积累与传播

一、企业文化的起源

企业文化与企业相伴而生，共同成长。自从企业创立那一天起，企业文化就开始在一定的环境中孕育、生长。其外部环境主要是各种经济、技术、社会人文环境；内部环境主要是具有各种文化背景的人以及企业组织、制度与管理等。企业文化是在企业外部环境与内部环境相互交融，各种不同文化相互融合过程中逐渐发展成型的。从内部看，创始人、员工、客户及制度与管理因素对企业文化形成影响较大。

（一）创始人

企业文化直接起源于创始人的创业意识、经营思想、工作作风、管理风格，以及意志、胆量、魄力、品格等。创始人的地位显赫，其行为方式和风格，往往通过他们的决策、领导指挥、组织协调以及待人接物等表现出来，直接或潜移默化地影响着企业中的每一个人，从而形成一种无形的文化导向，即员工会自觉不自觉地认同、服从、模仿创始人的某种行事风格，会在自己的行为中把这种风格延续下来，形成“上行下效”的示范效应。

有个性的企业文化，一般是由创始人埋下的种子生发出来的。不管是日本的松下，美国的沃尔玛，还是中国的海尔、华为、小米，没有一家企业没有留下创始人的深刻文化印迹或巨大影响。

案例 4－1

塞恩斯伯里公司

英国塞恩斯伯里公司的创始人是约翰·詹姆斯·塞恩斯伯里，他是典型的英国维多利亚时代的人物，工作作风严谨，讲究有条不紊、一丝不苟，并且很有主见，同时又信奉刻苦工作、节俭和自我约束。

1869 年，塞恩斯伯里开始经营奶制品，并形成了一套坚定不移的信念：高质量的东西也可以做到低价，而且不管一个家庭主妇多么贫穷，她仍应有机会尽可能买到最优质的食品。如果人们有条件的话，总是想要清洁和新鲜的食品。时至今日，低价和卫生仍然是塞恩斯伯里公司的首要准则，现任董事长和他的经理同僚们仍亲口品尝每一样新产品，然后才允许上架出售。为给顾客提供优质的食品，塞恩斯伯里坚持要求供应商提供详细而确切的有关质量管理和交货速度的信息，并不断地将有关顾客偏好的信息反馈给供应商。久而久之，这就变成一种企业传统，而且新上任的经理们总是自觉地照此办理。为保持企业卫生清洁的特色，塞恩斯伯里建立了宽敞而通风良好的商店。他的临终遗言是“保持店堂灯火通明”。这一传统保持至今。

约翰·达文·塞恩斯伯里这样评估他的曾祖父：“现在，家族企业的影响小了，但创办人的影响仍然那样强大。”

案例讨论

1. 约翰·詹姆斯·塞恩斯伯里对塞恩斯伯里公司企业文化的影响是什么？
2. 为什么塞恩斯伯里的文化传统能够传承至今？

案例 4-2

雷军系的兄弟文化

雷军在做小米公司之前，在金山公司打拼了十几年，在金山公司内部形成了浓厚的兄弟文化。后来，雷军去做天使投资人，投资的第一原则就是“不熟不投”，以至于后来江湖上将他投资过的企业统称为“雷军系”。

实际上雷军本人并不喜欢这种称谓，他觉得自己与这些创业者都是“朋友”“兄弟”，他要做的事是帮忙而不是添乱。

雷军将兄弟文化从金山公司带入了小米公司，又从小米公司向整个小米生态链进行扩散。在很多大公司里，部门之间势力割据，每个部门都自扫门前雪，对自己的部门绝对负责，但别人的事“坚决不碰”。而在小米公司，兄弟文化尽管并没有人整天挂在嘴边，却成为大家一种潜移默化的共识。

这主要是雷军本人行事风格对团队的影响所致；同时小米和小米生态链在快速成长的过程中，都是在一路打仗，而战斗中的兄弟情谊是由内而发的，因而小米公司把子公司都称为兄弟公司。小米公司做事最喜欢找到“本质”，“兄弟文化”的本质就是血脉相连但又都是独立个体。

案例讨论

1. 雷军系的“兄弟文化”的本质是什么？
2. 为什么雷军系的“兄弟文化”能够促进小米生态链的健康发展？

（二）员工

企业文化也起源于员工的共同理解，如共同的目标追求、共同的忧患意识和共同的行为方式等。这些共同理解除了受创始人的思想和行为影响外，往往与企业经营中发生的重大事件或特殊事件有关。

文化的形成是悄然无声的。但是，企业文化是怎样被员工感知到的？企业的基本价值观是如何被揭示的？企业成员的相互理解是怎样产生的？企业的共同行为规范又是如何形成的？只要认真考察一下几家公司的历史，就会发现这些问题的解决都与公司历史上的几次重大事件或特殊事件有关，这些事件就成为企业文化起源的标志。企业发生过的某些事件在企业成员中反应强烈，历久弥新，一旦被提及，就能抓住员工的心。管理者或员工常常把它用来作为解决目前问题的范例，用它来教育新的加盟者。员工正是通过几次或多次这样的事件取得了共同的理解，找到了共识。海尔文化的形成，其中就有砸冰箱、砸仓库等几次特殊事件在其中起了“定格”作用。

学习理论证实，企业文化中的共识是通过学习得到的。其中有两种学习的机制：一是对经验的总结与模仿；二是对错误的总结与规避。人们通过正面的事件学到了经验，从负面的事件学到了教训，在学习中取得了共同的理解，找到了共同的价值判断和行为标准。

（三）客户

互联网背景下诞生的企业，由于企业生产要素、生产流程的巨大变化，企业文化的起源也发生了变化。一方面，企业创始人和合伙人虽然在企业文化起源中仍起着主导作用，但一线员工“被文化”的现象在迅速减少，员工在文化起源中的作用不断增强。另一方面，企业文化不再是企业单纯的“内部文化”，企业客户文化加入其中，甚至成为企业文化起源的重要影响因子，决定着企业文化的特质与方向。

（四）制度与管理

企业文化的形成也与企业制度创新和管理思潮的变化有密切关系。一种新的企业制度和管理思潮形成后，便以极大的影响力和渗透力，对那些在这一时代诞生的企业文化产生重大影响。一种企业制度、组织形式和管理风格一经形成，犹如某种定势、某种范式一样，引导着企业文化的方向，决定着企业文化的主要特征。比如，在中国计划经济时代创立的国有企业体制，政企不分，管理上惯用行政方法，其文化中的国家意识、大局意识、责任意识和服从意识就比较强；在市场经济时代创立的企业，采用现代企业制度和以人为中心的管理模式，其文化中的市场意识、竞争意识、创新意识和人本意识等就比较强。

二、企业文化的积累

任何一个企业的文化从雏形到成形都有一个发育、健全、完善的积累过程。尽管企业文化成长过程的各个阶段的积累倾向与偏好、积累速率与欲望以及积累的结果均有所不同，但只要企业在成长，企业文化积累就必定在进行。

（一）企业文化积累的含义

企业文化积累是指企业文化特质的保存以及新特质不断增长的过程。企业文化不是某一时刻一下产生的，而是企业在实践中连续传播、不断积累的产物。企业文化同人类其他文化一样，在传播过程中总是存在着文化遗失的现象。有的遗失是自然选择的结果，即不再适合竞争的需要而自然消亡；有的遗失则是由于各种人为因素所致。但在企业文化的发展过程中，积累下来的优秀文化总比遗失的多，这是积累的大趋势。原有的企业文化特质经过积累不断沉淀下来，凝聚成适合企业发展的文化传统，内容越来越丰富，特色越来越鲜明。

企业文化新特质不断增加的过程也是企业文化不断积累的过程。企业文化新特质包括企业发展过程中形成的新文化，也包括通过文化交流吸收的异质文化。企业文化新特质的创造是在原有特质积累的基础上进行的，这是一种更高层次的积累。这种积累，往往是与淘汰企业文化中的消极成分同时进行的，即“破旧立新”，使企业文化不断与时代要求和企业发展需要相适应。

企业文化积累是企业文化进步、创新的基础。随着企业文化积累在量上的增加，积累的形式日趋多样，文化日趋成熟，文化体系也逐渐形成。企业文化积累量及速度是与企业发展成正比的，企业发展越快，企业文化的积累量越大，积累速度也越快。当人们没有意识到文化积累的重要性和没有自觉进行文化积累的时候，企业文化积累在自然地、缓慢地、无序地进行；相反，当人们既认识到文化积累的重要性，又能自觉进行文化积累的时候，企业文化积累的速度可以加快。但文化积累毕竟与物质财富的积累不同，违背企业文化积累的规律性，不顾主客观条件，拔苗助长，制造很多“泡沫文化”，是不会收到好的效果的。一种优秀文化的积累往往不能由一代企业家和企业员工完成，需要几代人甚至十几代人的共同努力。进一步说，企业文化积累是无止境的，只要企业存在，就需要不断进行积累。

（二）企业文化积累规律

企业文化积累是在两个方向上进行的，即正向积累和反向积累。正向积累是健全的、优良的文化自我完善的过程；反向积累是病态文化不断恶化、优良文化不断衰亡的过程。研究企业文化的积累问题，一般着眼于研究正向积累规律。

企业文化正向积累一般表现出以下规律性：

1. 家族企业继承人对企业原有文化的继承和发展

经济学上有“布登布洛克定律”，即家族第一代由于生活环境艰苦，金钱的边际收益很高，因而有着很强的积累财富的欲望；家族第二代由于自幼在奢华生活环境中长大，金钱的边际收益递减，寻求声誉的动机强烈，因而转向追求权力和地位；家族第三代由于金钱和政治地位已经满足，他们追求精神生活的动机强烈，驱使他们注重慈善、关注艺术，因此一个家族只能维持三代，即“富不过三代”现象。

但是，布登布洛克定律并不是普遍规律，许多优秀企业文化的延续，均得益于家族企业继承人对企业文化传统的一脉相承和不断积累。事实上，由于市场逐渐成熟和竞争加剧，家族企业成员的竞争和危机意识也在不断增强，这有助于他们好好学习、谨慎经营，从而在一定程度上改变着“富不过三代”的规律。

2. 具有新文化背景的继任者对企业原有文化的创新

作为企业文化主要发端者，企业创始人依据其认识、视野、经验、知识与思想境界，靠着他们的洞察力、想象力、创造力和崇高的威望，不断地推进文化的积累，使企业文化体系不断丰富，个性也越来越突出。但这种积累在时间和内容上都有局限性。继任者或具有新文化背景的人进入企业后，通过创新文化，使企业文化积累得以继续。例如，中国改革开放初期，乡镇企业靠几个能人打天下，完成了原始资本积累和初级文化积累的过程。进入 20 世纪 90 年代后，随着竞争的加剧和科技的发展，一些乡镇企业家明显感到光靠艰苦创业、不怕吃苦的精神是不行的，因此开始大量招聘高级技术人才和专业管理人才，并使他们进入企业决策层，开发高新技术产品，提高管理水平，因而使这些企业在竞争中站稳了脚跟，推动着这些企业的文化积累向市场化、知识化、制度化和规范化的方向发展。

3. 子公司对母公司企业文化的丰富和发展

伴随着大公司业务的拓展和规模的扩大，跨地域甚至跨国的分公司和子公司大量出现。在母公司文化发展过程中，子公司的文化开始出现。子公司创始人完成的子公司的文化积累，开始并不直接参与母公司文化总积累，形成一种脱离母公司文化积累轨道的新的企业文化积累。但这种积累是受母公司文化影响的，时间长了，其文化积累中积极的文化因子也会影响母公司，进而逐渐加入母公司文化总积累的过程。目前，跨国公司在其市场全球化过程中，一方面在世界各地的企业中积极推行母公司的文化和管理方式；另一方面也在推广本土化。各子公司有本土化特色的企业文化的积累，也直接或间接地影响母公司文化，逐渐加入母公司文化积累中。

4. 企业文化成长过程中对外来文化的合理吸纳与改造

企业是一个开放系统，每时每刻都与其周围的环境，即企业生存的大系统交换信息和能量。企业文化积累不是在真空中进行，而是在与社会文化的互动中完成的。企业文化积累的很多内容来自社会，企业通过学习、吸收和借鉴，最后融合形成自己的文化传统。这种学习型的积累是一个缓慢的过程。不过，其中的某些重要的学习活动，某种文化迅速被企业所接受，并融入企业文化体系之中，会加速这种企业文化的积累过程。

（三）企业文化积累的新趋势

互联网背景下的企业文化积累，一是快速吸收了因新技术应用带来的新思想、新思维；二是大量吸收了因市场变化带来的新观念、新时尚。因此这种文化积累多数属于文化新特质的积累。这种文化新特质的加速积累，也会伴随着加速遗失的现象。但加速积累总比加速遗失的多，且总是因循优胜劣汰原则，使企业文化越来越丰富，优势与特色越来越鲜明。这也就是说，传统企业较为漫长的文化积累过程，在互联网时代被大大压缩了。

陈年老酒，愈久弥香，文化亦然。企业文化加速积累，所形成的新鲜时尚文化，很有适应性，但往往根基不深，比较脆弱。因此，互联网背景下，加强对企业文化积累的必要引导，既要注重通过文化交流吸收社会异质文化中的合理成分，也要筑牢企业原有优秀文化特质的根基，厚植传统，创新提升。同时，要把控文化积累的方向和速度，避免文化负向积累或“泡沫文化”的形成。

三、企业文化的传播

（一）企业文化传播的含义和要素

1. 企业文化传播的含义

文化具有交流、传播的属性，作为社会亚文化的企业文化也不例外。企业文化传播是指企业文化特质从一个群体或个体，传递、扩散到另一个群体或个体的过程。企业文化特质广泛而持续地传播、扩散和流动，就能为企业成员共同认可并享有。企业文化特质的传播是通过企业成员的交往活动实现的。人们在动态交往中，以各种形式和媒介沟通信息，交流观念和情感体验，这一活动过程是双向传播、相互作用的。企业成员正是在文化传播中使群体的行为得到协调，因而产生出共同的信念与目标。尽管新员工进入企业后会带来与企业主流文化不同的异质文化，但通过企业内的文化传播，多数新员工会与企业主流文化相融合，从而成为企业真正的一员。同时，企业主流文化也在不断吸纳新员工带来的异质文化中的先进因子，从而得以丰富和发展。

2. 企业文化传播的要素

企业文化传播包括传播的共享符号、传播关系、传播媒介及方式等要素。

（1）传播的共享符号。传播的共享符号是指企业成员对企业文化的认同和理解所借助的共同识别的文化象征意义的符号，如企业标志以及企业内某一群体成员之间彼此心领神会的语言、手势、姿态等。每一个具有优秀传统的企业，都具有本企业员工所能理解的代表特殊意义的符号，外来者和新成员必须通过解读和诠释才能理解。

（2）传播关系。传播关系是指企业文化传播中发生在传播主体和客体之间的相互关系，传播关系是企业文化传播最本质的要素。由传播关系形成社会关系网络，上下左右，纵横交错，共同对企业文化传播发生影响。

（3）传播媒介及方式。传播媒介及方式是指通过一定的传播渠道联结传播主体与客体的物质方式。人既是企业文化传播的主体与客体，又是企业文化传播中最活跃、最本质的媒介要素；企业内部各类组织也是企业文化的传播媒介。人们通过各种正式组织关系或非正式组织关系产生直接接触，在开会、聚会、闲谈中，利用口头语言、体态语言等形式相互传递具有本企业文化特质的信息。除此之外，企业文化传播媒介还包括电话、书信、广播、报刊、影视节目和越来越发达的自媒体、新媒体，如微信、短视频、直播、微博、微电影、微课堂、微论坛等“微传播”模式，这些传播媒介可以超越时空限制，进行广泛的、反复的传播。

（二）企业文化传播的类别

企业文化传播可以分为文化共同体内的传播和文化共同体间的传播两种类别，前者称为企业文化内传播，后者称为企业文化外传播。

1. 企业文化内传播

企业文化内传播具有辅助企业文化形成和确立的功能，又兼有使企业文化传统得以继承、发扬，从而激励员工意志的功能。事实上，企业文化的形成、发展、积累都与企业文化内传播密切相关。

企业文化内传播的主要方式：

（1）企业神话、企业英雄的神奇传说和奇闻逸事。按照格式塔心理学（又称完形心理学）的见解，人们内心都有将所见不完美、不完善的事物趋向于完善、完美的倾向。例如，人们会将对称破缺的东西在内心世界凭想象将其闭合，将其对称。推而广之，人们对所崇拜的英雄、尊敬的先哲、热爱的人物，在内心世界里都有将其进行无保留地想象加工的倾向。企业借助企业英雄的感召力和企业员工对英雄偶像崇拜的特殊心理，在企业中传播创始人或企业英雄的故事或逸事，可以达到企业文化内传播或内扩散的目的。

（2）企业文化语录、标语、口号、标记、雕塑等。企业文化博大精深，包含着诸如各种深层的信仰和价值理念等，其真正的含义和主旨不是所有企业成员都能一下看透、把握准的，也并非总是为他们立刻、全部接受。企业把抽象的文化以语录、标语、口号、标记、雕塑等形式表现出来，可以营造一种氛围，使企业成员耳濡目染，形成心理暗示，因而强化对主流文化的记忆与理解。

（3）企业家及管理者对下属的要求及个人行为、作风。在一个成熟的企业文化体系中，企业家（尤其是创始人）往往经过企业各种有意和无意的加工而成为英雄人物。因此，一些企业家在企业文化内传播过程中往往兼有双重角色，既以带有神话色彩的企业英雄的面目出现，又以现实世界里企业文化的示范者、传播者的面目出现，他的一举一动都在传递着一种文化信息，明示或暗示着企业成员应该怎么做。同时，企业各层管理者由于他们在管理中的地位和职责所决定，在继承和传播文化传统、传播新文化方面也发挥着重要作用。

（4）企业培训、选拔、考核、激励制度的制定与实施。企业员工培训、师傅带徒弟，除了训练技能、传授技术外，还有灌输企业文化。企业公开招聘选拔什么样的人，对员工实行考核采用什么样的标准，奖励或惩罚什么样的行为，也都直接或间接地传播着企业所奉行的文化。

（5）传统典礼仪式、习惯、习俗等。这些形式既可以传播企业文化，也可以固化企业文化。例如，美国大多数企业的鸡尾酒会，日本企业的忘年会、早训以及节假日野餐会，中国企业的厂庆、团拜会、联欢会等，都是企业文化内传播的重要载体。

（6）企业非正式群体内部各种形式的交流。这种文化内传播的传播力极强，其传播内容既有企业主流文化，也有企业亚文化，如小团体文化。企业应善于利用、引导和适当控制这些文化传播通道，确保企业主流文化传播得以顺利进行。法士特创立的“企业文化开放周”就是一种文化内传播形式。

法士特“企业文化开放周”

2. 企业文化外传播

企业文化外传播具有树立企业形象、提高品牌忠诚度和竞争力的功能，兼有推动社会主义精神文明建设，促进社会文化进步的作用。事实上，企业文化外传播不是单向的文化输出，而是一种文化交流。因此，企业文化外传播的过程，也是企业文化与外部文化相互推动、融合，并不断成长的过程。

企业文化外传播的主要方式有：

（1）成熟、成型企业文化的主动输出式传播。这或是因企业文化的发端者、缔造者欲宣扬经验的特殊心态所促成，或是由接受过这种企业文化教化的人才流动所致。其中，因人才流动所带动的企业文化外传播和外扩散是很普遍的。很多优秀企业，往往成为培养高级管理人才的摇篮，也成为先进文化的输出者。

（2）成熟、成型企业文化的示范性传播。文化优秀的企业总会成为其他企业模仿和借鉴的对象。有些人有一个错觉，以为企业出于竞争需要，对其文化主旨应是秘而不宣或控制传播的。其实不然，企业值得保密并严格控制扩散的大多是商业机密和可以与技术诀窍相比拟的经营绝招；至于抽象状态的企业文化，成熟的企业对其传播是采取支持态度的，它们愿意成为社会文化的楷模。例如，海尔文化、华为文化的对外传播就是企业的一种主动行为。

吉宁大学

（3）企业文化行为主体的攀比、模仿。攀比、模仿作为人们自发的一种横向比较倾向，既存在着向积极方面看齐、学习的倾向，也存在着向消极方面攀比、模仿的倾向。

如在利益方面向上攀比，在工作方面向轻松方面攀比等。因此，要对这种文化传播进行合理引导和控制，发挥其积极有效的作用。

（4）企业文化行为主体之间的国际交流与合作。在全球化背景下，企业在开发国际市场、建立全球供应链、开展国际技术合作、建立合资企业过程中，都伴随着企业文化的交流。中外双方相互进行的商业考察、访问，相互委派经理和技术人员等，也是企业文化国际传播的通道。另外，国际性的企业管理培训、研讨，新闻媒体的报道等，在企业文化的国际传播中也是不可忽视的因素。

（三）企业文化传播的规律

1. 同构易播规律

同构易播规律是指相同或相近企业结构的企业文化共同体，企业文化在其间的传播速度快、影响大、易于奏效。不论是整体同构还是部分同构，这条规律均适用。推而广之，相同或相近的企业文化环境，如相同或相近的社会制度、经济体制、法律、宗教和民族文化传统，也有利于企业文化的传播。

2. 异体或异构抗播规律

异体或异构抗播规律是指相异或者截然不同的企业文化体，文化在其间的传播速度慢、影响小、不易奏效。因为，企业作为一个生命体，在其自身精神调节过程中，存在着一种自发的排异功能。企业文化体不论是局部的还是整体上的异构，这一规律均适用。要解决文化抗播问题，不能寄希望于改变规律，或是绕道而行，只有尽力设法改变企业文化共同体结构或环境，才能促进企业文化的交流与传播。

3. 优胜劣汰规律

企业文化的传播过程，也是企业文化的交流、互动和竞争过程。企业文化传播的方向通常是由高到低、由强到弱，即从文化发达的高处传向文化不发达的低处；同时，在文化传播中也存在着互动和竞争现象，文化交流包含着对流、逆流，得到流传和扩散的未必是在各个接受方看来是相对发达、先进的企业文化特质，有时劣质的文化也会得到流传和扩散。但竞争的最终结果，必定是优胜劣汰，先进文化同化和改造落后文化。

4. 整合增值规律

企业文化在传播过程中，不仅有同质文化的传播，也存在着异质文化的传播。具有不同文化特质的企业、群体或员工，在文化传播中相互接触，彼此理解，结果使得不同特质的文化得到同化和整合，产生增值，这就是整合增值规律。如在企业文化内传播过程中，具有不同文化背景的企业成员学习到具有本企业特点的工作方法、生活方式、行为准则以及进行人际交往的态度和方式，从而抛弃自身不适应本企业的观念、习俗，同时将自身适应或有利于企业的观念、习俗融于企业文化之中，根据自身的经验和价值观念，重新认识、评估企业文化中的传统成分和特质，从而使企业文化增值。

（四）企业文化传播的新趋势

在互联网时代，因传播媒介和传播目的的变化，使企业更加开放，文化内传播渠道更多、范围更广、频次更高、内容更多样，特别是传播方向更加趋于网络化。互联网在员工生活现实空间基础上，增加了他们的虚拟空间，有形的非正式组织也拓展到无形的同学圈、同事圈、业务圈、亲属圈、朋友圈以及各种群聊、网上论坛等，形成了各种各样非正式网络组织。文化传播随时随地、随心所欲，工作、生活、政治、经济、文化，国内国外，大千世界，无所不及。更为重要的，自媒体发展使企业每一个人都成为文化传播主体，因而打破了企业领导者文化传播主体的地位，改变了自上而下的文化传播方向，增加了文化传播的对称性。

企业文化的外传播，同样发生了巨大变化，企业原有“文化围墙”被拆除，企业不管是主动还是被动，时时受到外来文化与信息的冲击，不管这些文化与信息对企业是有利的还是有害的，企业均没有更强的屏蔽能力。企业文化的对外输出，也变得更加难以控制。不过，企业文化的传播互动，亦遵循着文化优胜劣汰的规律。

互联网助推企业文化传播真正成为双向、内外的网状传播和互动传播，这种文化传播对企业而言利弊并存，企业要主动适应这种传播特点，改变文化管理的思维，既要善于利用传统文化传播渠道，更要善于利用互联网的互动性、共享性和社会性，发挥新媒体、自媒体的积极作用，讲好企业故事，树好文化标杆，定好企业规矩和礼仪，做好内外宣传，弘扬主脉文化，把互联网时代的企业文化建设好。

第二节 冲突、选择与创新

一、企业文化的冲突

（一）企业文化冲突的含义

企业文化冲突是指企业文化发展过程中不同特质的文化在相互接触、交流时产生的撞击、对抗和竞争。企业文化冲突的产生主要是由不同文化体所持有的价值观之间的悬殊造成的。企业文化在传播过程中，冲突是不可避免的，而且正是由于文化冲突的存在，才推动了企业文化的进步；如果企业内部没有文化冲突，静如死水，企业文化多半已进入衰退期，迟早要被淘汰。企业文化冲突的结果，或是融合不同特质的文化，使企业文化得到丰富和发展；或是改变企业文化特质，使原有的企业文化完全为一种新文化所取代。企业文化冲突包含因不同类型、不同模式、不同行业、不同民族、不同国家和地区、不同历史阶段的企业文化体之间的差异而造成的跨文化冲突，也包含企业文化体内部的文化冲突。下面主要分析企业文化体内部的文化冲突。

（二）企业文化冲突的表现形式

企业文化冲突的表现形式主要有两种，即主流文化与亚文化的冲突、整体文化与个体文化的冲突。

1. 主流文化与亚文化的冲突

主流文化与亚文化的冲突是指企业居于核心地位的、正统的文化与处于非核心地位的、非正统的文化之间的冲突。这种文化冲突有两种性质或两种可能：一种是价值观不同引起的正统与异端、新与旧之间的冲突与对立；另一种是整体与局部因利益、观念或其他原因所引起的文化摩擦。

企业内部主流文化与亚文化的冲突与对立，主要有以下几种情况：

（1）由于企业主要领导者的固执己见、刚愎自用，或者由于企业文化环境发生巨变，企业主流文化变成病态文化。此时，企业主流文化必然与企业自发出现或存在着的代表健康向上的亚文化发生冲突。企业主流文化往往拼命地压制亚文化，规避亚文化对主流文化的挑战。这种文化冲突的解决，很难依赖正常的文化沟通和交流，一般只能靠“宫廷政变”式的改革；或者等待家族领袖去世后，全面调整企业文化；抑或待企业陷入某种危机后，靠来自市场的压力，来完成企业主流文化和亚文化的转换；还有就是引进其他资本，改变企业股权结构，以达到企业主流文化和亚文化转换的目的。

（2）企业主流文化已发展到健全、高度成熟阶段，具有较强的稳定性和排他性，但面对环境变化，这种文化正慢慢失去优势；与此同时，有可能代表企业未来价值观、未来文化范式的亚文化却在一步步地发展壮大。这种新的企业亚文化的生长，不可避免地会受到仍旧具有强大统治力的企业主流文化的压制、阻挠。这种文化上的冲突，会通过主流文化和亚文化的代言人及其阶层的语言、思想、行为上的交锋而表现出来。其具体解决方式，除采取上述第一种冲突的四种解决方式外，也可以采取比较缓和的方式。

（3）企业主流文化已演变成为过时的、陈旧的、衰败的文化，企业亚文化在企业陷入严重危机的情况下，仍旧没有适当的机会击败企业主流文化，因为企业整个大权仍旧掌握在旧有企业文化信奉者的手中。这种情况下的企业文化冲突，往往直接通过企业的低效和加速衰败表现出来。解决冲突的办法，一般是通过决策者的更迭或组织的变革，加速旧文化的解体和新文化的培植。

2. 整体文化与个体文化的冲突

优秀的或健康的企业文化是一种使企业整体意识与个体意识、整体道德与个体道德、整体行为与个体行为大体上保持和谐的文化。但不等于说优秀的企业文化体从未有过企业整体文化与个体文化的冲突，也不等于说它们总是能够轻而易举地解决整体文化与个体文化间的冲突。事实上，无论是基于个人主义的西方企业文化，还是基于家族主义的东方企业文化，均不可避免地存在着整体文化与个体文化之间的冲突。

企业整体与个体之间的文化冲突是不可避免的。企业整体意识不是个体意识的简单集合，企业整体行为也不是个体行为的简单集合。由于个体文化的差异，在个体文化被企业整体文化整合的过程中，个体文化既存在着向整体文化趋近，放弃固有的不合整体规范习惯的倾向，同时又有保持旧有习惯、继续发展个性的倾向。即使在成熟的企业文化体中，整体文化与个体文化之间也不会高度和谐统一，也会有一定摩擦和冲突。

企业整体文化与个体文化之间的冲突有以下几种情况：

（1）由于企业与企业成员的文化背景不同或观念更新速度不同所造成的冲突。中国传统文化的基点是强调个体的依附性，忽视个体的创造性；强调整体的“内聚”，忽视个体的“发散”；强调整体的至高无上，忽视个体的特殊价值；强调整体的权利，忽视个体的权利。这种文化传统使得企业主管习惯于采用以牺牲个人价值为代价换取企业价值最大化的方法。然而随着社会进步，人的主体意识的觉醒，如果企业仍然坚守着传统的文化准则，成长很快的个体文化与整体文化之间潜存着的一些矛盾就会爆发出来。如果企业成员有与企业完全不同的文化背景或过多地接受另一种文化的熏陶，这种冲突会更加激烈。伴随着全球化和市场化进程的加速，企业主管们不得不思考通过变革企业文化和行为方式，适应个体价值实现和充分自由发展的需要，从而找到企业整体文化和个体文化新的结合点。

（2）企业新员工在尚未熟悉企业整体文化、尚未被企业文化共同体认同时的文化冲突。一般来说，这种文化冲突只表现为新员工心理上的冲击和失衡，通常的解决办法是引导个体对整体的趋近和适应。但是，假若新员工代表更健康、更先进的文化，其个体文化与企业整体文化的冲突实际上是健康、先进的文化与病态、落后的文化的冲突，而且如果这个个体非常强大，并被授予足够的权力的话，他完全可以从根本上彻底改造旧有的整体文化。如张瑞敏最初对青岛电冰箱厂的改造就是非常典型的例子。

（3）在同一个企业文化共同体内，由于利益矛盾造成的个体文化与整体文化的冲突。这种文化冲突可能是企业过于忽视个体利益所致，也可能是由于个体自我意识过度膨胀所致。若是前者，企业理应调整其整体文化，给个体发展、自由、实现自我价值创造更多机会，赋予他们足够的权力。若是后者，企业或是可以通过党、团、工会或其他正式组织、非正式组织积极沟通，通过有效的文化传播解决冲突，或者干脆由个体重新选择（退职、流动），甚至采取必要的惩罚措施，借以强化企业整体文化规范。

（4）在企业中并非由于利害关系和利益矛盾，而是由于思想观念和认识原因造成的个体文化与整体文化的冲突。每一个企业成员都有自己的认识角度和认识能力，他们的知识储备、知识结构、资讯来源、信息处理与变换能力与企业整体不可能完全一致。由于这种认识上的差距，就可能导致两种文化之间的冲突。例如，企业在做重大决策或管理变革时，往往谨慎小心，这从个体文化角度看，往往显得保守，缺乏大刀阔斧、大胆开拓的创新精神。这种文化冲突应当通过加强信息共享，增加企业决策透明度，吸收民主参与管理等方法加以解决。

（5）企业整体文化落后、保守、陈旧，远远不能适应活跃的、先进的企业个体文化的需要，因而造成整体文化与个体文化的冲突。一般在社会剧烈变革、经济迅速上升阶段，企业会容易产生这种文化冲突。中国有些传统企业深深地陷入这种冲突状态，企业个体文化因社会前所未有的变革和迅猛发展而处于高度活跃状态，员工思想解放，观念超前，而企业整体文化仍旧因观念、体制等原因，处于相对落后、保守的状态。因此，员工不满、对立情绪到处存在。解决这种文化冲突的基本办法，是重新构筑和确立企业整体文化规范，以适应迅速变化的个体文化发展的需要。例如，加强职业选择与流动性，改组企业组织结构，推广弹性作业时间，改革企业分配制度等，都是改变整体文化较好的措施。

（6）企业成员完全基于个人利益、偏好，无视企业整体利益、他人利益，从而形成个体文化与企业整体文化的对立与冲突。改革开放的深化，市场经济的蓬勃发展，拓宽了人们的视野和文化比较的空间。一般来讲，自发的攀比和自发的文化吸收，总是倾向于最有助于个人利益、最适合个人口味的那些方面，其结果必定是使得个体文化容易受到个人主义等文化思潮的影响，从而导致企业整体文化与个体文化的摩擦与对立。解决这种冲突的主要方法是对盲目的、错误的个体文化进行矫正和引导。

（7）企业成员因对企业代表人物或整体形象不满和反感，导致企业个体文化与整体文化的冲突。这是一种由情感思维和直觉意识引发的文化冲突，冲突的背后不存在逻辑的、理性的力量。解决这种文化冲突的办法有：强化企业代表人物的形象意识，改善行为，当好文化表率；强化员工的理性意识，帮助他们转变观念，学会正确看待事物；撤换有不良形象的领导者，把那些从各个方面确能体现企业文化风范的人物推到企业领导岗位上来；提高企业领导艺术，加强企业管理层与员工的感情交流和各个方面的信息沟通；全面地推进和强化企业主流文化，允许那些无碍大局的文化冲突的存在，让它们自生自灭。

（三）企业文化冲突的新变化

在互联网时代和社会转型期，企业文化加速积累与传播，冲突不但不可避免，而且处于常态，并且冲突的范围更广，激烈程度不断升级，表现形式更加多样化。常态的文化冲突，总体看是好事，它能推动文化进步。

对于一些传统企业，面对社会的迅速变革和市场的急剧变化，年轻人的加盟，消费者的参与，企业原有居于核心地位的经营理念不断受到冲击，尤其是处于转型过程中的企业和重组后的企业，企业内部原有文化与新质文化、重组中的不同企业文化以及内部主流文化与亚文化、群体文化和个体文化之间的冲突变得异常复杂，加之社会文化的影响，加剧了这类企业文化的冲突与对立，要求变革的呼声和创新的愿望均较为强烈。

二、企业文化的选择与创新

（一）企业文化选择

1. 企业文化选择的含义

在企业文化的积累、传播过程中，积累原有的文化、创造新的文化、吸收异质文化都需要选择。企业文化选择是企业文化运动的客观功能，它总是对同质文化中的历史成分和现实成分进行筛选，有选择地积累和储存适合企业发展需要的部分，摒弃不适合企业发展需要的部分。企业文化在发展中又对不同质的文化加以选择，这种选择不是简单机械地拿来，而是经过文化判断、分析、评估等活动，择其精华加以吸收。

企业文化选择实质上与企业文化冲突是同一个过程。在新旧文化之间、不同质的文化之间冲突的结果是，优秀文化得到继承、弘扬或吸收，消极文化遭到淘汰或舍弃。因此，企业文化选择往往通过冲突来实现。需要指出的是，企业文化冲突是客观的，但选择多伴随主动行为。当人们认识了企业文化发展的规律以后，可以通过分析企业文化冲突的起因、性质、程度，从实际出发，从主观上明确企业文化的选择标准，从而有目的地、自觉地选择同质文化中的优秀部分及异质文化中具有适应性的部分，并且通过各种手段倡导、强化这些企业文化，进而缓解冲突，达成共识。

2. 企业文化选择的标准

企业文化选择的标准是企业的基本价值观。企业基本价值观是企业的灵魂和宗旨，是企业文化的深层特质。这种特质不易改变，因此符合企业价值观要求的文化特质就会很容易地被接受、积累和传播，而与企业基本价值观相悖的文化特质就会遭到抵制、拒绝，因而被淘汰、被舍弃。企业文化选择的总趋势是择善、择优。

但在社会、市场快速变革和互联网冲击下，简单地用企业已有的基本价值观作为文化选择的唯一标准是不可行的。首先要看企业基本价值观是否适用，适用者，继续坚守，并把它作为文化冲突中进行价值判断与选择的标准；部分适用者，就要吸收一些优秀文化特质，不断革新与完善原有价值观；不适用者，就要敢于淘汰、摒弃，及时用文化冲突中占主导地位的新质文化，替代已经落伍的价值观。当然，企业基本价值观的改变应是十分审慎的事，好的文化传统是企业的“传家宝”。多数情况下，企业文化选择是本着“尊古不泥古，创新不离宗”的原则进行的。

（二）企业文化创新

当企业新旧文化之间、不同质的文化之间发生冲突时，如何使优秀的企业文化得到继承、弘扬或吸收，必须从一切是否有利于企业创新的角度考虑企业文化的选择，因为在竞争环境中，只有坚持创新，企业才有前途。企业文化创新，本质上是对企业原有文化的扬弃。

企业创新源于企业文化的创新。首先，任何创新行为，如新技术的发明、新产品的研发、新工艺的设计、新体制的构建、新制度的确立、新市场的开辟等，都是从观念创新开始的。因此，企业创新的原始推动和初始设计，都与企业文化所提供和创造的精神环境有关。其次，创新行为通常在起步阶段就表现出非常规性，意味着对正统、主流的“背离”，独辟蹊径，别出心裁。因此，创新行为不可避免地要遭到习惯行为、定式化规则的反对，甚至遭到各种非难。企业创新行为的成功，完全依赖于企业新文化的激励和支持。最后，创新意味着一定的风险，意味着从直接行为者到企业决策者要共担风险，这就要求企业摆脱保守僵化的文化，树立正确的“风险-收益”观，营造宽容失败的文化氛围，建立合理的容错机制。

企业创新推动企业文化创新。当企业创新没有先进企业文化的激励与支持，而病态、不良甚至恶劣的文化反而处处干扰、阻挠、破坏、延迟企业创新行为的时候，企业摆脱此种境地的唯一选择，只能是无情地抛弃现有的文化传统，采用新的文化理念。在这种情况下，对于那些高层管理者，即病态、不良文化的代表者来说，个人悲剧是不可避免的。因此，对文化传统的抛弃，同时也往往意味着企业对那些“顽固不化”的人物的抛弃，而不是对他的改造和转变。

除了不良的、病态的文化及其传统以外，常态的、优良的文化及其传统也并非总是有助于企业创新。因为文化信念一经转化为传统，它在确立了其权威地位和更广泛、更深刻、更持久地对企业发生影响的同时，也在失去其创新属性，变得保守，从而对企业创新不再具有巨大的推动作用，有时甚至会形成一定的阻碍。之所以会产生这种情况，是因为创新的本质永远是无拘无束、试图冲破一切程式的，在较长的时期内是与传统相对立的。尤其是对那些形成了较有影响的文化传统的企业而言，其文化传统常常成为企业前进的包袱。这些企业有可能在维护和继承这些文化传统的旗帜下，缓慢地葬送掉创新的活力，葬送掉企业的前途。诚然，企业创新依赖于文化的创新，绝不意味着企业一味地去进行无穷尽的文化创新，全然不顾及对文化传统的坚守、继承和发扬。

案例 4－3

转型的困惑

美国南卡罗来纳州有一个纺织厂，总裁曼逊先生在管理企业时，形成了亲近的感情文化，他同工人相处，和谐而默契，劳资关系完全建立在一种相互信任的基础上。曼逊就像个家长一样，员工的工作、生活，事无巨细都挂在心上，工厂的管理具有明显的家族主义特征。

后来，曼逊的儿子接管了工厂，他一改父辈的管理文化，同工人相处，完全以财务数据为宗旨，生产的指标、成本和技术是他关心的主要问题。在小曼逊手里，工厂的文化完全变成了财务目标和企业家个人雄心所驱使的文化，亲近感荡然无存，人与人之间漠不关心，工人也不再关心企业，因而人心离散，生产率下降。小曼逊面对这种局面，只感到同工人格格不入，但不知问题出在哪里。

应该说，小曼逊较之其父的管理，更加科学化，他想打破旧的管理方式，更加依靠程序和技术来经营企业，这也同现代企业发展方向合拍。但是，之所以事与愿违，是因为他在做管理的技术转型时，忽视或根本没有花力气去考虑文化的转型，就像一个毛头小伙子，热情有余，精力充沛，技术知识充足，但忽视企业文化的传承和构建，他管企业，岂有不衰败之理。

案例讨论

1. 曼逊和小曼逊的管理方式有什么不同？
2. 小曼逊推行的管理较之其父“更加科学化”，为什么还会导致失败？

企业文化具有相对稳定性，企业文化最深刻的冲突可能来自整个文化体系与其进一步创新行为的矛盾，当二者冲突非常尖锐时，就要求企业对原有文化进行重新选择，并适时地吸纳新的文化因子，以实现企业文化的全面调整与创新。

第三节　整合与变革

一、企业文化的整合

（一）企业文化整合的含义

企业文化整合是指企业内部或源于企业外部的不同特质的文化，通过相互接触、交流进而相互吸收、渗透，融为一体的过程。当不同特质的企业文化共处于某一时空环境中，经过传播、冲突、选择的过程，必然发生内容、形式上的变化，以原有的文化特质为基础，吸收异质文化，构成新的体系。企业文化整合实际上就是不同文化的重新组合与融合。

企业文化整合的前提条件是企业文化传播，直接条件是企业文化冲突与选择。没有异质文化之间的传播和相互冲突与选择，就不会产生企业文化整合。企业文化整合不仅受企业内部不同特质文化因素的影响，还受政治、经济、科技、文化等若干外部因素的影响。

企业文化整合的过程是不同文化彼此协调、相互适应的过程，这个过程是双向运动的。经过整合，占主导地位的文化既失去了一些特质，又从某些异质文化中吸收了一些新的特质，融合为一种新的企业文化体系。这种经过整合以后的新文化体系在价值追求、传统、惯例、行为规范等方面都会表现出一些新的特征。一个企业文化体系融合的异质文化越多，其内容越丰富、体系越完善，也就越具有适应性和活力。

（二）企业文化整合的方式

企业文化整合是在不同层次上展开和完成的，具体有以下五种方式：

1. 同化式整合

企业主流文化对企业新生或外来的文化特质加以同化。例如，海尔通过对中国企业管理特点与传统、美国科学管理思想和日本团队精神的研究，以我为主，博采众长，创立了体现海尔文化特点的 OEC 管理法。

2. 综合式整合

企业对内生或引进的文化特质进行重组、再造后，形成企业某一方面文化的综合。例如，第二次世界大战后，日本在麦克阿瑟将军的参与和干预下，解散财团，分割大企业，引进西方的市场自由竞争文化和科学管理文化。但日本企业在引进这种文化时，并不是全盘照搬，而是进行了适合于自身的改造，融进了家族精神和“和”文化，形成了自身的团队文化特色。

3. 改造式整合

企业结合自身文化优势，对外来的趋于成熟的企业文化进行改造与加工完善。例如，企业质量管理文化源自美国，后迅速传入日本，经过日本企业的整合达到某种近乎至美至善的境界，然后开始在全球流行。

4. 变革式整合

企业伴随着管理革命，对企业文化特质进行较为彻底的吐故纳新、多方位的整治和变革。例如，19 世纪 40 年代，美国铁路企业在不懂技术的老板的管理下发生了列车对撞事件，从而引发了企业所有权和经营权分离的管理革命，推动了经理体制的诞生。从此，便开始了企业组织文化、决策文化、动力文化及管理文化的一系列新的文化变革与整合。

5. 创新式整合

企业内部剧烈的文化冲突与文化危机，促使企业根据新的背景和起点进行文化创新整合。例如，洛克菲勒在其合伙的石油企业正欲乘势扩大规模之时，原最高决策层的“三驾马车”之间出现了巨大的分歧，最后只好约定把企业卖给出价最高的人。老洛克菲勒与另一位合伙人买下企业后，按其经营意向和宗旨对企业进行了改造，创新了经营哲学。

（三）企业文化整合的规律

企业文化整合过程中存在以下两个规律：

1. 择优趋善规律

企业文化整合既有体现在企业各个层次上的具体整合，也有伴随着社会进步而发生的系统整合。前者表现出来的多是积极的、能动的、富有主观选择性的文化整合，后者本质上更像无意识的社会自然历史过程。显然，无论是主动整合，还是被动整合，都遵循着择优趋善规律，整合的总趋势是积极的、进步的，结果多半具有进步色彩。

2. “拉平”规律

不是所有文化整合都能达成择优趋善的理想目标。企业先进文化与落后文化共处一体，在整合时也经常发生“拉平”现象。因此，在主动进行企业文化整合时，企业必须有强大的领导力，扬长避短，择优趋善，避免发生被动的拉平现象。

企业通过对各种异质的、不同形态的企业文化进行整合，达到合意的、理想的文化状态，是企业文化管理最困难的一环。随着人们人生观、劳动观、价值观的深刻变化，一些传统的文化特质不再具有新质文化属性，企业文化整合就愈加困难。例如，福特汽车公司在亨利·福特时代，企业普遍停留在对员工的管理依靠棍棒、饥饿加金钱引诱的水平上，当时公司引进流水线作业规范这一先进的技术与管理新质文化，对自身文化进行整合并不困难。但到了20世纪八九十年代，企业文化背景、员工文化心态已发生改变，这时企业生产流水线作业建立在半自动化、自动化柔性生产体系和充满人情味、人性化的作业环境的基础之上，福特汽车公司这时进行企业文化整合就不那么顺利，面对改革阵痛，也开始迎接文化变革挑战，被迫在文化整合中更加注重员工的新要求，注入全球化、关注顾客、追求持续成长，以及深信“领导者是老师”等先进文化特质。

二、企业文化的变革

（一）企业文化变革的含义

企业文化变革是指由企业文化特质改变所引起的企业文化整体结构的变化。它是企业文化发展的必然趋势。企业文化变革的根源，在于企业生存、发展的客观条件发生了根本性变化，它是社会文化变革在企业内的具体反映。当企业经营环境改变，原有文化体系难以适应企业发展需要而陷入困境时，就必然通过文化变革，创建新的企业文化。因此，企业文化变革是企业文化产生飞跃的重要契机。一般情况下，企业文化变革对企业文化发展有着促进作用，而在某些特定条件下也有可能引起企业文化的逆转。

（二）企业文化变革的形式

1. 渐进性变革

渐进性变革是一种潜在的缓慢变革，是企业文化内容在不知不觉之中所发生量变的积蓄过程。新的企业文化特质在缓慢的文化变革进程中取代旧有的文化特质，这种变革潜移默化地渗透在企业及其成员的常规行为之中。有时渐变到一定程度便难以控制，产生了意外的结果，从而改变了企业文化的整体结构。在这种企业文化的变革中，企业成员感受不到文化革新所带来的强烈冲击。

2. 突发性变革

突发性变革是企业文化非常态的文化特质的突然改变和飞跃，它常常使企业文化在较短时间内改变原有结构、风格和模式。突发性变革是在企业文化渐变的基础上出现的，当企业文化渐变积蓄到一定程度时，便会产生巨大突破，从而引起企业文化全局变化。这种变化必然是企业文化深层结构的改变，即构成企业文化核心部分价值观体系的改变，而不仅仅是人们生活方式、习惯及工作作风的表层变化。企业文化的突发性变革常常对企业成员的思想感情产生强烈的震撼和深刻的影响，迫使人们进行痛苦的选择。

（三）企业文化变革的规律

1. 由浅入深规律

企业文化变革的过程相当复杂，但总是由浅入深，从企业表层行为方式的改变开始，直到深层价值观念、思维习惯的改变。遵循由浅入深的变革规律推进企业文化突发性变革，也不可避免地会对企业成员的心理和内部物质利益关系造成较大冲击；突发性变革往往会遭遇到原有文化的代表者和认同者的普遍阻挠，以致产生一些对抗举动。如果变革的主要倡导者缺乏思想准备和工作预案，往往会使企业经营秩序出现混乱。

2. 无序到有序规律

企业文化变革总是由无序状态过渡到有序状态，企业文化变革破坏了旧的文化体系，而新的文化体系尚未建立或建立之初，企业成员对其不适应、不接受时必然会呈现一种分散、无序状态，但分散和无序经过一段时间必然走向有序。

3. 量变到质变规律

企业文化变革总是由量变到质变的，由一种文化到另一种文化的转变往往需要较长的时间，即使是由于企业外部环境发生巨大变化致使企业文化出现突发性变革，也是建立在量变积累基础之上的。

企业文化变革是企业文化发展的必然阶段。正确认识企业文化变革的本质特征和规律，对于促进企业文化的进步具有重要意义。企业应通过对其文化现状进行深刻剖析，进行有准备的变革，根据客观形势的变化，不失时机地推动企业文化的革新与进步。

在互联网时代，还应善于利用便捷的文化网络，及时发现文化冲突，渐进式推进文化变革，修复文化缺陷，尽量避免颠覆性的文化变革，降低文化变革带来的震动和所付出的代价。

（四）企业文化变革与企业危机的挽救

企业陷入重大危机，除极个别的不可抗力或偶然的重大决策失误等原因外，多半具有深刻文化根源，即由过时僵化的企业文化传统所致，危机无非是新旧文化冲突的最终表现。企业危机使得企业处于最危险的境地，或者是解体、倒闭、完全失败，或者是设法起死回生，两者必择其一。企业危机的严重局面使得企业成员心灵受到震撼，危机把文化冲突直接、可怕和灾难性的结果呈现在他们面前，使他们深深地懂得，选择什么样的文化，涉及整个企业的前途与命运。企业危机中文化对峙、冲突的结果是虽然有时新兴、进步的力量暂时失败了，旧有文化一统天下的局面未被打破，但旧有文化的全部弊端以及招致企业惨败的迹象却暴露无遗。这就为企业文化行为主体抛弃旧有企业文化传统，选择新的企业文化，提供了思想和舆论准备。所以，挽救企业危机最好的方法是组织的重大改组和文化的彻底变革。

案例 4－4

福特汽车公司与通用汽车公司

亨利·福特 1903 年白手起家，15 年后建立起了世界上最大、盈利最多的汽车制造企业。福特汽车公司在 20 世纪初几乎垄断了整个美国汽车市场，在世界其他绝大多数汽车市场上也占统治地位；但到了 1927 年，这个几乎是不可摧毁的汽车王国已经摇摇欲坠，一直到第二次世界大战期间都没有恢复原有的竞争力。

1944 年，亨利·福特的孙子亨利·福特二世，当时只有 26 岁，在没有受过任何训练也没有经验的情况下，接管了这家企业，两年后通过一次“宫廷政变”把他的祖父推下了宝座，引进了一套全新的管理班子，拯救了企业。福特汽车公司这次深刻的危机及其剧烈的文化冲突引发了一次深刻的企业价值变革，企业文化完成了一次重大的突变。管理学家德鲁克指出：“福特一世之所以失败是由于他坚信一个企业无须管理人员和管理。他认为，所需要的只是企业主兼企业家，以及他的一些‘助手’。”“他毫不妥协地坚持这一信念。他实现其信念的方式是，他的任何一个‘助手’，如果敢于像一个‘管理人员’那样行事、做决定或没有他的命令而采取行动，那么无论这个人多么能干，他都要把这个人开除。”由亨利·福特二世“政变”引发的企业文化变革，把企业主与管理班子分开，赋予管理班子更大责任与权力，使福特汽车公司彻底革除和抛弃了以企业创始人为代表和象征的独裁式的企业文化传统。

小艾尔弗雷德·斯隆在接任通用汽车公司总经理时，通用汽车公司几乎要被庞大的福特汽车公司压垮了，只能勉强地维持一个软弱的第二号的位置。它是由那些根本无法同福特汽车公司相匹敌的小汽车企业拼凑起来的，比临时凑起来的金融投机组织好不了多少。通用没有一种能胜过对手的汽车，没有经销商组织，财政上没有实力。

面对内忧外患的局面，斯隆对企业进行了大胆的改组。他把那批不守纪律的“独立诸侯”改造成了一个管理班子，为新的“大企业”提出了一种组织原则——分权的原则，提出了企业目标、战略及规划的系统方法，通过革除来自部门、中间层的分散和无序，进行了彻底的文化变革，使通用进入了一个大企业健康发展的轨道，五年后通用汽车公司成了美国汽车工业中的领先者。

案例讨论

1. 试比较福特汽车公司文化变革与通用汽车公司文化变革的异同。
2. 为什么企业文化变革要与组织变革相结合？

（五）企业文化深层变革——价值革命

企业价值革命是企业最深层的文化变革，它可能是局部的也可能是整体的。企业价值革命一般由企业上层人物发动，通常涉及以下几个方面：

1. 企业价值观变革

企业价值观变革既涉及对企业整体文化的深层反思，也涉及对企业环境变化的重新认识。例如，20 世纪 80 年代不少美国企业开始深刻地意识到美国企业价值观和美国企业管理方式已经让位于日本企业价值观和日本企业管理方式。阿纳齐教授通过对日本汽车企业成功的原因进行分析，得出了美国企业常规逻辑所难以接受的事实：日本汽车企业拥有一支干劲冲天、乐于工作、乐于制造汽车的工作大军，而且把人当作天赋的资源，而不是当作金钱财富和机器，也不是当作机器管理员。这也许是一切问题的关键所在。这种对企业主体和核心资源的不同的价值判定，已经给两国企业业绩带来了巨大的差别。因此，美国企业开始认识到本身潜在的危机，迫使它们接受新的企业价值观。到了20世纪90年代，美国经济增长势头强劲，美国企业员工创新精神所创造的效率远远超过日本企业员工敬业精神所创造的效率。因此，又使得日本人重新审视自己的价值观，自觉或不自觉地接受来自美国企业创新价值观的挑战。又如，20世纪80年代以前，计划经济体制及价值观制约了中国企业的活力与竞争力；改革开放以后，中国实行市场经济体制，逐渐接受市场经济的价值观，在企业价值观层面进行了深刻变革。

2. 管理哲学与管理思想变革

管理方式、方法、手段的改变，从局部看似乎并不难，但整体的、系统的变革就涉及管理哲学与管理思想的根本改变，这是一场企业管理的价值革命，是很困难的事。尤其是企业家主导的企业文化体系和管理体系、管理哲学与管理思想的变革，往往是企业家灵魂深处的变革。人类社会的历史反复证明，要想使杰出人物放弃他毕生的信念，修正他的理想和观点，很难做到或几乎不可能做到。解决的唯一方法是依靠自然法则的力量，更换领导人，彻底推翻原有的文化体系。

3. 经营理念变革

企业经营的变革每天都在发生，但经营理念的改变，如涉及企业使命的调整、经营方向的改变、顾客利益与企业利益关系的平衡、竞争模式和盈利模式的选择等，却是深层次的、不容易的。这种价值变革，有些是在某一企业里因某些重大经营决策和事件的触发逐步展开的，有些则是因外部环境的急剧变化同时在一批企业发生，而后迅速形成一股新的思潮。

当今世界，全球化、网络化、数智化、人性化的浪潮，使20世纪风行的许多经营理念正在经受新的挑战和检验，促使企业挖掘新的经营智慧，改变经营思想，经营方面的价值变革不可避免。

案例4-5

戴尔公司的文化变革

戴尔公司是时年19岁的迈克·戴尔于1984年成立的，当时的注册资本只有1 000美元，2005年2月，戴尔公司的市值达1 000亿美元。总裁罗林斯自豪地说：“……我们成功的秘诀就是我们年复一年地发展我们的DNA。这样的DNA是其他公司运行不了的。”董事长戴尔也说：“……文化起着至关重要的作用……我们的做法不同。”

戴尔公司的文化变革始于2000年。在这之前，戴尔文化中的核心因素：一是追求资本的高收益；二是研发战略兼顾股东利益和顾客利益；三是在市场竞争中奉行达尔文主义；四是不接受任何借口的工作评估；五是坦率、真诚、求实的态度；六是快速迅捷的决策模式；七是高付出、高回报。

2000 年市场大滑坡，公司连续两年止步不前。于是，戴尔公司做了“向戴尔直抒心意”员工调查。调查发现公司处境非常不妙——人们开始怀疑自己继续留在戴尔的理由，有 50% 被调查的人表示如果公司状况没有改观他们会离开公司另寻他处。根据戴尔公司传统的观点，在戴尔工作就是为了成为“戴尔富翁”，这里有一种思维定式即“戴尔能为我做什么”，而不是“我能为戴尔做什么”。这种结果在很大程度上是表面的经济膨胀和丰厚的收入造成的。人们的预期直冲云霄，“致富太容易了”。但是，市场滑坡了，市值降低了，靠不住了。

戴尔公司领导人认识到依靠“付我足够的钱我就留，不付我足够的钱我就走”的员工是建设不成伟大企业的。于是，戴尔公司发起了创造“打得赢文化”的文化改革。

改革的第一步是昭示戴尔的灵魂——以顾客为中心、坦率沟通、做优秀的世界公民、赢得开心。这本来是戴尔一贯的精神，只是以前从来没有昭示过。

改革的第二步是发起“领导方式大检查”。公司自上而下所有管理人员都接受属下的评议并根据评议结果改进管理。从大检查中，戴尔和罗林斯了解到员工需要有更多的认同，需要有更多的机会发展。

改革的第三步是把创造“打得赢文化”写进公司的战略目标，与以往的三个目标——顾客体验、产品领先、全球化——一起成为公司的四大战略目标。四大目标评估方法相同，而且同样成为员工获得奖金的依据。

改革的第四步，启动管理人员培训项目，追踪发展潜力好的员工在戴尔公司的工作生涯。培训分为两个层次。一个是全公司 10%的上层管理人员的培训，由董事长戴尔或总裁罗林斯亲自授课，每季一次，这种培训是短训；另一个是一般管理人员的培训，是每期为期 10 天的高强度培训，其中 3 天由戴尔或罗林斯授课。通过培训，一方面公司凝聚了公司的精英，为公司储备了丰富的人才梯队；另一方面受训人员学到了很多东西——他们说这是他们参加过的最好的培训，同时还为自己受到重视而更加投入地工作。

戴尔公司的文化变革继承了戴尔传统的优势，弥补了文化的缺陷，使戴尔公司从一个世界著名的财务指标一流、员工工作就是为了钱的公司变成了一个人心所向、员工追求全方位发展的公司。

案例讨论

1. 戴尔公司文化变革的目标是什么？实施了哪些改革步骤？
2. 戴尔公司文化变革实践带给我们哪些启示？

本章小结

本章主要强调以下三个观点：

第一，在企业文化演变过程中，企业创始人和继任者起着关键作用。他们要有强烈的使命感和责任感，善于运用企业文化演变规律，审时度势，推进企业文化的发展。

第二，在企业文化演变过程中，创新和变革是关键性环节。无论一个企业的文化多么优秀，随着时间推移、内外环境变化，都会发生改变。因此，企业要不失时机地利用企业技术与市场调整、企业重组、制度创新、主要领导人更迭等机会，推动企业文化的创新和变革。

第三，在推动企业文化发展中，除非原有主流文化严重阻碍生产力的发展，一般不宜全盘否定，应保持企业文化的传承性。当然，当企业主流文化腐朽没落，严重阻碍企业发展的时候，必须及时果断地进行变革与创新，促使企业凤凰涅槃，获得新生。

复习题

一、单选题

1. 有个性的企业文化，一般是由（　　）埋下的种子生发出来的。

A. 创始人　　B. 员工　　C. 企业楷模

2. 企业文化选择的标准是企业的（　　）。

A. 本位价值观　　B. 基本价值观　　C. 企业精神

3. 企业文化变革形式有渐进式变革和（　　）两种。

A. 颠覆性变革　　B. 疾风暴雨式变革　　C. 突发性变革

二、多选题

1. 企业文化传播包括（　　）等要素。

A. 传播的共享符号　　B. 传播关系　　C. 广告

D. 新媒体　　E. 传播媒介及方式

2. 企业文化传播规律包括：择优趋善规律、（　　）。

A. 同构易播规律　　B. 异体或异构抗播规律　　C. 优胜劣汰规律

D. “拉平”规律　　E. 整合增值规律

3. 企业文化深层变革——价值革命，通常涉及（　　）几个方面。

A. 企业价值观变革　　B. 企业形象变革　　C. 组织结构变革

D. 管理哲学与管理思想变革　　E. 经营理念变革

三、判断题

1. 只有当企业发展到一定规模，员工素质、管理水平达到较高程度时，方能产生企业文化。（　　）

2. 企业文化积累是指企业文化特质的保存以及新特质不断增长的过程。（　　）

3. 企业文化冲突主要有主流文化与亚文化的冲突、整体文化与个体文化的冲突两种表现形式。（　　）

4. 企业文化创新是对企业原有文化传统的彻底抛弃。（　　）

四、简答题

1. 简述企业文化内传播与外传播的主要方式。

2. 试述企业文化传播的新趋势。

3. 简述企业文化的整合方式和整合规律。

4. 简述企业文化变革的规律。

练习与操作

1. 用图示方法对企业文化演变过程，即从起源到整合与变革的整个过程进行概括性描述。要求简单明了，逻辑清晰。

2. 根据企业文化传播规律和互联网背景下自媒体、新媒体对企业文化传播的影响，试对某企业（或创办中企业或某实际企业）制定一套企业文化对外传播方案。要求方案设计要素完整，有创意，有可操作性。

第五章
企业文化管理主体

学习目标

知识目标：

1. 了解企业员工、企业楷模、企业家在企业文化管理中的角色。
2. 理解企业家精神的内涵。
3. 重点认识与理解“以人为本”的内涵。

能力目标：

1. 掌握培养名牌员工和培育工匠精神的方法。
2. 掌握造就企业楷模的方法。

素养目标：

1. 明确企业员工在企业文化管理中的主体地位，提高主人翁意识和文化建设自觉性。
2. 学习企业楷模精神，争做新时代大国工匠和文化楷模。

学习导图

- 企业文化管理主体
  - 企业员工
    - 企业文化建设与管理的基本力量
    - “以人为本”的主旨
    - 培养名牌员工和培育工匠精神
  - 企业楷模
    - 企业先进文化的体现者和建设者
    - 造就企业楷模
  - 企业家
    - 企业文化的“旗手”
    - 企业家精神与企业文化
    - 建设高素质的企业家队伍

第一节　企业员工

一、企业文化建设与管理的基本力量

企业员工是推动企业生产力发展的最活跃的因素，也是企业文化建设与管理的基本力量。企业文化建设与管理的过程，本质上就是企业员工在生产经营活动中不断创造、不断实践文化的过程。

（一）企业文化的创造者

企业员工身处生产经营第一线，他们在用自己勤劳的双手创造物质文明的同时，也在用自己的智慧创造着精神文明。在企业中，个别员工也许不是最有智慧的，不一定比得上高层管理者和企业家，但他们作为一个群体，集体的智慧是最强大的，正是他们集体的聪明才智，不断丰富着企业文化的内容，推动着企业文化的革新与进步。比如，员工在新技术、新产品开发中，接触到大量的科技信息，迸发出很多先进思想火花，这些信息和思想火花集中起来就可能成为一种新文化材料，技术与产品的开发过程也就变成文化的变革过程，创新思想、包容文化以及实事求是的观念可能由此而生。再如，员工从事生产活动，面对大生产流水线，分工细密，环环相扣，一个环节出现纰漏，就会影响整个生产过程，因此协作观念和集体主义精神应运而生；同时，现代化作业要求人们严格遵守规范和标准，因此也会产生精益求精的工作精神和严密、严明的工作作风。又比如，员工在营销活动中，与供应商、经销商、竞争者及顾客打交道，会使他们树立强烈的市场意识、竞争意识、危机意识和先进的服务理念，并认清企业与外部合作者相互依存的关系，认清企业经济效益与社会效益、眼前利益与长期利益的辩证统一关系。

显然，企业文化离不开企业家的积极倡导和精心培育，这种倡导和培育加速了企业文化的新陈代谢，即摒弃旧文化、创造新文化的过程。但是，企业文化源于员工在生产经营实践中创造活动，没有这种创造活动，企业文化就犹如无源之水、无本之木。不可否认，在信息时代，加速了文化的传播速度，企业家可能把从企业外部捕捉到的新文化在本企业加以倡导和推广，但这种新文化从广义来讲也是员工（其他企业员工）创造的，即使移植到本企业也必须有群众基础；否则，再好的文化也不会发挥作用。

（二）企业文化的实践者

员工不仅是企业文化的创造者，也是企业文化的实践者。企业文化不仅是蕴藏在人们头脑中的一种意识、观念、思想和思维方式，它的实践价值是能转换成员工的一种行为方式、规范、作风、习惯和精神风貌。在企业文化由精神向行为以及物质转化过程中，员工是主要的实践者，只有靠全体成员在工作和生活中积极践行企业所倡导的主流文化，以正确的行为方式和行为规范、优良的工作作风和传统习惯、积极向上的精神风貌，爱岗敬业，做好本职工作，才能生产出好产品，推出优质服务，创造出最佳经济效益，真正产生由精神变物质的积极效应。以此看，企业文化管理过程就是在企业家引导下，员工积极认同、自觉实践的过程，员工实践的好坏直接决定了企业文化管理成果的优劣。企业文化管理是需要一定的提炼、灌输和宣传推广等活动的，但这些活动都是手段，目的是实践。只有经过实践的企业文化才是真实的企业文化；否则，只能是一种口头文化。

从企业文化的创造和实践两个环节看，企业员工都起到关键性作用。人创造文化，文化也改造人，也为人所享用。员工创造并实践企业文化，企业文化作为员工成长和发展最重要的环境，反过来也改造并提高了员工的思想素质、道德素质和文化素质，为员工建立了精神家园。企业文化与员工素质在相互推动中共同得以提高。

案例 5－1

绝不能忽视小人物

一年夏天，“六必居”里一个出门要账的伙计跟一个穷书生攀谈，知道书生是一名候补盐大使，北上来“投供”，可惜的是“本钱”不够，落魄于此。

这个伙计怜才，决定拉这个书生一把。恰巧，这时伙计有笔款子可收，这笔款子不大不小，三百两，原是吃了“倒账”的，对店里来说，已经认赔出账，如果能够收到，完全是意外收入。

这个伙计把收来的那笔钱借给了那个书生，还把自己攒的一点钱也给了他。他想，反正这笔款子店里已经认定无法收回，如今借给这个书生，将来能还最好；不能还，店里也没有损失。这个想法也不能说没有道理，便自己做主了，而且写了一张书生出具的借据，送到总管店务的“大伙”那里。

“大伙”不同意小伙计这种“一厢情愿”的想法，但念在他平日有功，也不追究，请他卷铺盖走人。

“六必居”的东家知道这件事后，非但没责怪那小伙计，还认为他很讲义气。东家亲自上门找到他，要他回店工作，还夸奖了他几句，不过交代了如果再遇到这样的事，应先和东家打个招呼。

众人对东家的举动褒贬不一。

不久，书生金榜题名。他不忘小伙计的恩情，天天打听，终于找到了。

书生身着官服，直赴“六必居”答谢。

小伙计当然也欣喜万分，不仅他的不白之冤可以洗刷干净，而且更彰显了“六必居”东家的用人策略和眼光独到。

经过这件事以后，“六必居”的名声更是响亮。

某日，一个名叫张夺标的青年来到“六必居”酱菜店，跟掌柜说自己“想来店中当伙计”。

由于当时店内不需要增添人手，因此掌柜便回绝了对方。哪知张夺标并没有就此罢休，直接又去找东家。东家以礼相待，以同样的理由婉言回绝了他。张夺标再次遭到拒绝后，没有灰心丧气，却说道："贵店什么时候添伙计我再来。"东家见此人意志坚定，而且比较机敏，心想如此有恒心的人应该是一个很不错的苗子，便破例收张夺标当了店伙计。

1900 年，八国联军侵占北京，义和团出于义愤，在北京焚烧卖洋货的商店，大栅栏一家药店被烧，大火殃及"六必居"。张夺标冒着生命危险，把"六必居"金字牌匾抢救出来。

事后，东家特意设宴款待张夺标，并表示要以重金酬谢。但张夺标没有接受东家的谢银，他对东家说："当初东家的知遇之恩，我今生无以报答，我身为'六必居'伙计，这样做是分内事儿。"

案例讨论

1. 六必居东家为什么没有责怪擅自做主借钱于人的伙计？
2. 六必居东家为什么破例录取张夺标，他录取员工主要看什么？
3. 重视"小人物"为六必居的经营发展带来了哪些好处？

二、"以人为本"的主旨

（一）人的本质

人为什么能够创造文化、承载文化和改造文化？这需要我们了解人的本质。

西方传统哲学把人视为介于神与自然之间的第三者，既具有灵魂又具有肉体。人区别于神，是因为人有肉体和物质性；人区别于自然，是因为人有灵魂和精神性。

在中国传统哲学看来，人总是处在与他人的相互关系中，人区别于动物的关键是人有道德，把修身养性作为人生的目标。

马克思强调从社会关系和实践活动中来理解和把握人，认为人是名副其实的社会动物，劳动创造了人本身，人是各种社会关系的总和。

从以上可以看出，人是具有自然属性、社会属性和精神属性的复合体，但本质是社会性和劳动性。人作为社会环境和时代的产物，对集体（或社会）具有依赖性；同时，人是自己命运的主人，在适应环境过程中改造环境，在承载文化的同时也创造文化。因此，企业只有坚持以人为本，确立员工在企业管理中的主体地位，相信群众和依靠群众，才能把企业办好。

在生产力的发展中，人是最积极、最活跃、最关键的因素，是创造力的源泉。人的主观能动性发挥得如何，直接关系到企业生产经营效率和经济效益的高低。尤其是在竞争环境里，哪个企业能够最大限度地调动员工的积极性、开发员工的潜力，哪个企业就能争取主动，获得长足发展。

（二）"以人为本"的内涵与实践途径

"以人为本"，即把人作为企业管理的根本出发点，把确立人的文化主体地位，满足人的需要，提高人的素质，充分调动人的积极性，作为企业文化管理的重要任务。也就是提倡尊重人、相信人、激励人、发展人，使人能动地发挥其无限的创造力。

坚持“以人为本”的企业文化管理主旨，其主要实践途径是：

1. 充分地重视人

充分地重视人，即视员工为企业的最佳资本，把管理的重心转移到做人的工作上。长期以来，部分企业重经营、轻管理，在管理中又把侧重点放在建制度、定指标上，把人只作为一种可用资源，忽视员工的主观能动性。这种只见物不见人、重物轻人的做法，是无法实现管理预期目的的。只有充分重视人，吸收员工参与管理和文化创造，发挥员工的主动性与积极性，才能确保企业文化管理的活力。

2. 正确地看待人

正确地看待人，即明确员工作为企业管理与文化主体的地位，处理好管理者与员工之间的关系。一个多世纪以来，西方学者曾先后提出了“经济人”“社会人”“自我实现的人”“复杂人”等多种假设，但这些假设都没有摆脱一种思维模式，即管理者是管理主体，员工是管理客体；科学管理就是谋求管理主体对管理客体的有效控制。这种思维模式不能解决管理者与员工之间固有的冲突与矛盾。从根本上讲，员工是企业管理与文化的主体，只有充分尊重、信任员工，确保其主体地位与权利，才能实现管理者与员工文化追求的一体化，企业共享型的文化才能建成。

3. 有效地激励人

有效地激励人，即在确保员工主体地位的基础上，把蕴藏在员工中的聪明才智和劳动积极性充分激发出来。为了达到这一目的，必须改变管理方式和激励方式，如完善企业民主管理制度，改变集权式、压制型的管理方式，推行员工自我监督和自我控制；为员工创造良好的工作条件，搭建发挥个人才能、实现个人价值的平台；完善人才选拔、晋升、培养制度，建立合理的激励机制；帮助员工进行个人职业生涯规划，满足员工物质和精神上的各种需求。

4. 全面地发展人

全面地发展人，即努力把员工培养成有理想、有道德、有文化、有纪律的新型劳动者。好企业是一所好学校，它不光是人的使用者，而且也是人的培育者。企业只有重视对员工的培养，提高员工的道德修养、科学文化素质和各种能力，丰富员工的物质和精神生活，才能使员工得到全面发展，成为有高素养的文化人和关注自身与企业双重价值的现代企业人。员工全面发展、素质提升和道德升华的过程，就是企业文化不断发展、逐渐走向成熟的过程。

三、培养名牌员工和培育工匠精神

（一）培养名牌员工

企业员工队伍的素质是企业成功进行企业文化创新与变革的决定性因素，是企业竞争力强弱的主要标志。莱斯特·瑟罗指出，企业提高竞争能力的关键在于提高基层员工的能力，也就是要造就名牌员工。比尔·盖茨曾说过：职员是微软公司的宝贵资产，只有智慧灵活的头脑，才能不会落后于人，永处高峰。名牌员工是需要具备事业心、忠诚心和责任感的，是具有高超的技术、熟练的操作技能的，是守纪律、讲协作并具有创造性的。员工只有具备这些素质和能力，才能适应现代企业发展的需要，才能真正成为企业文化发展和创新的主体。因此，企业文化管理必须围绕提高员工的素质、培养名牌员工来进行。

要培养一支高素质的名牌员工队伍，关键在于抓好员工的培训。培训可给员工进行能量输入，即“充电”。据研究，一个人一生获得的知识，10%来自学校，90%来自社会，即多数来自参加工作之后。在知识爆炸的信息时代，科学技术发展日新月异，除了要对员工进行岗位培训外，不断地对员工进行知识更新和智力投资，是保持企业活力的关键。有的国家将企业培训部门称作最佳投资部门，就是说通过培训可以用最小的投入获得较大的利润。

1. 德国：完备的职业教育培训制度

德国采取“双轨制”的教育培训办法，使员工培训具有法律保证，培训多层次、网络化。同时经费也有保障，除了政府投资外，主要是企业投资。德国企业一般要拿出销售额的1%～2%或投资额的5%～10%用于员工教育培训。科学的教育培训机制和巨额的投入，造就了德国企业高素质高技能的员工队伍。“奔驰”之所以傲视全球，这与梅赛德斯-奔驰公司重视员工培养密不可分。公司认为，高品质与人员的高素质成正比，因此，为培训员工不遗余力，在全球设有数百个培训中心。公司还鼓励管理人员和技术人员到高等院校去学习、深造，不仅工资照发，还赞助学费、报销路费，甚至在住宿方面还给予补贴。

2. 日本：健全的能力开发系统

日本员工教育以企业为主体，企业内教育十分发达。20世纪80年代以来，日本进入“没有样板的独立发展时代”，就业员工学历普遍提高，价值观呈现多样化，企业内教育由单纯的学校教育的延伸或补充，偏重于知识传授和技能训练，向全面塑造“现代企业人”的方向转化。新型的教育体系包括三个部分：一是系统教育，即就业前教育、新职员教育、新职员集体住宿研修、普通职员研修、骨干职员研修以及指导层的新任职、普通职员和高级职员的研修等；二是现场教育，通过以老带新的指导员制度、自我申报制度、职务轮换制度等培养员工的实际能力；三是自我开发资助，即鼓励员工参加函授教育和外部研修班。松下公司以“造就人才的公司”而著称于世，该公司设置的教育训练中心下设8个研修所和一个高等职业学校，专门负责本公司各级员工的培养。同时，还通过自我申报、社内招聘、社内留学、海外留学等制度造就人才，从而使松下公司出好产品的同时也不断造就着一批又一批优秀的人才；反过来，优秀的人才又不断创造着更好的产品。

3. 美国：教育的高度社会化与企业的高投入

美国教育的社会化程度很高，员工的整体素质也高，员工就业之前就已经有很高的专业技术素质。美国没有一个公司能保证职员终身雇佣，但美国企业仍然十分重视员工培训。很多公司设有自己的企业大学和培训中心，美国教育委员会已认定超过7 000家公司能够颁发自己的学位。它们一方面通过脱产的新工人培训班和在职工人听课、案例讨论和角色扮演等形式进行培训；另一方面也通过在岗指导、工作轮换和特殊委派等办法进行培训。近年来，美国公司的教育支出以每年5%的速度增长，用于教育培训的支出非常惊人，IBM、德州仪器等将其雇员工资总额的5%～10%用于培训活动；美国企业平均培训投资为工资总额的2%。通用电气建有自己的企业大学，对每年新录用的大学毕业生，规定必须经过2～3个月的工作和学习，才能转为正式雇员；对于别的公司跳槽转入的员工，也毫无例外地必须接受相应的专业培训；对于高级主管人员的培训，最长可达4个月。

GE克劳顿管理学院

4. 中国：把培训视为企业最重要的投资

中国改革开放以来崛起的知名企业，均经历了由靠抓技术、打市场取胜，向不断重视员工培养，创造人才优势的战略转变，把培训视为企业最重要投资成为共识，不少企业都建有培训中心和企业大学。长虹领导者认为，高质量的产品是由高素质的人干出来的，1%的质量问题对用户来说就是100%。市场只承认功劳，不承认苦劳和疲劳，只有高素质的人才能建立功劳，才能被市场所承认。他们确定“既创一流产品，也创一流人才”的战略，斥资兴建培训中心，配备现代化教学设备，举办各种培训班，培训员工数十万人次。同时还采取“走出去、请进来”的方式，与日本、德国等大公司及学校建立培训合作关系，对本公司技术、管理人员定期进行知识更新。海尔在“人人是人才”的思想指导下，成立海尔大学和海尔国际培训中心，除了重视一般人员培训外，非常重视对青年科技人才的培养，不断给他们“输血”，送往国内外进行培训。特别是通过有效的激励机制促使员工岗位成才，他们把传统的“相马”机制变为“赛马”机制，创造竞争上岗机制，为管理人员和技术人员设立了海尔金、银、铜奖章，为工人设置海尔希望奖、合理化建议奖等，同时实行了“优秀工、合格工、适用工”三工并存的动态转换制度，大大推动了员工学技术、练本领的积极性。

海尔大学

（二）培育工匠精神

工匠精神是工业文化的重要内涵、企业文化的重要组成部分，也是企业竞争的资本和员工个人成长的道德指引。在中国创新型国家建设过程中，实现“中国智造”“中国创造”“中国精造”，都需要大国工匠和“工匠精神”。

工匠精神的本质是把质量视为生命，工作精益求精、一丝不苟、专注坚持、专业敬业、追求完美和极致。工匠们喜欢不断雕琢自己的产品，不断改善自己的工艺，享受着产品在自己双手中不断升华的过程。工匠们对细节有很高要求，追求完美无缺，对精品有着执着的坚持和追求，把品质从99做到100，其利虽微，但品质成为丰碑。工匠精神从广义来讲，包括职业追求、职业道德、职业操守、职业精神等。

世界上工匠精神较强的国家如德国、瑞士、意大利、英国、日本都是现代化强国。德国只有8 000多万人口，靠“德国制造”成就了2 300多个世界品牌。瑞士的钟表匠的质量追求是从99%提高到99.99%，钟表王国是靠这种精神铸就的。意大利原创设计师品牌，传承工匠精神，用一针一线全新演绎意大利工艺的精髓。英国的约翰·哈里18世纪用40年时间只做了5只航海钟，其中一只航行64天只慢5秒。正是有这种追求精准的工匠精神，为工业革命注入了精神动力。工匠精神在日本更有非凡表现。据统计，全日本超过 100 年历史的老字号有 21 066 家，超过 200 年的有 3 100 多家，千年以上的企业有 8 家，寿命最长的企业金刚组成立于 578 年，已有 1 400 多岁，这些企业大多数有核心技术或工艺，由工匠世代传承。神户小工匠冈野信雄 30 多年只做一件事——旧书修复。寿司之神小野二郎，用 50 多年时间专注做寿司，他的小店开在东京 CBD 一座办公楼的地下室，却是全世界闻名的米其林三星店，他以“寿司第一人”的美称享誉全球。

培养工匠精神是建设企业文化的重要内容，更是培养员工的重要内容。企业员工身处生产经营第一线，企业科学的决策、卓越的产品设计和营销策划，都需要通过员工的双手来实现，如果单纯强调知识、技术与技能，没有工匠精神，不能手脑并用，用心去做事，企业不可能创造出精品，因此，培养员工的工匠精神和提高员工知识与技术技能应并驾齐驱。

培育和弘扬工匠精神，从宏观上讲，应大力倡导尊重劳动、尊重知识、尊重人才、尊重创造的社会价值观。通过加强宣传，引导全社会深刻认识培育和弘扬工匠精神的重要意义，尊重一线员工和专业技术人员的劳动，形成推崇工匠精神的良好社会氛围。同时，完善培养工匠的制度，建立健全工匠精神评估机制，组织开展各种生产技能竞赛，设立有关奖项，评选奖励优秀工匠及他们的创新成果。特别针对非遗技艺，要建立传承人培养制度，使中华传统技艺世代流传。

培育和弘扬工匠精神，关键在企业。企业在培育品牌过程中，要实施精细化质量管理，建立产品质量和服务质量监测和追溯制度，倒逼员工在工作中精益求精；通过制度约束和正面引导，使工匠精神内化于心，增强文化自觉。同时，企业应建立健全培训体系，为一线员工和专业技术人员提供培训和学习机会；实施师徒制，口传心授培养工匠人才，或通过与职业院校合作，进行招工即招生的现代学徒制，加强技术技能人才培养。还有，企业应将工匠文化纳入企业文化管理的重要内容，培养大国工匠典型，实施有效的激励机制，帮助员工树立职业理想和职业操守，激发员工精研生产技艺、不断创新创造。

案例 5-2

研磨钳工魏红权

在武汉重型机床厂一个普通车间内，钳工魏红权正在研磨加工一个高精度的零件，经过细心研磨，几分钟后，原本普通的零件表面像变魔术般平整光亮如镜，甚至 A4 打印纸上的文字也被镜面反射得异常清晰。

“0.06 毫米，是一根头发丝的直径，而中小零件的加工精度必须达到一根头发丝直径的 1/60 才算合格。”在魏红权看来，“精雕细磨才能出精品”。

坚守研磨工作三十余年，魏红权“从未觉得枯燥”；相反，他认为“是一件很有意思的事情”。没有别的，因为一份热爱。这就是大国工匠、研磨大师魏红权的职业信仰和爱国情怀。

案例讨论

1. 从研磨大师魏红权身上看到了哪些大国工匠的优秀品质?

2. 怎样才能成为一个优秀的大国工匠?

第二节 企业楷模

一、企业先进文化的体现者和建设者

(一) 企业楷模的地位与作用

1. 企业楷模的地位

企业楷模又称企业英雄，是指在企业生产经营活动中涌现出来的一批具有较高素质、业务技术能力和先进事迹的劳动模范、先进分子和英雄人物。他们是体现企业主流文化、被企业推崇、被员工仿效的特殊员工。这些人总是走在员工前面，是企业先进文化的体现者和建设者。

企业楷模是企业价值观的化身，他们的观念、品格、气质与行为特征都是企业特定价值观的具体体现。迪尔、肯尼迪说:“在强文化中，英雄是中流砥柱……英雄是一个火车头，一个魔术师，是每个遇到困难的人都想依靠的对象，他们有着不可动摇的个性和作风，他们所做的事情是人人想做而不敢做的。英雄是一种象征。他们的行为超乎寻常，但离我们并不遥远。他们常常是戏剧性地向人们显示，成功是在人们力所能及的范围之内的。”[①] 企业楷模之所以受人尊敬和崇拜，关键在于他们是先进文化的代表，他们做了他人能做而没有勇气做的事情。

2. 企业楷模的作用

企业楷模对企业文化的形成和发展起着重要作用。企业楷模是振奋人心、鼓舞士气的导师，是人人仰慕的对象。他们在企业中也许不担任任何管理职务，也许算不上高技术人才，但他们德高望重，备受人们敬重，在他们身上体现出的企业价值真谛，处于企业文化的中心位置。楷模在人们心目中是崇敬的偶像和有形的精神支柱，如果没有他们，企业文化就会由于缺乏凝聚力而涣散和支离破碎。只有懂得这种企业文化妙用的企业家，才能尊重员工对英雄的崇拜心理，善于发现和塑造企业楷模，促进企业文化的发展。企业楷模在企业文化形成中的作用有:

(1) 榜样作用。企业楷模具有时代特点，体现现实文化的主导精神。他们能以其优

① 特雷斯·迪尔，阿伦·肯尼迪. 企业文化:现代企业的精神支柱. 上海:上海科学技术文献出版社，1989:35.

秀的品德、模范的言行、生动感人的现实文化形象感染人们。他们的为人和功绩是一般员工直接体验的，容易使大家产生感情共鸣，因而乐意去仿效。

（2）聚合作用。企业楷模产生于群众之中，他们的理想、信念、追求具有广泛的群众基础，易于为群众所认同和敬佩，并产生独特的魅力，吸引着周围的员工，使整个组织同心同德，形成整体力量。

（3）舆论导向作用。在一个良好的组织文化环境中，企业楷模的公正主张和远见卓识，能够控制舆论导向，能够起到引导员工言行、强化企业价值观的作用。

（4）调和作用。企业楷模以自身在企业中的地位和优势，在解决企业内部的各类矛盾、冲突时起着调和作用。如以公正的态度提出调停条件，判定是非，充分诠释企业处理冲突的立场、原则和手段，化解冲突。

（5）创新作用。企业楷模着迷于把自己的幻想变成现实，其观念、言行常常突破惯例。迪尔、肯尼迪说企业楷模就像古典文学作品中的英雄，每个英雄都有一条龙在等着他去搏斗，或是有些障碍需要他们去克服。因此，企业楷模的创新之举，往往代表着积极的企业文化倾向，他们把这种文化倾向传递给企业其他成员，点燃大家的创新激情，带动着整个企业的创新。

（二）企业楷模的类型

1. 群众楷模与领导楷模

从企业楷模来源划分，有群众楷模和领导楷模。群众楷模来源于生产经营第一线，有广泛的群众基础，容易使人产生认同感和亲近感。领导楷模来源于企业管理层乃至企业最高领导层，他们集权力因素和非权力因素于一身，能够形成超越权力的人格感召力。

2. 共生楷模与情势楷模

从企业楷模的形成特点划分，有共生楷模和情势楷模。共生楷模一般是像松下幸之助、爱迪生和任正非等属于具有传奇和神秘色彩的企业创始人，他们与企业共同产生，对企业创立与发展做出过巨大贡献，他们的事迹往往被“神化”，因而在企业员工心目中始终保持着完美的形象和持久的影响力。情势楷模是在企业发展的关键而难忘的时刻“塑造”出来的，与共生楷模相比，他们的事迹更现实、更具有可仿效性。

3. 单项楷模与全能楷模

从企业楷模的事迹及特征划分，有单项楷模和全能楷模。单项楷模的事迹及品行特征集中表现在某一方面，从某一侧面体现了企业的价值观；全能楷模则是在很多方面都有突出的业绩，表现出比较全面的优秀品质，比较全面地体现了企业的价值观。企业楷模的成长受众多因素的影响和制约，成为超群、杰出、全面的楷模者甚少，有的企业仅仅存在于历史人物中甚至是虚幻出来的。因此，企业成员只要具有某一方面或几方面独特的优势和优秀业绩，就应树为文化楷模，并不断培养他们向全能楷模发展。

4. 历史楷模与现实楷模

从企业楷模形成的时期划分，有历史楷模和现实楷模。历史楷模往往是企业文化传统的创立者，其品格、行为、作风、形象往往传为佳话，为企业后来者所仰慕、尊崇和世代传承。现实楷模是能够继承企业优秀文化传统，又能在现实中创造新的业绩，体现和传播新的价值观念的企业楷模。如大庆的“铁人”王进喜即为历史楷模，“新铁人”

王启民即为现实楷模。

（三）企业楷模与企业家

在一个企业中，企业楷模与企业家的角色有时集中在一个人身上，有时表现在不同人的身上。表现在一个人身上，固然有权力影响力和情感影响力合一的效应，但两种角色较难统一。多数情况下，两种角色是由不同的人担当的，他们以各自不同的行为方式和风格，在企业文化形成中发挥各自作用。一般来讲，企业家目光远大、敢于创新、做事当机立断，以企业家精神在企业发挥文化导向作用；企业楷模直觉性很强，能立即辨认出某些做法合不合理，并以自己方式尝试做他们认为有价值的事情，以英雄气质和向上的精神状态激发文化正能量。

二、造就企业楷模

企业楷模是在企业实践中逐步成长起来的，但最后真正成为为人所景仰的楷模又需要企业的精心培育，是典型人物良好的内在条件与“天时、地利、人和”的客观环境的催化力共同作用的结果。

造就企业楷模主要应做好以下三个方面工作：

（一）发现楷模“原型”

楷模在成长初期往往没有惊人事迹，而且有很强的个性，但是他的价值取向和信仰往往是进步的。企业领导者应善于深入群众，通过人们的言行，了解群众舆论，以便及时发现具有楷模特征的“原型”。“有高山即有深谷”，对楷模“原型”不要求全，而要善于发现“亮点”。

（二）培养楷模

一旦发现楷模“原型”，就要为其顺利成长创造必要条件，增长其知识，开阔其视野，扩展其活动领域，为其提供更多参与文化活动的机会，使其增强对企业环境的适应性，深刻理解企业文化的价值主张。培养楷模切忌脱离群众，应该使楷模具有广泛的群众基础。

（三）塑造与宣传楷模

通过对楷模“原型”给予必要的指导，使其在企业各种活动中担任实际角色或象征角色，得到锻炼和成长。当楷模基本定型，为部分员工所拥护以后，应认真总结其经验并积极宣传推广，提高其知名度和事迹感染力，最终为企业绝大多数员工所认同。

在对楷模进行宣传时绝不能“拔高”。新闻媒体一般喜欢过分地宣扬、吹捧这些英雄楷模，把他们渲染成超凡入圣的人物，这样做有害无益。企业在发挥楷模作用时应给予关心和爱护，使其能够在良好的环境中健康成长。对不具备管理能力的楷模，不宜硬性“提拔”到管理或领导岗位。

培育、造就企业楷模的过程，是不断增强员工信心、鼓励员工成长，使其超越自我、创造非凡的过程。

案例 5-3

“铁人”王进喜

1959 年，王进喜到北京参加群英会，看到大街上每辆公共汽车都背个大气包，他奇怪地问别人：“背那家伙干啥?”人们告诉他：“因为没有汽油，烧的煤气。”这话像锥子一样刺痛了他。

1960 年春，石油战线传来喜讯——发现大庆油田，一场规模空前的石油大会战随即在大庆展开。王进喜从玉门油田率领 1205 钻井队加入了这场石油大会战。

一到大庆，呈现在王进喜面前的是许多难以想象的困难：没有公路，车辆不足，吃住都成问题。但王进喜和他的队员下定决心：有天大的困难也要高速度、高水平地拿下大油田。钻机到了，吊车不够用，几十吨的设备怎么从车上卸下来？王进喜说："咱们一刻也不能等，就是人拉肩扛也要把钻机运到井场。有条件要上，没有条件创造条件也要上。"他们用滚杠加撬杠，靠双手和肩膀，奋战三天三夜，38 米高、22 吨重的井架迎着寒风矗立荒原。要开钻了，可水管还没有接通。王进喜振臂一呼，带领工人到附近水泡子里破冰取水，硬是用脸盆、水桶，一盆盆、一桶桶地往井场端了 50 吨水。在重重困难面前，王进喜带领全队以"宁可少活二十年，拼命也要拿下大油田"的顽强意志和冲天干劲，苦干五天五夜，打出了大庆第一口喷油井。

在随后的 10 个月里，王进喜率领 1205 钻井队和 1202 钻井队，在极端困苦的情况下，双双创造了年进尺 10 万米的奇迹。在那些日子里，王进喜身患重病也顾不上去医院；几百斤重的钻杆砸伤了他的腿，他拄着双拐继续指挥。一天，突然出现井喷，当时没有压井用的重晶粉，王进喜当即决定用水泥代替。成袋的水泥倒入泥浆池却搅拌不开，王进喜甩掉拐杖，奋不顾身地跳进齐腰深的泥浆池，用身体搅拌，井喷终于被制服，可是王进喜却累得站不起来了。房东大娘心疼地说："王队长，你可真是铁人啊！""铁人"的名字和"铁人精神"就是这样传开的。

案例讨论

1. 在"铁人"王进喜身上表现出哪些文化楷模的优秀品质？
2. 新时代是否需要继续发扬"铁人精神"？为什么？

第三节 企业家

一、企业文化的"旗手"

企业家，不但是市场舞台上的主角和企业掌舵人，而且在建设企业文化中具有突出的地位与作用，是企业文化管理的"旗手"。在企业中，他们一般以"董事长""总裁""CEO""总经理"等身份，在企业文化建设和管理中发挥着不可替代的作用。

（一）企业家的市场角色与基本特征

1. 市场角色

企业家在现代社会经济发展中具有重要的地位和作用。综观世界，凡是经济发达的国家，都是企业家辈出并作为经济发展主角活跃于市场舞台的。

现代企业经营需要企业家。现代企业不同于作坊小店，它面对激烈竞争的市场和复杂的社会政治经济环境，需要对企业发展方向和经营战略问题做出决策；需要处理同社会公众复杂的经济、社会关系以及内部分工协作关系。如果没有一个能执掌全局，具有远见卓识和高超组织指挥才能的企业家对企业进行创新性经营和科学管理，企业正常运营和发展是难以想象的。企业家的市场角色十分清晰，即市场的领导者、冒险家和创新家。

2. 基本特征

（1）企业家基于一定天赋，在市场上遵循和服从优胜劣汰的市场规则，靠开拓事业锻炼成长。

（2）企业家拥有经营才能，是冒险精神和创新精神的积极体现者。

（3）企业家的行为自觉接受一定的商业文化的引导和制约。比如，以增加利润为荣，但诚实经营，以义取利，讲究商业信用；敢于承担巨大的经营风险，但又不盲目从事等。

（4）企业家通过自主经营，开辟市场，满足社会需求，引导消费潮流；尊重法律，承担社会责任和义务。

（二）企业家的文化角色

1. 企业精神的人格化代表

张瑞敏在对媒体谈到他个人在海尔的角色时说：第一是设计师，第二是牧师。实际上这就是企业家在企业中的文化角色，即引领价值，不断“布道”，充当企业精神的人格化代表，是企业文化管理的旗手和核心力量。

2. 具体文化角色

（1）企业文化的积极倡导者。企业家的理想、主张、领导风格和领导艺术，引导着企业文化的发展方向和特色。任何一个企业，如果没有具有超前文化意识的企业家，就不会有先进企业文化的产生；同样，几乎没有哪一个企业拥有的主流文化，不是经过企业家大力倡导而形成的。

（2）企业文化的精心培育者。企业家好比园丁，精心培育，勤劳耕作，才使得企业文化之花在企业的沃土上盛开。企业家在培育企业文化的时候，一般均充当着“医生”的角色，“望闻问切”，从问题入手，因地制宜地推进企业文化建设与管理。

（3）企业文化管理方案的设计者。企业文化管理是一个涉及战略制定、理念定格、内外传播、制度渗透、推广践行以及整合创新等一系列工作的系统工程，在其中，企业家是灵魂性人物，起着总设计师的作用。

（4）优秀企业文化的身体力行者。企业文化管理的关键，在于落地生根和开花结果。企业家在积极倡导、培育企业文化的同时，率先垂范，身体力行，用自己体现企业价值观的言行、工作作风和精神面貌，影响企业员工的思想和行为，担负起引导企业文化方向的重任。

（5）企业文化转换和革新的推动者。企业家作为生产力的直接组织者，在带领员工应用先进科学技术进行创新性经营过程中，会成为新的价值观念、思维方式和行为方式的实践者和创造者。由于企业家的市场角色和在经营中的领导者地位，他们容易发现企业现有文化存在的弊端和冲突，因此，他们就成为向旧文化挑战，推进新文化，转换企业文化形态的关键人物。

二、企业家精神与企业文化

（一）发扬企业家精神的重要性

任何一个社会阶层都有自己的精神，企业家阶层也有自己的精神。企业家精神是建立在企业家对市场本质的把握和对企业价值的理解基础之上的，反映着企业家在创业和经营活动中的价值观念、事业追求和工作准则。企业家精神的本质是冒险、创新和社会责任感，这种精神是市场经济社会商业文化的主调，是最珍贵的文化资源。

从微观上说，企业家精神对企业文化形成有直接影响。熊彼特认为，企业家精神表现为“不墨守成规、不死循经济循环轨道，常常是创造地变更其轨道”。德鲁克认为，企业家精神是“在寻找变化，对变化做出反应，并把变化作为一个可供开发利用的机会”。企业家精神中这种创新、进取、敢冒风险的文化取向，构成企业文化的核心内容。企业家在经营实践中，以职务权力和人格感召力把这种精神传导给组织成员，通过自身的“英雄”形象和强者形象，使其产生对创新、进取与冒险精神的认同，从而为企业文化注入活力，成为企业文化的主旋律。当然，企业家精神不是企业文化的全部，它主要体现企业在经营创新和事业开拓方面的指导思想和哲学。

（二）企业家精神的内涵

习近平总书记2020年在企业家座谈会上指出，要弘扬企业家精神，希望企业家增强爱国情怀，勇于创新，诚信守法，承担社会责任，拓展国际视野。企业家精神的主要内涵包括：

1. 独具慧眼的创新精神

创新是运用创造性思维，对旧事物的否定和对事物的探索。企业家的创新精神主要表现在对市场的敏锐观察和突破、对技术和产品的开发、对企业组织和管理的变革等方面。它是企业活力的源泉，也是企业实现快速发展的原动力。

2. 敢担风险的探索精神

冒险精神是企业家的内在品质。在科技迅猛发展、市场激烈竞争环境里，企业时刻都充满风险，如投资风险、财务风险、市场开发风险、产品研发风险、人才流动风险等。企业家靠冒险精神驱动，敢于面对和承担各种风险，善于避险并在风险中寻找机会，开拓前进。

3. 敢于拼搏的进取精神

永不满足现状，总是以高昂士气开拓进取，向更高目标挑战，这是所有成功企业家的共同特质。若缺乏或失去这种精神，必然安于现状，在困难面前畏首畏尾、不敢拼搏。久之，必然屡失良机，直至危及企业生存。对于刚刚在市场中学习“游泳”的企业家而言，敢于拼搏的进取精神是最为可贵的。

4. 科学理性的实效精神

企业家在经营过程中，尊重科学，实事求是，讲求实效，追求效益和效率最大化。

如果缺乏实效精神，只追求轰动效应，光讲投入不计产出，违背规律，必遭市场惩罚，企业家也就失去了其应有的理性特质。

5. 尊重人才的宽容精神

企业家具有强烈的人本观，尊重人、相信人，以宽容的精神及真诚、友善的态度，对待顾客和公众的挑剔，对待下属的缺点和工作失误。企业家的宽容精神是企业汇聚良才、增强内聚力的重要因素，也是企业赢得社会信赖、不断走向成功的重要条件。

6. 面向世界的竞争精神

企业家在市场上敢于竞争，勇于超越他人。在全球化环境里，企业资源配置和产品销售远远冲破国别界限，进而转向区域化或全球化。优秀的企业家能以特有的世界视野，积极开辟国际市场，扬长避短，在全球化中赢得优势。

7. 热爱祖国的奉献精神

企业家具有强烈的社会责任感和爱国情结，并能把它转化成一种奉献精神。企业家的这种奉献精神，引导企业合规守法、诚信经营，正确处理企业与国家关系，注重环境保护，热心公益事业，促进文化进步。奉献精神是企业家精神的最高境界。

三、建设高素质的企业家队伍

企业家作为社会精英，是市场经济最稀有的资源；企业家作为企业掌舵人和文化领航员，是企业最宝贵的资源。培养企业家精神、造就职业企业家队伍是企业文化管理的重要任务。

（一）企业家的职业素质和能力

企业家素质是指企业家本来的品质、特征、知识素养及在创新活动中表现出来的作风和能力的综合。企业家的职业是一种既需要一定天赋又需要一定专业修养的、具有高度创造力的职业。对一个优秀的企业家来说，需要哲学家的思维、经济学家的头脑、政治家的气魄、外交家的纵横、军事家的果敢和战略家的眼光。企业家是一种不可多得的商业人才，对从事这一职业的人应有很高的职业素质和能力要求。

企业家应具备的职业素质和能力表现在以下五个方面：

1. 职业追求

企业家的志向和抱负是只求办实业，在市场大显身手，把整个身心同企业联系在一起，不为各种荣誉所动心，不为各种仕途所吸引，把走实业道路作为一生最高追求，轻易不会改变。

2. 职业修养

企业家的职业修养表现在：一是政治坚定，具有政治责任感和社会责任感。二是品德高尚，具有诚实、正直、正派、襟怀坦白、大公无私、言行一致、以身作则的品质以及自我批评精神。三是博才识广，善于博览群书，取百家之长，避诸士之短，做聪颖智明之人。四是眼光敏锐，既富有想象力，又周密严谨。学会一手拿望远镜预见未来、科学决策；一手拿显微镜精准发现问题、及时解决问题。五是坚韧不拔，有远大的志向，认准一个目标、做出一项决策、选择一条道路就敢于坚持，有不达目的不罢休的气质。

六是身心健康，精力充沛，胜任繁重的脑力和体力劳动，同时具有高度自制力，可以承受来自各个方面的压力甚至折磨，不会遇到一点困难就畏缩不前，不因一时得利而沾沾自喜，也不因一时失利而惊恐失策。

3. 职业意识

企业家除了应具有创新、冒险精神外，具体还包括：一是发展意识，不像小商贩那样追求一次性眼前利益，而是具有强烈的谋求发展、扩张的意识，追求战略利益。二是客户意识，坚持客户至上，把为客户提供优质产品和服务作为经营的根本指导思想。三是负债经营意识，即敢于承担风险和压力，追求多投入多产出。四是盈利意识，即在依法经营的前提下追求利润最大化。五是信誉意识，即把信用作为自身道德的底线，视信誉为自身的最佳资产。

4. 职业能力

企业家从事的是一种特殊的社会实践活动，除了需要具备如记忆、观察、想象、抽象概括和表达等能力外，还需要具备一些特殊的技能和本领。具体表现为：一是预见能力，即作为出色的战略家，能洞察环境变化，眼光盯着未来，审时度势。二是开拓能力，即在强烈的创新意识推动下，广开思路，善于想象、假设，进而开创新局面，寻找制胜途径。三是决断能力，即在明辨是非，准确分析判断基础上，决策勇敢果断，不拖泥带水，不优柔寡断。四是组织指挥能力，即善用人的一技之长，善于挖掘每个人的聪明才智，善于统御、控制，以自身的权力和威信，把个人意志、决策变成广大员工的行动。五是商业交往能力，即能协调，善表达，能说服人，在频繁的商业交往活动中，具备与不同的人相处的随机应变的艺术，善于发展同社会各界的关系，并能给人留下深刻而良好的印象。六是反省能力，即对自身的所作所为能够反思、反省，及时总结经验教训，不断完善和提高自己。

5. 职业精神状态

企业家在工作中表现出来的习惯、风格与精神面貌包括：一是有工作激情，热爱工作，精神振奋，寓事业心于成就感之中，对公司业绩的追求、偏爱、向往，犹如政治家热心于“功名”与政绩，将军醉心于辉煌的战绩，科学家向往真理、热爱发明一样，甚至有过之而无不及。二是有理性的头脑与果敢的行动，处事冷静、思路开阔。当判定投资机会、投资项目时，可能理智得像个机器人；一旦下定了决心，瞄准了方向时，又会冲动、忘我地投入，勇敢地前行。三是有跳跃式的思维，善于摆脱日常琐事的干扰，把注意力集中在战略问题上，经常提出出人意料的思路和见解。四是有幽默感与亲和力，爱开玩笑，爱说俏皮话，善于缓和紧张气氛，创造轻松、愉快的氛围，赢得下属的好感。

案例 5-4

世界第一 CEO——韦尔奇

杰克·韦尔奇在20世纪80年代发动一连串的变革，打破通用电气庞大的官僚体系，将其改造成在各领域都极有竞争力的企业集团。在他的领导下，通用电气的营收和获利都大幅增长，韦尔奇本人连续数次被《财富》杂志选为最受推崇的企业家，通用电气公司也被《财富》杂志选为最有竞争力的企业。

他的简单策略、打破官僚体系、效率用人以及集中焦点在核心事业上，是最重要的几个基本原则。

在策略上，韦尔奇上台不久，就卖掉旧事业，集中焦点在服务业上，希望全心投入那些可能成为产业界第一或第二名的企业；在组织改革方面，韦尔奇也进行大刀阔斧的改革，尽量去除那些不必要的人事包袱，让整个组织重新找回灵活的精神。

任何一个经理人都常对自己面对的工作感到庞杂，觉得终日被时间追赶，但是韦尔奇同时经营十三个事业，却似乎乐在其中。他的秘诀是，把事情简单化。他认为，一个好的管理者必须将生意简单化，设法建立一个"更快、更集中、更有目标"的企业。他常常问自己五个问题，快速做出清晰的决定。这五个问题就是：在全球市场上，你所处的产业环境如何？在过去三年中，你的竞争对手做了些什么？在同样的三年里，你又做了什么？未来，他们会如何攻击你？你又有什么计划可以超越他们？

许多企业家都知道，人才是最重要的资产，但是很少人切实执行。韦尔奇却把培养人才、让他们放手发挥，当作最重要的工作。"我没有经营通用电气，我领导通用电气。""管得少就是管得好。"韦尔奇如是说。

有一次美国《商业周刊》杂志要求正在物色新总裁人选的公司挑选出它们最想招揽的企业领导人，并根据结果发布了一份排行榜。在前 20 名最受青睐的人选当中，有五位竟然都任职于通用电气公司。

案例讨论

1. 著名企业家杰克・韦尔奇在通用电气进行了哪些改革？这些改革措施体现了他怎样的管理风格？

2. 你认为优秀企业家应该具备哪些特殊的精神品质？

案例 5-5

一元年薪

2009 年，席卷全球的金融风暴逐渐向实体经济蔓延，企业资金吃紧，市场萎缩。面对危机，三一重工掌门人梁稳根宣布自己放弃 60 多万元的年薪，只拿"一元年薪"；高管降薪 90%；对于普通员工则实行"三不"政策——不裁员、不降薪、不接受普通员工降薪申请。由此，梁稳根"一元年薪"事件引起了社会广泛的讨论，有人认为值得效仿，有人认为这不过是作秀。

在国外，企业家拿一元年薪不是什么新鲜事。当年克莱斯勒汽车公司总裁李・亚科卡为了拯救摇摇欲坠的企业，自觉把应得的 36 万美元年薪降为 1 美元。苹果公司的史蒂夫・乔布斯、思科的约翰・钱伯斯、谷歌公司的 CEO 埃里克・施密特及其两位创始人、联合总裁拉里・佩奇和塞吉・布林等人，都拿过一元年薪。

在中国，三一重工的梁稳根则是首位拿一元年薪的企业家。

三一重工最初是四名大学生砸掉国营铁饭碗后艰难创业，从一个小山村走出来的，企业的品位一开始就比较高。“三一”的企业宗旨是“三个一”，即“创建一流企业，造就一流人才，做出一流贡献”。梁稳根作为四位创业者中的领头雁，志向远大，同时又有社会责任感。他在企业发展的关键时刻身先士卒，只拿一元年薪，员工不降，这种做法大得人心，整个企业员工士气大增，上下同心协力，企业很快渡过难关，走上健康发展的轨道。

案例讨论

1. 梁稳根为什么要拿一元年薪？此举产生了什么效果？
2. 企业家拿一元年薪，体现了企业家一种什么道德品质？这种做法是否值得倡导？

（二）培养企业家的有效机制

习近平总书记在2020年的企业家座谈会上指出，要“营造激励企业家干事创业的浓厚氛围”。完善的市场经济体制是企业家诞生和成长的摇篮。从根本上讲，提高企业家的素质与素养，强化企业家精神，造就职业企业家队伍，依赖于市场经济的充分发展。正像一个军人没有参加过实战就不能成为一名骁勇善战的将军一样，一个企业家没有经历过市场上你死我活的竞争洗礼也不可能成为出色的企业家。当然，企业家自身的自觉学习、修炼以及实践锻炼是不可缺少的。此外，还需要创造以下条件和机制。

1. 营造公平市场环境

打破市场壁垒，构建新型政商关系，实施产业政策普惠化，在市场准入、审批许可、经营运行、招投标等方面，为各类企业营造公平市场环境，给企业发展创造充足市场空间；推进反垄断、反不正当竞争执法。

2. 推进制度创新

现代企业制度与清晰、多元化的产权结构，是企业家成长的最好平台。在推进企业制度创新过程中，应厘清资本所有权与经营权的关系，使企业真正成为市场主体；加速产权的流动，推进股权多元化的进程；保证企业家能在遵守法规和市场规则的情况下自主决策、自主经营；积极探索企业家与管理层持股问题，强化企业家的长期战略行为和履行对企业资产保值增值的责任。

3. 变革评估机制

伴随着企业家市场的不断发育，尽快实现企业家择业的市场化、流动的市场化、评估的市场化和收入的市场化。除国有企业以外，企业家一般不能由国家任命，只能凭能力从竞争中脱颖而出；取消企业家的行政级别和待遇。企业家是否称职，在企业内部应主要由股东、董事会、监事会和员工来评估；在企业外部主要由市场来评估。

4. 完善激励与约束机制

企业家的报酬应体现市场供求规律，形成有效的激励机制。在保护企业家的人身财产安全和名誉地位的同时，其物质利益应与市场供求关系相联系，与他们所处的地位、贡献和所承担的风险相结合，与企业的经济效益挂钩。企业搞好了，应通过股票期权等形式给予其充分体现。同时要完善治理结构，形成有效的约束机制。企业没搞好，企业家要承担责任。总体讲，要注意爱护企业家，热忱地支持企业家在改革中探索前进。

5. 营造社会文化氛围

中国漫长的封建社会，由于商品、货币处于枯萎状态，商人阶层十分脆弱且没有地位。这些影响了中国人的职业选择和对企业家成就的评估。同时，受中国传统“出了头的椽子先烂”的中庸思想影响，很多人在实业上不敢成就大业，这些不利于企业家的成长。为此，应为企业家成长营造良好的社会文化氛围，使企业家这一职业得到全社会的尊重。

6. 强化教育培训

积极引进发达国家职业经理人的教育培训做法和经验，探索教育培训规律，创造行之有效的教育培训模式，使企业家熟练掌握市场运行规则、法律法规，掌握国际贸易惯例等，为他们驾驭企业、参与国际竞争奠定良好基础。

7. 弘扬企业家精神

大力弘扬与倡导企业家精神，促使企业家产生发展事业和奉献社会的巨大内驱力，促使他们自我激励、自我约束、自我完善、自我发展。同时，把这种精神传导给企业，促进企业形成积极进取的文化；把这种精神传播到社会，促使整个社会价值观念与市场文化的融合，改变社会风气，促进社会文化进步。

本章小结

企业员工是企业文化建设与管理的基本力量。员工素质高，才能建构高层次的企业文化。因此，企业文化管理必须坚持“以人为本”的主旨，把提高员工素质作为企业文化管理的中心任务；反过来，可依靠高素质的员工建设高层次的企业文化。

企业楷模是企业先进文化的体现者。作为企业价值观的化身，企业楷模的观念、品格、气质与行为反映了企业文化的主脉与特定的文化价值，引领着企业文化的风尚。积极造就企业楷模，发挥企业楷模的作用，有利于在企业中形成文化正气和积极向上的精神风貌。

企业家是企业文化管理的旗手。作为旗手，企业家积极倡导、培育和身体力行先进的企业文化，变革落后的企业文化，创造新的企业文化。企业家在企业文化管理中的地位和作用是其他主体不能替代的。尤其是在企业初创或变革时期，企业家对企业文化形成与创新有着决定性影响。因此，提高企业家素质，强化企业家精神，促使企业家的文化自觉，在企业文化管理中是关键一举。

复习题

一、单选题

1. 工匠精神的本质是把（　　）视为生命，工作精益求精、一丝不苟、专注坚持、专业敬业、追求完美和极致。

A. 产品　　　　B. 作业　　　　C. 质量

2. 企业楷模是（　　）的化身，他们的观念、品格、气质与行为特征都是企业特定价值观的具体体现。

A. 企业形象　　B. 企业作风　　C. 企业价值观

3. 企业家的市场角色是市场的领导者、冒险家和（　　）。

A. 创新家　　B. 发明家　　C. 开拓者

4. 对一个优秀的企业家来说，需要哲学家的思维、经济学家的头脑、政治家的气魄、外交家的纵横、军事家的果敢和（　　）的眼光。

A. 理财家　　B. 投资家　　C. 战略家

二、多选题

1. 坚持“以人为本”的企业文化管理主旨，其主要实践途径是：（　　）。

A. 充分地重视人　　B. 正确地看待人　　C. 有效地激励人

D. 严密地控制人　　E. 全面地发展人

2. 企业楷模在企业文化形成中的作用是：（　　）。

A. 榜样作用　　B. 聚合作用　　C. 舆论导向作用

D. 调和作用　　E. 创新作用

3. 培育和弘扬工匠精神，从宏观上讲，应大力倡导（　　）的社会价值观。

A. 尊重劳动　　B. 尊重知识　　C. 尊重人才

D. 尊重科学　　E. 尊重创造

4. 企业家在企业中的文化角色是：（　　）。

A. 企业文化的积极倡导者　　B. 企业文化的精心培育者

C. 企业文化管理方案的设计者　　D. 优秀企业文化的身体力行者

E. 企业文化转换和革新的推动者

5. 企业家的基本职业素质和能力包括职业追求、（　　）等几个方面。

A. 职业理想　　B. 职业修养　　C. 职业意识

D. 职业能力　　E. 职业精神状态

三、判断题

1. 员工既是企业文化的创造者，也是企业文化的实践者。（　　）

2. 在企业中，企业楷模与企业家的角色完全集中在一个人身上。（　　）

3. 企业家精神的本质是冒险、创新和追求财富的增长。（　　）

4. 企业文化实际上就是企业家文化。（　　）

四、简答题

1. 试述如何培养工匠精神。

2. 简述企业楷模的类型及如何造就企业楷模。

3. 简述企业家的基本特征和企业家精神的内涵。

4. 简述培养企业家的有效机制。

练习与操作

1. 根据某知名企业（或创办中企业或某实际企业）的需要，制订一份年度员工培训计划。要求培训计划包含培训目标、培训对象、培训内容（专题）、时间安排和培训组织等要素，有可操作性。

2. 在某企业寻找所有“企业楷模”，并对他们进行归类。

3. 选择一个国内“企业大学”，在分析其利弊基础上，试拟订一份简明改进计划。要求以问题为导向，改进措施有针对性。

第六章
企业文化管理实践

学习目标

知识目标：

1. 牢记企业文化管理原则、基本程序与方法。

2. 了解企业文化投入与产出的特点、企业文化的评估标准、评估方法、评估指标体系及评估模型等。

能力目标：

1. 学会把握企业文化的启动时机与切入点。

2. 学会组织企业文化调研，制定企业文化规划、企业文化手册，以及纪念性礼仪的计划。

3. 学会编写企业文化故事、演讲。

4. 学会运用新媒体进行企业文化传播。

5. 能够在理解企业文化评估标准基础上，运用生命周期评估法，对个别企业的企业文化生命周期所处的阶段做出大体判断；运用实际观测评估法，对个别企业的企业文化优劣做出基本评估。

素养目标：

1. 加强文化修养，自觉遵循各种文化礼仪中的行为规范、语言规范、着装规范。

2. 学会并践行一般人际交往礼仪和服务礼仪。

学习导图

- 企业文化管理实践
  - 管理原则
    - 目标原则
    - 共识原则
    - 一体化原则
    - 卓越原则
    - 绩效原则
    - 亲密性原则
  - 启动时机与切入点
    - 选择企业文化建设启动时机
    - 选择企业文化建设切入点
  - 管理程序及方法
    - 企业文化盘点
    - 企业文化规划
    - 企业文化理念的定格设计
    - 企业文化理念的传播与落地实施
    - 企业文化的完善与创新
  - 保障体系
    - 物质保障
    - 组织制度保障
    - 教育保障
    - 礼仪建立与固化
  - 评估方法与模型
    - 企业文化投入与产出的特点
    - 评估标准与评估方法
    - 评估模型与评估体系

第一节　管理原则

一、目标原则

（一）为什么坚持目标原则

在管理学中，目标是指人们通过自身的各种活动，在一定时期内所要达到的预期结果，即“工作内容＋达到程度”。目标管理的概念最早是由德鲁克提出的，其核心是以人为中心，本质上是一种系统性管理、调动性管理、参与性管理和结果性管理。人们从事任何管理活动，都应该有设想，有目标；没有设想和目标的管理是盲目的管理，盲目的管理导致事倍功半，造成资源浪费。企业文化管理不可缺少目标，有了目标，才能启发人们的文化自觉意识，进而对企业文化管理过程进行有效控制，以达成预期目的。

企业文化管理中，坚持目标原则的直接目的在于：

（1）有效地引导企业员工的认识与行为。告诉人们工作应如何做、做成什么样才是企业目标所要求的，避免出现因强调个人价值、个人目标和眼前利益而忽视企业整体价值、整体目标和长期利益的倾向。

（2）激励人们的工作热情和创新精神。目标本身就具有激励性，更何况企业文化目标直接反映着企业的理想信念和价值追求，为人们展示着企业美好的发展前景，因此对员工会产生巨大的激励作用。

（3）为考核与评估企业员工的工作业绩和文化行为提供依据，使考核与评估过程成为总结经验、杜绝“第二次失误”、推进工作良性循环和文化进步的过程。

（二）目标原则的内容

（1）科学合理地制定企业文化的管理目标。即明确企业的基本价值观实践目标。基本价值观实践目标主要通过企业文化建设目标、经营绩效目标来实现。制定目标时应尽量具体和量化，并可操作、可考核。

（2）采取有效措施实现既定文化目标。即制订与企业经营计划相适应的企业文化管理计划，明确具体任务指标、责任人、实现路径、措施与方法。

二、共识原则

（一）为什么坚持共识原则

“共识”，是指共同的价值判断，创造共识是企业文化管理的本质。坚持共识原则有以下三点理由：

（1）由企业文化特性所决定。人是文化的创造者，每个人都有独立的思想和价值判断，都有自己的行为方式。在一个企业中，如果任由每个人按自己的意志和方式行事，企业就可能成为一盘散沙。企业文化不是哪个人的“文化”，而是全体成员的文化。因此，只有从多样化的个人及群体价值观中抽象出一些基本信念，加以提升，并达成共识，才能使企业汇聚力量，形成合力。

（2）由企业发展内外环境所决定。企业作为一个开放系统，其经营活动成效受企业内外多种复杂因素影响，在信息时代，企业的科技环境、市场环境异常复杂且瞬息万变，单靠个人知识、智慧、经验和判断力，很难保证做出正确决策，有效规避各种风险，也很难保证经营管理最优化。因此，只有在共识原则指导下，集思广益，协同行动，才能确保科学决策与经营管理的有效性。

（3）由员工心理需求特点所决定。在现代企业，员工受教育的程度越来越高，脑力劳动者在全体劳动者中所占的比例越来越大，人们的主动精神和参与意识越来越强。只有把握员工的这种心理需求特点，努力创造“共识”，才能激发人们把实现自我价值与奉献企业结合起来。

（二）共识原则的内容

（1）建立参与型管理文化。以往权力主义的管理文化过分强调行政权威的作用，动辄用命令、计划、制度等手段对人们的行为实行硬性约束；在决策与管理中，往往用长官意志代替一切，这样做不利于共识文化的生长。因此，要实行必要的分权体制和授权机制，建立参与型的管理文化，充分体现群体意识，促使共识文化的形成。

（2）充分发挥文化网络的作用。文化网络是企业文化的组成要素，也是主要的非正式沟通手段，是公司价值和英雄式神话的“载体”。通过正式或非正式、表层或深层、大范围或小范围等各种网络系统，相互传递企业所倡导的价值标准以及相应的趣闻、故事、习俗和习惯等，做到信息共享，以利于全员共识的达成。

三、一体化原则

（一）为什么坚持一体化原则

一体化原则，即坚持管理人员和一线员工精神的一体化。坚持一体化原则能够有效地建立起组织内部人与人之间相互信赖的关系，为实现价值体系的“一体化”创造条件。传统管理人为地把管理人员与一线员工分割开来，企业就像一座金字塔，从上到下实行严格的等级管理。这种管理把管理人员视为管理主体，把一线员工视为管理客体，管理的含义即管理主体如何去控制管理客体按照企业的意图行事。这种管理不但未能解决管理效率最大化问题，反而造成了管理主体和管理客体的对立。坚持一体化原则建设企业文化，有助于打破管理人员和一线员工之间的“文化界限”，使二者融为一体，建立共同的目标和相互支持、相互信赖的关系，促进企业精神文化一体化的形成。

（二）一体化原则的内容

（1）实行扁平化管理。弱化等级制影响，实行扁平化管理，把原来“干部-工人”“脑力劳动者-体力劳动者”“管理者-被管理者”等带有浓厚等级文化色彩的关系，转变为一种带有人情色彩的协同关系，赋予一线员工更大的权力与责任。

（2）建立“一体化”的物质基础——企业命运共同体。在深化企业改革中，创造条件使员工持有部分股份，建立企业命运共同体。员工持股并非只是一种法律状态，也是一种心理状态。如果一个人拥有一定的企业股权，他会认为自己的利益与企业休戚相关，愿意为企业整体利益考虑，愿意以实际行动保护企业，使其免受伤害。从情感上讲，个人所有权心理存在时，员工会为企业的成功而感到喜悦，为企业的失败而感到痛苦，为了公司的进步与繁荣愿意奉献自我，这恰恰是企业文化所追求的“价值一体”的理想境界。

四、卓越原则

（一）为什么坚持卓越原则

卓越是人的一种心理状态和向上精神。竞争是激发一个人卓越精神最重要的驱动力，竞争环境促使人们去努力学习，努力适应，努力创造佳绩。

坚持卓越原则，是企业文化管理的内在要求。追求卓越是人的本性，即在一个社会环境中，人们相互比较、竞争，都有追求最佳、最优的意愿。但这种本性不一定在所有的情况下都能完全释放出来，这要取决于它所处的内外环境压力的大小。企业文化管理的任务就在于，通过创造一种文化氛围，促使人们保持追求卓越的不竭动力，使企业永远保持积极向上的文化状态。

（二）卓越原则的内容

（1）建立卓越标准。人们只有在知道什么是最好、最佳的标准并树立了相应的价值判断时，才能克服平庸和知足常乐的惰性心理，为实现企业倡导的目标而不懈努力；否则，尽管卓越文化的倡导者天天在喊口号，但缺乏对“卓越”应该达到的理想状态进行具体的描述，人们的行为像不知终点的赛跑，即使有一定的卓越意识也不会保持长久。因此各项工作都要有最好、最优、最高的标准。当然，建立反馈与激励机制也非常重要，企业及时告诉每个人，你在卓越的路上跑了多远、与别人的差距有多大；及时奖励领先者，鞭策后进者，这些都能增强人们追求卓越的动力。

（2）树立典型。企业典型和英雄人物是体现卓越文化的代表，这些人物曾经或正在为实现企业理想目标而拼搏、奉献，他们取得过显著的工作业绩，并且得到企业在物质与精神上的奖赏，因而，人们自觉不自觉地受到他们卓越精神的感染，进而模仿英雄人物的行为与习惯。所以，要善于发现、培养和宣传推广各类先进典型和英雄人物，发挥他们的榜样示范作用。

五、绩效原则

（一）为什么要坚持绩效原则

绩效是一项工作的结果，也是企业文化成效考核的依据。坚持绩效原则，不光是要根据人们工作绩效大小进行奖励，以鼓励他们以更好的心态投入到下一轮工作当中；还在于促使人们重视效果，避免形式主义的无用功。坚持绩效原则的根本目的，是要改变员工在管理中的被动性，增强其主动性及创新精神，提高工作效率，创造佳绩。

（二）绩效原则的内容

（1）实行目标管理。在自主性强的工作中，建立“只要结果正确，过程可以自主”的观念，采用以个人为主、自下而上协商制定目标的办法，执行目标过程中以自我控制为主，评估目标也以自我检查、自我评估为主。企业最终以目标执行结果——工作绩效为唯一尺度进行奖惩，并以此作为晋级、提升和调整工资的依据，鼓励人们积极探索、创新，谋求使用最好的方式与方法，走最佳捷径，完成工作任务，提高工作效率。

（2）转变管理方式。减少发号施令和外部监督，多为下级实现目标创造条件、提供服务，帮助员工学会自主管理、自我控制、自我激励。

六、亲密性原则

（一）为什么坚持亲密性原则

亲密性，即人际关系和谐密切。

（1）亲密性由人性本质所决定。市场经济奉行的等价交换原则以及科学管理倡导的严密分工原则，带来的最大危害就是人与人之间关系淡漠，缺少和谐，缺乏人情味。企业作为人的集合体，不同于机器各部件之间的机械组合，它是一种有机组合。人是有思想、有感情的，人与人之间的关系在企业中除了工作关系，还保持着感情联系，即体现“亲密性”。大内提出的“Z 型”管理模式，其关键词即为“信任、微妙性和人与人之间的亲密性”。可以说，企业内部人与人之间保持亲密性，能够带来和谐与效率。

（2）亲密性由人的社会性所决定。人除了生理和安全上的需求外，还有社会交往、相互尊重的需求，即亲密性需求。亲密，意味着相互理解、相互关心。相互帮助，它是爱的给予与获得。企业人际关系有了亲密性，员工在其中才能得到充分的精神满足。

（3）亲密性由企业的责任所决定。企业除了使用人力资源制造产品、创造利润外，还有责任使员工在企业中受到教育、获得发展。实际上，企业依赖员工获得发展，员工也依赖企业获得发展，二者在相互依赖之中，关系也就愈加紧密。企业为员工发展铺设阳关大道，员工对企业才能产生归属感和忠诚感。

（二）亲密性原则的内容

贯彻亲密性原则，就是要营造亲如一家的文化氛围，应体现在物质、制度、精神各个层面。例如：建立健全关心员工物质生活的制度；开展丰富多彩的文化、娱乐活动；倾听员工的意见和建议，尊重员工的人格和价值；使员工和管理者一起工作和思考，提高决策的透明度；在积极疏通企业正式沟通渠道的同时，鼓励员工进行各种非正式的交流，增进感情。尤其是应注重培养员工“爱厂如家”的精神，在企业这个大家庭中，使员工与员工、员工与管理者、管理者与管理者之间的关系达到和谐与亲密状态。

第二节　启动时机与切入点

一、选择企业文化建设启动时机

从企业实际出发，推进企业文化建设和创新，必须选准启动时机。从宏观看，当前中国经济正处在高质量发展时期，也是企业创新变革和产品更新换代的加速期。这一时期是企业摒弃旧文化、培植新文化的最佳时机和最佳切入点。

从微观看，总结国内外成功企业的经验，可以发现，当以下几种情况和征兆出现时，是企业文化建设的最佳启动时机。

（一）企业进入快速增长期

企业一旦进入快速增长期，一般表现出人员大量增加，组织规模迅速膨胀，分支机构如雨后春笋般涌现出来，资本迅速扩张，市场迅速扩大且占有率骤升，经营业绩直线上升等现象。在这种情况下，人们往往沉湎于成功的喜悦之中，忽视文化的建设。实际上，企业经营迅速发展时，企业文化往往滞后，很难同企业经营发展保持同步，当二者的差距拉大到一定程度，企业经营没有相应的文化支撑，就会使发展速度降下来，甚至急剧下滑。所以，当企业超常发展，进入快速增长期时，实际上就已开始孕育一定的文化危机，企业发展越迅速，潜伏的文化危机就越大。只有抓住适当时机，变革文化，推进文化创新与发展，才能保证企业经营稳定持续地发展下去。

（二）经营业绩平平或陷入困境

企业的发展不可能一帆风顺，一般都会遇到困难、挫折，甚至失败。在这种情况下，多数企业往往在产品更新、市场开拓或人事调整上下功夫较多，很少检查自身的文化。企业经营业绩的好坏，从一个较长的时期来看，文化优劣是起决定作用的。因此，当企业经营效益低下或陷入困境而找不到明显原因时，就应该检查一下本身的文化是否滞后，是否阻碍了企业经营的发展。及时发现文化上的问题，抓准时机，变革文化，是摆脱经营困境的根本措施。

（三）管理掣肘增多且效率低下

企业发展到一定阶段，会出现机构臃肿、职责不清、政令不畅、内部矛盾增多、人际关系复杂、管理效率持续下降的现象。此时，人们往往把注意力集中在机构改革上，即企图通过精简机构和人员，达到提高管理效率的目的。殊不知，这种做法往往不能如愿以偿，过不了多久，机构又开始膨胀起来，使企业陷入“精简—膨胀—再精简—再膨胀”的恶性循环之中。实际上，企业管理掣肘增多、效率低下的根本原因，一般是文化滞后。因此，当企业出现了上述不正常现象时，应配合机构变革，大力推进文化革新，用一种新文化武装一个新机构，这样才能赋予它新的生命。

（四）科学技术环境迅猛发展

科学技术的发展，必然带来技术迭代、设备换代、产品更新。尤其当涉及企业经营领域的技术大幅进步时，如网络化、数字化、智能化的快速推进，对企业的影响就会更加直接。这种影响不仅表现在生产、经营的方式上，而且会影响人们的思维方式和伦理道德、传统习惯，甚至给企业的价值观带来冲击。科学技术的进步同企业文化相比总是超前的，只有抓住时机，推动企业文化的进步，才能使之与科学技术的进步相适应。

（五）市场环境发生巨大变化

市场瞬息万变，总是会给企业文化的发展带来这样或那样的影响。尤其是当市场发生巨大变化时，就会导致企业文化的重大变革。比如，原有的产销渠道被阻滞，竞争对手迅速崛起，传统产品的市场生命周期处于饱和或衰退阶段，亟须更新换代，而新开发的产品市场又是一个全新的领域，企业没有优势，或者企业对这类市场极不熟悉。这时，就需要企业审慎地研究一下传统的价值观是否适应市场变化的需要；否则，市场环境已经变化，而企业还在固守着旧的价值观，企业衰败是不可避免的。

（六）企业主要领导人更迭

一任领导班子，尤其是主要决策人（如董事长、CEO 等）在任时，其所倡导的文化、制度、行为方式和工作作风很难改变。因此，当企业主要领导人更迭，正是总结、传承前任经验，创新和变革企业文化的极好时机。新人、新思路、新作风与倡导的新文化相得益彰，企业文化承前启后、创新发展。值得注意的是，不能陷入“只要领导人更迭就要变革文化”的误区，优秀文化不应朝令夕改，应一以贯之。只有文化不适应发展需要时，才应抓住企业主要领导人调整的时机对企业文化进行变革。

二、选择企业文化建设切入点

除了新创办企业，多数企业建设文化都是在原有文化基础上进行的，即都是“非零起点”。所以，选择建设企业文化的切入点，必须从企业现有文化状况出发。

（一）解决企业面临的主要矛盾

企业在发展中面临的矛盾多种多样、因时而异。如产品质量不高或服务水平较差，竞争能力不强；管理混乱，浪费惊人，效率低下；员工素质低下，人心涣散，士气低落；人际关系不协调，相互拆台，能量内耗等。企业应从解决现实主要矛盾入手，推行正确的价值观，建立新的制度，倡导良好的行为方式和工作作风，弘扬正能量，纠正偏离企业文化发展目标的思想和行为。这样做，容易引起全员共鸣，增强文化效用。

案例 6-1

张瑞敏砸电冰箱的故事

海尔创办初期的一天，一位用户向海尔公司反映：工厂生产的电冰箱有质量问题。于是张瑞敏突击检查了仓库，发现仓库中不合格的冰箱还有 76 台。

当时研究处理办法时，有的干部提出建议：作为福利处理给本厂的员工。张瑞敏却做出了有悖“常理”的决定：开一个全体员工的现场会，把 76 台冰箱当众全部砸掉，而且，由生产这些冰箱的员工亲自来砸。

听闻此言，许多老工人当场就流泪了。要知道，那时候别说“毁”东西，企业就连开工资都十分困难。况且，在那个物资还紧缺的年代，别说正品，就是次品也要凭票购买的。如此“糟践”，大家心痛，甚至连海尔公司的上级主管部门都难以接受。

但张瑞敏明白：如果放行这些产品，就谈不上质量意识。企业不能用任何姑息的做法，来告诉大家可以生产这种有缺陷的冰箱，否则今天是 76 台，明天就可以是 760 台、7 600台……所以必须实行强制手段，必须有震撼作用。因而，张瑞敏选择了不变初衷：“砸！”带头将 76 台电冰箱当着 400 多名员工的面砸成废铁。

结果，就是一柄大锤，伴随着那阵阵巨响，真正砸醒了海尔人的质量意识，砸出了品牌文化，这件事在员工当中产生了巨大的震撼作用。从此，在家电行业，海尔人砸毁 76 台不合格冰箱的故事就传开了！至于那把著名的大锤，海尔人已把它摆在了展览厅里，让每一个新员工参观时都牢牢记住它。

张瑞敏曾在上海《财富》论坛上说：“这把大锤对海尔今天走向世界，是立了大功的！”可以说，这个举动在中国的企业改革中，等同于福特汽车流水线的改革。

案例讨论

1. 张瑞敏为什么要带头砸掉还有使用价值的 76 台电冰箱？砸电冰箱后产生了什么效应？

2. 谈谈这个“重大事件”对海尔企业文化建设起到了哪些作用。

（二）总结传承企业的优良传统

企业的优良传统是企业历史上形成的文化特色，包括经验、习惯、风俗、传统、作风等。选准时机，比如企业上市、举办司庆店庆等重大庆典之时，总结提炼这些优良传统，宣传典型人物的事迹，并在实际工作中把这些闪光的东西继承下来，容易抓住企业文化生长的根基，促进企业特色文化的形成。

（三）企业资产重组和制度创新

在市场经济体制下，市场在配置资源中起决定作用。随着经济体制改革的深化，产权制度和要素市场化配置不断完善，市场公平竞争，要素自由流动，企业优胜劣汰，企业并购和资产重组是经常发生的事。在此背景下，有些企业通过并购和资产重组迅速崛起，其事业领域、规模和组织结构发生了巨大变化，资产重组伴随着文化重构，这正是整合创新企业文化的最佳切入点。

第三节　管理程序及方法

企业文化管理不像制定一项制度、建立一个业务流程那样简单，它需要企业有意识、有目的、有组织地进行长期总结、提炼、倡导、强化与践行。企业文化管理需要做好五个环节工作，即企业文化盘点、企业文化规划、企业文化理念的定格设计、企业文化理念的传播与落地实施以及企业文化的完善与创新。这五个环节构成企业文化管理的一个循环，每个环节不断继起，相互交叉和渗透，循环往复，促使企业文化不断升华和发展。

一、企业文化盘点

企业建设一种新文化，必须对现有文化进行清理和盘点，即通过调查分析，把握企业现有文化状况及影响因素，对现有文化优势、劣势及适应性和主要矛盾做出客观的评估，为企业文化的定格做好准备。文化盘点的主要内容包括以下七个方面。

（一）地域文化特点

地域文化是企业文化之根，决定着企业文化的底色。企业文化是社会文化的亚文化，起源于某一特定地区的企业，或主要事业集中于某些地区，必然受到这一地域文化传统、风俗习惯的影响，打上深深的地区烙印。如明清以来逐渐形成的十大商帮，都有各自显著的地域文化特色。因此，深入研究企业所处地域的文化特点及其时代价值，并在企业文化建设中合理吸收与继承，才能使企业文化有根有魂。

（二）事业领域及市场竞争特点

企业事业领域不同，带来生产技术、经营特点、市场风险及劳动特点和管理方法等方面的差别，这些差别往往决定着企业文化的行业特点，即决定着企业奉行不同的经营理念。同时，因为事业领域不同，企业所面对的市场竞争状态、表现形式和特点也不同。因此，明确企业的经营领域及市场竞争特点，进而了解由此决定的企业经营管理上的差别，对现有经营状况做出评估，能够增强企业文化的针对性和可行性。

（三）消费者及公众的评估和期望

企业做得好坏，其经营中所秉持的经营宗旨是否适应市场，消费者及公众最有发言权。好的文化，是企业与消费者及公众共建的。因此，企业必须深入了解顾客、供应商、经销商及各类公众对企业的评估，包括好的评估，也包括不好的评估，甚至包括一些抱怨以及很强烈的反对意见，洞悉他们对企业的期望。这些评估意见和期望，往往是确定企业文化理念的重要参考因素。

（四）管理经验及优良传统

管理经验及优良传统是企业文化中最闪光最有魅力的部分，集中体现企业文化的特色，是建设未来文化的宝贵资源。因此，企业必须十分珍视这种文化积累。当然，对企业以往的经验和传统也要客观评估，对确已成为“过去时”、不适应企业发展需要的部分，要敢于大胆舍弃，避免成为建设新文化的障碍。

（五）企业家修养和精神风范

企业家是企业文化的倡导者、培育者、身体力行者，他们个人的品德、知识修养和思想作风、工作作风、生活作风对企业文化有直接的影响。因此，在进行文化的盘点中，必须认真研究企业家的个性特征，并做出评估。在新文化的定格中，要体现企业家的高尚思想道德和精神风范。

（六）员工素质及文化诉求

员工是企业文化的创造者，也是载体，员工素质的高低直接影响着企业文化的建立和发展。如员工思想水平、社会经历影响他们对改革的态度，员工文化程度、技术水平决定他们的理想抱负和思维方式，员工的文化诉求影响着他们的心理期望及行为方式。只有正确评估和把握员工素质及文化诉求，才能使文化定格与其相适应，进而使其对定格后的文化产生自觉认同。

（七）现有文化理念的适应性

通过直接了解员工对企业现有价值体系的看法，进行员工满意度测评，分析经营状况和效率效益指标等，对企业基本价值观、企业精神以及伦理道德、经营管理理念、行为准则等进行评估，看是否与企业发展目标相适应，是否与外部环境相适应，存在哪些文化冲突与矛盾，进而决定在文化定格时对现有文化理念的取舍，以及需要植入哪些新文化。

二、企业文化规划

企业文化规划是对企业文化建设进行的整体谋划和战略设计，是企业文化管理的纲领性文件，可以以“企业文化建设纲要”“企业文化发展纲要”“企业文化发展战略”等名称发布。企业文化规划作为企业发展战略的重要组成部分，具有长期性、战略性和综合性的特征，其期限一般为3～5年，可与企业经营战略期限保持一致。

（一）主要内容

1. 环境评估

在文化盘点的基础上，进一步对企业的政治、经济及人文环境进行系统分析与评估，理清自身优势、劣势、环境带来的机会与威胁，判定企业文化所处的发展阶段，明晰企业文化建设的方向和切入点。

2. 指导思想

撰写企业文化规划的指导思想时，可从政治化内涵、科学化内涵、人本化内涵、市场化内涵四个方面进行概括。

3. 规划目标

企业文化建设的目标主要包括工作指标、体系指标、效果指标三大类。其中工作指标包括组织保障、载体支撑、考核评估与激励措施等内容；体系指标包括精神文化、制度文化、物质文化三项内容；效果指标包括企业凝聚力、执行力、生产经营、企业形象等内容。上述目标从时间上可分解为年度计划目标；从层次上可分为总目标和分目标；从性质上可具体化为定性目标与定量目标。

4. 规划实施

明确规划目标实施的策略、路径与方法。建立健全组织领导体系，成立由企业一把手为组长的“企业文化领导小组”以及执行机构——“企业文化部（处、科）”；建立企业文化岗位职责与考核奖励标准；明确设立专项经费并纳入企业预算；把企业文化培训纳入所有干部员工培训计划。

（二）制定企业文化规划的原则

制定企业文化规划时，应遵循企业文化发展规律，坚持如下原则：

（1）制定企业文化规划与制定企业经营战略相结合。

（2）企业文化创新谋划与继承优良传统相结合。

（3）企业文化前瞻设计与解决现实问题相结合。

（4）企业文化系统建设与重点突破相结合。

（5）制定集团文化规划与制定所属公司文化规划相结合。

企业文化规划同其他规划一样，随着内外环境的变化，其建设目标和实施策略、路径和方法等也必须因时而变，随机制宜。因此，企业文化规划宜按“滚动计划”的方式进行控制，一般一年左右进行一次修订调整。

三、企业文化理念的定格设计

（一）定格设计的内容

企业文化理念的定格设计，是指根据企业文化发展规划，在总结评估企业现有文化状况的基础上，考虑企业内外环境因素的影响和市场变化趋势，找准企业文化原点、特点和生长点，用确切的文字语言，把企业价值观、企业精神和行为准则等表述出来，形成完整的文化理念体系的过程。

企业文化理念定格设计大体包括以下内容：

（1）事业领域，指企业经营所涉猎的主要行业和业务范围。

（2）企业使命，指企业经营的根本目的和所肩负的社会责任。

（3）企业愿景，指对企业希望达到的发展前景与战略目标的描述。

（4）核心价值观，指企业判定某种行为好坏、对错以及是否具有价值或价值大小的总的看法和根本观点。

（5）企业精神，指企业正向的心理定式、价值取向、主导意识和精神追求。

（6）企业道德，指调整股东、管理者、普通员工之间，企业与社会公众之间的关系的行为规范。

（7）经营宗旨或经营理念、经营方针，指企业经营活动中的主要价值取向和遵循的主要原则。

（8）管理理念、管理方针，指企业在管理活动中的主要价值取向和遵循的主要原则。

（9）质量理念和质量方针，指企业在质量管理中的主要价值取向和遵循的主要原则。

（10）服务理念和服务方针，指企业在服务活动中的主要价值取向和遵循的主要原则。

（11）人才理念，指企业对人力资源的根本看法和选人、用人的主要价值取向和遵循的主要原则。

（12）安全理念，指企业对安全工作重要性的基本认识，以及安全管理的主要原则。

（13）环保理念，指企业对环境保护重要性的基本认识，以及环保工作的主要原则。

（14）廉洁理念，指企业对全面从严治党和企业廉洁重要性的基本认识，以及廉洁工作的主要原则。

（15）领导层、管理层及员工层基本行为规范，指企业高管、管理人员和一线员工分别应遵循的行为规则、准则、纪律。

（16）主打广告语，指反映企业核心价值观、具有个性魅力的主打宣传用语。

企业文化理念举例

不同企业因历史、性质、所处地域、隶属行业、规模及作业集中度等不同，企业理念的内容（即条目）多少有很大差别，表述方法和形式也不一样。一般大型集团公司在总部层面只定格设计前三四项内容，其余留给下属公司根据自身特点进行设计。

（二）定格设计的原则

1. 继承与创新相结合

企业文化理念的定格设计要从实际出发，既要体现传统，又要有创新。在定格设计中，不是对现有文化传统的简单归纳和凝练，而要在充分考虑未来发展需要的基础上进行升华和创新，反映文化的前瞻性，保持文化的先进性。

2. 体现共性与创造个性相结合

企业文化理念定格设计首先应反映企业独特的文化信仰和追求，保持鲜明个性。同时也应注意到，在一定的政治、经济、社会和人文环境中诞生和成长的企业文化具有很多共性，如市场经济塑造的企业创新观念、竞争观念和顾客至上观念，社会主义制度塑造的企业家国情怀、社会责任感、集体主义精神和奉献精神等。因此，在创造个性的同时，应注重体现共性，注重从外部环境中吸收有益的文化成分。

3. 概括的系统性、科学性与表现形式的多样性相结合

企业文化理念的概括应内容完整、特色鲜明、含义明确、表述科学；其文字表达应严谨，有哲理，大气时尚，朗朗上口，符合潮流，并尽量使用“企业语言”，对员工和社会公众具有理性感染力和亲和力。

但企业文化理念的定格形式没有严格的范式，既可以像多数企业那样分条目概括，

最后形成一个完整体系，也可以像华为公司创造“华为基本法”那样，用一种“企业根本法”的形式加以阐述。概括的内容和表述方式要力求有专属性，避免与其他企业雷同。同时也要注意，文化理念要能延展和细化，派生出具体可操作可评估的任务、制度、标准和规范等，或者可固化和融化到企业礼仪和形象中，避免空洞无物，好看而无用。

4. 领导、专家与群众相结合

企业文化理念定格设计一般由企业主要领导发动，党建和宣传部门组织，员工参与，自上而下、自下而上地反复酝酿、讨论，经专家提炼概括，最后由企业领导班子确认。

企业文化理念的定格设计过程，既是员工参与讨论与决策的过程，也是员工自我启发、自我教育及对新文化逐渐认同的过程，还是企业领导者、外部专家、企业员工之间价值观念的沟通、融合的过程。所以，定格设计工作不能由企业主要领导个人完成，应由企业全员参与及外部专家帮助共同完成。

（三）需要规避的问题

企业文化理念体系定格设计应规避如下问题：

（1）理念定格“老板化”。不少企业在建构企业文化理念体系时，以老板个人意志、观念取代全员的意志、观念，企业文化变成了“老板文化”，变为老板个人的价值观、追求、素质、能力、作风以及个性和品格等的体现。这种现象在民营企业普遍存在。

（2）理念体系“任期化”。国有企业和股份制企业领导班子多数实行任期制，三五年一任，频繁更迭。多数主要领导又不太注重文化传承，各段说各话，各任唱各调，导致企业文化理念随着企业主要领导的更迭而变轨，优秀文化传统流失、中断，不能持续积累、一以贯之。企业文化理念体系呈现明显的“任期化”短视症。

（3）理念内涵“普适化”。部分企业只关注文化共性，忽视个性，企业文化理念不能反映企业特有的地域、历史、传统、经验、价值，千篇一律，甲企业的文化理念搬到乙企业照样适用，企业文化理念成了普适“真理”，缺乏特色和针对性，没有亲和力、吸引力和冲击力。

（4）理念表达“口号化”。不少企业请专业公司或文人墨客精心策划、提炼文化理念，从表面看这些文化理念富有哲理、文辞讲究，但仔细考量就会发现其没有实际内涵，不能延伸成具体的目标、任务，不能变为制度、规范加以执行，也就是人们通常所说的不能“落地”。口号化的文化理念就像一件漂亮的外衣，仅给企业一个好看的包装，企业文化变成了一种装饰文化。

（5）理念设计“一元化”。有些集团公司，在文化理念体系设计中，试图把集团公司下属二三级甚至四五级、几十家甚至几百家下属企业，几万甚至几十万员工的思想全部统一起来，强制推行一套文化理念体系和行为准则，忽视下属企业的特点和文化需求。这种理念设计“一元化”倾向和做法，压抑了个性，扼杀了基层企业的创新精神与经营活力。

（6）理念重点“CI 化”。有些企业把文化理念体系混同于 CI（企业形象识别系统）中的 MI（理念识别），多从品牌营销角度和塑造企业外在形象的角度加以设计与传播，忽视企业灵魂——以人为本价值体系的完善与提升，造成企业文化理念的片面与狭隘。

出现上述问题的原因主要有三点：一是源于企业对企业文化认识不到位，或认为经营是实的，文化是虚的；或认为文化管理只能锦上添花不能雪中送炭；或认为文化管理是慢功夫，远水不解近渴；或认为企业文化只是一种管理手段，其作用只限于管理范畴。这些错误认识成为企业文化理念体系建设的重要障碍。二是部分企业缺乏文化建设的动力，因此企业文化理念建设只是面子工程和政绩工程。三是企业文化管理不得力、投入不到位和经验缺乏。在实践中只有纠正上述认识和行为偏差，才能把企业文化理念体系建设推入健康发展的轨道。

四、企业文化理念的传播与落地实施

企业文化理念是企业未来发展的生命线和企业命运共同体的精神纽带。企业文化理念定格后，就要积极推展，创造条件付诸实践，并巩固下来。

（一）灌输与传播

要使业已定格的企业文化理念能够在短时间内得到员工认同和自觉实践，积极灌输和积极有效传播必不可少。

1. 编制企业文化手册

把定格后的文化理念编制成企业文化手册。企业文化手册是企业文化传播的载体和培训的教材。其内容包括主要领导者撰写的序言、文化理念及释义、员工行为准则、企业标志及含义等，也可把典型案例、故事、企业歌曲等，以文字、照片、漫画等形式穿插其中。企业文化手册的设计可以多样化，但总体风格应力求高雅、精致、有品位。

2. 举办启动仪式

在企业文化理念定格完成并编成企业文化手册后，应举办隆重热烈的企业文化启动仪式，请全体员工（或代表）参加，同时邀请重要客户、专家及新闻媒体参加。在启动仪式上颁发企业文化手册，并首次发布企业文化理念的内容，启动新文化传播和建设工程。

3. 精神与文化训导

企业主要领导者通过报告会等形式，向全体管理人员和一线员工阐释企业文化理念的内在含义。企业宣传或培训部门以企业文化手册为蓝本编写培训教材，对新员工和在职员工进行专题培训。同时，企业要举办各种文化讲座，向员工介绍企业文化知识。争取在短时间内使员工对企业文化理念产生认同。

4. 文化演讲与传播

在企业文化理念发布以后，适时举办员工文化演讲活动，使员工结合工作实际和切身体会，现身说法，畅谈对企业文化理念的理解和感受，介绍文化楷模的经验与事迹，营造感人和催人向上的氛围。同时，应积极组织文化传播，利用内部刊物、广播电视、会议、简报、宣传栏，特别是新媒体、自媒体，通过发布新闻、消息、理论文章等形式，广泛持续地传播企业文化理念，培养强势文化。

5. 利用重大事件

在文化理念传播中，应善于利用各种重大事件，如企业重大改革、重大技术发明与产品开发、重要市场突破、荣获重要奖项和表彰、参与重要社会公益活动事件，或者重大责任事故、消费者投诉、新闻批评报道等事件，大力渲染，强调事件重大意义或给企业带来的重大损失，借以给员工带来心理震撼，使之产生强烈印象，无形中受到教育和启发，从而接受正确的价值观和行为方式。

6. 构建文化网络

在文化理念传播中，应利用企业有形与无形、正式与非正式的文化网络，特别是新媒体渠道，定期向全员通报生产经营进度和重大事件；建立主要领导者和高管接待日制度，并定期深入一线与员工进行恳谈，以此增加企业管理透明度，形成上下畅通的文化沟通渠道。

7. 营造文化氛围

文化氛围是笼罩在企业环境中，体现特定传统、习惯及行为方式的精神格调，它虽无形，却以其潜在运动形态使企业成员受到感染，体验到企业的精神追求，对于企业成员的精神境界、行为方式的形成具有重要影响。营造良好的文化氛围，既要重视营造物质氛围和制度氛围，更要关心员工的职业进步，创造学习环境，倡导员工之间相互尊重、信任与默契配合，做好思想沟通与感情投资，营造良好的感情氛围，使企业成员产生归属感，在亲和的文化氛围中，顺利地接受企业倡导的新文化。

8. 讲好企业文化故事

故事是文化的特殊载体，好的故事具体、感人、容易传播，是传承和传播企业文化的有效形式。企业应以自身创业或变革过程中发生的感人事例为基础，编写或演绎成文化故事，形成像“海尔砸电冰箱的故事”等传播效应，对内教育员工，对外传播企业良好的形象。

（二）落地实施

在文化灌输与传播基础上，应通过有效的途径使先进的文化理念实践落地，变成员工可遵从的价值准则和行为规范。

1. 创造新文化运行环境

通过深化改革，完善管理机制，加强党建引领，加强精神文明建设和思想政治工作创新，加强员工的政治、道德、业务培训，推进民主管理，建设员工精神家园等措施，创造民主和谐的适应新文化运行的良好环境。

2. 强化制度和规范

巩固无形的企业价值观念，须寓无形于有形之中，把它渗透到每一项规章制度、政策、工作标准、行为准则和规范当中，使员工从事每一项工作、参与每一项活动都能够感受到文化在其中的引导和约束作用。

3. 善用活动载体

如赋予科技攻关、技术竞赛、劳动比赛、合理化建议、主题营销与服务等活动以文化主题和内涵；开展如英模报告会、经验交流会、表彰会、读书会以及文艺晚会、体育运动会等活动，让员工潜移默化地接受企业新的价值观。

4. 领导者率先示范

企业领导者在文化理念的传播与强化过程中，要身体力行，当好表率，让员工看到企业提倡什么，反对什么，以及应以什么样的规范和作风从事工作。可以通过制定诸如“企业领导者行为准则和形象准则”等形式，规范领导者的文化行为。

5. 树立企业楷模

要使文化理念得以强化与固化，离不开企业楷模的模范带头作用。企业楷模作为先进文化的集中体现者，他们的言行对周围的员工有着很大的影响。树立体现新文化的楷模，形成员工对文化楷模的模仿效应。

6. 建立激励机制

根据激励理论，当人的正确行为受到鼓励以后，这种行为才能重复再现，进而成为习惯稳定下来，并逐渐渗透到人们的深层观念之中。因此，对符合企业新文化的行为不断地给予鼓励和激励，如物质奖励、表扬、授予荣誉称号、晋升职务等，是文化理念实践落地不可或缺的一环。

7. 塑造品牌形象

通过把文化理念与企业形象识别系统、顾客满意战略的导入相结合的方式，把抽象的文化理念注入有形的企业品牌形象当中，提高企业品牌的文化含量，增加企业的无形资产价值，使社会进一步认可企业；同时以此对文化理念进行检验，使企业在压力下自觉改进不足。

在企业文化理念传播与落地实施过程中，要善于抓重点，以点带面形成文化场。同时要有主线，体现经营特色和文化特色，实现点、面、线结合、互动，发挥企业文化横向到边、纵向到底的最大功效。

五、企业文化的完善与创新

企业文化理念得到传播和实践推广后，尽管其核心、特色内容不易改变，但随着企业发展和环境变化，企业文化还是需要不断充实、完善和发展的。企业领导者要依靠群众，及时发现、培育企业发展中的新文化，吸收外来文化中的精华，剔除本企业文化中的消极过时成分，博采众长，推陈出新，使企业文化与时俱进，不断升华和提高，从而更好地适应企业变革与发展的需要。

企业文化的完善与创新寓于企业经营管理活动之中。市场突变的一个信息、客户的一次重大投诉、生产中发生的一次严重质量事故、员工提出的一条尖锐批评意见，这些来自企业内外的各种信息和人们经历的各种例外事件，都会使人们的心灵受到某种冲击，自觉不自觉地审视和检验自身的文化理念。尤其是如果发现企业所奉行的价值观、经营理念、管理理念和服务理念的某些内容已经落伍，不适应企业发展的需要，就会产生完善、变革企业文化的意愿和冲动。企业适时地通过组织文化研讨会、辩论会、演讲会等进行交流，组织开展合理化建议活动等，就可以接收到来自各个方面的新思维、新思想、新观点、新建议，从而促进企业对原有的文化进行反省、完善和变革，修改原有文化理念的表述，推动文化的创新。

企业文化的完善与创新，既是企业文化管理一个过程的结束，又是下一个过程的开始，是一个承上启下的阶段。企业文化管理与企业文化的演变规律相适应，是一个不断积累、传播、冲突、选择、整合、变革的过程，循环往复，永无休止。企业文化管理不是经过一两次循环就能完成的，是没有止境的。

需要指出的是，一种积极的企业文化体系一旦形成，就会在一个较长的时期内发挥作用。企业文化管理的任务更多的情况下是积极地积累、传播、充实、完善，只有当企业内外环境发生了急剧变化，与企业文化产生了激烈冲突，企业文化需要重新选择、整合和变迁的时候，企业文化管理的任务才是对原有文化实行彻底的扬弃，实现文化的全面创新。

第四节　保障体系

企业文化保障体系，是指企业以保持和发展优良企业文化为目标，运用系统观点，坚持以人为中心，优化企业内外环境，构建强化与固化企业文化的有效机制和制度。企业文化不仅需要构塑成形，更需要巩固和发扬，即使其转化为精神动力和物质生产力。因此，建设一种积极、健康、向上的企业文化，必须从物质、组织制度、教育、礼仪等方面采取相应的保障性措施，以便巩固它、强化它，使优良的企业文化在员工中内化于心、外化于行。

一、物质保障

企业文化的物质保障，是指通过改善企业的物质基础和生活条件，扩大生产经营成果，完善企业的文化设施，来物化企业的价值观。这是企业文化保障体系的“硬件”，是基础性保障。为了把企业文化管理落到实处，企业必须建设好企业的生产经营环境、福利环境和文化环境。

（一）生产经营环境

企业生产经营的物质条件（如厂房、仓库、生产设施设备等）和物质产品，既是企业文化赖以形成和发展的基础和土壤，也是企业精神文化的物质体现和外在表现。建设良好的企业生产环境，就是要逐步改善企业生产经营的物质条件，生产出最优秀的产品。企业文化的发展水平同生产经营环境建设的优劣成正比。

1. 技术创新与技术改造

推进技术创新与技术改造，一是要通过自主研发和引进、嫁接的形式积极推动技术进步和设备的更新改造，提高设备的性能和效率；二是促进生产工艺革新，发动群众开展挖潜、改造和合理化建议活动，以较先进的工艺，减少劳动消耗，提高生产效率和产品质量；三是加速产品的更新换代，不断研制、开发出适合市场需要的新产品；四是在资源相对稀缺的情况下，通过改进设备和工艺，降低能源和原材料消耗，并大力开发新能源、新材料和代用品，开展综合利用，提高经济效益；五是要加强生产经营性建筑物、公用工程的改造和环保设施设备的建设，适应环境保护、技术安全的要求，树立良好的企业形象。

2. 质量保证与品牌管理

企业生产经营环境建设最终会表现在生产出质量优良、功能卓越、用户满意的产品上。质量是企业的生命，品牌是企业的实力与竞争力；质量与品牌反映着企业的整体素质，代表着企业的文化形象。为此，企业要强化全员的质量和品牌意识，建立完备的质量保证体系和品牌管理制度；革新技术，严格按照国家标准、国际标准组织生产；依靠科技进步和文化资源开发，增加产品的科技含量和文化附加值；加大营销推广的力度，提高品牌影响力。

3. 生产现场管理

生产现场管理，就是用科学的管理制度、流程、工艺、标准和方法，对生产现场的各个方面进行有效的计划、组织、协调和控制，使其处于良好状态，达到优质、高效、低耗、均衡、安全生产的目的。搞好生产现场管理，主要是从整顿生产现场的秩序着手，建立现场管理规范，创造一个文明、清洁的生产环境。为此，要抓好定置管理，处理好生产、作业现场人与物、物与环境的关系，使生产现场井然有序。抓好物流管理，促使工艺流程合理化，提高生产组织、计划的科学性。抓好班组文化建设，实施严格的岗位责任制，鼓励班组开展创优活动，激发员工搞好现场管理的积极性。

4. 生产经营的外部环境

良好的、有特色的生产外部环境是企业文化风貌的表现，能够使员工心情舒畅，给公众以特有的感染力。美化生产经营的外部环境，要使生产经营的建筑群的设计美观协调、独树一帜，给人以秩序井然、生气蓬勃向上的感觉；要搞好企业环境绿化，建设一个绿树成荫、繁花似锦的花园式企业，使人置身其中，精神振奋。

（二）福利环境

企业福利环境是企业为满足员工基本生产生活需要而建设的非生产性环境。建设企业福利环境，需要改善企业生产和生活条件，满足员工物质文化生活的需要。企业福利环境建设得好，可以使员工感受到在企业工作有靠头、有盼头、有奔头，因而能够强化员工归属感，激发员工的工作热情。

1. 薪酬制度和奖励机制

在企业生产发展、经济效益不断提高的基础上，本着劳动绩效同收入挂钩的原则，完善薪酬制度和奖励机制，奖勤罚懒，不断提高员工的整体收入水平。

2. 生活设施

改善生活设施，包括办好职工食堂、理发室和哺乳室，提供班车，办好员工医疗卫生事业等，解决好员工的生活问题。伴随着员工生活设施逐渐趋于社会化、市场化，企业仍需做好拾遗补阙，满足员工物质生活需要，创造“家庭式”的生活文化氛围。

3. 劳动保护与职业安全

坚持以人为本的方针，依照《劳动法》等法律法规，强化员工的劳动保护与职业安全措施，确保员工有十分安全且能保护健康的作业环境。

（三）文化环境

企业文化环境，主要是指企业的各种文化设施和文化展示等，是企业文化的物质载体和外在标志。

1. 文化设施

企业文化设施包括学校、科技馆、俱乐部、影剧院、文艺社团、体育场馆、图书馆、阅览室、广播站、电视台等。企业文化设施建设受到企业所处环境、企业规模、经济实力的影响。企业文化设施投入的“产出”只是员工活跃的精神文化生活，不会直接给企业带来经济效益，因此容易被忽视。尤其当企业经营膨胀、资金紧张的时候更容易削减在文化设施上的投入。为此，企业应端正认识，从建设企业精神家园的高度，加大投入，尽力把文化设施建设好，以满足员工日益提高的精神文化需求。

2. 文化展示

营造良好的文化环境，需要把抽象的文化信条“装饰”在环境中，如在厂区、车间或办公场所，设置标语牌、雕塑、壁画；推广使用传达企业文化信息的视觉识别系统；设立厂史馆、科技馆、文化专题展、新产品展；给建筑物命名或对建筑物进行文化诠释等，使人们耳濡目染，长期接受文化的暗示，增强对企业文化的记忆、理解与认同。例如，人们走进同仁堂大堂，看到老祖宗留下的“人体针灸穴位模型”“老药柜”以及门两侧悬挂着的“炮制虽繁必不敢省人工，品味虽贵必不敢减物力”的古训，会感受到同仁堂“仁德仁术”的高尚追求。

案例 6-2

天士力“文化广场”

走进天士力医药集团，扑面而来的淡淡药香把你带入文化广场，山景蜿蜒与小河流水相依，草坪植被与音乐喷泉相偎，烘托着被定为“国家首批工业旅游示范企业”的文化景观。

首入眼帘的是“生命之光”塔。其塔基是一幅世界版图，象征着天士力立业与崛起的深厚根基；塔身主体是古希腊的希波克拉底、古罗马的盖伦、阿拉伯的阿维森纳等世界医学泰斗和一位中华医药虚拟塑像分别面向东西南北而立，上列英国、欧洲、美国和中国四部药典名著，寓意天士力对严谨态度和科学理性的崇尚与坚守；塔身顶端是天士力标识，标志着天士力的“百年基业、百年品牌”如日中天。

接下来是一座大型石浮雕——“中华医药图”，汇集中医药历代士杰的艺术巨作，位于天士力产业园“天字门”“力字门”的中间，构成“天士之力盈而久”的文化表征，它以讴歌中医药辉煌史的长篇画卷，记述了滥觞于远古、历经商周至明清的中医药史发展进程，刻画了扁鹊、华佗、张仲景、孙思邈、李时珍等神医圣手的千秋形象。这一“天人合一”形象化的奇特景观，获得“大世界吉尼斯之最”。

由文化广场延伸而去是用花岗岩铺就的“天士力明星大道”，镌刻了不断涌现的创业功勋、创新能手及各类标兵等员工明星的足迹和名字。

还有一座传承历史、创新未来的“天士力大健康展览体验馆”，其外形如同一本打开而未读完的书，生动展现着天士力从现代中药到大生物医药再到大健康产业的发展之路。

在文化广场内，还有归心坛、药用生态植物园等景观，每一景观背后都有说不完的故事，都渗透着天士力的核心理念和文化理想。

案例讨论

1. 天士力医药集团为什么要投入巨资建设大型“文化广场”？

2. 结合此案例，谈谈营造文化环境在企业文化建设中的作用。

二、组织制度保障

文化是制度之母，组织制度是文化的重要载体。企业文化的组织制度保障，是指通过建立和完善企业治理结构、组织管理制度、生产技术和管理制度、责任制度、民主制度等，使企业所倡导的价值观念规范化、制度化。在企业文化形成初期，组织制度保障是关键性保障措施。企业文化管理的各个方面，如企业目标的实现、价值观的倡导、企业精神的发扬、优良风尚的保持等，都离不开企业制度保障。

（一）企业治理结构及管理组织结构

企业治理结构及管理组织结构，是企业所有权、经营权合理安排及企业经营管理系统正常运行的根本保障，也是企业文化管理的根本组织保障。

1. 企业治理结构

在中国境内设立的有限责任公司和股份有限公司，其治理机构由股东会（国有独资公司除外）、董事会（或执行董事）、监事会和总经理组成，实行董事会领导下的总经理负责制。股东会是会议性的权力机构。监事会是监督机构。董事会作为常设的权力机构和决策机构，实行集体决策。以总经理为核心的经理层在董事会的领导下管理公司的日常事务。在公司治理机构中，国有企业党组织发挥领导核心作用，把方向、管大局、保落实，依照规定在董事会、经理层决策重大经营管理事项时实施前置程序，即决策重大经营管理事项之前必须经企业党组织研究讨论，然后由董事会或经理层作出决定。公司员工通过参加董事会、监事会，或通过参加职工代表大会的形式，参与企业管理。

2. 管理组织结构

企业管理组织结构就像一架机器，设计是否合理、“部件”是否齐全、动力强弱，直接影响企业运转效率。企业组织机构作为企业文化管理的实际推动者和操作者，它的功能发挥得如何，也会直接影响企业文化管理的成效。

设置有效的企业管理组织结构，应遵循以下原则：

（1）以企业事业领域、市场定位、经营战略、目标和任务为主要依据。

（2）管理组织结构的划分、业务的归口应当兼顾专业分工及协作配合。

（3）实行统一领导、分级管理，强化横向沟通，确保高效灵活。

（4）坚持权责对等，避免有权无责、滥用权力或有责无权、难以尽责的现象。

（5）坚持精干高效。

从适应经营需要并有利于企业文化管理的角度出发，企业在建立或变革组织机构时，特别要加强信息数据管理、战略与政策研究、科研开发、营销推广、员工培训和公共关系等部门的建设。

面对互联网和数据技术的挑战，为强化企业的应变能力，提高管理效率，大中型企业的管理组织结构趋向于扁平化，经营管理下沉，面向市场，基层经营者拥有越来越大的自主经营与创新权力。

3. 企业文化领导与推进机构

根据多数公司企业文化管理的经验，应建立一个由党委书记、董事长或总经理挂帅的文化领导机构——企业文化领导小组或企业文化委员会，职责是确定企业文化建设方向和文化理念体系，制定企业文化发展规划，决策企业文化管理的重大问题，推进企业文化的全面创新与变革。领导机构下设执行机构——企业文化部或企业文化办公室，其职责是落实企业文化发展规划和各项决策，组织、协调整个企业的文化管理活动。有条件的企业还可以组织一些学术团体，如企业文化研究会或研究小组等，吸收员工参与，深化企业文化研究。

4. 群众文化组织

群众文化组织主要指各类非正式文化组织。它作为一种有效的文化网络，不仅能加强人际交流，传递文化信息，而且能弥补企业正式组织的不足，为各层次的员工发挥特长、满足兴趣爱好提供广阔天地。群众文化组织之间以及它们与正式组织之间的沟通与联系，是通过感情逻辑进行的。正式组织的规章制度和管理程序与群众文化组织的感情逻辑纵横交错，形成企业内部庞大的沟通网络，使企业内部不同价值观的沟通与协调成为可能，这为企业文化管理提供了更为广阔的基础。企业应支持员工自发成立的各种如书画、戏曲、棋牌、演讲、体育以及质量管理小组等“小组织”，开展各式各样的“小活动”。企业的群众文化组织有不同的文化倾向，应善于引导，激发正能量。

（二）生产技术和管理制度

没有规矩，不成方圆。建立企业生产技术和管理制度，既是生产经营秩序和工作质量与效率的保障，也是企业文化管理的重要保障措施。尤其是在企业文化较弱、未成为引导员工行为的主导力量时，这些制度是载体，对企业文化起强化作用。当然，当一个企业的文化较强时，这些制度慢慢变为形式，甚至成为“空壳”。一个具有强文化的企业可能实际起作用的制度越来越少。

1. 生产技术制度或规程

生产技术制度或规程是指按照生产技术规律，对产品设计、生产操作、设备与仪器的使用和维修、安全技术和质量检验等方面所做的规定，它是指导员工进行生产技术活动的规范和准则。生产技术制度对员工是一种“硬约束”，具有严肃性、权威性和强制性，要求员工严格遵守和执行，这是现代生产的客观需要。科学的生产技术制度，有助于企业建立良好的生产技术工作程序，可使员工用最少的时间和最科学的方法，生产出更多更好的产品，创造更多的经济效益。

2. 管理制度

管理制度是指按照企业管理规律的要求，对各项管理工作的范围、内容、程序和方法等所做的规定，是指导员工从事各项工作的规范和准则。企业的主要管理制度有：信息数据管理、计划管理、生产管理、物流管理、营销管理、客户管理、信用管理、资本运营及财务管理、人力资源管理、后勤管理、公共关系管理等制度。建立一套科学的管理制度，可使管理人员和一线员工有章可循，使企业的各个职能部门分工明确，职责清楚，有效协作。

（三）岗位责任制度

企业的岗位责任制度是以工作岗位为核心而建立的责任制度。它具体规定了每个岗位的职责和权限，是一项基础性制度。企业只有建立健全岗位责任制度，才能使其他各项生产技术、管理制度更好地贯彻执行。通过岗位责任制度的实施，可以把工作任务和工作方法、职责与权力、专业管理与群众管理、工作和学习有机地结合起来，保障企业各项工作任务的完成，体现和践行企业价值观。

岗位责任制包括员工岗位责任制、专技人员和管理人员岗位责任制、领导人员岗位责任制。员工岗位责任制是岗位责任制的基础和主要形式，它包括岗位专责制、交接班制、巡回检查制、设备维护保养制、质量负责制、安全生产制、岗位核算制和清洁卫生制等。这些制度的基本点是把日常各项工作具体落实到每一个生产服务岗位。专技人员和管理人员岗位责任制、领导人员岗位责任制，通常以职权范围、业务流程、办事细则等形式明确其任务、职责和权限。各类人员的岗位责任制均可以通过制定“职位说明书”的办法加以落实。

职位说明书

（四）民主管理制度

在企业实行民主管理制度，保障员工参与管理的地位和权力，是中国企业管理的优良传统。加强企业民主管理制度建设，本身就是为培育企业文化创造条件和环境。企业要建立自己的文化，不仅需要让员工充分认识到建设这种文化的重要意义，而且要让他们真正感到自己就是这种文化的建设者、受益者，这样他们才有可能积极地参与企业文化的建设与管理。优秀的企业文化是“以人为中心”的文化，如果不重视员工的民主权利及民主管理制度建设，企业文化管理就缺乏内在驱动力。

企业民主管理制度建设，除了国有企业以职工代表大会的形式，其他类型企业通过董事会、监事会和工会等形式吸收员工参与管理外，还可以加强各类民主小组的建设，开展技术革新、提合理化建议等活动；通过建立对话制度、领导接待日制度等来保障员工的民主权利。另外，推行民主评议领导干部，发挥对干部的监督作用也是民主管理制度建设的重要内容。加强企业民主管理制度建设应注重把员工的民主权利落实在本职岗位上。一般说来，让每个员工都直接参与每项重大决策是有困难的，但创造条件让每个员工做本岗位的主人则是可以做到的。应该说，让员工在本岗位上自主管理、发挥创造性，是民主管理制度建设的重要举措。

案例 6－3

海尔的 SBU

海尔在由多元化战略向国际化战略提升过程中，张瑞敏提出了“内部市场链”的说法，开启了海尔内部又一轮的管理革命。2001 年起，海尔革命进入“全员参与市场链并成为创新的 SBU”的变革第二阶段，即以扁平化、信息化、网络化为原则，以订单为中心，实行全员市场链工资。

SBU（Strategical Business Unit）即战略事业单位。它强调每个人都是老板，人人都是创新主体。SBU的四个要素是：市场目标、市场订单、市场效果和市场报酬。海尔把每个员工看成是一个SBU，把企业速度和创新的目标量化到每个员工头上，人单合一，速战速决，保证企业战略的实现。日本能率协会富坂先生认为这种做法是对经营管理学的新贡献；沃顿商学院的马歇尔教授说，如果海尔能做到全员SBU，海尔将是世界上独一无二的。

案例讨论

1. 海尔创建SBU的重要意义是什么？

2. 试谈海尔从实施SBU到实施生态品牌战略，倡导"人单合一、链群合约"，体现了一种怎样的经营管理理念。

三、教育保障

企业文化的教育保障，是指通过各种教育培训手段，提高员工的文化知识水平、政治素质、道德修养和业务技术水平等，启发员工的觉悟，开发员工的潜能，使之能够成为承载和建设企业文化的主力军。员工素质与企业文化层次成正相关关系。很难想象，在一个整体素质低下的员工群体中能够孕育或承载高品位的企业文化。因此，发展企业文化必须有良好的教育保障体系，始终把搞好员工培训、提高员工素质作为企业一项战略任务。

企业培训按对象划分包括高管人员培训、专技人员和管理人员培训以及一线员工培训三个层次。

（一）高管人员培训

企业高管人员一般包括党委书记、董事长及执行董事、总经理及副总经理、总工程师、总会计师、首席运营官和首席信息官等。他们的道德、文化、业务素质和领导能力的高低，既是企业经营成败的关键，也是良好文化能否培育起来并得到继承和发扬的关键。企业高管人员培训的形式包括党校、高校和培训中心进修，出国考察，专题学习、调研，参加各种研讨会与论坛，企业内部职位轮换，请专家学者到企业作专题报告等。对高管人员培训，重点是战略思维、政治思想水平、政策水平、领导能力、创新能力和相关专业能力等培训。通过培训，提高他们的职业素养，使他们成为经营管理的专家和内行，成为建设企业文化的核心力量。

（二）专技人员和管理人员培训

专技人员和管理人员作为企业专技工作和管理工作的中坚，是企业文化管理的骨干力量，大量的、具体的文化推广工作要靠他们来做。对专技人员和管理人员的培训，可通过国内外进修、组织专业或专题培训、岗位轮换以及学术交流等途径进行，主要是使他们掌握科学技术和现代管理知识，提高专业水平和科学文化素养，提高专技和实际管理能力；同时掌握企业文化的精髓，提高主动实践、传播、建设企业文化的自觉性和实际能力。

（三）一线员工培训

一线员工是企业物质财富的创造者，也是巩固和创新企业文化的基本力量。他们好的意见、建议、看法、发明创造都是企业文化的营养来源，直接滋润着企业文化。对一线员工的培训，可通过学历教育和入厂教育、业务技术培训、企业文化培训等专题培训班形式进行，也可通过开展岗位培训、技术技能竞赛、师傅带徒弟等途径进行，还可以开展演讲、研讨、知识竞赛活动等。目的是使他们树立职业理想，坚守职业道德，遵守职业纪律，掌握职业技能，促使他们发扬工匠精神，实现自我、奉献企业，成为创造、实践、传播企业文化的基本力量。

四、礼仪建立与固化

企业文化礼仪是指企业在长期文化活动中形成的稳定的交往行为模式、交往规范性礼节和固定典礼仪式。礼仪是文化的展示形式，更是重要的固化方式。正像军队礼仪对军人的约束一样，企业文化礼仪规定了在特定文化场合企业员工所必须遵守的行为规范、语言规范、着装规范，若有悖礼节，便被视为“无教养”行为。企业文化礼仪根据不同的文化活动内容具体规定了活动的规格、规模、场合、程序和气氛。这种礼仪往往有固定的周期性。不同企业的文化礼仪，体现了不同企业文化的个性及传统。

（一）文化礼仪的作用

1. 约束行为

文化礼仪能够使企业理性上的价值观转化为对其成员行为的约束力量。文化礼仪是价值观的具体外显形式，通过规范文化礼仪，实际上也就使人们潜移默化地接受和认同了企业价值观，文化礼仪客观上成为指导企业各项活动和约束员工各项行为的准则。

2. 文化传播

文化礼仪是文化传播的最现实的形式。企业通过文化礼仪，使难解、难悟的价值体系、管理哲学等显得通俗易懂，易于理解和接受。同时，由于文化礼仪或热烈隆重，或生动活泼，具有庄严性或趣味性，其中所包含的文化特质，更易于在企业全体员工之间进行广泛传播。

3. 情感体验

文化礼仪是企业员工的情感体验的最佳形式。在企业各类文化礼仪中，每个企业员工都具有一定角色，能够身临其境，受到礼仪活动现场气氛的感染，经历情感体验，产生新的态度。

（二）文化礼仪的种类

文化礼仪是丰富多彩的，企业文化的个性往往通过不同的文化礼仪来表现。

1. 工作礼仪

工作礼仪是指与企业生产经营、管理活动相关的带有常规性的工作礼仪。包括升旗仪式、拜师仪式、早训（朝会）、早餐会、午餐会、班前会、动员会、总结会、表彰会、庆功会和誓师会等。

工作礼仪的特点：一是气氛庄严、热烈。二是直观性强，直接体现文化活动的价值和意义。三是与常规工作直接相关，成为工作禁忌和工作惯例。四是有规范性和激励性，直接约束人们的工作行为，强化人们的工作动机。

2. 生活礼仪

生活礼仪是指与员工个人及群体生活方式、习惯直接相关的礼仪。举行这类礼仪的目的是增进友谊、培养感情、协调人际关系。包括联谊会、欢迎会、欢送会、运动会、庆婚会、庆生会、联欢会、文艺演出及团拜会等。

生活礼仪的特点：一是气氛轻松、自然、和谐。二是具有民俗性、自发性。三是具有禁忌性，在活动中应避免矛盾和冲突，抑制不良情绪，促进人们友好和睦相处。四是具有强烈的社会性，有些礼仪直接由社会移植而来，又常常是由非正式组织推行，并在企业中广泛传播。

3. 纪念性礼仪

纪念性礼仪主要是指对企业具有重要纪念意义和传承意义的礼仪活动。举办这类礼仪的目的是对内增强员工自豪感、归属感，对外展示企业的实力和形象。主要包括司庆、厂庆、店庆及其他具有纪念意义的礼仪活动。企业庆典活动不宜频繁，按照中国传统，逢五、逢十、逢百的纪念日要庆祝。

纪念性礼仪的特点：一是突出纪念活动的价值。二是烘托活动欢快气氛。三是强化统一标志，一般要求着统一服装，挂企业徽记，举行升旗仪式，唱企业歌曲等。

4. 服务礼仪

服务礼仪是指在营销服务中接待客人的礼仪。规定这类礼仪的目的主要是提高企业服务质量和服务品位，满足客人被尊重的需要。服务礼仪主要有企业营业场所开门和关门礼仪、主题营销礼仪、接待客人的程序规范和语言规范、企业上门服务的礼仪规范等。

服务礼仪的特点：一是具有规范性，礼仪活动的程序、标准执行不能走样。二是具有展示性，即对外展示企业良好的精神风采，有特色的服务礼仪能够成为企业文化一道亮丽风景。三是直接反映企业营销活动的内容和特点，礼仪执行好坏直接或间接影响企业的声誉。

5. 交往礼仪

交往礼仪是指企业员工与公众联系、交际过程中的礼仪。中国是礼仪之邦，企业在对外交往中应在遵循国际惯例的同时，展示中华民族礼仪风范。规定这类礼仪的目的主要是对内营造文明、友好的氛围，对外树立企业良好的形象。交往礼仪包括接待礼仪、出访礼仪、会见礼仪、谈判礼仪、宴请礼仪以及赠送礼品、打电话、写信、发邮件礼仪等。

交往礼仪的特点是既有通用性，又有独创性。通用性是指企业要遵循世界各国各民族通用的交际礼仪，不遵守这些礼仪会被交往对方看不起，遭到轻视；独创性是指企业自身在与公众交往中创造的交往礼仪，这类礼仪往往有特殊的场景和程序，带有鲜明的企业个性和文化魅力，交往对方置身于这种礼仪之中，能感受到友情、友爱，产生强烈的被尊重感。

企业在创立企业文化礼仪时，应赋予各种礼仪以文化灵魂，将企业倡导的价值观渗透其中；应重视弘扬传统文化和企业优良传统，使用具有独特价值的文化活动素材，采用传统的习惯与做法；应认真组织、精心设计文化礼仪的场景，善于营造良好的气氛，使员工通过参加礼仪受到熏陶和教育，使顾客和公众受到感染；应积极吸收员工参与创造礼仪，增强礼仪的生命力。这样，才能有效地发挥企业文化礼仪在建设、强化、传播企业文化中的积极作用，避免浮于表层、流于形式。

第五节 评估方法与模型

企业文化评估是一项复杂且带有开创性的工作，包括评估标准的确定、评估模型的选择以及评估指标体系的建立。

一、企业文化投入与产出的特点

企业文化建设需要投入，自然也会有产出。为了更好地了解企业文化的评估标准、模型与指标体系，首先需要把握企业文化投入与产出的特点。

（一）投入的特点

企业文化建设的投入不是管理成本，而是一种投资。投资与成本的概念不一样，投资是追求回报的，是讲效益的；而成本是要节省的。从成本观出发，企业文化建设投入越少越好，不花钱才好；但从投资观出发，企业文化建设应当加大投资，在特殊时期，当文化严重滞后于企业发展需要时，还要追加投资。当然，在企业文化建设上的投资，不光是物质方面的，更重要的是精神方面的无形投入。

（二）产出的特点

企业文化建设的产出包括两部分：一是精神产品，如正确的价值观、坚定的信仰、良好的道德风尚、快捷有效的工作作风和积极向上的精神风貌等；二是物质产品，即高质量的产品和服务，最终体现为经济效益。美国管理学家约翰·科特和詹姆斯·赫斯克特在《企业文化与经营业绩》一书中，通过对大量企业文化成功案例的分析论证，说明了文化就是生产力，文化就是无形资产，文化就是财富。在企业文化建设上舍得投入，加强对这种投资的管理，一定会获得理想的产出。

（三）投资回报周期特点

在企业文化建设上的投资，其产出（回报）往往不是立竿见影的。这种产出具有间接性、模糊性和长期性的特点，且较难测量。这些特点会影响人们对企业文化作用的正确判断，认为抓经营管理是实的，立竿见影；抓企业文化是虚的，其效果难以衡量。因此不能把其放到应有的战略地位。

二、评估标准与评估方法

企业文化评估分为三类：第一类是企业文化发展状态评估，第二类是企业文化管理工作评估，第三类是企业文化建设效果评估。本书主要阐述企业文化发展状态评估。

（一）评估标准

从根本上讲，评估企业文化优劣的标准，就是看企业文化是否适应企业长远发展的需要，并有助于形成企业的核心竞争力；是否能够满足员工的精神需要，激发员工的工作积极性和主动性。一般来讲，主要从以下几点评估企业文化优劣。

1. 文化引导力

企业文化无形中发挥着引导作用，引导企业的行为，引导员工的行为。

优秀的文化在人们心目中是一座灯塔，照亮着人们前进的方向，把人们引向光明之途。如当企业制定一项营销决策时，它会提示决策人不能为一时盈利而丧失企业道德；当企业推出一项新的分配制度时，它会告诫管理者，分配制度的精髓不在于惩罚，而在于正面激励；当员工早晨走上工作岗位，它会提醒他们以高度的责任感和专业精神做好每一件事。毫无疑问，劣质的企业文化一定会把员工引向迷途和黑暗。只要看企业主流文化能否对企业和员工起到正面引导作用，或引导力大小，即可对企业文化的优劣状况做出一个大体评估。

2. 文化教化力

企业文化是否有成效，要看它是否对企业中各种角色有教化与训练功能。这种教化与训练，包含的不只是职业训练和角色训练，即纯粹的职业技术技能、专业素质训练和常规的道德教育，还包括造就特有的“企业人”。

健康、完美的文化，反映着企业看问题的独特视角、价值观、思维方式和具体行为方式，给人以责任感、正义感，使人能够区分善恶美丑、是非曲直，促使员工做人以诚相待，做事负责，公私分明。这种文化对“企业人”起着全方位的正面教化作用。而一种病态的文化，其教化作用则是负面的。评估一种文化的优劣，只要看其教化作用的方向以及教化力的大小，便能得出较为客观的评估。

3. 文化维系力

文化是维系企业共同体存续的核心力量。一个企业只要有了自己的文化传统，就有了在逆境中求生存的勇气和力量。没有资金，可以用信用得到贷款；没有技术，可以激发员工创新精神开发新技术；陷入困境，全员可以同舟共济，共渡难关；遇到“外敌入侵”，大家可以“同仇敌忾”，协同作战。

文化维系力的大小通过以下几方面得到检验：一是企业能否提供一种有效的激励机制，使员工在企业困难时能够牺牲报酬，在景气时能够分享收益。二是企业能否提供职业安全保障机制，满足员工职业安全感的需要。三是企业能否创造一种精神共同体，使员工产生团体归属感。四是企业能否创造机会均等的环境，让员工看到有实现理想的可能。五是企业能否通过对员工自我价值与企业价值的协调，使员工找到二者的最佳结合点和最大发展空间。

4. 文化激励力

文化激励力指文化对员工的激发、鼓动、推进力量。事实上，依照马斯洛需求层次理论，能够满足企业员工各个层次需要的文化，在其发挥维系作用的同时即具有激励力。

一种优秀的文化，给人以明确目标，在企业主导价值观念引导下，鼓励人们坚持个性，不断创新，为人们提供崭露头角的广阔天地；为每个人提供一种积极向上的价值动力，鼓励每个人恪尽职守，超越自我，创造佳绩。不良的文化显然没有这种力量和功效。因此，从文化对组织成员是否具有激励作用和激励力的大小，可以对企业文化的优劣程度做出一个明确判断。

（二）评估方法

判定一种企业文化的主要方法有比较评估法、生命周期评估法和实际观测评估法。

1. 比较评估法

大内的《Z理论——美国企业界怎样迎接日本的挑战》一书比较分析了两种企业文化——Z型文化和A型文化，采用的是一种典型的比较评估法。

（1）从一般统计数据和现象上看两种文化的特征。

1）Z型企业中的雇员一般比A型企业中职位相当的雇员在企业中工作的时间要长。

2）A型企业每年更换其副总经理的25%，而且至少20年没有改变这种做法；而Z型企业每年只更换其副总经理的4%，而且主要是由于退休。

3）Z型企业各级雇员比起A型企业职位相当的雇员来说，往往在更多的岗位上干过。

4）在工作同个人生活的混合方面，A型企业同Z型企业并没有什么差别。雇员们都宁愿把工作同家庭区分开来，他们都没感到有压力，企业让他们大量参加午餐会或鸡尾酒会这样一些以企业为基础的社会活动。但在同事间接触的广度方面，Z型企业的雇员比A型企业的雇员要广泛得多，他们相互了解得更多，谈论的问题更广泛，参与的活动更多。

（2）从价值观、心理感受、职员情绪和心态角度看两种文化的特征。

1）A、Z型企业的雇员同样具有进取心和独立思想，但在Z型企业中的雇员远比在A型企业的雇员更相信集体的责任。

2）Z型企业雇员都认为他们的企业有一种独特的宗旨，运用着微妙而含蓄的控制形式；而A型企业的雇员却感觉不到这种独特性和微妙性。

3）Z型企业中较低级的雇员认为企业不会解雇他们，而且他们通常也不会自动离职；而A型企业中的雇员则认为自己在不久的将来不是被解雇，就是自动离职。

4）在决策方面，两类企业的副总经理一级的管理者都有高度的参与意识和积极的工作态度，而在较低级别的雇员方面，Z型企业的雇员有高度的参与感，A型企业的雇员则相反。

5）Z型企业中的雇员表现出比A型企业雇员好得多的感情状况，虽然两类企业的雇员在家庭生活和婚姻关系方面没有什么明显差别，但他们的配偶则认为，Z型企业较A型企业在这方面更令人满意。

6）就雇员心理素质和情绪状态而言，Z型企业的雇员表现出镇静、有条理和能控制感情，而A型企业的雇员则表现出匆忙、烦躁不安。

经过上述比较，大内对这两类企业作出如下结论：Z型企业同A型企业几乎在同一时间进入市场，以类似的速度增长，而且两者都被列在美国的1 000家工业企业中，但Z型企业比A型企业更为成功，提供了更多的职位，获得了更多的利润，以更高的速度增长。从社会各方面和经济方面来讲，Z型企业都比A型企业成功得多。

显然，这是一种依据对同类企业的文化的不同表现及结果进行比较，来评估企业文化优劣的定性评估方法。它的优点是简捷，易操作，评估结果直观；不足是比较对象或参照系难以选择，评估结果不够科学。

2. 生命周期评估法

正如任何事物都有生命周期一样，企业文化也有生命周期。判定一种企业文化是否先进，要看其处在生命周期的哪个阶段。企业文化生命周期包括创业期文化、成熟期文化和衰败期文化三个阶段。

（1）创业期文化。创业期文化是指企业创业期孕育、形成的文化。其特点是：企业文化的主旨、内容、基本结构与文化形式、文化体系呈不均衡发展状态。企业创新有余，敢于冒险，注重未来，无所顾忌，不背包袱，勇往直前；易于共同对外，精诚团结，而不是把目光盯在内部的权力、利益的分割上。这个阶段的文化不稳定，理性较少。

（2）成熟期文化。成熟期文化是指企业进入稳态发展阶段所表现出来的文化。这个时期的企业文化已成为一种成熟的、完备的、系统的组织文化。与创业期文化相比，成熟期文化多了平衡、稳重和理性的特点。成熟期文化还可分为守成文化与守业文化。守成文化指的是全面继承创业期文化并发扬光大，使之走向文化鼎盛，形成文化繁荣局面。守业文化指的是单纯维系、保持公司业绩，以求稳怕乱、得过且过为基调，呈现出文化走下坡路、趋于衰败的迹象，企业文化中已失去了创新动力。

（3）衰败期文化。衰败期文化是指企业进入衰退期表现出来的文化。这种文化以不思进取、谨小慎微为特点。这种文化标志着企业走向衰退、没落，甚至走向解体、消亡。当然，衰败期文化绝不是从企业进入衰退期开始的，多是从企业成熟期就开始滋生，以致形成一种企业文化暗流，最终导致文化的衰败。在企业鼎盛时期，企业主流文化居于绝对优势和统治地位，人们容易对那些腐败、堕落的文化支流视而不见，顺其自然，或简单地认为其存在无碍大局，因而使某种劣质文化得以蔓延，千里之堤毁于蚁穴，最终导致文化走向衰败。

生命周期评估法是一种较宏观的整体判断企业文化优劣的定性评估方法，或者说只提供了一种评估企业文化优劣的思路，需要与其他方法配合使用才更有效。

3. 实际观测评估法

实际观测评估法是通过对企业进行考察，进而对企业文化优劣做出客观评估的一种定性评估方法。其考察与测度的内容主要有以下三个方面：

（1）物质环境。企业的物质环境好坏是企业文化优劣最直观的投射。

一是建筑物、生产经营环境。一个企业的建筑，如公司办公大楼、厂房以及周围的环境，往往反映出企业风格、追求，以及企业对员工、员工对企业的态度。装饰一新的办公楼和厂房可以成为一种清新向上文化的明显标志；一个整洁有序的车间，反映着企业的规范管理及工人积极的劳动态度；精心装饰的工作场所，反映着企业独特的文化品位。

二是产品。产品是企业形象的缩影，也是企业文化的载体。企业能否不断开发新产品，表明企业创新意识、市场意识的强弱；企业生产的产品质量，反映企业的质量观；企业塑造的品牌，反映企业的实力和知名度、美誉度；甚至企业采用的产品包装、广告词和广告画面，也展示着企业的性格与追求。产品凝聚着丰富的文化内涵，是了解企业文化的一个窗口。

三是生活、文化设施。企业生活设施是否完备及运营好坏，反映着企业对员工物质生活的关心程度；企业在文化设施方面的投入，如有没有职工学校或培训中心，是否设立了图书馆、阅览室、广播站（或电视台），有没有文化娱乐场所和体育运动场所等，都能直接或间接看出企业是否奉行了以人为本的宗旨，反映企业对员工精神生活的重视程度和对员工潜能的开发状况。

(2) 规章制度与行为方式。企业规章制度的执行情况如何，员工在工作中采取什么样的行为方式，也表现着企业文化的优劣。

一是规章制度。考察企业文化的优劣，不仅要看规章制度是否健全，还要看执行情况。在优秀的文化氛围中，人们敬畏并能自觉执行规章制度，不管有没有检查、监督都同样认真，不打折扣。如果员工只有在严密监督下才会遵章守纪，管理者以人治为主，漠视制度的严肃性，那么也就不难得出企业制度文化不良的结论。

二是惯例、习俗和传统。企业惯例、习俗和传统尽管是不成文的，也不像规章制度那样具有强制性，却以一种情感氛围和舆论力量对人们的行为起到引导约束作用。具有优秀文化的企业，除了有较健全的制度外，突出特点是有很多好惯例、好习俗、好传统，并且被人们以逸事、故事的形式传诵，代代相传。

三是工作态度和精神面貌。直观地看，企业员工流动率低、工作认真、讲究效率、精神饱满，表明企业文化处于良好状态；相反，员工流动率高、缺勤严重，工作中消极懒散、潦草塞责、精神不振，则是企业文化退化的征兆。员工的工作态度和精神面貌是文化的“晴雨表”。

(3) 企业价值观。直接探究企业价值观并非易事。除通过上述分析物质环境、规章制度和行为方式等，间接测度企业价值观外，分析企业文化理念体系的表述、践行以及培养英雄人物的特征，也有益于对企业价值观进行评估。

一是企业目标。有些企业的目标局限于追求自身短期的产值、营收和利润，有些企业则放眼未来，主动把企业市场目标、利益目标同企业战略目标、对社会的贡献目标结合起来。不同的目标追求，反映着不同的价值观。

二是企业精神。企业精神反映企业价值观的主流。北京歌华提倡“创业无涯，创造无限，敢为文化先”的精神，反映了一个文化型企业的特有精神追求；王府井百货大楼践行“一团火”精神，体现着“大楼人”全心全意为人民服务的思想和追求“真、善、美、和、爱”的高尚人生价值。

三是英雄人物。英雄人物是企业价值观的化身。如鞍钢孟泰，成为鞍钢人“爱厂如家”价值观的化身；大庆王进喜，成为大庆人“艰苦奋斗、勇于拼搏奉献”价值观的代表。只要分析一下企业树立了什么样的英雄人物，英雄人物的主要事迹是什么，有什么样的品格特征，是否受到多数员工的爱戴和仿效，就能在一定程度上看出企业的主导价值观和整体文化特点。

四是经营管理。主要是看企业执行的营销战略与策略、服务满意系统、环保措施，履行社会责任状况以及处理与顾客、社会公众关系时的态度和做法，是否体现以顾客为本的思想和社会责任感；看企业内部的管理方式和激励机制，是否坚持了以员工为本的思想。

三、评估模型与评估体系

（一）评估模型

1. 奎因竞争性文化价值模型

密歇根大学罗伯特·奎因（Robert E. Quinn）教授和西部保留地大学金·卡梅隆（Kim S. Cameron）教授用了多年时间，构建了一个评估组织有效性的量表，在建立两个成对维度，即灵活性与稳定性、关注内部与关注外部的基础上，将指标分成四个主要群类，分别代表不同特征的组织文化，即团队型、灵活型、层级型和市场型，见图 6－1。

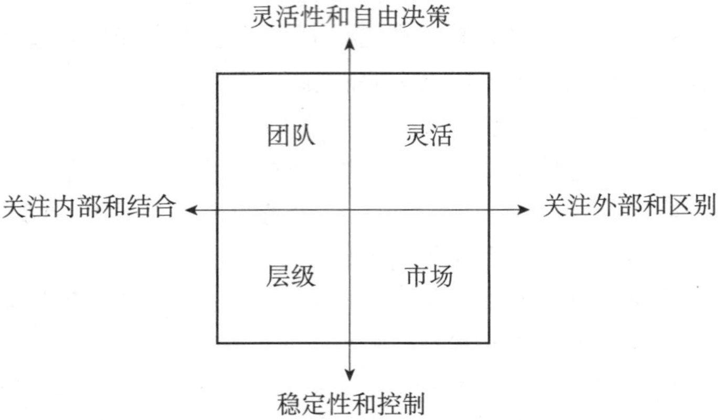

图 6－1　竞争性文化价值模型

该量表概括出六个指标来评估组织文化，即主导特征、领导风格、员工管理、组织凝聚、战略重点和成功标准，使之分别对应四种类型的组织文化。

2. 丹尼森组织文化模型

密歇根大学和瑞士洛桑国际管理学院教授丹尼森（Daniel Denison）构建了一个能够描述有效组织文化特质的模型，他认为适应性、使命、参与性和一致性四种特质与组织有效性相关。在此基础上，他又在每种特质下面开发出三个子维度（见图 6－2）。这个模型经过多年试验，获得较高的社会认可度。

3. 组织文化概评量表

加州大学查特曼（Chatman）教授为了从契合度的途径研究人与组织契合和个体结果变量（如组织承诺和离职）之间的关系，构建了组织价值观的 OCP（Organizational Culture Profile，即组织文化概评）量表。完整的 OCP 量表由 7 个维度 54 个测量条目组成。7 个维度分别是革新性、稳定性、尊重员工、结果导向、注重细节、进取性和团队导向。54 个测量条目每个条目是一条隐含价值观的陈述句，每个陈述句要求回答者分两次进行分级，描述所感受到的组织文化及其所期望的组织文化。OCP 量表较多地被用来进行价值观的测评。

4. 双 S 立体文化模型

英国学者罗布·戈菲（Rob Goffee）和加雷恩·琼斯（Gareth Jones）从团结性和社交性两个维度将企业文化分为社交型、融合型、分散型和目标型四种基本类型，每种

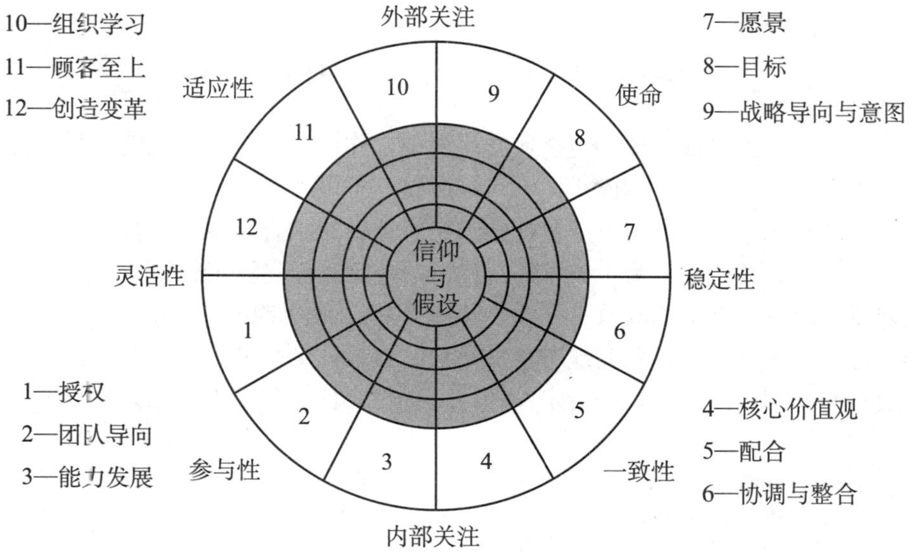

图 6-2　丹尼森组织文化模型

类型又有正面和负面两种形态，称为双 S 立体文化模型（见图 6-3）。该模型为分析企业文化提供了新的思路，并提供了较为简单的测评体系，其研究结果对更加精确地把握企业文化的类型提供了很好的方法和工具。

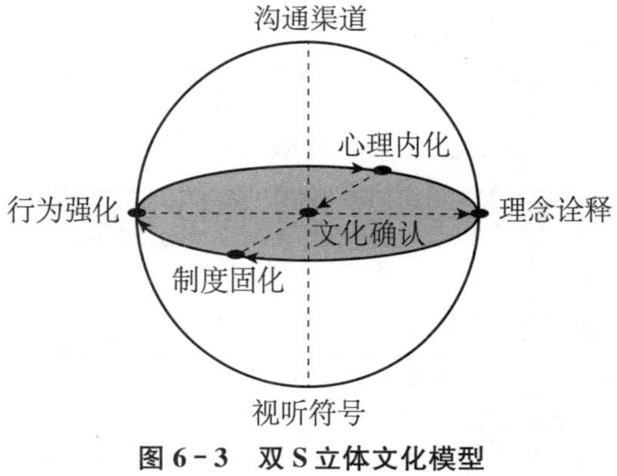

图 6-3　双 S 立体文化模型

5. 霍夫斯泰德跨文化评估模型

荷兰学者霍夫斯泰德（Geert Hofstede）等人从态度和价值观方面，在收集了 40 个国家，包括从工人到博士和高层管理人员在内的共 11.6 万份问卷调查数据的基础上，概括出不同群体、区域或国家的文化差异，这些文化差异可分为五个维度：权力距离、不确定性避免、个人主义与集体主义、男性度与女性度、长期取向与短期取向。这五个维度文化指标或因素对于管理中的领导方式、组织机构和激励内容均会产生较大影响。据此，霍夫斯泰德把企业文化分为价值观和实践两个部分，其中价值观由对安全的需要、以工作为中心、对权威的需要三个独立维度组成；实践部分由过程导向-结果导向、员工导向-工作导向、本地化-专业化、开放-封闭、控制松散-控制严格、规范化-实用化六个独立维度组成。这个模型在跨文化管理中评估企业文化冲突与融合度具有实用价值。

（二）评估体系

企业文化评估体系以中央企业《企业文化建设评价体系》最有代表性和影响力。其主要内容是：

（1）企业文化建设评价体系由企业文化建设工作评价、企业文化建设状况评价和企业文化建设效果评价三部分构成。

（2）企业文化建设评价实行定量评估与定性评估相结合对指标进行评估打分。

企业文化建设评价总分为 1 000 分。其中，企业文化建设工作评价部分 300 分、企业文化建设状况评价部分 300 分、企业文化建设效果评价部分 400 分。对可以直接量化打分的指标，通过查阅资料和实地考察的方法，直接评判打分。对不能直接量化打分的指标，通过问卷调查的方法，进行定性评估，再将定性评估结果转化为量化分值。评估结果分为“好、较好、一般、差”四个等级，与之对应的是等级分值。评估“好”占 90％及以上的记一等级分值；80％～89％的记二等级分值；60％～79％的记三等级分值；60％以下的记四等级分值。

（3）问卷调查的要求。一是合理确定调查样本数量。员工问卷样本不少于员工总数 5％，样本的选取由企业根据员工构成比例合理确定。客户问卷样本数量由企业根据实际情况确定。二是调查问卷统一设计。各企业可在确保获得相关指标评估信息的前提下，根据自身实际需要做适当调整。三是如企业近年内开展了相关问题的调查，有关调查结果可作为本次评估的依据。

（4）各企业可根据本企业实际需要，适当增加评估指标，一并调查，分开统计。

该评估体系内容完备，逻辑严谨，方法科学，可操作性强，具有较高的实践应用价值。

附：中央企业企业文化建设评价体系指标（问卷）

序号	评价模块	满分	评价得分
1	企业文化建设工作评价	300	
2	企业文化建设状况评价	300	
3	企业文化建设效果评价	400	
	合计	1 000	

一、企业文化建设工作评价体系（总分 300 分）

序号	评估要素	子要素	满分	评价得分
1	组织保障（100 分）	明确企业文化建设领导体制	20	
		企业领导定期听取工作汇报、研究解决有关重大问题	20	
		明确企业文化主管部门与人员	20	
		相关部门企业文化建设职责分工明确	20	
		对本系统企业文化工作人员进行业务培训	10	
		广泛发动员工参与企业文化建设	10	

续表

序号	评价要素	子要素	满分	评价得分
2	工作指导与载体支撑（150分）	企业文化建设纳入企业发展战略	20	
		制定企业文化建设规划纲要	15	
		年度工作有计划、有落实、有检查	15	
		组织开展课题研究和专题研讨	10	
		开展企业文化主题活动	15	
		开展员工企业文化培训、专题教育	20	
		充分利用企业媒体，包括报刊、电视、网络传播企业文化	15	
		完善企业文化设施，如传统教育基地、企业文化展室、职工文体活动场所等	10	
		开展子文化建设，如廉洁文化、服务文化、质量文化、安全文化等	20	
		经费有保障并纳入预算管理	10	
3	考核评估与激励措施（50分）	对企业文化建设工作有考核	15	
		总结推广企业文化典型经验	15	
		开展企业文化建设评优表彰活动	20	
合计			300	

二、企业文化建设状况评价体系（总分300分）

序号	评价要素	子要素	满分	评价得分
1	精神文化（100）	确立企业使命或企业宗旨	25	
		确立企业愿景或企业战略目标	25	
		确立企业价值观或核心价值观、经营理念	25	
		确立企业精神	25	
2	制度文化（100分）	企业规章制度健全	20	
		企业文化理念融入企业规章制度	20	
		建立员工岗位责任制	20	
		印发员工手册或企业文化手册	20	
		制定新闻危机处理应急预案	10	
		建立新闻发布制度	10	

续表

序号	评价要素	子要素	满分	评价得分
3	物质文化（100分）	建立视觉识别系统，企业标识、标准色、标准字、司旗和司歌	20	
		制定视觉识别系统的使用规定	15	
		全系统企业标识使用规范	20	
		制定员工行为规范	15	
		在本系统开展文明单位创建活动	20	
		发布企业社会责任报告	10	
合计			300	

三、企业文化建设效果评价体系（总分400分）

序号	评价要素	子要素	满分	评价得分
1	凝聚力（110分）	员工对企业价值理念的认同度	20	
		员工对企业发展战略的认知度	20	
		员工对与本职工作相关的企业规章制度的认可度	20	
		企业维护员工合法权益情况	15	
		员工对在企业中实现自身价值的满意度	15	
		近三年企业员工到上级机关上访等群体性事件情况	20	
2	企业执行力（90分）	员工遵守企业规章制度情况	20	
		员工在工作中形成良好行为习惯	20	
		员工爱岗敬业的精神状态	20	
		近三年企业领导班子成员中违规违纪情况	30	
3	企业形象（95分）	客户对企业产品或服务的满意度	30	
		近三年企业在“四好班子”建设、党的建设、思想政治工作、企业文化和精神文明建设方面获得党政机关授予的全国或省部级荣誉称号	35	
		近三年企业先进典型情况，包括集体和个人先进典型	30	
4	生产经营（105分）	近三年企业守法、诚信经营情况	30	
		近三年企业经营业绩情况	75	
合计			400	

四、员工调查问卷（分别给出4种答案供选择）

1. 企业价值理念主要包括企业使命、企业宗旨、企业愿景、企业精神、企业核心价值观、企业价值观或经营理念。您对本单位的价值理念是否认同？

2. 您是否了解本单位的发展战略？

3. 您认为企业的规章制度是否健全？

4. 您认为企业文化理念是否在企业规章制度中得到了较好体现？

5. 您是否认可与您本职工作相关的企业规章制度？

6. 您认为企业在维护员工合法权益方面做得怎样？

7. 您对在本企业实现自身价值是否满意？

8. 您认为员工在自觉遵守企业规章制度方面做得怎样？

9. 您认为员工在工作中形成行为习惯与其岗位责任要求的适应度如何？

10. 您认为本企业员工爱岗敬业的精神状态如何？

11. 您认为企业在充分利用企业媒体，包括报刊、电视、网络等宣传企业文化方面做得怎样？

12. 您认为企业在加强文化设施建设，如传统教育基地、企业文化展室、职工文体活动场所等方面做得怎样？

五、客户调查问卷（分别给出 4 种答案供选择）

1. 您是否了解我们企业的产品或服务？

2. 对我们企业的产品是否满意？

3. 您对我们企业的服务是否满意？

企业文化评估体系具有很大的研究潜力，其实用化和市场化的前景十分广阔，可以预期，长期困扰理论界和企业界的企业文化的量化问题不久将会有重大突破。

本章小结

企业文化管理是一项特殊管理实践活动和系统工程，要想做好，必须遵循既定的管理原则，选择好启动时机和切入点。

在具体实践中，要把企业文化管理作为“一把手工程”来抓，建立必要的领导机构和推进机构，制定规划，创新实施，建立评价考核机制。同时要建立完善的保障体系。

在企业文化管理中，企业文化理念的定格设计、传播与落地实施，是最重要的环节。企业文化理念设计既要符合实际，又要有先进性；传播与落地实施既要依据文化规划，组织开展好各种文化活动，也要与企业营销活动，特别是品牌塑造相结合，使企业文化管理与企业经营管理相融共进。

企业文化评估是一个比较复杂的问题。在实践中，要坚持自我评估与市场评估相结合、定量评估与定性评估相结合，确保评估结果的科学性和可信度。

复习题

一、单选题

1. 企业文化建设规划目标的体系指标包括（　　）、制度文化、物质文化三项内容。

A. 价值文化　　B. 视觉文化　　C. 精神文化

2. 企业使命是指企业经营的根本目的和所肩负的（　　）。

A. 经济责任　　B. 发展责任　　C. 社会责任

3. 企业文化礼仪的作用，包括约束行为、文化传播和（　　）。

A. 展示形象　　B. 宣传产品　　C. 情感体验

4. 丹尼森组织文化模型认为，适应性、使命、参与性和（　　）四种特质与组织有效性相关。

A. 一致性　　B. 协同性　　C. 相似性

二、多选题

1. 企业文化管理的原则包括目标原则、共识原则、（　　）。

A. 一体化原则　　B. 服从原则　　C. 卓越原则

D. 绩效原则　　E. 亲密性原则

2. 企业文化礼仪是指企业在长期文化活动中形成的稳定的交往行为模式、交往规范性礼节和固定典礼仪式。包括（　　）等。

A. 工作礼仪　　B. 生活礼仪　　C. 纪念性礼仪

D. 服务礼仪　　E. 交往礼仪

3. 企业文化的评估标准包括：（　　）。

A. 文化引导力　　B. 文化教化力　　C. 文化维系力

D. 文化激励力　　E. 文化贡献力

4. 企业文化建设工作评估体系的评估要素包括：（　　）。

A. 组织保障　　B. 工作指导与载体支撑　　C. 考核评估与激励措施

D. 企业执行力　　E. 生产经营

三、判断题

1. 企业文化管理就是要把企业建得像一座金字塔，从上到下实行严格的等级管理。（　　）

2. 地域文化是企业文化之根，决定着企业文化的底色。（　　）

3. 企业愿景是指对企业希望达到的发展前景与战略目标的描述。（　　）

4. 一种积极的企业文化体系一旦形成，不需要改变。（　　）

5. 在企业文化建设上的投资，其产出（回报）往往是立竿见影的。（　　）

四、简答题

1. 简述企业文化建设启动的最佳时机与切入点。

2. 简述企业文化理念定格设计的内容、原则和需要规避的问题。

3. 简述如何进行企业文化理念传播与落地实施。

4. 简述企业文化保障体系的内容。

5. 简述企业文化投入与产出的特点。

6. 简述企业文化的评估方法、评估模型与评估体系。

练习与操作

1. 根据“文化盘点”的内容，试设计制作《企业高层管理者企业文化调查问卷》《企业中层管理者企业文化调查问卷》《企业员工企业文化调查问卷》。要求问卷中包含填写对象的基本情况、具体问题、填写方法等内容，格式规范，问卷问题设计体现一定技巧性。

2. 以小组形式，选择一个目标企业，在集体讨论基础上，分工协作，制定一个企业的企业文化规划。要求规划要素齐全；制作 PPT 演示稿。

3. 以小组形式，选择一家新创办企业，试制定一套包含企业使命、企业愿景、核心价值观、企业精神、经营理念、管理理念、企业作风等要素在内的企业文化理念体系。要求做简单释义并制作 PPT 演示稿。

4. 选择一家新创办企业，制定一个企业文化建设启动（或企业文化手册发布）仪式方案。要求方案要素齐全，有创意，可操作。

5. 根据本人现工作岗位或就业意向岗位，试填写一份职位说明书。要求内容填写完整。

6. 练习设计一个企业礼仪方案。要求在司庆、厂庆、店庆、动员会、总结会、表彰会、庆功会、誓师会、早餐会、午餐会、班前会、班后会、联谊会、欢迎会、欢送会、运动会、庆婚会、庆生会、联欢会、文艺演出及团拜会等礼仪中选择一项；要求方案内容全面、格式规范。

第七章 企业文化战略延伸

学习目标

知识目标：

1. 了解 CI 和 CS 对企业文化的推动作用，CI 延伸的主要内容。
2. 弄懂 CI 和 CS 的内容及联系与区别。
3. 认识品牌的内涵及本质，品牌文化建设的意义。
4. 理解和记住品牌文化的内容。

能力目标：

1. 掌握顾客满意度调查与评估方法。
2. 初步学会提炼品牌核心价值。
3. 根据品牌个性维度量表，学会区分品牌的个性，并依据品牌个性，选择产品设计、商标设计、包装和造型设计、广告传播等方案。

素养目标：

从学习 CI、CS 和品牌文化战略中，厚植人本观念、家国情怀、审美意识和职业责任感。

学习导图

- 企业文化战略延伸
  - CI 战略
    - CI 战略与企业文化的关系
    - CI 的基本内容：MI、BI、VI
    - CI 的延伸：FI、SI、TI、EI
  - CS 战略
    - CS 与企业文化的关系
    - CS 的基本内容
    - 顾客满意度的内涵及调查与评估
  - 品牌文化战略
    - 品牌的本质与价值
    - 品牌文化的内涵
    - 品牌文化的塑造

第一节　CI 战略

一、CI 战略与企业文化的关系

（一）CI 与 CI 战略

CI（Corporate Identity System，CIS）直译为企业形象识别系统。CI 是一种形象传播和可视文化，也是一种经营战略。其内容包括理念识别系统（MI）、行为识别系统（BI）和视觉识别系统（VI）三个方面。

CI 战略是指利用 CI 手段，把企业及产品形象中的个性、特点有效地传达给消费者，使其对企业及产品产生统一的认同感和价值偏好，从而达到促进销售、提升企业品牌价值目的的一种营销战略。

人们常称 CI 战略是企业有效掌控与开拓市场的一只“魔手”。据国际设计协会调查估计，企业在形象设计每投入 1 美元，可以获得 227 美元的收益。这说明，CI 作为提高企业经营水平的行之有效的战略手段，受到各国企业界的普遍重视。

（二）CI 对企业文化的推动

CI 的起源与盛行

因地域和文化传统不同，人们对 CI 的认识不尽相同。美国侧重于把 CI 视为沟通企业与社会的工具；日本的 CI 是一种明确的认知企业理念与企业文化的活动；中国的 CI 则注重在开发企业视觉识别系统时，赋予其文化内涵和文化功能。CI 对企业文化是有推动作用的。实施 CI 战略，可以有效地积累、传播企业文化，使企业文化视觉化、规范化、具体化，它是实现企业理想与市场现实需求之间有效沟通，强化企业市场竞争理念的重要战略手段。

1. CI 是一种“文化资本积累”

在经济文化互动发展的时代，企业在越来越多地创造物质财富的同时，也为自身积累了越来越多的精神文化财富。CI 导入则成为一种“文化资本积累”的形式。如麦当劳以品质、服务、清洁和价值四个方面为核心内容形成的经营理念和快餐文化，就通过它个性鲜明的 CI 系统表现出来，金色的“M”成为麦当劳文化的象征和重要载体。人们常说通过 CI 树立起的企业形象是一种无形资产，这种无形资产的内核就是企业文化。也就是说，CI 导入的核心目的在于固化、传达企业文化；而企业文化的不断发展，又赋予 CI 真正的灵魂。

2. CI 是企业文化的外显形式

CI 活动可以使企业文化这一抽象的理念看得见，摸得着，具体化为可以操作的标准和规范。每个企业都有一种文化存在，且不管这些文化是优是劣，都会潜移默化地对企业目标、决策方式、管理方式、经营服务方式等产生深刻影响。通过CI战略的实施，优秀的企业文化得以整合、提升，成功地转换为一种完整的被员工认同、社会认同的经营理念、行为规范和符号系统。导入和运行这一系统的过程实际上就是优秀企业文化发挥作用的过程，即对内提高员工士气、增强企业凝聚力，对外“推销”自我，促进社会认识、认同企业的过程。很多CI专家将企业文化与CI战略视为同质的东西，认为二者之间只是有形与无形、形式与内容的关系。

3. CI促使企业文化市场化

企业文化管理往往以管理文化为重点，忽视经营文化的建设，企业文化中包含的价值观、道德观、盈利观等可能偏离市场需要，得不到顾客认同。通过CI活动，企业与市场的文化沟通得以实现，既可以使现有文化得到市场的检验，也可以强化企业文化的市场内涵。如可以通过CI对企业文化再次定位，解决企业经营目的、经营方向等根本问题；可以通过CI调整或强化企业的某种理念和行为，改善企业与社会的关系。

总之，CI战略在企业文化管理中发挥着识别功能、代表功能、解释功能和象征功能，它是企业进入现代社会的一张“绿卡”，是企业宝贵的无形资产。一项完整的CI战略实施过程，也是一种新文化的营造过程；CI设计得好，不仅使企业声名鹊起、信誉度大增，而且推动企业文化的升华，促进企业经济效益的上升和社会地位的提高。

二、CI的基本内容

完整的CI包含MI（Mind Identity，理念识别）、BI（Behavior Identity，行为识别）和VI（Visual Identity，视觉识别）三个组成部分。MI犹如企业的“心”，BI好比企业的“手”，VI就像企业的“脸”，三者构成一个鲜明生动的企业形象。

（一）MI

1. MI的本质、内容与功能

MI在CI中处于核心地位，是CI的基本精神所在，也是CI运作的原动力。MI作为企业文化理念的重要组成部分，本质上是一种指导企业营销行为的特殊精神文化，体现企业对经营本质的认识与理解。企业设计和实施MI，就是更新、完善、统一自己的营销理念。

MI的内容一般以企业使命、企业价值观、企业目标、经营哲学、经营宗旨和经营方针等形式（条目）表达出来，其中企业使命、企业价值观等条目与企业文化理念体系中的同类条目是一致的。经过高度提炼和个性化概括的MI，既是企业有效地分配经营资源的指导方针，也是员工从事经营服务活动的思想指南。MI对企业经营的主导与提携作用为众多成功企业实践所证明。如通用电气主张“进步乃是我们最重要的产品”，诺基亚倡导“科技以人为本”，这些经营理念不断引导它们持续创新、不断发展。美国哈佛大学几位教授对80多家日本企业的研究发现，这些成功企业中，1/3具有清晰的经营理念。彼得斯和沃特曼对美国多家优秀企业的调查研究证实，那些经营好的公司，都有一套非常明确的指导信念；而经营不善的企业，要么缺乏首尾一致的理念，要么只有一些别出心裁和隔靴搔痒的目标。

2. MI 的分类

企业的差别首先来自企业理念的不同。MI 的差别化是企业差别的根源。从目前 CI 战略的实施情况看，反映 MI 精髓的主打理念用语有以下几种类型：

（1）企业使命型。即反映企业经营的根本目的和超越自我的社会价值。如吉利的“造最安全、最环保、最节能的好车，让吉利汽车走遍全世界”，IBM 的“无论是一小步，还是一大步，总是带动世界的脚步”，劳斯的“为人类创造最佳环境”等。

（2）经营目标型。即反映企业追求的理想境界或战略目标。如小米“做感动人心、价格厚道的好产品，让全球每个人都能享受科技带来的美好生活”，日本电信电话的“着眼于未来的人间企业”，雷欧・伯纳特的“创造伟大的广告”等。

（3）技术质量型。即反映企业开发技术，提高质量，为顾客创造最好产品的理念。如胡庆余堂的“药业关系性命，尤为万不可欺”“采办务真，修制务精”，佳能的“忘记了技术开发，就不配称为佳能”，丰田汽车的“好产品，好主意”等。

（4）市场经营型。即反映企业开拓市场、勇于竞争、力创一流的理念。如日本卡西欧的“开发就是经营”，百事可乐的“新一代的选择”等。

（5）服务制胜型。即反映为顾客、为社会服务的意识。例如，海尔的“真诚到永远”，美国假日旅馆的“为旅客提供最经济、最方便、最令人舒畅的住宿条件”。

3. MI 的设计与导入

MI 的设计往往以如下三个问题为主轴：一是本企业从事什么事业？二是本企业从事的事业对社会有什么价值？三是本企业的事业目标是什么，怎样实现？

对这些问题进行认真思考，企业就自然能概括出自己的 MI。MI 的设计必须反映企业追求、经营个性和文化特色，体现企业社会责任感，千篇一律口号式的 MI 不会有感染力和冲击力。海尔提出的“人单合一——共创共赢生态圈”等理念，体现了企业的独特性、时代感。

企业重新导入 MI 的最佳时机一般是：

（1）企业原有经营理念因环境发生根本性改变出现不适应。

（2）行业处于高度竞争之中，本企业竞争地位发生变化。

（3）经营业绩不佳或出现迅速滑坡。

（4）企业快速崛起，刚刚进入大公司行列。

（5）有大批新员工进入，企业文化原有理念发生变化。

MI 的导入过程，也就是实施过程。MI 作为企业文化理念体系的组成部分，其导入与实施过程实质上与企业文化理念传播与实践过程是一致的，即使新的理念渗入企业经营的各个方面，成为全体员工共有的价值观，并通过企业与员工行为及企业视觉系统表现出来，传递给社会。一般而言，企业启动文化建设与导入 CI 同步进行。

（二）BI

1. BI 的主要内容及功能

BI 是以 MI 为核心的企业各种活动识别。建立 BI，就是统合企业员工行为，展现经营理念，根据不同时期的不同要求，设计合适的员工行为模式和企业经营模式。

BI 的主要内容包括内外两个方面：对内包括生产经营环境、组织机构、员工教育、薪酬制度、生产流程、制度规范、研究发展等活动识别。建立内部活动识别系统的目的是达成员工行为的规范化和一体化。对外包括市场研究、产品规划、促销活动、公共关系以及社会公益事业和文化事业等活动识别。建立对外活动识别系统的目的是宣传企业个性化形象，赢得社会公众的认同和好感。

BI 的功能在于它是整体 CI 的动态表现。BI 的策划倾向于通过各种有利于社会大众以及消费者认知、识别企业的有特色的活动，与 MI、VI 相互交融、相互作用，树立起企业的动态形象。发挥 BI 的功能，既要坚持统一性，又要讲求独特性。坚持统一性，即 BI 从设计到实施，必须统一到 MI 上来，对企业的所有经营管理行为，不论涉及哪个部门、哪个层次、哪个岗位，都有同样的标准和要求；讲求独特性，即企业各项活动的策划与运作，必须显示出与其他企业不同的个性，而不是追赶潮流、模仿和照搬，这正是公众识别企业的基础。

2. BI 的设计与实施

建立 BI 是一项系统工程。在设计与实施时，应坚持做好五个方面工作：

（1）条件分析。明确现有行为规范的基础和活动状况；分析企业财务状况，制定可行的经费预算。

（2）目标设定。设定可以考评的目标与量化标准，建立制度、规范和活动安排的标准及衡量其效果的标准等。

（3）培训计划。制订以 BI 实施为主体的员工培训计划，将 BI 规范中一些具体执行细节落到实处，反复演练，确保 BI 的有效实施。

（4）检查督导。在 BI 实施中，通过检查发现问题，督导改进行为或改善规划，加强薄弱环节，形成合理的反馈调节机制。

（5）及时奖惩。建立科学合理的奖惩机制，调动员工的积极性，使 BI 规范更富有成效。

BI 的设计推广必须具备创新性及适应性，才能引发公众的兴趣与认同。麦当劳可称得上是这方面的典范。一方面，无论你走进哪一家分店，你都能得到大小相同的份额、同样口味的食品，看到一样的餐饮服饰，享受到一样的服务，其行动统一性达到了惊人的程度；另一方面，它本土化的市场定位和公关、促销活动设计，又极富创新性。在中国，麦当劳成功的 BI 运作，赢得了儿童和年轻消费者的青睐。

在 BI 实施中，必须坚持以人为本的方针，即依靠全体员工，加强培训，提高员工的素质和执行制度规范的主动性与自觉性。企业员工的行为举止，直接影响企业的动态形象。如果员工的态度、举止不佳，即使企业有很好的理念和视觉设计，有很好的广告宣传，也无法在社会公众心目中留下良好的印象。美国迪士尼在 BI 实施中有关对雇员培训的经验是值得借鉴的。

案例 7-1

迪士尼培训雇员

迪士尼以“创造快乐”著称。它对新雇员给予特殊的欢迎。新雇员能够及时得到要求他们做什么的书面指示，在哪里报到，穿什么服装，以及每个项目培训阶段有多长。

新雇员向迪士尼大学报到并参加一整天的导向性小组会。他们 4 个人围坐一张桌子，每个人都有姓名牌。他们一边品尝咖啡、果汁和糕点，一边自我介绍。大家很快熟悉起来，并感到每个人都是这一集体中的不可缺少的成员。公司通过放映录像，向雇员介绍公司的经营思想和工作规程。雇员认识到了他们的角色，了解到他们的职责就是热情、专业地为客人服务。放映的录像对服务的每一个部分都有描绘，使新雇员学会在编导的“演出”中，如何扮演好各自的角色。

新雇员到指定的工作岗位报到后，每个人还得接受几天附加的培训，一旦他们认识到各自的作用，就会认真地进入各自的角色。新雇员要知道如何回答客人经常提及的有关问题，如果新雇员不知道该如何回答，可以打电话给自动交换台的工作人员进行咨询。雇员都会收到一份名为《眼睛和耳朵》的报纸，该报以报道公司各种活动的新闻、就业机会、特殊利益、教育资料等为特色。公司要求经理每年要花一个星期的时间到第一线与员工一起工作。

所有离开公司的雇员都要填一张问卷表，回答在为公司工作中有何感受，是否有任何不满意之处，公司管理部门可以通过问卷表了解雇员满意度。

迪士尼细致周到、人性化的培训，使其在游客中树立了亲切、刺激、生动活泼的美好形象，同时也使游客在欢快的游玩中接受了迪士尼的娱乐文化。

案例讨论

1. 迪士尼培训雇员的做法体现了怎样的企业文化？

2. 你认为迪士尼培训雇员的做法对改进企业营销服务有哪些可借鉴之处？

（三）VI

1. VI 的主要内容与功能

VI 是 CI 的静态识别符号，是具体化、视觉化的传达形式，即借助视觉传播媒体，将企业理念、规范等抽象语意，转换为公众可以识别和记忆的具体符号，进而强化其对企业理念、规范的认识与理解。VI 既是 MI 的表现形式，也是 BI 的表现形式，是企业物质文化和精神文化的统一。

（1）VI 的主要内容。VI 包括基础要素和应用要素两大部分。

第一部分是基础要素，主要包括企业标志（Logo）、企业标准字、企业标准色、企业象征造型与图案、企业宣传标语等。

第二部分是应用要素，主要包括建筑外观与环境、内部装饰、事务用品、办公设备及器具、招牌、旗帜、服装服饰、交通工具、包装用品、广告、传播展示等。

完整的 VI，是把基础要素创造性地应用到所有应用要素上，形成鲜亮且统一的企业整体视觉形象。在所有 VI 的内容中，企业标志、标准字、标准色是 VI 的核心内容，是企业地位、规模、实力、尊严、理念等内涵的外在集中表现，构成了企业的第一形象特征及基本气质。同时，这三者也是通过广泛传播取得大众认同的统一符号。VI 中的其他要素都由此繁衍而来。由于 VI 负载着传达企业理念的使命，因此要求企业标志、标准字、标准色必须具有寓意性、直观性、表达性和传播性。

（2）VI 的功能。VI 的功能在于它以经营理念和经营活动为基础，透过整体而统一的视觉形象，尤其是采用具有强烈冲击力的视觉符号，将具体可见的外在形象与内在观念结合为一体。换句话说，如果没有 VI 具体而富有感染力的表现，企业的经营理念将无法有效地表达。在 CI 中，MI 是一种抽象思维，是 VI 的精神内涵；BI 是 VI 的基本前提条件和 MI 的动态体现。如果没有 MI 和 BI，VI 也只是简单空洞的装饰。这就像树如果没有"根"与"枝干"就不可能有漂亮的"花"与"叶"，人如果没有良好的素质与修养，就不可能有高雅的气质和优良的外在表现一样。所以企业 VI 只有在 MI 和 BI 的基础上发挥它展现、传递企业形象的功能，将企业经营的内容、产品特性以及企业的精神追求最快速地传达给消费者，使消费者一目了然地掌握其中传达的信息情报，快速地识别与认知。

2. VI 设计的原则

为了使企业形象的视觉识别特征更突出，以更好地表达企业的经营理念，VI 设计必须遵循如下原则：

（1）以 MI 为中心。即视觉形象中的标志设计要素，一定要准确地传达企业理念。脱离了企业理念的符号，只能称作普通的商标，不会表达企业文化个性，不会有持久的生命力。

（2）瞄准形象目标。设计 VI 时，必须根据对企业的理解，以追求不同时期的外部形象目标为原则。如一个企业在创业伊始，需要有一个强有力的"创新形象"来冲击消费者的视觉；企业进入全面上升阶段，需要有一个蓬勃向上、充满生机的"发展形象"来扩大自身影响力；企业到稳定阶段时，需要有一个富有号召力、感染力的"实力形象"来强化本企业的市场地位，稳定本企业已拥有的消费群，争取竞争对手的消费群。

（3）具有审美追求。由于 VI 设计是一种视觉艺术创作，而公众进行识别的过程同时也是审美的过程，因此要求设计者把握统一与变化、对称与均衡、节奏与韵律、调和与对比等美学基本原则，使视觉符合人类对美的共同感知，唤起公众对美的追求；同时"违反规则被作为规则固定下来"这一艺术创造的基本规律，又要求设计有个性、新意和独创性，使公众获得具有冲击力的审美享受。

（4）坚持民族化。不同民族的文化传统、思维模式、风俗习惯不同，对形象有不同的解释，同时有不同的图案及色彩禁忌，在美感、素材、语言沟通上也存在差异。只有坚持 VI 设计的民族性，才更有审美价值和生命力。

（5）体现人性化。现代 VI 设计要求充满人性和人情味，具有亲和力，使人产生被尊重、被关爱的感受。过于理性、强硬的 VI 表达，传播力度再大，社会公众也不会喜欢。

（6）实现 3E 结合。指在 VI 设计中应具备工程学（Engineering）、经济学（Economics）和美学（Ethics）三个学科方面的知识及工作开发与作业能力。把独特的美学意识、创造独特市场价值的能力与发现及创造企业个性的系统开发能力结合起来。

（7）从现实性出发。指 VI 设计过程必须基于对企业和行业文化的确切了解与把握，不可脱离企业和行业实际而进行“理想化”设计。

（8）遵从法律。由于 VI 符号多用于商业活动，为保护生产者、经营者以及消费者的利益，各国政府和国际组织通常制定相关法律，对 VI 符号的设计与使用规则加以强制性的规定。企业和设计者都必须遵守《中华人民共和国知识产权法》《中华人民共和国商标法》等法律，以及国际上的相关准则等。

3. VI 设计的实施程序

（1）确立设计理念。要求做好资料搜集和实态调研。调研的内容主要是大众对企业的总体印象，企业与同行比较的优劣势，不同地区、不同消费群体对企业形象评估的好坏及其理由，本企业未来应塑造何种目标形象等。然后根据调查资料确定设计的主导理念，拟定企业未来出现在大众面前的形象概念。

（2）设计开发。把确定的设计理念转换成系统化的视觉传达形式。在设计制作时，需要不断进行模拟调查、测试，直到设计表现符合创意的形象概念为止。

（3）反馈再加工。对设计符号进行检查、调查，并听取意见、修正等，直至最终寻求到最能符合企业实态与代表企业精神和形象的视觉符号为止。

（4）编制指导手册。要求对 VI 设计、制作的所有内容编印成册，达到使用上的规范化、视觉化、系统化，便于企业使用和查阅。

在 VI 的设计过程中，除了应重视基础要素的设计开发外，还要重视其应用要素的设计开发，并且需要将两种要素的设计开发有机地结合起来，融会贯通在上述四个阶段之中。

著名公司 Logo

三、CI 的延伸

（一）CI 延伸的必要性

现代企业经营活动丰富多彩，企业与消费者、公众之间沟通交流的手段、形式、途径越来越多，传统 MI、BI、VI 已不能完全涵盖企业 CI 的内容。消费者对企业的识别，除了理念识别、行为识别和视觉识别外，还有感觉识别、情感识别、战略识别和环境识别等，而且这些识别正在成为一种区别于竞争对手的有效识别体系，对企业营销传播、公关战略和顾客满意系统产生越来越广泛的影响。基于 CI 延伸的必要性，有条件的企业可在 CI 导入时，统筹安排，延伸导入感觉识别、情感识别、战略识别和环境识别等内容。有些企业在导入 CI 之后，也可根据需要追加导入相关内容，对 CI 进行合理延伸，扩大 CI 的整体功效。北京燕莎友谊商城以一句“购物是享受，享受到燕莎”的理念广告，准确地表达了自身的经营战略定位，向目标顾客传递了提供高品位服务的经营宗旨和愿望。在此基础上，它们在商品组合上尊重顾客的选择，根据自身的经营定位和目标顾客的意见，不断优化商品结构，优化品牌；在购物环境上，从店堂设计和商品布局、陈列，到视听系统以及文化氛围的营造上，以顾客的感觉和愿望为转移；在具体的服务过程中，体现“尊重、理解、体贴入微”，主动热情为顾客当好参谋和提供具体服务，让顾客感受到尊重、美感以及知识上和精神上的满足，成功地进行了CI的延伸。

（二）CI延伸的主要内容

1. *感觉识别（FI）*

感觉识别（Feeling Identity，FI）是企业通过对消费者或社会公众进行视觉、听觉、嗅觉、味觉、触觉等综合的感官刺激，有效地传递企业各种信息，树立企业或产品品牌形象的系统识别。企业进行感觉识别的设计，应针对自己的目标市场，选择恰当的方式，给消费者带来美妙的感觉享受，同时让这种感觉能够有效地区别于其他同类竞争者。

（1）听觉识别。在感觉识别中，除了视觉识别，听觉识别也是非常重要的。听觉识别是企业通过对消费者或社会公众进行听觉刺激，传达企业理念和品牌形象的系统识别。听觉刺激在公众头脑中产生的记忆与视觉具有同样的强度，而且一旦和视觉识别相结合，将会产生更持久有效的记忆。例如，很多企业或产品的电视广告片，其鲜明的主题音乐或背景音乐，甚至语音、语调、语感、语速都能给人留下深刻的印象。人们只要一听到这种音乐或者话语，不必看画面，就会想到某企业或商品。

听觉识别设计主要从以下几个方面入手：

一是设计主题音乐。主题音乐是听觉识别的基础，包括企业歌曲、工作背景音乐、服务场所背景音乐等。这些主题音乐对内有振奋员工精神、舒缓员工工作压力、增强企业凝聚力的作用，对外有向公众展示企业精神格调、传递特色声音美感的作用。

二是设计标志音乐和扩展音乐。标志音乐是用于广告和宣传中的音乐，一般是从企业主题音乐中摘录出的片段，即有特色的音乐高潮部分。这种标志音乐具有与商标同样的功效。扩展音乐是通过交响乐、民族器乐、轻音乐等更高层次的音乐展示企业形象。

三是设计企业名称和广告导语。具有特定含义并且顺口的企业名称传播的渠道很广，设计得好，能有效体现企业理念。广告导语是在广告语中的浓缩部分，即主打广告语，简洁并富有感染力的一句话，能很好地传达企业的精神和个性。

（2）嗅觉和味觉识别。在感觉识别中，还有嗅觉和味觉等其他识别。通过嗅觉、味觉传递形象识别，可能很抽象，但其实这些因素对品牌形象的影响却非常大。一个盲人或听力有障碍的人，可以通过嗅觉、味觉，识别麦当劳与肯德基的区别；一个不善饮酒的人，也会轻易识别出“茅台”与“香槟”“白兰地”的不同。食品行业和餐饮行业常常通过有意营造气味增强消费者识别。

2. *情感识别（SI）*

情感识别（Sensation Identity，SI）是指企业以“情”为纽带，感动消费者和社会公众，从而树立企业形象的识别系统。

企业及产品或服务被赋予各种精神或情感价值后，对目标受众的影响是很大的。市场上有很多著名品牌、百年老店之所以有很高的顾客忠诚度，其重要原因是它们与消费者有牢不可破的情感链接，其情感价值高于或区别于其他同行业竞争对手。

著名管理学家彼得斯说，成功企业的标志只有两个字，即“感受”。在他看来，成功的企业就是使你的顾客有一种良好的心理感受。使顾客有良好的心理感受不是空洞、抽象的，它等于成百上千种具体服务所产生的效果的总和。比如，顾客购物，不光感受优雅的环境、琳琅满目的商品和程序化规范化的服务，还要透过环境、商品和服务，得到愉悦美妙的体验；顾客旅居饭店，不光去感受富丽堂皇的建筑装饰，还想获得亲切和体贴入微的服务；顾客乘飞机，不光去感受飞机的质量如何，更要体验到舒适、安全、准时，良好的感受还产生于空姐服务时的音容笑貌和送上的可口点心。实际上，这些良好的感受与企业情感识别系统有直接的关系。

情感识别设计在手段和方法上与 VI 及其他相关延伸识别有共同之处，不过诉求点是不同的。情感诉求赋予企业及产品和服务以个性化、人性化，或者通过举办社会公益活动、赞助社会公益事业、发布社会公益广告等形式，与社会公众和消费者进行心灵上的沟通，引起他们情感上的共鸣。情感识别在消费者心目中唤起的认知具有持久性和连续性，有利于品牌忠诚度的建立，是现代企业广泛采用的树立企业与产品品牌形象的方式。

3. 战略识别（TI）

战略识别（Tactic Identity，TI）是指企业向社会传达发展愿景和战略目标，以赢得公众和消费者的认可和信赖，从而提升企业形象的识别系统。

战略识别设计包括两个方面：一方面表现为企业在设计与实施 CI 方案时，始终贯彻企业的战略思想，以一种整体的、长远的思路来进行，即把所有的活动和方案都集中到企业战略的主线上来，展现给消费者和社会公众的是一个整体形象。另一方面，配合 CI 的导入，独立地进行战略识别系统的设计与实施。如通过各种媒体和各种社会活动，发布和宣传企业的发展战略，传播战略实施可能带来的经济与社会价值的信息等。这样做，不仅增强企业员工的信心、自豪感和责任感，而且引起社会公众的关注与好感，尤其是在消费者面前，使企业更有感召力、吸引力。如马斯克在很多场合反复讲到他的火星移民计划，而且通过各种媒体高调宣传，启动了良好的战略识别作用。

4. 环境识别（EI）

环境识别（Environment Identity，EI）是指企业通过创造良好的环境，改变公众认知和评估的识别系统。环境影响人，环境引导人。企业是否具有同 CI 精神与格调一致的环境，对公众和消费者的情感、态度和看法有直接的影响。

依据不同的公众对象，环境识别可分为企业内部环境识别、面向消费者的服务环境识别以及展现给社会公众的环境识别。同时，也可把环境识别划分为硬环境识别与软环境识别。

环境识别设计也不是孤立进行的，要以 MI 为灵魂，其品位和风格特色应与 VI、FI、SI、TI 及企业整体经营服务特点相协调。

（三）互联网时代 CI 的创新

1. 互联网时代 CI 的创新的意义和特点

在互联网时代，企业 CI 战略以及广告策略发生了较大变化，传统报纸、杂志、电视等媒体受到较大冲击。CI与互联网结合，能迅速提升流量带来的价值转化率。网络作为一种新媒体，具有独特优势，可以随时随地不间断传递企业信息，提高企业知名度，塑造企业形象。如企业通过网站推广，整合运用多种媒体和推广工具，利用直播等新途径，吸引公众和消费者的注意力，可以使企业在短期内脱颖而出，成为行业佼佼者。特别是如能利用或制造具有一定新闻价值或社会影响力的事件，通过互联网发布造成轰动效应，这种效应集新闻效应、广告效应、公共关系、形象传播等于一体，可为新产品推广、企业展示创造机会，可以迅速形成企业高强度CI识别和品牌识别。

传统的CI是企业单向传播，不太了解公众和消费者的所思所想，难以全面真实收集到公众和消费者的意见和建议。而互联网能够实现企业与公众、消费者的适时沟通互动，快速了解公众和消费者的真实想法和需求信息。互联网时代，用户好评成为企业最重要的资产和竞争力。利用新媒体和O2O、App等商业模式和信息技术，借助大数据，企业可以对用户评估与行为进行精准分析，实现准确定位；也可以吸收消费者参与产品设计与营销，使企业做到更好地满足用户的需求、为用户提供个性化服务的同时，树立企业产品和服务质量的良好形象，强化用户的品牌意识，培养和建立忠诚用户群体。

宝洁公司创建了一个叫作“消费者脉搏”的东西，称其设计的尿不湿，凭借建模与模拟技术，利用大数据，每日接触用户超过40亿，在80多个国家和地区生产，产品销往世界各地。

小米把高规格的硬件配置、MIUI操作系统、米聊等要素整合在一起，与金山软件、优视科技、多玩、拉卡拉、凡客诚品、乐淘等公司实现服务对接，靠足够多的用户和用户的意见反馈，创造了一种神奇的力量，实现了低成本、高效率、整合速度快和双向推动的优势。

2. 互联网时代CI的创新的策略

互联网时代企业CI的策划、设计与推广，应有全新的策略。

（1）企业导入CI，从指导思想上必须彻底转向以公众和消费者为中心。导入CI的过程不是千方百计把企业的意志、思想、形象强加给公众和消费者的过程，而是通过了解公众和消费者、与公众和消费者互动，找到企业优势与公众和消费者的意志、需要的契合点，引发公众和消费者的情感共鸣，使公众和消费者真正参与CI，成为CI的设计者与推广者，从而实现企业CI的战略目标。

（2）CI推广应与市场营销、广告传播紧密结合，且应把传统的广告传播与各种新媒体的广告传播紧密结合起来。千方百计区隔竞争者，寻找用户的痛点、痒点和兴奋点，通过采用有力措施，吸引用户，贴近用户，让用户了解企业的真心，喜欢企业的产品、形象与文化。

（3）导入CI时，要时刻关注公众和消费者的情绪、体验和感受。如发现不好的苗头，应及时化解，善于做好危机公关。互联网可以成就企业，也可以摧毁企业。企业做好网络危机管理是十分必要的。

第二节　CS 战略

一、CS 与企业文化的关系

（一）CS 与 CI 战略的关系

CS 的起源及本质

CS 意为“顾客完全满意”（Total Customer Satisfaction），也称“顾客满意”或“顾客满意战略”。

CS 与 CI 是相互联系的两种营销战略。从表象上看，CS 与 CI 都是拓展市场、提高竞争力的战略方法，但从本质上讲，二者反映的是不同的营销文化。

CI 是以“企业中心论”为出发点和战略重点的，它通过规划、设计与有效的 CI 表达，推销产品与服务，创造企业营销的差别，推展个性形象，千方百计让顾客识别企业，喜欢企业，追求的结果是企业市场占有率和利润最大化，反映的是企业价值。CS 是以“顾客中心论”为出发点和战略重点的，它把顾客满意不满意作为衡量各项经营管理活动的标准，追求的结果是贡献，通过为顾客创造价值而实现企业价值。在企业文化管理实践中 CS 不能替代 CI，二者具有不同的作用。在网络经济背景下，应把 CS 与 CI 结合起来，实现优势互补，共同成为企业文化管理的重要战略方法。

（二）CS 对企业文化的推动

1. 引导企业走向“顾客中心论”

CS 战略推动传统企业文化的变革，引导企业从“企业中心论”走向“顾客中心论”。对于一个老企业而言，企业文化是多年传统的积淀，其中有它成功的经验、既定的思维方式和行为方式。这种文化往往以自我为中心，对市场的变化不敏感，同时也不愿意自我变革。CI 虽然在促使企业文化市场化方面起了很大作用，但未能冲破“企业中心论”的窠臼。CS 适应了市场变化的趋势，倡导以“顾客中心论”为出发点和战略重点，把顾客满意不满意作为衡量各项经营活动和管理活动的唯一尺度，围绕顾客进行产品开发、生产、销售、服务。这种立足于顾客的营销战略与策略，追求的结果是贡献，反映的是顾客价值，通过为顾客创造价值，实现企业价值。另外，CS 也强调在满足顾客全方位的需要的同时，满足社会需要，强调维护社会利益、社会道德价值、政治价值和生态价值。这些理念都是与具有高文化属性的市场经济相适应的，反映的是一种完全顾客导向型的企业文化。CS 既推动了企业文化的变革，又引导企业走向“顾客中心论”。

案例 7-2

芬克斯酒吧两次拒客

20 世纪 70 年代，基辛格来到耶路撒冷，听说芬克斯酒吧不错，也想去造访。他打电话到芬克斯酒吧预约，接电话的正好是店主罗斯恰尔斯先生。

基辛格做了自我介绍。无疑，基辛格在当地很有名。然而，罗斯恰尔斯没有接受基辛格的预约，因为基辛格提出的额外要求深深刺痛了他那根职业道德的敏感神经。

基辛格这样说："我有 10 个随从，他们将和我一起前往贵店，到时希望贵店谢绝其他顾客。"基辛格认为这个要求肯定能被接受，因为自己是有名的政治家，光顾那家酒店，会提升它的形象。不料，罗斯恰尔斯给了他一个意想不到的回答。他非常客气地说："您能光顾本店，我感到莫大荣幸。但因此而谢绝其他客人，我实在做不到，他们都是我的老顾客，也是支撑我这个店的人，我无论如何也不会将他们拒之门外。"

听到这一回答，基辛格很不高兴地挂断了电话。

第二天傍晚，基辛格又一次打来电话。基辛格真不愧是外交家，他首先对自己头天的失礼表示道歉，接着，他告诉店主人，这一次他只带 3 个随从，只订一张桌子，店方也不必谢绝其他客人。这对基辛格来说算是最大的让步了，但结果还是让他失望。

"非常感谢您的诚意，基辛格先生，但我还是不能接受您明天的预约。"罗斯恰尔斯回答。

"为什么？"基辛格大惑不解。

"因为明天是星期六，本店的例休日。"

"但我后天就要离开此地，你不能为我破一次例吗？"

"那不行。"

基辛格听后什么也没说，就挂断了电话。

芬克斯酒吧虽然两次拒绝基辛格，但曾连续 3 年被美国《每周新闻》杂志入选世界最佳酒吧的前 15 名。

案例讨论

1. 芬克斯酒吧为什么两次将基辛格拒之门外？两次拒客背后的具体原因是什么？
2. 试从罗斯恰尔斯的拒客行为中，分析芬克斯酒吧的经营理念。

---

2. 丰富企业文化管理的内涵和外延

企业文化管理是围绕人本管理展开的，企业文化管理的最初动机是调动员工的积极性，增强企业凝聚力；而就其最终目的来说无疑应该是使顾客满意。因为只有让顾客满意，企业才能长久地保持顾客，实现利润持续增长，并始终保持员工对企业的忠诚。

CS 战略的实施，推动企业文化理论研究和实践逐渐由管理领域向经营领域扩展，人本管理之"人"，也由员工扩展到顾客，以顾客为本和以员工为本同样成为企业文化的主旨，这也意味着企业文化管理必须围绕既让员工满意又让顾客满意来进行。从这个意义上讲，CS 战略的实施本身就构成了企业文化管理的重要内容和途径，围绕"顾客满意"所做的每一件事情，都是在进行以人为本的文化建设。

二、CS的基本内容

（一）CS战略的逻辑起点

“顾客”和“顾客满意”两个概念是全部CS理论的基石。

1. CS的顾客观

CS坚持大顾客观，即把顾客分成内部顾客和外部顾客。认为内部顾客不仅包括员工，还把股东视为企业的基本顾客，把生产部门视为采购部门的顾客，甚至把企业各职能部门之间、工序之间的关系也视为顾客关系。至于外部顾客，既包括消费者，也包括经销商和供应商。其中，把消费者分为三个层次，即忠诚顾客、游离顾客和潜在顾客，主张把重点放在巩固忠诚顾客上，同时不断吸引游离顾客和潜在顾客，确保企业对顾客管理的细化和服务的针对性。

2. CS的顾客满意观

顾客满意指顾客接受有形产品或无形产品后，感到需求满足的状态。CS的顾客满意观具有如下含义：

（1）顾客满意状态主要来自顾客消费了企业提供的产品和服务之后产生的心理体验。

（2）顾客满意是建立在道德、法律和社会责任基础之上的，有悖于此的“满意”不是顾客满意的本意。

（3）顾客满意有鲜明的个性差异，企业应在追求顾客总体满意的基础上，不拘泥于统一的服务模式，因人而异，为顾客提供有差异的满意服务。

（4）顾客满意是相对的，绝对满意是理想目标。因此，企业应不懈地努力，向绝对满意方向努力。顾客满意包括物质满意、精神满意和社会满意三个层次，使直接顾客在物质与精神方面满意，间接顾客达成社会满意，才是顾客满意的最高境界。

案例7-3

摩托罗拉的CS

摩托罗拉公司对“Total Customer Satisfaction”做的解释是：

Total：100%。具体包括两重含义：一是指使顾客感到100%的满意；二是指全员参与（Total Involvement），即顾客满意是全体员工的共同目标和行为准则，顾客满意需要通过全体员工的共同努力来达成。

Customer：不是单纯指“消费者”，包括外部顾客（Exterior Customer）和内部顾客（Internal Customer）。

Satisfaction：满意，甚至超过顾客期望。

在摩托罗拉，几乎所有重要文件，都在醒目位置标明这样一段话：“我们的基本目标（Fundamental Objective）——使顾客完全满意。”这是摩托罗拉从1928年走到今天，不断沉淀下来的独特公司文化的核心。从总经理到员工，公司上下身体力行“顾客满意”的原则，其结果是公司得到了丰厚的回报：在20世纪90年代初期美国经济衰退、多数公司经营业绩不佳的阴影下，摩托罗拉却连续数年实现大幅度增长，一度成为美国经济中璀璨的“企业之星”、全球芯片制造、电子通信的领导者。

案例讨论

1. 谈谈你对外部顾客与内部顾客关系的理解。

2. 怎样理解摩托罗拉提出的“使顾客完全满意”？

（二）CS 系统

CS 系统由理念、行为、视听、产品与服务等要素构成，各要素相互联系、相互制约、相互推动。具体包括以下子系统。

1. 理念满意系统

建立理念满意系统，主要是把体现以顾客满意为中心的理念，如企业宗旨、经营哲学、创新观、质量观、服务观、环保观、公益观和盈利观等定格下来，并向社会传播，接受顾客的检验。

CS 的理念基于以下认识：

（1）顾客养活了企业，企业应心存感激。

（2）顾客向企业支付了使企业满意的钱，企业有义务和责任向顾客提供令顾客满意的产品和服务。

（3）顾客的需求就是企业的机会，企业对机会的把握，不仅是为了更多的盈利，而是为了更好地满足顾客。

（4）顾客永远是正确的，即使个别顾客偶有错误，也在所难免，只要企业以诚相待，终究可以感动顾客，使其纠正错误。

（5）顾客是有理性、有情感、有个性的人，每个人都应受到尊重。

（6）企业只能引导顾客，而不能误导顾客，可以创造顾客而不能教育顾客，更不要企图改造顾客。

（7）企业只能认同顾客的价值观，而不能要求顾客必须接受企业的价值观。

（8）顾客满意是检验企业一切行为的唯一标准，企业只能适应顾客，而不能让顾客适应企业。

（9）在外部顾客与内部顾客发生矛盾时，以外部顾客的满意为主导。

（10）顾客满意作为企业的无形资产，它可以随时间向有形资产转化，多一个满意顾客，多一份企业无形资产。

2. 行为满意系统

行为满意系统包含感觉系统（对顾客信息的感知机制）、传入系统（把顾客信息传向运行中枢的机制）、决策系统（对顾客信息进行分析、加工和处理的机制）、效应系统（全面执行决策的机制）和反馈系统（对行为产生的顾客满意度进行全面调查、修正和信息反馈的机制），它们构成一个封闭的环路。

行为满意系统的目标是给顾客带来最高级别的行为满意，保证企业取得最佳经济效益和社会效益。为确保这一系统的正常运行，企业必须确定合理的管理行为模式、经营行为模式和服务行为模式，制定科学的生产管理规程、人事管理规程、财务管理规程和事务管理规程等。同时，必须使全体员工认同系统，认真履行职责并按制度规范办事。

3. 视听满意系统

视听满意系统具体包含企业或品牌名称满意、标志与标准字满意、色彩满意、环境满意、服装服饰及用品等视觉整合满意、公司歌曲满意、广告和展示陈列满意等。

4. 产品满意系统

产品满意系统的内容包括:

(1) 产品设计满意，即按照顾客满意要求进行开发和改良。

(2) 产品质量满意，即按照建立在顾客满意基础之上的产品标准进行生产。

(3) 产品功能满意，即适应顾客需求变化，为顾客提供卓越的产品基本功能和辅助功能。

(4) 产品包装满意，即以顾客满意的标准，尽力在合理的成本内使包装同时兼具保护、识别、美化、联想、衬托等更多功能。

(5) 产品品位满意，即有针对性地满足顾客对产品艺术价值和文化价值的需求。

(6) 产品价格满意，即以顾客满意的合理价格设计、生产和销售产品。

5. 服务满意系统

服务满意系统的内容包括：一是确定科学合理的服务指标；二是强化服务意识和服务技能的训练；三是建立服务满意的考核办法；四是对达成服务满意的行为进行强化等。服务做得好可以弥补产品的部分缺陷，降低顾客在产品上的不满意程度。

确保顾客对服务的满意，关键是要更新服务理念，明确服务优劣带来的结果：服务质量提高 1%，销售额就能提高 1%；一名满意顾客会带来 8 笔生意，其中至少有一笔会成交。对于服务者而言，良好的服务可以丰富服务经验，锻炼才能，提高修养，受到尊重，获得尤厚的报酬。而怠慢一名顾客，会影响 40 名潜在顾客，使企业丧失市场，也丧失信誉。对于服务者而言，冒犯顾客，使顾客产生了挫折情绪，对顾客是一种“犯罪”，自身会感到心里不安，也被别人看不起，收入还会下降。

(三) CS 经营方式

按 CS 要求调整经营方式的结果，会形成一种崭新的经营方式，即 CS 经营。CS 经营实质上是要不断地提高顾客对于企业的满意度，化解顾客的不满意感，从而使经营获得持续稳定的增长。

1. “顾客满意型”组织形态

传统企业组织多数是围绕贯彻经营者意图、制造合格产品来设置的，一般呈现“金字塔形”的组织形态，只有最底层的执行者才与顾客相关，而他们的工作也仅仅是为了执行计划和完成上级指令。CS 经营方式提出了全新的企业组织形态——“顾客满意型”组织形态，这种扁平化的组织形态，以顾客需求为核心，要求全员参与，以顾客接待者为行动主体，明确领导者职责，再以其他职位支持顾客接待者。CS 经营方式直接体现了一切以顾客满意为标准的经营观念。

2. CS 营销策略创新

多数企业长期采用竞争导向的营销策略，其重点是保持或扩大市场占有率，因此营销策略的重心放在竞争者身上。CS 营销策略主张真正重要的是先了解顾客的真实需要，再设法予以满足，由此而获得优势。例如，山叶钢琴公司一度陷入衰退，又面临韩国低价位产品的竞争，经营举步维艰。然而，山叶钢琴公司并未采用直截了当的竞争策略，如降低成本或增加产品品种等。与此相反，它使用最基本也是最有效的方法，即经过调研，以新眼光重新定位本身的产品和顾客需要间的关系，为其产品增设了一项特殊功能：结合数据和光学技术，将顾客自己喜欢的钢琴演奏录在磁碟片里，将其插入公司生产的钢琴，即可带动键盘，并精确地弹奏出动人的乐曲来。这种产品上市以后，因能为顾客创造出令他们满意的价值，立即在市场上形成抢购狂潮，使停滞的钢琴市场重新活跃起来。山叶钢琴公司营销取得成功的秘诀，其实就是以追求给予顾客满意的产品为出发点，独辟蹊径，而不是与竞争者针锋相对，这实际上是一种“蓝海战略”。

3. CS经营方式三原则

（1）重视与顾客的接触点。企业与顾客随时随地都可以面对面接触，或者通过网络平台得到顾客对企业服务的评估。如果“接触点”的工作做得好，超过顾客期望，则产生正面评估；低于顾客期望，则会产生负面评估。CS经营方式要求以企业与顾客的“接触点”及真实评估为经营的出发点，站在顾客立场，努力使“接触点”的工作达到最优的状态。北欧航空公司前CEO卡尔森的看法是：一线员工每天在顾客“接触点”上发生数万次的接触，他们服务质量的好坏，关乎整个公司的经营。顾客满意不仅仅是在一个方面达到100%，而应在100个方面同时提升。卡尔森的新观念改变了整个公司的经营观念，公司全方位改善了与顾客接触点的工作，使北欧航空公司在衰退中取得了良好的经营业绩。

（2）定期、定量、综合测定。要想使CS由观念转化为切实可行的经营方式，企业必须定期、定量地对顾客满意程度进行综合测定，只有准确把握现有真实情况，才有可能客观地确定企业经营中与“顾客满意”目标有差距的重点领域，从而进一步改善企业的经营。

（3）由企业领导者主导，全公司共同推行。CS经营方式须由掌握决定权的经营管理者以身作则，采取行动。因为要使CS真正成为企业经营的主线，企业领导者必须把握企业产品或服务的问题所在，并及时采取有效的对策。例如丰田汽车公司决定推行CS经营方式时，公司社长担任CS活动委员会的委员长，以社长的权威来支持CS工作的开展，从而大大提高了活动的成效。

（四）CS价值链

迈克尔·波特提出的价值链理论，可以作为公司创造更多顾客价值，最终使顾客满意的重要行动指南。

每一个企业都是通过设计、生产、配送、销售等多个基本环节和辅助环节完成经营活动的。价值链可分为九种价值创造活动，其中包括五种基本活动和四种辅助活动。基本活动包括进货、生产、发货、经销和服务一系列活动。辅助活动发生在这些基本活动的全过程之中，包括采购、技术开发、人力资源管理和企业基础设施管理。由基本活动和辅助活动所衍生出来的还有计划、会计、法律和政府事务等。

企业管理的任务就是要检查每个价值创造活动中的成本和绩效，并寻求改进。企业应当研究并估计竞争者的成本和绩效，以作为超越的基准。如果企业能在某些活动方面超越竞争者，它就能获得竞争优势。企业的成功不仅依赖于每个部门工作的好坏，还有赖于各部门之间协作的程度。人们经常看到，很多公司内部各个部门总是努力寻求部门利益的最大化，而不是公司和顾客利益的最大化。一个公司的信用部门可能会花很长的时间审核潜在顾客的信用情况，以免发生坏账；而此时，顾客一直在无奈的等待之中，这在无形中砌上了一堵阻碍提高顾客满意度的高墙。

解决这个问题的关键，就是要加强核心业务流程管理，强化各职能部门的投入和相互合作。核心业务流程包括产品设计制造流程、物流管理流程、订货-汇兑流程和顾客服务流程。有竞争力的企业都是在管理这些核心流程中显示出卓越的才能，它们能够在降低成本、提高质量和提高顾客满意度之间找到最佳的结合点。企业赢得顾客的信赖和满意，除了完善自身价值链外，还需要谋求与供应商、经销商的最佳合作，完善供应链，共同改进顾客价值让渡系统的绩效。

三、顾客满意度的内涵及调查与评估

顾客满意是个体的一种心理体验，要想得知这种心理体验，必须通过顾客满意度调查与评估。企业整个CS的推展是建立在顾客满意度调查与评估基础上，并以顾客满意度的提高为最终结果的。

（一）顾客满意度的内涵

顾客在购买商品或服务之前都会有所期望，不管这种期望是顾客心中清晰的意念，还是潜意识的期望，“顾客期望”总是客观存在的。当顾客从企业那里实际购买了商品和服务之后，会产生一个质量评估（即感知质量）及质量和价格等综合评估（即感知价值）。如果这些评估超过了事前期待，结果就是满意；多次满意就会逐渐形成顾客忠诚。反之顾客则会不满意，就会抱怨和投诉。当事前期待与实际获得大体一致时，其结果可能是满意或者是不确定的。这样看来，顾客满意与否实际上主要取决于顾客的事前期待与实际获得之间的比较，其差距大小的程度就是顾客满意度。也就是说，顾客满意度是由企业所提供的商品或服务水准与顾客事前期待的关系所决定的。企业的商品或服务越能超越顾客需求，就越能有效提高顾客满意度。费耐尔（Fornell）等人在瑞典顾客满意指数模式（SCSB）的基础上，创建了顾客满意度模型，见图7-1。

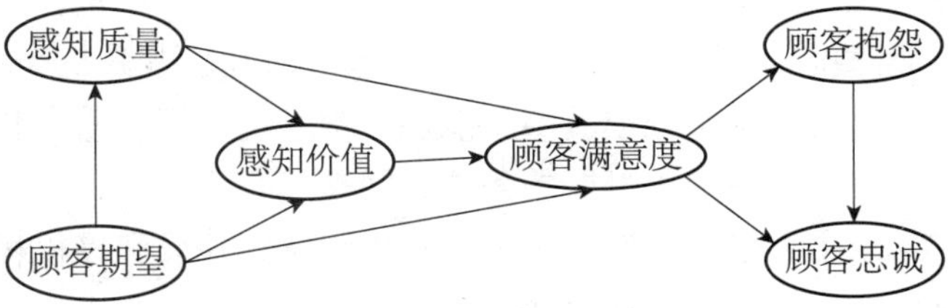

图7-1　顾客满意度模型

顾客的期望来自以往的购买经验、朋友圈推荐、网上好评度、同事的影响以及经营者和竞争者的信息与承诺。因此，企业必须从顾客需要出发，仔细地研究顾客各方面的状况，推断一个顾客满意的期望标准，只有按照这一标准，最好超越这一标准提供产品和服务，才能给顾客带来较高的满意度。但是，随着科技进步、经济发展、信息爆炸，顾客需求急剧变化，“事前期待”呈现多样性、多变性和不断提高的趋势，要想超越顾客期待并不是一件容易的事。在这种情况下，能否提高顾客满意度，正是对实施 CS 战略效果的一个检验。

（二）顾客满意度调查与评估

1. 顾客满意度调查

做好顾客满意度调查，主要包括三项工作：

（1）制定调查方案。包括确定调查对象和目标；编制题目；进行项目测试、分析与合成；拟定指导语和评分标准；进行信度和效度检验等。

（2）确定调查内容。完整的 CS 调查包括顾客需求、预期调查，顾客对企业理念、产品、行为、视听、服务等分项满意度调查和整合满意度调查等。

（3）按照科学的调查方法进行实地调查。依据调查对象，可进行全面调查、典型调查、抽样调查；从资料收集的角度，可采用问卷法、试验法、直接访谈法、观察法和分析顾客投诉与建议等方法进行调查。从实践来看，使用较多的是问卷法、分析顾客投诉与建议，对顾客进行抽样调查。

不少企业对顾客满意度的评估，仅仅依靠顾客投诉与建议系统，实践证明这是不全面的。一项在新加坡商场中所做的调查表明，当顾客对劣质服务不满意时，有 70%的购物者将到别处购买；39%的人认为去投诉太麻烦；24%的人会告诉其他人不要到提供劣质服务的商店购物；17%的人将对劣质服务写信投诉；9%的人会因为劣质服务责备销售人员。这说明并不是所有不满意的顾客都会去投诉。因此，不能完全用投诉程度衡量顾客满意程度，应该通过开展详细调查，获得有关顾客满意的直接衡量指标。

2. 顾客满意度评估指标

顾客满意度评估指标应从大顾客观出发，依据全面性、代表性、效用性和可操作性原则进行设定。

（1）产品满意度。主要指标包括产品设计、品质、品位、价格、包装、服务、时间等。

（2）服务满意度。主要指标包括服务效率、安全保证、完整性、便捷性、情绪态度、环境等。

（3）员工满意度。主要指标包括员工生理、安全、社交、尊重、自我实现等方面。

（4）管理人员满意度。主要指标包括薪金与退休制度、晋升机会、公司文化状况、学习机会、自我表现的机会与实现成就的可能性、被上司赏识与重用状况与机会、公司及个人的发展前景、自由发挥个人潜能的条件、同事间合作状况、公司的形象和社会地位、目前的工作对未来个人事业发展的帮助、管理制度的建设和授权程度等。

（5）股东满意度。主要指标包括年终盈余与分红状况、企业成长的稳定性、劳资关系、社会责任履行情况、从企业发展中获得的成就感等。

（6）顾客综合满意度。主要综合指标包括企业美誉度、知名度、回头率、抱怨率、销售力等。

3. 顾客满意级度及其表示

首先用顾客满意级度轴表示满意状态，见图 7－2。

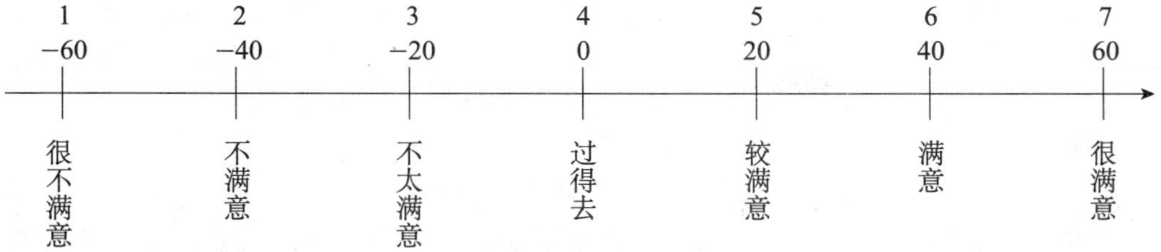

图 7－2　顾客满意级度轴

然后，在对调查资料进行统计的基础上，用顾客满意级度透射图，直观地分析顾客对企业整体或某一方面的满意度。以某电视机厂为例，调查结果如表 7－1 所示。

表 7－1　某电视机厂对顾客满意度的抽样调查结果

指标	满意状态	满意级度
设计	不太满意	3 级（或用分数表示：－20 分）
质量	满意	6 级（或用分数表示：40 分）
功能	较满意	5 级（或用分数表示：20 分）
包装	满意	6 级（或用分数表示：40 分）
价格	很满意	7 级（或用分数表示：60 分）
品位	过得去	4 级（或用分数表示：0 分）

根据上述资料，画出顾客满意级度透射图，见图 7－3。

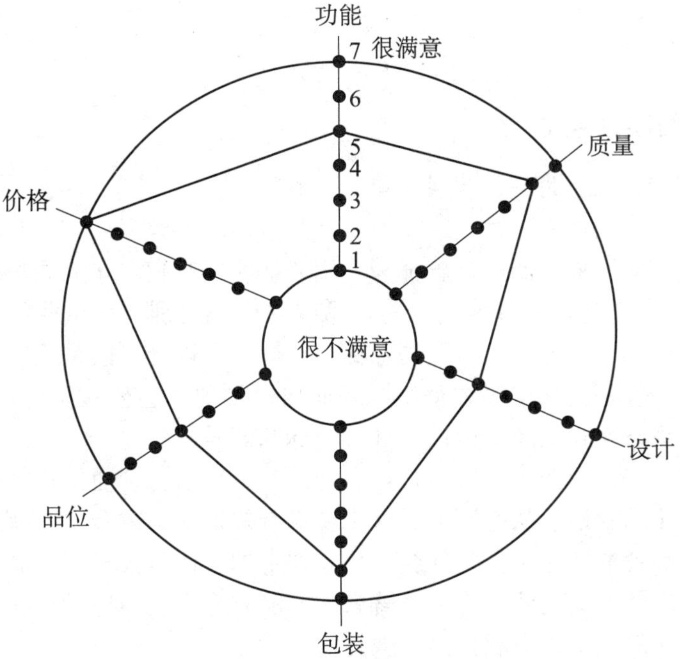

图 7－3　顾客满意级度透射图

从图 7－3 中可以清楚地发现产品的“设计”存在缺陷，“品位”的满意度也只是“过得去”，因此导致顾客满意级度整体较低。如果与其他品牌进行比较，就会直观地发现自身的优势和劣势，从而有针对性地提出提高顾客满意度的措施。

4. 顾客满意度分析

通过顾客满意度分析，目的是发现顾客显在性和潜在性的满意与不满意。

所谓显在性满意或不满意，指顾客直接表现出来的满意或不满意，例如顾客反映“这个产品的质量很好”或“服务的质量不好”等。相对地，顾客没有直接表现的满意或不满意，称为潜在性满意或不满意。顾客真正的满意或不满意，往往是潜意识的。

为了了解顾客的真实感受，必须经过分析，洞悉顾客在哪些方面是“潜在性满意”或“潜在性不满意”。在顾客满意度调查中，常会发现顾客的满意度集中在“一般”“普通”的水平，其背后可能隐含着潜在性不满意，由于它没有明确地表现出来，因而不像显在性不满意那样容易掌握。但无论是潜在性的满意还是不满意，实际上都对顾客的行为产生着重大的影响。为了找出潜在性的满意或不满意，可以分析从顾客抱怨与建议系统反馈的信息，也可以采取一些适当的方式进行补充调查，以便把问题揭示出来，探究原因，进行经营变革，最终提高顾客满意度。

第三节　品牌文化战略

一、品牌的本质与价值

（一）品牌的概念、内涵和构成要素

1. 品牌的概念

在《牛津大辞典》里，品牌被解释为“用来证明所有权，作为质量的标志或其他用途”。市场营销专家菲利普·科特勒认为，品牌是用来识别一个企业的产品和服务，并与竞争者相区别的一个名称、专有名词、标记、标志、设计，或是这些要素的综合。

综上所述，品牌是指从市场竞争中脱颖而出，得到社会公众认可，受到法律保护，能够产生巨大经济与文化效应的产品名称、商标和商号。

品牌与名牌是有差异的。一般而言，名牌是一个大众化、通俗化的用语，品牌是一个专业化、科学化的术语。从范围上看，二者既有差别又有重合，两者之间的重合之处就是著名品牌。品牌的评定主体是社会公众，评定的客体是公司与产品，评定的内容是品质与价值，评定的方式是认知确定。著名品牌能成为市场领导者，在市场上占有主导地位，并拥有巨大的经济价值和社会声誉。

2. 品牌的内涵

品牌的内涵需要从以下四个方面加以界定：

（1）品牌的特定对象是指产品（服务）品牌和企业品牌。品牌的演变大体经历了从单一产品到组合产品，再到企业三个阶段。最初，生产者开发并销售某种产品，并以卓越的品质、优良的性能和服务赢得顾客信赖，进而扩大市场，取得竞争优势，逐渐成为品牌。这时，企业生产单一产品，品牌产品与品牌商号是一体的。但是，由于利润驱动规律的作用和创造品牌产品对生产者的巨大激励，生产者不会甘心于只生产一种产品，而是会不失时机地延伸自己所创造的品牌（商标），生产系列产品和相关产品，使品牌最大限度地发挥放大效应。如果生产者在开发新产品过程中，仍然能够珍视自己创造的品牌，坚守质量，再度赢得市场，那么一个品牌包括多种产品，组合产品品牌就产生了。最终，品牌持有者——企业也就因此名声大振，身价倍增，成为品牌企业（商号）。应该说，品牌企业是品牌的最高境界，因为它可能拥有一个或多个产品品牌，生产多种品牌产品，因此产生“马太效应”，形成巨大的无形资产价值，取得比竞争对手更多的级差利益。

多数产品（服务）品牌是独立的，但也有联合品牌，即由分属不同公司的两个或更多品牌的短期或长期的联系或组合，在单一的产品或服务中使用多个品牌名称或标识。联合品牌可以实现合作方优势互补，拓展新市场，适应更多的消费者，从而放大品牌价值。如今，联合品牌，也成为品牌联名，已成为一种常见的营销策略。

（2）品牌是市场经济的产物。现代品牌是在工业革命以后出现的，是市场竞争的结果。

品牌的产生需要四个基本条件：一是生产者具有独特的生产与经营技术；二是具有较广阔而成熟的市场；三是具有健全的制度体系；四是具有较发达的传播媒介。自然经济手工作坊式的生产，师傅带徒弟的管理方式，极不稳定的生产工艺，显然不具备这些条件。小商品经济市场狭小，缺乏竞争，没有形成运行良好的市场规则，尤其是缺少法律保护，传播手段也极其有限，也不可能产生现代意义上的品牌。尽管有些商号创造了一些质量超前的产品，有些精明的工匠和商人也在产品上打上“标记”，但同市场经济条件下品牌产品的质量及商标对产品的保护功能是无法比拟的。市场经济是一种知识经济、法治经济、信用经济、信息经济，产品具有较高的科技含量、稳定的内在质量，并有极广阔的市场及信息传播条件，产品通过商标注册能够得到有效的保护。这种经济形态是产生品牌的最好土壤。

（3）品牌的特定内容是质量与文化。人们往往把优质产品视为品牌。优质产品是品牌的基础，也是品牌的核心，但不是品牌的全部。品牌之所以得到市场的认可，不单是具有卓越的品质，能够满足人们特定的物质需要，更重要的是具有较高的文化含量，能够给人们带来精神享受。例如，对喜欢可口可乐的人，喝可口可乐时的冰凉清爽感受和对往事的回忆，比起其质量和味道更重要一些。正是这种情感联系，使品牌具有强大的魅力。

（4）品牌的特定物质载体是产品。品牌从表面上以一种注册商标和注册企业名称的方式存在，但它具有实际物质载体。这一载体的核心就是产品，是看得见摸得着的、具有满足人们某种需要的物质属性。有时，人们也把服务说成是品牌，但这种品牌或是由产品品牌派生出来的，如海尔集团的“星级服务”，是与海尔的产品品牌相伴随的；或是具有独立的物质内容，如饮食品牌的载体是蕴涵着独特的工艺技术的色、香、味、形、皿、声等要素俱全的菜肴和就餐环境。商业品牌的载体是合理的品牌组合、优美的购物环境、完备的服务设施和服务程序。当然，在特定条件下品牌可以与其物质载体相分离而表现出独立的市场价值，但从根本上讲，由品牌联想到的某种具体产品与服务不存在了，品牌也就消失了。可以想象，当人们不喜欢吃麦当劳汉堡时，麦当劳品牌也就自然被淘汰了。

3. 品牌的构成要素

一个完整的品牌不仅只是一个名称，它含有许多要素。这些要素主要体现在以下两个方面：

（1）显性要素。显性要素是品牌外在的、具体的东西，可直接给予消费者较强的感觉上的冲击。主要包括品牌名称和视觉标志。

品牌名称是建立品牌的基础，是对品牌内容的概括和体现，也反映企业的经营理念、价值观和文化追求等。品牌名称在整体品牌中起着提纲挈领的作用，是消费者记忆品牌和传播品牌的基本要素。从某种意义上讲，品牌名称还是一种象征货真价实的标志，是一种产品持续一致的保证。

视觉标志是激发品牌视觉感知的一种识别体系，通过给人以更具体、更可感的形象记忆，帮助消费者更好地识别与记忆品牌。具体而言，它包括以下要素：一是标志物，即品牌中可以被识别但不能用言语表达的部分，是品牌的图形符号。二是标志字，即品牌中可以读出来的文字部分，常常是品牌的名称或企业的经营口号、广告语等。三是标志色，即用以体现自我个性以区别于其他产品的色彩体系，如 IBM 的蓝色。四是标志包装，即具体产品的个性化包装。

（2）内在要素。内在要素是品牌中不能被直接感觉，存在于品牌整个形成过程中的品牌的核心精神要素。主要包括以下内容：

1）品牌承诺。品牌承诺的实施方是品牌生产者，接受方则是消费者。一个品牌对消费者而言是一种保证，因为它始终如一地履行诺言。产品本身不可能保持不变，而事实上许多优秀品牌的产品都在持续改进，但仍受消费者钟情，那是品牌生产者灌注在产品中的经营理念、价值观及文化个性等始终保持稳定的缘故。一家企业是否追求技术创新，提高品质，重视环境，这在很大程度上决定着消费者对品牌的感情。好的品牌承诺会使消费者在接触这个品牌时有十足的信心。麦当劳作为一个经营快餐的品牌，给予顾客的承诺不是简单地吃饱吃好，而且还有享受与快乐，有了这样的承诺，顾客在任何时间用餐都会体验到一种轻松快乐的氛围。

2）品牌个性。就像人有性格一样，每个品牌都有自己的“风格”。如同样是汽车，人们一提到宝马，就会想到激情，提到奥迪时，想到的则是稳健。因此，品牌不同于商标，它不仅是一种符号，更是一种个性。由于消费者追求认知态度与行为的一致性，他们通常会选择符合自己认知的品牌，因此将品牌个性化后，会使消费者更容易接近并接受。企业创造了品牌的个性，而这种个性带来的相关情感暗示，满足了不同人的需求，从而更好地使品牌与消费者之间建立了良好的情感关系。绝大多数消费者更加愿意和那些有灵性、有情感的品牌打交道。

3）品牌体验。消费者是品牌的最后评判者。在品牌的整个形成过程中，消费者扮演了一个守门人的角色，他们对品牌的信任、满意、肯定等正面情感归属，能够使品牌历久不衰，而他们对品牌的厌恶、怀疑、拒绝等负面感知，必然使品牌受挫甚至夭折。

对于消费者而言，使用一个有主观体验的品牌产品与使用一个没有体验过的品牌产品，感觉是不同的。所以，品牌能够改变人们使用产品的真实情感，而这些情感往往就形成了一种无形的品牌价值。

（二）品牌的特征和本质

1. 内在特征

（1）优异的质量。品牌成名的基础是最优、最稳定、最可靠的质量。从广义来讲，在设计质量、原材料质量、技术与工艺质量、外观及包装质量以及功能质量和服务质量上都有超凡的表现，才能铸造名副其实的品牌。品牌的质量优异是一个系统的概念，即产品品质特优，不同层次的品牌应达到相应的质量标准；产品功能特强，能充分满足消费者的需要；产品服务特好，能为消费者提供与产品质量一致的服务保证。要看到，质量的本质在于适用性。质量好坏的最终评判者在于消费者，只有消费者认可的质量才是最好的质量。

（2）较高的文化附加值。品牌的文化附加值有四个方面：一是品牌所反映的生产者的价值与精神追求。二是品牌所蕴含的科学技术。品牌是人类聪明才智和科学技术的结晶，一个品牌凝结着直接生产者的独具匠心的设计、开发和生产的复杂劳动，也凝结着人类所创造的大量科学技术的成果。有些现代品牌产品，如飞机、计算机、机器人等完全是高科技的产物。三是品牌所反映的民族精神、民族情感、民族风俗习惯和宗教信仰。如新中国成立前东亚毛呢纺织公司生产“抵羊”牌毛线，取抵制洋货之意，就是民族精神与民族情感的体现。也有不少品牌在外观、包装和商标上明显带有民族风格和宗教信仰的烙印。四是品牌所体现的审美观与审美情趣。如服装的款式及色彩就明显地预示着一种审美的趋势，代表着一种流行和时尚，品牌因此成为美学的载体。品牌的文化附加值不是一种具体的使用价值，它只是满足人们精神需要的一种价值，它是品牌生产者所期望达到的一种境界。如果说一些传统品牌的文化附加值是生产者不自觉地赋予其中的话，那么现代品牌的文化附加值则反映了生产者的文化追求和经营谋略。品牌文化附加值作为品牌内在品质的一个要素，决定着品牌的交换价值。

2. 表象特征

（1）高知名度、美誉度与顾客忠诚度。品牌的知名度、美誉度及顾客对它的忠诚，根本源于品牌的质量与文化，但与传播也有直接关系。小商品经济中，“好酒不怕巷子深”，消费者对产品的感受和由此形成的“口碑”，足以使产品在一定的区域内扬名并产生较强的影响力。但在市场经济时代，市场广阔，产品世界丰富多彩，品牌高知名度、美誉度与顾客忠诚度的形成，与有效的大众传播密不可分。

品牌的市场价值

（2）高市场占有率和经济效益。全球化使各国市场紧密相连，一种品牌一旦有了较高的知名度、美誉度和顾客忠诚度，其市场半径就会迅速延伸，市场占有率就会迅速提高，巨额利润也会滚滚而来。品牌所带来的市场价值，既包括以量取胜带来的规模效益，也包括靠文化附加值和市场效应带来的级差效益。

（3）高无形资产价值和社会效应。品牌的无形资产价值是品牌所有者潜心经营、精心管理、长期积累的结果。实践证明，无论由哪类资产评估机构对品牌进行评估，都得出一个结论，即品牌的等级越高，其无形资产的价值也就越高。品牌无形资产价值大小与品牌历史长短、文化积累量的大小、生产规模、市场延伸的半径等若干因素均成正比例关系。品牌的无形资产价值越高，相应的正面社会效应就越大。这种社会效应包括扩散效应，即品牌理念及它所带来的生活方式广为流传；放大效应，即在传播中不断添枝加叶，锦上添花；刺激效应，即吸引消费者，刺激需求；持续效应，即能使企业保持长久的影响力和竞争优势。著名品牌的价值占企业价值比例达到惊人的程度。

（4）长久的市场生命周期。一些品牌能够经受市场竞争的长期考验，以自身的创新精神，完善经典，开发新品，创新市场，打破市场生命周期，长期保持市场领先地位。有些世界著名品牌和老字号品牌有长达数百年甚至上千年历史，经久不衰，体现出无穷的生命力。

品牌的企业价值

品牌作为知识产权，可以独立存在。任何一种产品或长或短都有可预见的市场生命周期，但著名品牌没有可预见的市场生命周期，支撑品牌的一种产品或服务被淘汰，只要开发出更新更好的产品与服务，品牌仍然会延续发展。不可否认，一个品牌如果只依附于一种产品和服务，没有创新和与时俱进地把更好的产品与服务奉献给消费者，那么，一种产品与服务被市场淘汰了，品牌也就销声匿迹了。

3. 本质属性

品牌具有两重属性：一方面是自然的、技术的属性，如设计精湛、质量超群、功能独特、使用方便、包装考究等，它能最大限度地满足人们的物质与精神需求；另一方面是社会属性，即表现出复杂的经济关系。这种经济关系是品牌的本质属性，主要包括以下几个方面的内容：

（1）品牌生产过程中劳动者之间的协作关系。品牌是集体智慧与劳动的产物。在现代生产方式下，分工细密，生产的专业化程度高，作业的规范和标准极其严格，一件产品不可能由一两个人完成，而要经过成百上千个人的共同协作才能完成。对于一些科技含量较高的产品，不仅需要一个企业劳动者之间的高度协作，而且突破了企业的范围，是若干企业共同协作的结果。

（2）品牌营销中制造商与经销商之间的互利互惠关系。一个品牌的诞生、成长和不断趋于成熟，既有制造商的功劳，也离不开经销商在其中所做出的不懈努力。经销商是生产与消费之间的桥梁和纽带，它在经营中能够传承品牌特有的文化精神，提供与品牌相适应的服务，直接影响消费者对品牌的认同度。

（3）品牌竞争中企业与同行对手之间的竞合关系。品牌是在竞争中诞生和成长的。即使有些品牌在市场上占有绝对优势，也未必能够垄断市场，它们并非没有竞争对手，只不过有些竞争对手弱小一些，有些是间接的、潜在的。成功的品牌所有者既靠自身的实力敢于与同行对手进行竞争，善于在竞争中赢得胜利，同时也把竞争视为动力，在与竞争对手竞合中不断成长。

（4）品牌销售中企业与顾客之间的信任关系。顾客对品牌的高度信任与忠诚，是品牌赖以生存的基础。企业与顾客的这种关系是品牌最本质的属性。品牌成名，是顾客“捧出来”的，是顾客给予的最大信任与支持。品牌之所以能够取得顾客的信任，也绝不是靠广告“吹出来”的，而是企业对顾客的使命感、责任感使然。企业与顾客一旦形成了信任关系，顾客就会对品牌给予厚爱、认同，并积极购买其产品并加以传播，以至建立永久的忠诚。顾客对品牌的信任程度与品牌的市场地位和品牌价值成正比。

（5）品牌资本运作中企业与金融机构之间的信用关系。品牌的发展离不开资本支持，否则不可能实现大规模生产。品牌本身就象征着一种商业信用。有些企业家主张，为了建立自己的这种信用，不需要钱的时候也向银行借点钱，到时连本带息地归还银行，以证明自己诚实守信，这是品牌刻意追求的。

（6）品牌营销和传播中企业与社会之间的奉献关系。大凡品牌，其中都蕴含着强烈的社会责任感。节约能源，减少污染，保护环境，支持社会公益事业，传递先进文化，开创美好的生活境界，这些都是品牌社会性的突出表现。

（三）品牌的价值

品牌价值是指品牌在某一个时点所表现出来的无形资产价值，代表着该品牌可以为消费者带来的价值。可口可乐公司声称，假如有一天，可口可乐在世界各地的工厂都毁于一旦，但只要它想东山再起，那么用不了多长时间，就能恢复到原来的规模。原因很简单，它有生产秘方，更重要的是它是为世人所信赖的著名品牌。

1. 品牌价值的来源

根据“级差地租”理论、商品二因素理论以及“消费者剩余”理论进行综合分析，发现品牌价值来源于生产者特殊劳动投入与市场认可度两个维度，且是二者相互推动、相互契合的结果；品牌价值大小取决于二者契合度的高低。如图 7-4 所示。

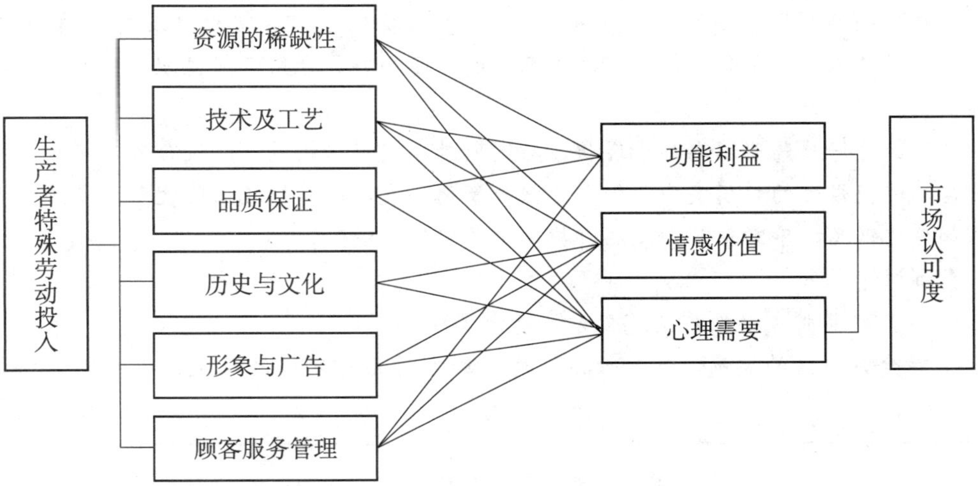

图 7-4 生产者特殊劳动投入与市场认可度的契合关系

品牌价值以商标、商誉构成企业无形资产价值。不同类的品牌，其价值中文化含量和科技含量等是不同的，老字号品牌价值中的历史文化价值更丰富，IT 类品牌的科技含量更突出。

案例 7-4

片仔癀的“秘方”

多年前，我国为了保护中药品种，设了一个“国家保密配方”，保密期限永久。煌煌九州大地，获得这个殊荣的，只有两大药品——“云南白药”和“片仔癀”。

片仔癀的意思，就是“一片即退癀”，“癀”即“热、毒、肿、痛”之意。简单来说，片仔癀就是消炎止痛的。片仔癀有500多年历史，被称为“中华特效抗生素”。如今，一小粒（3g）片仔癀，售价就是176.7元/克。2023年，独家生产片仔癀的片仔癀药业公司，产品销往全球三十多个国家和地区，营收达到100亿元，品牌价值以409.37亿元列“2023中华老字号品牌榜”第2位。

有人说，片仔癀药业的成功，多半就是靠老祖宗留下的宫廷秘方：神秘，疗效显著，信誉好……这话说得有道理。片仔癀像云南白药、同仁堂等企业一样，靠先人留下的秘方、工艺、字号等不断发展起来，这是品牌的灵魂，其中包含着很高的“科技”含量和文化含量。

但是，产品“秘方”并不是品牌的全部。片仔癀药业的秘方，除了老祖宗留下的遗产和传奇，还有一代代片仔癀传承人对“做良心药”的一种坚守，他们通过持续创新和质量严控，使“片仔癀”变得“更专业”、更科学，能够让消费者更清晰地看到中药的疗效。

在片仔癀药业，保证质量的第一关，就是一代代片仔癀传承人以工匠精神坚守品质、传承技艺，让每道工序流转精确到“粒”，让每一粒片仔癀的质量达到极致。片仔癀对于药材的选用极为严苛，每一种物料的采购，要经过多个环节层层把关，确保“道地药材”。在制作工艺上，片仔癀施行“上道工序为下道工序服务，下道工序是上道工序的客户”的产品质量循环互检机制，对产品和设备的任何异常现象及时反馈和排除。正是这一份“以匠心、仁心铸造精品国药”的质量精神，让片仔癀得以代代相传，品质始终如一。

当下，片仔癀药业不满足于现状，与国内外顶尖科研机构、院校合作，搭建三级研发平台，依托强大的科研实力，加大片仔癀新药研发，同时依托品牌优势，研发生产化妆品和日化产品，不断把片仔癀品牌推向更年轻的市场。

案例讨论

1. 片仔癀品牌成功的广义“秘方”是什么？

2. 结合片仔癀的案例，试分析品牌的神秘性对品牌发展的意义，以及如何保护品牌的神秘感。

---

2. 品牌价值的评估方法

品牌价值的评估方法包括资产性评估和社会性评估。

（1）资产性评估方法。资产性评估方法主要有成本法、现行市价法、收益现值法和双因素资产化评估模型。

1）成本法。即计算创建和发展品牌的会计原始成本，如设计、开发、商标注册、相关的专利创造和申请、试销和促销等一系列开支，以此作为品牌价值。可分为历史成本法和重置成本法。历史成本法即计算取得品牌所付出的现金或现金等价物。重置成本法，即模拟重新创建一个与被评估品牌相同或相似的品牌所需的成本。这种方法不能真正体现品牌价值的来源。

2）现行市价法。也叫作市场法、交易案例比较法等，是国际公认的一种常用的品牌资产评估方法，也是一种理想化的方法。它建立在替代原则的基础上，即人们不会为一项事物支付超过获得其替代物成本的价格。如果存在可以进行包括品牌在内的各种资产交易的资本市场，那么可以将品牌的市价作为品牌价值。通常可以参照市场上相同的或类似的品牌，将参照物与被评估对象进行对比分析、调整差异，最后从参照物已交易价格得出品牌价值。

3）收益现值法。通过计算品牌的未来收益或现金流量来评估品牌价值。其思路是：首先预测未来品牌产品的销量和收入，然后扣除成本和费用，计算其利润并折为现值，品牌未来超额收益折现值的累加即为品牌价值。在品牌价值资产化评估中，收益现值法的应用最为广泛。

4）双因素资产化评估模型。这是一种以收益现值法为基础，吸收成本法的优点后创新的一种品牌资产化评估方法。这种方法主要是补充了品牌投入（成本因子）和品牌经营风险（风险因子）两个重要影响因素，其中加入品牌成本因子的主要考虑是反映非理性广告投入对品牌价值的影响，加入风险因子主要是反映企业领导和经营能力、投入潜力、管理规范程度和企业危机管理机制对品牌价值的影响。

（2）社会性评估方法。社会性评估方法主要有 Interbrand 评估法、世界品牌实验室评估法、Brand Finance 评估法、《金融世界》评估法、《福布斯》评估法和 Sinobrand 评估法等。

全球品牌价值 TOP10

1）Interbrand 评估法。这是一种改进的收益现值法。其基本假定是，品牌之所以有价值，不全在于创造品牌所付出了成本，也不全在于有品牌产品较无品牌产品可以获得更高的溢价，而在于品牌可以使其所有者在未来获得较稳定的收益，因此，应以未来收益为基础评估品牌资产价值。为确定品牌的未来收益，需要进行财务分析和市场分析。由于品牌未来收益是基于对品牌的近期和过去业绩，以及市场未来的可能变动而做出的估计，品牌的强度越大，其估计的未来收益成为现实收益的可能性就越大，因此，在对未来收益贴现时，对强度大的品牌应采用较低的贴现率，反之，则应采用较高的贴现率。结合品牌所创造的未来收益和依据品牌强度所确定的贴现率，就可计算出品牌的现时价值。

2）世界品牌实验室评估法。它是通过对企业的销售收入、利润等数据的综合分析，判断企业目前的盈利状况，运用"经济附加值法"（EVA）确定企业的盈利水平，运用"品牌附加值工具箱"（BVA Tools）计算出品牌对收益的贡献程度，通过数理分析方法预测企业今后一段时间内的盈利趋势以及品牌贡献在未来收入中的比例，最后通过对市场、行业竞争环境的风险分析，计算出品牌的当前价值。

中国品牌价值 TOP10

3）Brand Finance 评估法。Brand Finance 在其品牌价值评估中使用“特许费率法”来计算品牌价值。这种方法包含估计由品牌所带来的预期未来销售以及计算特许费率，该费率以品牌使用来收费，即假设品牌在并未被使用者所拥有的情况下，品牌使用者所需支付的款项。即公司拥有该品牌，实际上就是节省下这笔费用，这也是品牌价值所在。

4）《金融世界》评估法。它对产品品牌和公司品牌的评估分别采取不同的方法。在对产品品牌进行评估时，借鉴并简化了英国 Interbrand 公司的品牌评估方法。对公司品牌的评估基于商标和特许联合公司（Trade & Licensing Associates，TLA）方法，认为衡量一个公司品牌价值的最好尺度是现实中其他当事人为使用该品牌所愿意支付的特许权使用费，以具有可比性的许可协议为基础进行评估。

5）《福布斯》评估法。它是以声誉、管理、革新及人力资源四项内容为基本评估项目，然后对入选公司品牌进行综合考评。

6）Sinobrand 评估法①，即中国品牌评估法。这种方法坚持使用易于获取的财务指标或易由专家估算的市场指标；评估对象统一选择公司品牌。这种方法以《金融世界》评估法为改进的参照框架，采用超额定价法确定品牌优势值；在品牌强度乘数构成因素选择上，结合中国品牌特点进行了调整，从品牌历史、现状和趋势三个方面提取出七个变量，即行业性质、品牌领导地位、品牌保护、品牌轨迹、品牌发展模式、持续发展能力以及市场竞争作为测量品牌强度乘数的构成因子。采用此法进行品牌价值评估，由于“品牌轨迹”和“品牌发展模式”分值较低，某些依靠广告暴起的品牌的价值明显缩水。

二、品牌文化的内涵

品牌与文化的关系，犹如枝繁叶茂的大树与其赖以生长的肥沃土地之间的关系一样，只有肥沃的文化土壤，才能孕育享誉中外的品牌。一个知名的品牌背后一定有深厚的企业文化根基；当然，品牌一旦得到市场认可，也以它巨大的扩散效应传播与提升企业文化。品牌与文化的相互影响与相互融合，形成特有的品牌文化现象。

品牌文化是指通过赋予品牌以特有文化内涵，建立鲜明的品牌定位，利用有效传播，形成消费者对品牌在精神上的高度认同与信赖，最终形成强烈的品牌忠诚。品牌文化包含渗透在品牌中的价值观念、生活态度、审美情趣、个性修养、时尚品位、情感诉求等精神象征。

（一）品牌文化的民族性

1. 精神源泉

品牌中具有深刻的民族性文化内涵，它源于品牌制造者的民族责任感和国家意识。在全球化背景下，尽管各国市场紧密相连，很多公司的业务跨越国界，但品牌还是有国籍的。

① 王成荣，李亚．品牌价值社会化评估方法的改进与创新：Sinobrand 品牌价值评估法．北京：管理评论，2005（1）：47－52.

当今国际竞争是综合国力的竞争。在这场竞争中，企业作为经济主体，对国家和民族的发展肩负着不可推卸的历史使命。企业有竞争力、效益好，国家经济实力就强，国家在国际社会中的地位就高。一个国家的形象在很大程度上是由其知名企业、优质产品在世界上的形象树立起来的。品牌是著名企业形象的集中体现，一国的国际品牌则更是该国国家形象的体现。华为、海尔代表着中国的形象，梅赛德斯-奔驰、西门子代表德国的形象，丰田、松下代表日本的形象，三星、现代代表韩国的形象。

2. 具体体现

爱国主义是中国品牌文化的核心价值观。这种价值观是中国品牌文化民族性的集中体现。中国的品牌发展始终同中华民族经济的振兴、中国式现代化的实现紧密联系在一起。

在备受帝国主义欺凌的旧中国，“工业报国”“实业救国”只能成为众多民族企业家的一枕黄粱；新中国成立后长期闭关自守，实行计划经济，企业形成了强烈的国家意识；改革开放以后，在市场经济体制下，企业逐渐走向国际市场，振兴民族品牌、争创国际品牌成为众多企业的追求。海尔等企业明确提出了“敬业报国”“产业报国”的创品牌理念，中石油提出“我为祖国献石油”的价值观，它们积极开拓国际市场，创立了国际品牌。这些企业深知，在全球化背景下，国内外品牌之间的竞争表面看是产品竞争、资金竞争，本质上是文化竞争。品牌是衡量一个国家技术、产业基础和国际竞争力的标志，更是物化的国家形象。如果中国企业没有强烈的民族责任感，不能在对外开放中创造和发展自己的品牌，何谈树立国家形象、增强国际竞争力，又何谈弘扬中华品牌文化、弘扬中华民族自尊、实现中华民族伟大复兴。

案例 7-5

张小泉的民族情结

据香港《亚洲周刊》1996 年 8 月 25 日报道，德国双立人亨克斯公司与上海张小泉刀剪总店合资谈判失败。具有 200 多年历史的德国双立人亨克斯公司在欧洲和北美市场占有率已达 40%，想与中国刀剪品牌张小泉合资，以便打开中国市场，并以此为基地扩展亚洲市场。德国人提出的条件是，合资后的企业全部使用德方“双立人”品牌，张小泉则坚持生产“双立人”和“泉”字牌两种品牌。张小泉总经理认为，如果在合资中放弃“泉”字牌，就眼前而言有利可图，但从长远来看则后患无穷，绝不可取。“老祖宗留下的宝贵无形资产，不能断送在我们手上。”他表示绝不放弃自己的品牌。由于双方各执己见，最后谈判破裂。这个事件在本质上充分反映了中国人强烈的民族自尊心和民族责任感，反映了中国企业极力保护民族品牌的文化自觉性。

案例讨论

1. 张小泉为什么没有接受双立人的合资条件？

2. 查找一个中国品牌与外资合资后“回购”的案例资料，如京华茶叶、北冰洋、美加净等，谈谈对品牌民族性和品牌国籍的理解。

全球化呼唤着中国的国际品牌。经过数十年的磨炼，一大批中国企业已在国内市场站稳了脚跟，正以较强的实力走向国际市场。中国已经成为全球制造业第一大国和出口第一大国，国际市场上印有“Made in China”标签的已不仅是矿物、棉花等资源型产品和纺织品、鞋帽等劳动密集型产品，更有汽车、家电、机械、通信设备、计算机、医药等行业的中国品牌产品。中国企业在爱国主义旗帜下，树立产业报国的信念，把企业的命运和国家民族的命运紧密联系在一起，完全可能成长为世界级的品牌企业。爱国主义带给企业的是崇高的理想和无尽的力量源泉。

（二）品牌文化的人本性

1. 基本内涵与必要性

（1）基本内涵。品牌文化的人本性，即品牌中蕴含着的以人为本的思想和人文关怀。它对外体现为企业一切以顾客为本，把提高人类的生活品质作为经营的根本出发点；把提高顾客满意度作为企业的理想目标和品牌动力。那种企业利益第一、经济效益至上的经营意识，创造不出品牌，因为它违反了人本性原则；那些偷工减料、生产假冒伪劣产品的行为，更是一种反人本性的行为。品牌文化的人本性对内体现为企业以员工为本，在创造品牌过程中充分发挥全体员工的智慧和创造性，通过对员工充满人性化的管理和人文关怀，激发员工的积极性。品牌不单纯是科学技术和科学管理的产物，其中也凝结着员工的理想和工匠精神。

（2）必要性。提高品牌文化人本性含量，是现代经济发展的客观需要。英国管理学家查尔斯·汉普登-特纳和荷兰著名企业顾问阿尔方斯·特龙佩纳斯指出：“现代经济的基本趋势是，从简单走向复杂，从财货走向知识，从大规模市场走向区隔市场，愈来愈多的产品正走向差异化和顾客化。”① 这对企业惯于向顾客提供千篇一律模式化产品的做法和以企业为导向控制市场的惯例，提出了严峻挑战。企业必须研究顾客的不同需要，以顾客的实际需求为导向，强化创造产品的人性化意识，增强产品的人本性含量。而品牌无疑是这一潮流的引领者。

提高品牌文化人本性含量，也是现代管理发展的客观需要。伴随着社会经济的变革与发展，人性的觉醒，对于创造品牌的企业来说，必须改“物本”管理为“人本”管理。管理中的人本化水平，直接影响品牌人本性含量，从而进一步影响品牌的品级。在传统理性主义管理方式中，人员、资本、原材料被视为无差异性的资源，人力资源可以无限制地被切割、买进、卖出，资本和自动化似乎是提高生产率的最主要的源泉。然而，在信息化社会，人是最重要的资源。未来学家约翰·奈斯比特指出：在工业社会中，战略资源是资本。在新的信息社会中，关键的战略资源已转变为信息、知识和创造性。公司可以开发的有价值的新资源的唯一对象，是它的雇员，这就意味着整个的重点在于人力资源。墨守于早期工业化时代过时的经营文化的公司，无视信息化社会这一明显特征，不可能创造出人性化含量高的品牌。日本企业家盛田昭夫指出：现代产业日益

① 查尔斯·汉普登-特纳，阿尔方斯·特龙佩纳斯．国家竞争力：创造财富的价值体系．海口：海南出版社，1997：17.

智慧集约化。但是切切不可忘记，机器也好，牲口也好，都无法胜任智慧集约型的工作，一切均求助于人。可见，品牌的人本化，须由管理的人本化实现，管理的人本化，乃“产业日益集约化”使然。

2. 具体表现

（1）产品与服务的人本性。在人本化意识驱使下，企业在生产产品、提供服务时，将使用价值、文化价值和审美价值融为一体，使顾客最大限度地体会到方便、舒适、自尊和享受。近年来，有些公司成立了“人性设计中心”，深入了解消费者的生活和工作习惯，不断开发、创造出符合人性和适应人类需求倾向的产品。同时，品牌标志着顾客的忠诚度和信任度，要赢得顾客对品牌的忠诚，企业就应该把对顾客的责任感放在首位，真正把顾客当上帝。

传统经济学将产品生产者的关注点放在偏于物质的“有效需求”上，对人类需要的实质内涵——美和人性不感兴趣。现代经济学的观点是，任何一种具有令人满意特质的产品，均能超越“有效需求”，使消费者得到更多方面的满足，尤其是人性化需求的满足。当代是流行品的时代，大机器的生产线创造出的产品往往是雷同的，与人的个性化、情感化和多元化需求相冲突。因此，以顾客为本，使产品体现品质、流行与个性等“多元效应”，是产品开发、设计、生产的艰巨任务。

与产品的人本性相适应，其服务更具有显著的人本性特征。人性化的服务，以顾客不同需求为导向，把为顾客服务当成责任，向顾客服务不讲条件，不设边界。品牌服务的人性化，给顾客以超值的回报，给商家带来可信赖的形象和无尽的财富。

品牌文化的人本性，其内涵是利他主义的。由此看来，经营事业非私人之事，乃公众之事，企业是社会的公器。对社会没有责任感的公司，认为只要自己赚钱就好的公司，都可能会危害社会。

（2）管理的人本性。人是生产力诸因素中最活跃的因素，只有人才能将生产力的其他因素结合起来，转化成现实生产力。大凡成功企业，都是把员工而不是把资本和自动化技术作为创造品牌和提高生产率的主要源泉。管理者的首要任务就是要创造一个良好的环境，使每一个人都能最大限度地发挥聪明才智。公司真正赖以谋生的，是人的才智，能否创造和管理人的才智是对经济能力的检验。

管理的人本性，强调组织的人性化，企业是通过协作组织起来的；主张通过建立一套人性化的管理体制与文化，以抵消容易滋生的阶层意识和地位观念。日本经济学家松本厚治把美国的组织结构和组织理念比喻为“砌砖型”，把日本的组织结构和组织理念比喻为“砌石型”。“砌砖型”组织主张事先固定好架构，然后按架构要求去选择“砖块”——工人；“砌石型”组织认为，工人的性格、能力、思维方式各有不同，就像形状各异的“石块”，企业要善于分析他们各自的长短利弊，扬长避短，合理组合，这是一种更重视人性、利用人性、发展人性的组织理念。

管理的人本性，主张在把人视为管理主体的基础上，充分地尊重人、相信人，发挥人的创造性，因而形成一种以主人翁精神为核心的人本管理方式。

案例7－6

大疆的“天才文化”

大疆无人机技术一直处于行业领先地位。创始人汪滔说过：“我们不是一个机械制造商，而是一个技术公司。”而在这样一个技术公司里，弥漫着一种浓厚的“天才文化”。

在大疆新员工入职信上，开头写道：“亲爱的天才：欢迎您来到 DJI 大疆创新，成为我们的一份子。”

在大疆内部，所有员工都有一个共同的外号——“Genius”，即“天才”。这样的“天才”在全球共有逾 12 000 人，并且随着大疆在全球业务的迅猛发展，数字还在高速增长中。

“悟”Inspire 是大疆产品线中最具代表性的产品之一，这个想法最初是为了解决无人机拍摄时画面内偶然出现机器脚架问题的。但是鲜为人知的是，这个想法竟出自大疆的一名实习生。这个想法提出后，很快得到同事和领导的认可与重视。最后，这名实习生获得了大疆投入的重量级资源并成为项目的主导者，历时两年打磨出了 Inspire1。两年时间，也让一名毫无经验的实习生成长为大疆的“天才”之一。

这样大大小小的故事，每天都在大疆发生。倾听每一位员工的声音，给有想法、有能力的员工充分的机会，让员工得以完成个人的成长、飞跃并实现个体的价值。

在大疆，有话可以直说，做事只看结果。虽然富有挑战性的工作会让人感觉有点累，但是它能迫使员工不断走出舒适区，在优秀的环境中突破自己的上限，找到未曾挖掘的潜力。

大疆对天赋的认同，吸引和培养了一群志同道合的顶尖人才，而行业大牛又营造了人才生态的“共生效应”，形成源源不断的人才活水。

对员工的尊重、重视、毫不掩饰的激励，以及对梦想的追求，让大疆构建出了独具一格的“天才文化”。在浓厚的人才氛围渲染下，大疆像飞速行进的风暴核心，吸引和席卷着越来越多科技界人才。因此，也就不难理解为什么大疆能够拥有和培养出业界最优秀的工程师，每年都可以推出令全球瞩目的高科技产品了。

案例讨论

1. 大疆“天才文化”的本质内涵是什么？
2. 大疆推行“天才文化”，在企业中产生了什么效应？

（三）品牌文化的竞争性

1. 品牌文化本质上是竞争文化

品牌文化的竞争性源于市场经济发展的需要。历史上，企业竞争目标的重心，经历了从物向人的转变过程。“不管顾客需要什么颜色，我的汽车就是黑的。”老福特这句以“我”为中心的话，典型地反映了企业以“物”为竞争重心的特点。在那个时期，企业要战胜对手，只要在同样质量、同样价格的前提下，不顾一切地多生产，就能赢得市场的主动权。随着买方市场的出现，企业竞争的目标已经从产品市场转移到顾客。如果说，生物界的竞争以生物能否无意识地适应自然为淘汰的标准，企业间的竞争则以能否自觉地适应顾客为淘汰的准则。对老福特无视顾客、故步自封的傲慢，如果说在卖方市场时代人们还无可奈何的话，那么在买方市场时代，无可奈何的则轮到仍持老福特理念的人了。

哈佛大学教授迈克尔·波特在《竞争战略》一书中，曾把取得竞争优势概括为三种通用战略，即成本领先战略、别具一格战略和集中一点战略。但是，随着竞争深化，低成本和低价格的战略，逐渐使各竞争企业的产品趋于“同质化”，产品价格之间的差别越来越小，消费者追逐的“价廉物美”中的“价廉”越来越失去竞争的实际意义；“物美”，即质优形美则成了竞争中的主要砝码。企业只有把注意力紧盯在消费者心理需求变化上，并尽力满足他们的需求，才能赢得竞争优势，即通过获得消费者心理认同而增加“附加值”。

品牌是市场竞争的产物。品牌代表着不懈努力、争创第一的市场竞争意识，代表着居安思危、超越自我的进取精神。品牌文化本质上就是竞争文化。

2. 具体表现

品牌文化的竞争性表现在资本竞争、技术竞争、人才竞争等很多方面，但最集中的表现还在于对质量的不懈追求。

品牌之名，根本在于高质量；高质量是品牌竞争的基本砝码。众多企业之所以在质量改进上苦苦探索，在质量控制和管理上积极采用科学手段与先进方法，精心设计，精心生产，并提供与产品高质量相适应的高质量服务，为的就是取得比竞争对手更大的竞争优势。少数企业在创造品牌中不去做扎扎实实的基础工作，而是把重心放在市场推广和广告宣传上。这种用广告包装出来的品牌，“金玉其外，败絮其中”，虽能一时获益，但终究会被市场所唾弃。品牌不是包装出来的，而是广大消费者用一张张货币选票选出来的，选择的基本标准就是质量。在企业追求质量的文化中，包含着强烈的质量竞争意识和恒久的质量战略意识。

（四）品牌文化的审美性

1. 审美来源

品牌文化的审美性源于消费者的内在审美需要和生产者的审美价值观。

美是一种价值，它能满足人的某种需求和愿望，能激发人的肯定性的态度和情感，带给人身心愉悦和精神享受。人的需要是多层次、多样化的，人的精神享受表现为受人尊重、社会承认、友情传达、能力显示、财富炫耀等；更高的精神需求是对自我价值、自身潜能的实现等方面的追求。审美需要本质上是精神享受的需要，它基于人性，基于人的感性生命的存在和运动。审美需要伴随着人们物质生活水平的提高和文化修养的提升，变得越来越强烈、越来越丰富。当人们处于温饱阶段时，追求的是商品的使用价值；达到小康富裕阶段，人们则越来越关注精神需求的满足。而精神追求的最高境界是审美价值的追求。墨子说过，食必常饱，然后求美。消费发展到某一程度时，凌驾一切的兴趣也许是在于美感。现代消费者追求的不只是产品的质感，还有产品给他们带来的便捷与舒适，他们希望产品能够全部符合自己的情感和个性，体现自己的文化欣赏品位。品牌之所以能给消费者带来巨大的满足，原因是品牌文化中具有审美价值。

研究表明，对非专业的消费者而言，他的记忆库容量是有限的，同一类商品最多只能装下七个品牌。企业怎样跻身多数消费者能记住的同类七个品牌之列，最重要的是有个性，尤其是有能激发消费者情感的审美价值。

品牌的审美价值是否具有使用效用和审美效用，是由消费者的审美价值观决定的。审美价值观是人们对于事物美的属性、特点、程度的总体看法。审美价值观一旦形成，会对生产者生产产品或消费者选择产品产生一定约束、限制和导向力量。企业审美价值观反映了企业一种“精神结构”；消费者审美价值观反映了消费者的个性和文化品位。

2. 审美表现

广义讲，品牌所体现的审美价值是指包括产品的内在品质、使用功能、外观款式和包装装潢等全方位内容的统一体。有的产品原材料好、制作精良，具有很高的使用价值，但其他方面黯然失色，依然难以适应市场需求。有些老品牌就是由于没有跟随时代不断研究改进产品的款式和造型，不注意增加产品的文化含量，不适应新的美学潮流，最后销声匿迹了。当然，品牌的审美价值不只是停留在满足个别顾客的审美需要上，追求符合社会长远利益、创造更加美好的自然生态环境和人类生活环境，是品牌更高层面的审美价值。

品牌文化的审美性体现于品牌创造的全过程。提高品牌的美学价值，可以通过改进产品的造型、花色、款式、包装、装潢，提高信誉，或增加产品情调、趣味、象征意义、商标的魅力等途径实现。提高品牌审美价值具体可以分为两个方面：有形的物质形态和无形的精神形态。前者是以具体可感的物质材料，通过一定的造型、形式和色彩，给消费者以感官的刺激，在满足人们对产品实用需求的同时，充实、丰富他们对精神的审美享受。后者则主要是指通过营销环境的美化、良好的服务、可靠的信誉等，引发消费者联想，以获得感官的愉悦，实现精神的某种满足，从而激发起消费者审美感受的升华。

审美性是凝聚在产品最深处的人类智慧和创造力。它渗透在企业历史、品牌商标、工艺设计、专有技术、生产组织、包装广告和营销策略之中。每一个著名品牌都有一部传奇史，通过各种手段、形式，发掘、宣传其传奇故事，就可以提高其文化品位。审美性的意义与影响，有时甚至超过了产品本身的使用价值。每一个品牌都有美的形态、美的内涵、美的故事。

人的审美需要促使企业自觉地遵循“美的规律”去创造品牌，使其兼具实用价值和审美价值，这是未来企业经营的一大趋势。市场竞争越来越使同类品牌的发展在成本、使用效能上趋于一致，品牌的竞争力日益体现在它的审美价值上。那些善于开发品牌文化审美价值的企业，才会总受市场青睐，永处事业巅峰。

三、品牌文化的塑造

（一）塑造品牌文化的意义

品牌是企业经营的核心要素，品牌文化是企业文化的至高境界。一个企业有文化，但并不意味着有品牌文化，品牌文化是伴随着企业文化的发展、品牌的成长以及文化个性的彰显逐渐形成的。不同的企业，其品牌文化具有很多共同基因；同时每个企业的品牌文化又都打上自身的个性价值观、审美观的烙印。

品牌文化对品牌经营的成功或失败起着决定性作用。

企业建立、成长、兴盛、衰亡，有着普遍的消长周期规律，短的几年，长的也就四五十年，上百年甚至几百年的企业是极少数，很难有“永远的企业”。企业自创立之日起，就经历着各种冲击和考验，诸如社会变革、产业调整、市场骤变、产品老化等，哪一项都足以置企业于死地。这说明企业在发展过程中险象环生，稍有松懈或掉以轻心，就会导致灭亡。品牌也经历着建立、成长、兴盛、衰亡的过程，也有自身的演变规律。但品牌的生命周期长短与企业生命周期长短并非完全一致。有些企业在自身生命经历中，可能创立过一个或多个品牌，企业消亡了，这些品牌也就随之消失了；也有例外，一家企业消失了，但其某种品牌的生命却在新的企业中得以延续。值得关注的是，有些企业一旦本身成为知名品牌，就有超越一般企业生命周期的奇迹出现。

由此不难发现，品牌的生命周期有很大不确定性，有些昙花一现，有些经久不衰；少数著名品牌的生命周期无法预测。但有一点，大凡历史品牌，即生命周期很长的品牌，都有一个共同特征——鲜明的文化个性和与时俱进的精神追求。传承个性文化，不断谋求创新，使品牌一次次涅槃重生。

从实践来看，创出世界品牌的企业，在企业家的文化修养和文化意识引导下，都具有坚定的文化信念和明确的文化追求。在传统的产品生产中，经济与文化相互不对话。而今，文化被提到前所未有的高度，已经成为品牌成长的决定性力量，任何漠视或忽视文化的品牌，在竞争中都必然衰败。成功地经营一个品牌，必须塑造优秀的品牌文化，即要求企业有深厚的人文情怀、敏锐的文化洞察力、深刻的文化体验力和全面的文化变革力，保证品牌文化的正确价值导向和鲜明特色。

案例 7－7

香奈儿公司

法国香奈儿遵循了一套引以为豪的品牌文化理念。香奈儿公司认为，一流的品牌公司要具备六个条件：一是产品由自己设计并生产；二是自己设计广告，而不是靠广告公司；三是货真质高，用料考究到苛刻的程度，使仿造品难以乱真；四是树立具有悠久历史和长期品牌的形象；五是产品设计要有新颖独特的风格，能让人一看到产品的款式造型，便知道是什么牌子，品牌服饰的特征是款式、风格和质量，而不是昂贵的价格；六是产品的包装质量要与产品的本身质量一致。

在销售中，香奈儿公司不把商家与顾客单纯视为买与卖的关系，而把顾客当成能够亲切交流的伙伴，因此它不喜欢“推销”这一概念，认为这个词给人以强加于人的印象。香奈儿在同顾客交流时的诉求点有两个：一个是把美丽、想象、品位传达给顾客；另一个是极力彰显产品质量上乘的真实性，要求职员如实介绍，不允许有欺骗内容。香奈儿认为，品牌价位不是人为的，而应体现用料和工艺的双重含量，是广大顾客可以理解和接受的，高档服饰和化妆品不是只为有钱人而生产的。

案例讨论

1. 试对香奈儿品牌文化理念做出评价。
2. 如何理解“高档服饰和化妆品不是只为有钱人而生产的”这句话？

案例 7-8

耐克公司

耐克诞生于1971年，它从一个只有1 000美元资产的小厂起家，经过50多年的奋斗，发展到2023年，入选Brand Finance“2023年全球品牌价值500强榜单”第54名，品牌价值313.07亿美元。耐克的成长，根本上得益于它的使命感和品牌文化观念。耐克商标图案是个小钩子，它一直将激励全世界每一位运动员并为其献上最好的产品视为光荣使命。

耐克以顾客的物质需求和美学需求为导向，突出产品五种文化价值：一是稀有价值，物以稀为贵，追求产品中其他品牌没有的特性，它的NIKE-AIR气垫技术，构成了它独有的风格。二是替代价值，在产品更新换代日新月异的情况下，耐克不断创新，频繁推出新产品，以满足顾客求新求变的心理。三是使用价值，耐克公司注重运动鞋的多种使用功能，不但穿着舒适，而且增加了便于奔跑、跳跃、户外运动的功能。四是成本价值，耐克公司不断寻找最低廉的生产厂家，替顾客降低成本。五是魅力价值，耐克公司不断进行产品的美学开发，注重产品的式样新颖美观，色彩的鲜艳新潮，展现出现代人的审美魅力。

案例讨论

1. 耐克品牌给消费者提供了哪些文化价值？
2. 你购买或使用过耐克品牌的产品吗？是否喜欢？为什么？

（二）品牌文化塑造的要点

1. 确定品牌核心价值

品牌核心价值是让人们明确、清晰地识别并记住品牌的利益点与个性，驱动消费者认同、喜欢乃至热爱品牌的中心理念。它是品牌文化的精髓，是品牌资产的基础。一般人在理解品牌核心价值时偏重于品牌所提供的物质层面的功能性利益，实际上品牌核心价值并不在其物质层面，而在于精神层面的情感性价值与社会价值。

品牌核心价值是品牌营销传播活动的原点，即企业的一切营销活动都要围绕品牌核心价值而展开，或体现与演绎核心价值，或丰富与强化核心价值。品牌的核心价值一旦建立，并被始终不渝地坚持，久而久之，就会在消费者大脑中烙下深深的印迹，成为品牌对消费者最有感染力的内涵。如宝洁对其旗下品牌的核心价值细分得十分明确：舒肤佳是“有效去除细菌，保持家人健康”；潘婷是“健康亮泽”；护舒宝是“更清洁、更干爽的呵护感觉”。尽管这些品牌产品不断创新，广告不断推新，但核心价值的承诺总是一脉相承。

世界著名品牌都有自己的核心价值。劳斯莱斯是“皇家贵族的坐骑”；宝马是“驾驶的乐趣”；沃尔沃是“安全”；雀巢咖啡是“味道好极了”；诺基亚是“科技以人为本”；吉列是“男人的选择”；等等。这些著名品牌的具体产品在变，包装在变，价格在变，广告在变，或者质量也在变，但不管怎么变化，在同一个品牌之下的产品，总会有一根维系彼此的主线是不变的，因为它们有共同的基因——品牌核心价值。这些核心价值被持之以恒地贯彻，企业把所有的活动集中到同一个主题、同一个概念上，就能使触动消费者内心世界的核心价值得以强化，就能引发消费者的共鸣。卓越品牌的核心价值能够产生永恒魅力。

品牌的核心价值作为品牌文化的内核，具有如下几个鲜明特征：

（1）独特性。独一无二，容易识别，不可模仿。

（2）人文性。体现对人类的终极关怀，震撼人的内心深处，拉近品牌与人类情感的距离。

（3）执行性。作为一种价值主张，不仅得到消费者认同，而且能够具体物化在产品与服务中。

（4）兼容性。既能兼容其所有的产品，又能兼容不同时代人类的情感，使之能够永远演绎下去。

2. 品牌文化建设

（1）认识起点。品牌核心价值是企业确立的，但其最终是否形成，取决于消费者的认同度；换句话说，品牌核心价值必须反映消费者的价值。因此，好的品牌文化不仅是品牌制造商的文化，更是消费者的文化。

知名品牌的核心价值

品牌文化代表了特定消费群体的价值观、社会地位、风格和气质。消费者一般不会关心品牌制造商的理念是什么，产品是怎样生产出来的，他们关心的是制造商给他们提供什么样的品牌，是否代表他们的观念和梦想，选择这种品牌是否从功能上和情感上给他们带来了利益，是否让他们得到了满足。可口可乐公司在营销与传播中，根本不提公司的经营理念，只是在向社会、向消费者传播“随时随地让你精神为之一振”的品牌承诺与品牌文化。当“玉兰油”打出“别人送我礼物，我回送美丽给他”“全新玉兰油，惊喜你自己”等广告语时，也没有告诉消费者它是宝洁公司的产品。可见，品牌文化不是以企业为中心的文化，不能强行让品牌担负起或表现出全部的企业文化。

（2）品牌文化定位。品牌必须有独特的气质和情调，对品牌文化进行定位也就是确定品牌的个性。品牌个性是由品牌价值演绎而来的，鲜明的品牌个性能在消费者心中留下深刻的印迹，给消费者一个功能上和感情上的独特体验。迪士尼品牌个性是“创造快乐”。大家可以看到，迪士尼公司开发了很多不同种类的产品，从开始的卡通画到卡通影片，再到迪士尼乐园等，产品在不断地推陈出新，都没有离开“创造快乐”这一品牌文化核心。迪士尼经营的不是某类具体的产品，而是消费者所认可的快乐文化。

美国学者珍妮弗·阿克尔把品牌个性分为 5 个维度、15 个层面、42 个表现，见表 7-2。

表7-2　品牌个性维度量表（Brand Dimensions Scales，BDS）

品牌个性维度	品牌个性层面	品牌个性表现
第一维度：纯真（Sincerity）	实际	实际的、家庭导向、偏向小城镇的
	诚实	诚实、诚恳、真实
	健康	健康、原生
	快乐	快乐、感性、友好
第二维度：刺激（Exciting）	大胆	大胆、新潮、兴奋
	英勇	英勇、冷酷、年轻
	想象丰富	想象丰富、与众不同
	时尚	时尚、独立、当代
第三维度：称职（Reliable）	可靠	可靠、刻苦、安全
	智能	智能、技术、团体
	成功	成功、领导、自信
第四维度：教养（Sophisticated）	高贵	高贵、魅力、美丽
	迷人	迷人、女性、柔滑
第五维度：强壮（Ruggedness）	粗野	强壮、粗糙
	户外	户外、男性、西部

按这个品牌个性模型分析，CK是典型的“大胆、新潮、兴奋”个性，POLO是典型的“户外、男性、西部”风格，而GUCCI则是典型的“高贵、魅力、美丽”形象。

（3）品牌文化设计。品牌文化设计体现在具体产品设计、商标设计、包装和造型设计等许多方面。

产品设计是塑造品牌文化的基础。要摆脱只把消费者定位在产品使用者上的思想观念，充分尊重消费者的文化主体意识和文化享受需要。在构思产品的款式和色彩时，既要考虑一般意义上的内在质量和外在形式的美感，更应体现深层次的审美文化，适应消费者审美情趣和消费心理的变化潮流。

商标设计应成为品牌文化的重要载体，使之传达出更丰富的美学意义。“孔府家酒”一度能够风行市场，就是巧用了人文与地理文化，独特的商标使产品具有丰富的文化内涵。“红豆”商标行销国内外，红豆给人以无限美好的联想。一位海外华侨购买“红豆”衬衫后，不穿，而将它放在橱柜中观赏，看着那颗鲜亮的红豆标志，低声吟诵唐代诗人王维的诗：“红豆生南国，春来发几枝，愿君多采撷，此物最相思。”引发思恋祖国、故乡、故人之情，寄托自己无限的相思之意。“红豆”商标将传统文化与现代文化相结合，向消费者传达了深刻的文化意蕴。

案例7-9

“红豆”商标

1983年，周耀庭接手了濒临倒闭的港下针織厂，面对困难他没有灰心，而是用超常的睿智，带领员工艰苦创业，把一个乡办小厂打造成一个久负盛名的企业集团，创造了以“红豆”为标志的品牌文化。

产品要有市场，必须创名牌，创名牌首先应该给产品取个有内涵的名字。当年产品名为“山花”。为此，厂部专门召开职工大会，让大家发表意见。当时人们大都崇拜上海货，有人说可取名“飞兔”，一个销售员说可取名“琼花”，还有人建议取个洋名。经过大家的讨论，最后附近的一棵红豆树给了周耀庭灵感。关于太湖边的这棵红豆树，有一个美丽的爱情故事。1 500 多年前，梁朝昭明太子萧统与一位才思敏捷、学识渊博、法号为慧如的尼姑一见钟情。在当时的社会，两人根本无法结为连理，慧如相思郁积，离开人世。昭明太子萧统悲恸欲绝，赶到尼姑庵哭祭，并亲手种下两颗红豆。这两颗红豆发芽后便合二为一，在太湖岸边共同长成了一棵红豆相思树。唐代大诗人王维得知此事，感慨前朝遗恨，凭吊风流遗迹，写下了千古绝唱《相思》：“红豆生南国，春来发几枝，愿君多采撷，此物最相思。”从“红豆”树到《相思》诗，有丰富的文化内涵。“红豆”响亮、新鲜，具有丰富的民族文化内涵。红，红红火火、吉祥如意；豆，蓬勃向上，生命力强。虽然当时洋名盛行，但周耀庭决定用具有民族特色的“红豆”做商标，一个蕴含民族文化内涵的产品名就这样诞生了。

为了保护“红豆”，红豆集团在 34 大类商品和 8 大类服务性商标上注册，又在 54 个国家和地区完成了商标注册，另外将与红豆发音相同、结构相似、意思相近的商标也进行了注册，如“虹豆”“江豆”“红豆树”“相思豆”“相思”“相思节”“相思鸟”“loveseed”“爱的种子”等，共注册商标 300 多件。当时许多人对红豆集团的这一做法表示不理解，认为花的是冤枉钱，可是后来的情况证明这一做法的正确性和高瞻远瞩。1997 年 4 月，红豆商标被国家工商管理总局认定为首批“中国驰名商标”。

案例讨论

1. 红豆商标的文化寓意是什么？
2. 具有文化寓意的商标对品牌营销的意义是什么？

包装和造型设计同产品内在品质应当一样考究。品牌企业在进行包装和造型设计及选择时，都刻意追求一种文化价值，不仅注重其外形和色彩的吸引力，更注重通过产品和包装传达企业的一种思想观念，增强品牌的寓意和文化感召力。如“皮尔·卡丹”服装传达的是帅气。有些品牌只是在普通产品上，加上一个带有特殊寓意的标志或字符，就可以身价百倍。文化包装和文化含量高的标志，首先征服人们的视觉、听觉等感官，通过消费者历史的或美学的文化联想与演绎，使消费者产生购买欲。因此，用文化创意开发产品，发挥自己独特的文化优势，增加包装和标志的文化味，已成为商家的经营思路。日本一种女士布制手提包，原本价值 700 日元，经营者在上面印上一个“G”字符，就可以卖到 7 万日元。正是这个“G”字符，使质量、样式完全一样的手提包升值了 100 倍。这是因为，“G”是代表由米开朗琪罗、罗西尼创造的意大利超级流行文化的符号，携带这种手提包的女性，确信自己正在进行一种可与欧洲超一流阶层相媲美的消费行动。

（4）品牌文化的传播。广告是与消费者的深度沟通，是传播品牌文化的重要载体。成功的广告传播，不是直截了当地宣传产品，强迫消费者注意或者简单地取悦消费者，而是形象地演绎品牌的核心价值，融入消费者的情感世界，表达消费者不断变化的生活方式、审美情趣和价值观念。海尔品牌“真诚到永远”的一句广告语，对于塑造海尔品牌文化形象，拉近与消费者的情感距离，起到重要作用。

本章小结

CI 战略、CS 战略、品牌文化战略三者相得益彰，对于企业文化的形成、传播、变革、提升及落地实施，均具有重要的实践价值。

从企业文化角度看，CI 是一种“文化资本积累”。导入 CI 的目的在于固化、传达企业文化，使企业文化抽象的理念看得见、摸得着，有助于企业对外“推销”自我，促进社会更有效地认识与认同企业，实现企业与市场的文化沟通，同时也能使企业现有文化得到市场检验，进而强化、丰富企业文化的市场内涵。

CS 是企业文化的一种表现，同 CI 一样，发挥着一定的代表功能和解释功能。但是，CS 也是企业文化的一部分，CS 的理念推动和发展了企业文化，尤其是推动和发展了企业的营销文化，延展了“以人为本”的内涵，实现了以员工为本和以顾客为本的统一。

品牌的一半是文化。从企业文化实践的角度看，品牌既是体现、传播企业文化的载体，也是创造以消费者为中心的文化的有效方法。企业文化与品牌形影相随，不可分离。在企业，文化的至高境界是品牌，品牌的至高境界是文化。

复习题

一、单选题

1. CI 是一种“文化资本积累”，是企业文化的（　　）。

A. 本质内容　　B. 基本内涵　　C. 外显形式

2. CS 从本质上讲是一种以（　　）为导向的经营战略。

A. 社会公众　　B. 员工　　C. 顾客

3. CS 经营方式三原则之一，要求企业重视与（　　）的接触点。

A. 顾客　　B. 供应商　　C. 经销商

4. 品牌是指从市场竞争中脱颖而出，得到社会公众认可，受到（　　），能够产生巨大经济与文化效应的产品名称、商标和商号。

A. 国家保护　　B. 法律保护　　C. 舆论保护

5. 品牌价值来源于生产者的特殊劳动投入与（　　）的认可度两个维度，且是二者相互推动、相互契合的结果。

A. 政府　　B. 消费者　　C. 市场及社会公众

二、多选题

1. CI 的基本内容包括以下组成部分：（　　）。

A. MI　　B. BI　　C. VI

D. TI　　E. SI

2. 反映 MI 精髓的主打理念用语有（　　）等几种类型。

A. 企业使命型　　B. 经营目标型　　C. 技术质量型

D. 市场经营型　　E. 服务制胜型

3. VI 的基础要素主要包括企业标志（Logo）、（　　）等。

A. 企业标准字　　B. 企业标准色　　C. 企业象征造型与图案

D. 企业宣传标语　　E. 企业公共关系

4. 顾客满意度评估指标包括产品满意度、（　　）和顾客综合满意度。

A. 服务满意度　　B. 员工满意度　　C. 管理人员满意度

D. 社会公众满意度　　E. 股东满意度

5. 品牌的内在要素包括：（　　）

A. 品牌名称　　B. 品牌承诺　　C. 视觉标志

D. 品牌个性　　E. 品牌体验

6. 资产性评估方法主要有成本法、现行市价法和（　　）。

A. Interbrand 评估法　　B. Sinobrand 评估法　　C. 收益现值法

D. 双因素资产化评估模型　　E. 世界品牌实验室评估法

三、判断题

1. CI 是一种形象传播和可视文化，也是一种经营战略。（　　）

2. MI 在 CI 中处于核心地位，MI 的内容与企业文化理念体系没有区别。（　　）

3. CS 是以“企业中心论”为出发点和战略重点的。（　　）

4. 顾客满意度是由企业所提供的商品或服务水准与顾客事前期待的关系所决定的。（　　）

5. 品牌的内在特征表现为优异的质量和较高的文化附加值。（　　）

四、简答题

1. 简述 VI 设计的原则和实施的程序。

2. 试述 CI 延伸的主要内容。

3. 简述 CS 的顾客观和顾客满意观，并说明 CS 系统由哪些子系统构成。

4. 简述品牌文化的内涵。

5. 简述品牌文化塑造的要点。

练习与操作

1. 选择三个你最喜欢的企业，分别列出其公司名称、所属国家（或地区）、事业领域、主打理念用语、企业标志（LOGO）。要求简要说明理由；可用列表形式完成。

2. 根据自身特长，选择一个新创办或拟创办企业，设计一句企业主打理念用语，或设计一个企业标志（LOGO）。要求做出简单释义。

3. 针对生产型企业或服务型企业，设计一套顾客满意度调查问卷。要求调查问卷内容涵盖 CS 系统各个要素，问卷设计格式规范、完整。

4. 选择一个消费类品牌，为其设计“品牌核心价值”。要求符合品牌核心价值的特征。

5. 运用珍妮弗·阿克尔“品牌个性维度量表”，选择两个国内服饰类品牌，试对其进行品牌“画像”。要求找出其品牌个性维度、个性层面和个性表现；如发现有品牌个性缺陷，提出改进建议。

6. 根据所学品牌知识，选择一个特定品牌，制定一个品牌文化综合推广方案。要求以小组形式完成。

第八章
跨文化管理

学习目标

知识目标：

1. 了解东西方企业文化各自的特点、差异及从比较中得出的结论与启示；知晓中、日、美及欧洲各国文化传统对其企业文化的影响。
2. 认识中、日、美及欧洲各国企业文化的主要特点。
3. 重点把握跨文化管理的基本内容、企业文化国际化的趋势。

能力目标：

1. 掌握对不同企业的文化进行比较分析的方法。
2. 依据跨文化管理的理论知识，学会与不同文化背景下的员工有效沟通和合作的技巧。
3. 能够协助上级领导做好跨文化的具体管理工作。

素养目标：

1. 在了解各国文化及企业文化不同特点、差异的基础上，深入理解和把握中国文化及中国企业文化的特点，坚定文化自信。
2. 做一名自觉弘扬优秀民族文化传统、践行社会主义核心价值观的有为青年。

学习导图

- 跨文化管理
  - 各国企业文化的特点
    - 中国企业文化的特点
    - 日本企业文化的特点
    - 美国企业文化的特点
    - 欧洲国家企业文化的特点
  - 综合比较与借鉴
    - 差异性分析
    - 比较与借鉴
    - 结论与启示
  - 资本流动与跨文化管理
    - 资本流动与文化交流
    - 跨文化管理

第一节　各国企业文化的特点

根据世界各国企业文化的发展状况，本节选择其中比较典型的中国、日本、美国和欧洲国家的企业文化进行分析。

一、中国企业文化的特点

中华民族文化博大精深、丰富多彩。如以家族伦理为基础形成的团体意识，体现“人能弘道，非道弘人”“爱人”思想的人本精神，源于中庸之道和天人合一观的和谐思想，体现积极入世的人生态度和朴实无华民族性格的求实精神，追求自由、保卫祖国、变革图强、追求社会进步的爱国主义传统，追求智慧与道德相交融、做人与做事相统一的以利取义思想，以及勤劳勇敢、吃苦耐劳、忍辱负重、自强不息的民族性格和锲而不舍、勇于探索与开拓进取的精神等。简单梳理和总结这些文化，不难发现，其中有很多内容对企业文化的形成产生了重要影响。特别是社会主义精神文明、习近平新时代中国特色社会主义思想引领企业发展，成为中国特色企业文化的重要价值源泉。

中国企业在民族文化、社会主义文化和市场经济伦理的共同作用下，形成了独特的企业文化。

（一）敬业爱国、服务社会的思想

爱国主义是中华民族的魂，敬业乐群是中国人的传统美德，它激励着中国人民世世代代为保家卫国、变革图强、忠于职守、追求进步而献身。敬业爱国成为中国企业的核心价值观。

在爱国主义精神驱使下，中国近代民族企业家在创办、经营企业过程中，大都怀有“富国图强”“实业救国”“服务社会”的思想。他们在同帝国主义及外国垄断资本进行斗争过程中，表现出强烈的社会责任感。20 世纪 20 年代中期，在著名企业家刘鸿生倡导下，实行国产火柴企业合并，成立大中华火柴股份有限公司，抵制瑞典和日本火柴的倾销，保护民族工业，自强自立和爱国精神可见一斑。近代知名企业家范旭东和侯德榜创办的久大精盐公司、永利碱厂和黄海化学工业研究社，早在 1935 年就公布了集团四大信念：“我们在原则上绝对地相信科学；我们在事业上积极发展实业；我们在行动上宁愿牺牲个人，顾全团体；我们在精神上以能服务社会为莫大光荣。”1925 年创办于重庆的民生实业公司以“服务社会、便利人群、开展生产、富强国家”为准则，主张“个人为事业服务，事业为社会服务，个人的工作是超报酬的，事业的任务是超经济的”。橡胶大王陈嘉庚先生更明确地提出“争为国家、为社会尽义务”。宋棐卿 1932 年在天津创办的东亚毛呢纺织股份有限公司，刻意以实业救国，强化现代经营手段。中国人是勤

劳、勇敢、智慧的，在爱国主义精神引导下，企业工人爱岗敬业、积极奉献、任劳任怨，形成良好的职业精神和职业道德。这些敬业爱国、服务社会的思想，是中国近代民族企业文化的精髓。

案例 8-1

东亚铭

1932年，宋棐卿创办东亚毛呢纺织股份有限公司，学西洋之经营方法，却创立“抵羊”牌号，取抵制洋货之意，以长民族志气。用三年时间，使代理商遍布全国许多大中城市，产品远销东南亚。宋棐卿不仅为民族工业做出贡献，更为民族企业留下《东亚铭》这一宝贵精神财富。以下为《东亚铭》节选：

一、主义

人无高尚之主义，即无生活之意义；

事无高尚之主义，即无存在之价值；

团体无高尚之主义，即无发展之能力；

国家无高尚之主义，即无强盛之道理。

二、公司之主义

我们要实行以生产辅助社会之进步；

我们要使游资游才得到互助合作；

我们要实行劳资互惠；

我们要为一般平民谋求幸福。

三、做事

人若不做事，生之何益！

人若只做自私之事，生之何益！

人若不为大众做事，生之何益！

人若只为名利做事，生之何益！

若无事做，要我做什么？

若无艰难之事做，要我做什么？

若不服务社会，要我做什么？

若不效忠国家，要我做什么？

案例讨论

1.《东亚铭》体现了东亚毛呢纺织股份有限公司怎样的价值观（试归纳两条以上）？

2.《东亚铭》中反映了哪些中华优秀传统文化精神？

新中国成立后，中国企业在中国共产党领导下，走上社会主义道路，长期接受党的领导和党的优良传统的熏陶，表现出更为强烈的爱国情怀、社会责任感、勤奋敬业精神。在企业中，员工忘我工作、积极担当、勇于奉献，力争多为社会做贡献，用一年时间完成三年（或更多）工作量的“生产标兵”大量涌现；以苦为乐、以苦为荣，不计较个人得失的“劳动英雄”成为人们自觉学习的榜样。尤其是大庆人艰苦奋斗的精神对其

他企业产生了强烈的示范效应。当中国进入发展市场经济的新阶段后，这种强烈的国家意识、社会责任感和敬业乐群精神，仍然成为中国众多企业的事业追求。

改革开放以来，面对国际化，无数有着强烈民族责任感的企业家用自己的实际行动做出了响亮的回答：产业报国，保护民族品牌，争创国际名牌。海尔等企业明确提出了“敬业报国”“产业报国”的创名牌理念。上海张小泉刀剪总店与德国双立人亨克斯公司合资谈判中，享誉世界的德国双立人亨克斯公司提出的条件是，合资后的企业全部使用德方“双立人”品牌，张小泉则坚持生产“双立人”和“泉”字牌两种品牌。双方由于在品牌使用上都不妥协，谈判失败。张小泉总经理说“老祖宗留下的宝贵无形资产，不能断送在我们手上”。这充分反映了中国人强烈的民族自尊心和民族责任感，反映了中国企业极力保护民族品牌的文化自觉性。

（二）创新进取、勇争一流的精神

中华民族是一个发愤图强、永不服输的民族，这一点在中国的企业文化中也有充分的体现。民族企业创业之初就受帝国主义和封建主义的双重压迫，生存环境十分恶劣，因此在寻求实业救国的创业道路上，一开始就形成了不怕困难、艰苦奋斗、创新进取、勇争一流的精神。靠着这种精神，不少民族企业从小到大，发展壮大。近代知名企业家范旭东和侯德榜在事业屡遭挫折的情况下，抱定信念，经过八九年的探索努力，终于掌握了被国外垄断的制碱工艺，在 1937 年费城万国博览会上获得金质奖章，被誉为“中国近代工业进步的象征”。

创新进取、勇争一流的精神在新中国成立以后的社会主义企业里表现得尤为充分，成为中国很多企业战胜困难、取得成功的法宝。20 世纪 50 年代和 60 年代初期，中国企业面对经济上的困难和帝国主义的封锁，在中国共产党领导下，自力更生，创新创业，艰苦奋斗，谱写了一曲又一曲胜利的凯歌。

鼓足干劲，力争上游，这种源于延安时期“大生产”运动的拼搏精神，在中国企业得到普遍弘扬，在工人阶级队伍中，开展了形式多样的“比、学、赶、帮、超”劳动竞赛，在企业中形成了争创一流、争为国家做贡献的良好风尚。至今，这种企业文化在众多企业中仍然得到继承。如辽宁朝阳重型机器厂鼓励员工争行业第一，争全国第一，倡导“唯旗是夺”的最佳精神。改革开放以来，不管是国有企业，还是民营企业、合资企业，都表现出强烈的创新精神和卓越意识。三一集团作为一家民营企业自从创业那一天起，就立志“创建一流企业，造就一流人才，做出一流贡献”。

与创新进取、勇争一流的文化相伴随，中国企业还表现出精打细算和勤俭节约的精神。由于中国人口众多，资源相对不足，“勤俭”自然成为企业文化的一部分。在这方面最为突出的是北京墨水厂提倡的“一厘钱精神”，也有很多企业提出节约一分钟、一滴水、一寸布、一度电、一颗螺丝钉、一根火柴，这些都很好地再现了中国企业的这种优良传统。

（三）严细认真、重视质量和诚信的传统

严细认真、重视质量和诚信的传统，在中国近代民族企业中，表现为比较重视严密的规章制度和严格的管理，对产品质量有严格和详细的标准，对顾客认真负责等方面。突出者当首推东亚毛呢纺织股份有限公司。这家企业非常重视严格管理，厂方制定的

“厂规”及单项规则、制度、工友须知就有 28 种 503 条。为了培养员工，公司制定了《东亚铭》，让员工天天背诵，并且据此编写了大量讲义。1941 年出版了《精神训育稿》17 种，《规则训练稿》16 种，《工友训练讲义》59 种，后来又把这些汇编成册，形成《东亚精神》，以此对员工进行训育。靠着这种严格的管理，公司不仅业务发达，产品质量高，盈利也是丰厚的。1918 年创办于上海的永安公司是中国民族企业中具有代表性的企业之一，它实行严格管理，恪守顾客至上的准则。为了实现对顾客的高质量服务，企业专门定有“服务规章”和员工业务考试制度，并把员工的工作情况和工资奖励结合起来，以“夜工钱”“生意奖金”“升工工资”“年货”等形式，鼓励员工努力为顾客提供高质量服务。

新中国成立后，不管是老字号企业还是新办企业，继续传承严细认真、重视质量的优良传统，并把它逐渐升华为对人民高度负责的精神境界。例如，纺织行业最早出现的“郝建秀工作法”“裔式娟小组”“赵梦桃小组”等经验都是以提高产品质量，对人民高度负责为主要内容的；鄂尔多斯坚守“讲忠诚、讲责任、讲追求”的精神纲领，终成羊绒纺织产业领军企业。医药行业的同仁堂，用料考究，精心研制，生产严格，质量好，疗效高，彰显仁德仁术；胡庆余堂以“戒欺”为宗旨，至今这种精神依然光彩夺目；华北制药厂告诫员工“好药治病、坏药致命”，体现了医药业极强的质量意识和责任感。在食品饮料行业，六必居坚持“六必”精神，赢得了消费者的称赞。改革开放后崛起的徐工集团，践行“国际化、精益化、补短板、可持续”的经营理念，成为中国工程机械行业排头兵；上海电气以“始于意识、赖于技术、基于管理、存于匠心”的质量理念，打造了世界级高端装备新航母；华为坚持“以客户为中心”，持续创新，确保质量，取得 ICT 基础设施和智能终端全球领先地位；腾讯“一切以用户价值为依归”，成为受尊敬的互联网企业。

戒欺匾

与重质量的传统相联系，中国自古就有一诺千金、信誉无价、童叟无欺、货真价实的商贾文化。1900 年，瑞蚨祥经庚子事变，被烧成一片废墟，面对灭顶之灾，还承诺“凡欠客户的钱一文不少，凡欠公司的钱一笔勾销”。同一年，八国联军攻占北京，北京城中许多王公贵戚、豪门望族都随着慈禧、光绪逃离北京。山西票号在这次战乱中，设在北京的分号不但银子被劫掠一空，甚至连账簿也被付之一炬。可逃难者一到山西，纷纷跑到票号兑换银两。在这种情况下，山西票号原本可以向京城来的储户言明自己的难处，等总号重新清理账目之后再做安排，这样的要求可以说合情合理。但日升昌等票号没有这么做。它们做到只要储户拿出存银的折子，不管数目多大，票号一律立刻兑现。在中国近代民族企业经营中，企业所遵循的诚信原则不仅仅局限于一般意义上的恪守承诺和戒欺戒骗，还渗透着浓郁的人情味，体现儒家“仁”的思想，主张人们相互之间竭诚相待，推己及人。在商业经营时更是注意礼貌待客，讲究“买卖不成仁义在”。

新中国成立以后，古老的诚信传统在多数企业继续得到发扬光大。但面对市场经济环境，传统诚信文化面临巨大挑战，社会上出现了形形色色掺杂使假、坑蒙拐骗现象。但随着改革开放的深化和市场经济的发展，随着相关法律法规的逐步健全和征信系统的逐步建立，以法治精神为基础的现代诚信文化逐渐建立起来，如今遵纪守法、信守合同成为中国特色企业文化的重要组成部分。

案例8-2

千年阿胶流传不息

在数千年中医药文化的历史长河中，阿胶无疑是一颗璀璨的星辰。阿胶始于秦汉，源于山东东阿，传承至今已超过2 000年，是传统滋补上品、华夏养生之瑰宝。如今，东阿阿胶公司传承阿胶技艺与文化，“注重品质，做道地阿胶”，发展成为行业翘楚。

但是，近些年来，一些商家受暴利驱使，掺假问题屡屡出现，导致阿胶行业面临造假危机。对此，东阿阿胶公司不受诱惑，始终以“寿人济世”为使命，坚持以质取胜、以质求强，以全员工匠精神打造极致品质。东阿阿胶65年产品质量抽查合格率始终保持在100%，而且东阿阿胶出口日本的产品，还通过了日本厚生劳动省最严格的质量检测，842项包括农药残留、兽药残留、重金属、细菌等在内的检测项目均为零检出。

在东阿阿胶公司，企业内形成了一个“质量场”。首先是把好原料（驴皮）关，做到“从毛驴采购开始，每头驴都有一个‘身份证’”。在公司的黑毛驴养殖场，每头驴都有一个耳标；在驴的脖子下面还植入了一个RFID芯片，跟踪每头驴生长全过程。早在2002年，东阿阿胶公司在国际上率先建立驴皮DNA鉴别标准。2012年又与中检院合作，发明了阿胶质量标准“特征肽检测法”。东阿阿胶公司在生产中严控质量工艺，从整皮、化皮、熬汁，50多道工序一丝不苟、精益求精。在销售环节，对于违规客户，公司在下游实行“黑名单”禁销、禁供制度。最终做到了从毛驴养殖，到产品生产、质量检验、销售和售后服务的全程可追溯。

2019年10月25日，在中国营养健康食品产业高峰论坛上，东阿阿胶公司、太极集团等企业联合组建了中国阿胶产业诚信联盟，确保联盟成员的每一片阿胶是纯真纯正的。

案例讨论

1. 东阿阿胶公司是怎样传承具有2 000多年历史的阿胶技艺与文化的？
2. 东阿阿胶公司的做法体现了哪些优秀企业文化？

（四）讲人和、重亲和的管理方式

中国企业从诞生时起，就体现着一种“人和”“亲和”精神。这种精神的形成除了深受中国“团体意识”“和谐思想”“人本思想”的影响外，具体有三个方面原因：一是中国民族企业在创办之初多是以宗族或家族形式出现的，人员的招聘及职务安排往往首先考虑家庭成员或亲戚、同乡等，因此形成企业的血缘基础和“人和”“亲和”氛围，以后即使企业扩大了，也容易保持同呼吸、共命运的群体意识。二是受中国传统的“天时不如地利，地利不如人和”的团体观念的影响，认为“人和”是企业最宝贵的资源。三是由民族企业当时受“双重压迫”的地位所决定，民族企业只能在夹缝中生存，只有团结一心，和衷共济，才能保全自己，得到发展。民族企业家深知“人和”之重要，所以采取一系列措施来巩固和发扬这种精神。荣宗敬、荣德生兄弟创办的旧中国规模最大的企业——茂新、福新、申新总公司，在招揽人才时，多用亲属和同乡，确保亲和。民生实业公司提出“职工困难，公司解决；公司困难，职工解决”的一体化思想。东亚毛呢纺织股份有限公司推行“职工股份化”，利用员工参股的办法强化“人和”。众多民族企业靠这种“人和”“亲和”精神，增强了凝聚力和向心力，保证了它们能在内忧外患的环境中生存，并得到一定的发展。

新中国成立后，企业“人和”“亲和”精神进一步得到升华，坚持以人为本，提倡集体主义精神，成为企业的更高追求。很多企业不断完善民主管理制度，广泛吸收员工参与管理，增强员工集体意识。企业员工以强烈的主人翁意识，爱厂如家，团结合作，重视集体荣誉，把企业的事情当成自己的事情，以厂荣为我荣，以厂衰为我耻，把个人同企业紧紧地联在一起，表现出较强的集体主义精神，以及对企业的责任感、自豪感和依附感。尤其是很多老员工，作为企业的创业者，他们对企业更有一种特殊的感情，愿意把自己毕生的精力贡献给企业这个“大家庭”。在这方面，鞍钢人孟泰“爱厂如家，埋头苦干”的精神成为中国老一代工人阶级高尚品德的缩影。

社会主义市场经济不断发展，培养了人的独立意识和自主精神，员工与企业的关系变成靠合同维系的契约关系，这无疑对“人和”“亲和”文化提出挑战。中国企业在党的领导下，积极推行以人为本的管理方式，探索民主管理新路径，在打造利益共同体基础上，建设企业精神家园，不断使“人和”“亲和”文化得到升华。

除上述特点以外，中国企业也有重视人才、讲究用人之道等优秀文化。尤其是受民族文化影响，企业文化的情感性、伦理性、和谐性、道德性、团体性和社会性都比较强。

二、日本企业文化的特点

日本是一个资源相当贫乏的国家。第二次世界大战中，日本军国主义给中国和东南亚人民造成深重灾难，也使日本经济陷入深渊，战争结束后日本满目疮痍，工业和商业极度萧条。然而，在战后短短的几十年时间里，日本却奇迹般地发展成为世界一流的工业化国家。它的许多产品迅速打入了国际市场，成为美国最强劲的竞争对手；它的许多制造技术达到了世界一流水平，在世界上的影响日益扩大，跻身世界强国之列。尽管20世纪80年代以后，日本经济经历了“失去的20年”，现在仍然是高度发达的现代化国家。

日本属于典型的东方文化传统的国家，历史上长期盛行单一的种植经济，这种劳作方式需要整个家庭及邻人的相互协作，因而倾向于发挥集体的智慧。加之日本是单一民族、单一文化的国家，因而这种重视集体力量、发挥集体智慧的思想就更浓厚。公元一世纪，中国儒家文化传入日本，日本人接受了儒家文化中的等级观念、忠孝思想、宗法观念等，并把儒家文化的核心概念“仁”改造成“忠”和“诚”，逐渐形成了稳定性强的具有大和民族色彩的文化传统，它对日本人的生活方式、企业经营管理方式产生了深远的影响。

日本文化的特征，从正面概括起来有五点：一是始终保持国民团结一致的民族精神和强烈民族昌盛的愿望。二是以强烈的岛国危机感所激发出来的永不满足的学习精神，唐朝时学习中国，明清时学习荷兰，近代以后学习英、法，到了第二次世界大战以后又学习美国，如饥似渴地学习、吸收、借鉴、运用外国先进文化、技术与经验。三是从一种感恩报恩、从一而终的感情生发出来并带有一种宗教色彩的忠诚精神、诚信精神。四是渗透着一种家庭式温情和能力主义相融合的家族意识。五是亲和一致的精神。

在日本，民族文化对企业文化的影响较其他国家深远得多，重视文化与管理的嫁接使日本获得了空前的成功。日本企业文化主要有以下几方面的特点。

（一）为社会经营的理念

日本企业经营理念的核心是突出企业的社会责任。在经营中强调通过优良的产品、周到的服务来为社会作贡献，从而取得社会的好评，以延续组织的生命。它们往往用社是、社训、社歌、社徽等形式来表现为社会经营的理念。与西方企业直接追求利润最大化的经营目标不同，日本企业强调追求经济效益和报效国家双重价值目标。日本企业认为，企业与国家、政府的关系不仅仅是一种征税和收税的关系，而且存在着政治、思想和社会文化等方面的直接联系。如松下公司这样表述自己的价值目标：既“讲究经济效益，重视生存的意志”，又“遵守产业人的本分，鼓励进步和社会生活的改善，以致力于世界文明的进步”。和泉电气公司的企业目标是：“全体员工在尊重人性的同时，通过企业发展为社会经济作贡献，并使人生富于意义。”

日本企业的社会责任意识同日本人的国家观念是分不开的。这种国家观念，既源于民族文化，也源于生存环境。日本恶劣的环境使许多企业出现无力办和办不好的事情，这就需要有更大力量的国家出面帮助企业解决。因此，在日本，企业和国家在利益上往往是一致的，国家在指导企业、协调企业方面发挥很大的作用。企业和国家利益的一致性使得企业之间也不纯粹是竞争关系，在影响日本国家利益的关头，不同企业间常常能够密切合作。

（二）家族主义经营意识

日本作为一个农耕民族，受中国儒家文化的影响较深，具有长期的家族主义传统。这种传统被企业很好地继承下来，渗透在企业管理的各种制度、方法、习惯之中，使企业全体员工结成“命运共同体”。“家族”的“族长”有至高无上的权威，是企业的精神领袖，对企业成员保持着慈父一般的形象；员工作为“家族”成员，与企业保持着较深厚的“血缘关系”，人们对企业坚守忠诚，信奉“家规”，对企业有着很强的归属感，为了“家族”利益，不惜牺牲自尊心，甚至不惜牺牲一切。伊达物产的公司歌曲写道：“为了国家，为了世人，大家赶快努力，把伊达物产变成一个城堡，立在青山坡上。”“我们要结成有热血和热情的伙伴，能经得起困苦和悲伤。”正因为日本企业把家族主义传统视为企业的灵魂，所以即使是新一代企业经营者也把自己放在“命运共同体”成员的位置上，提出不能把公司视为私有财产，不能由经营者拍卖，家族的分工以及等级色彩依然是浓厚的。尽管第二次世界大战后解散财阀，实行经济民主，家族式的拥有和支配企业的制度几乎瓦解，但家族主义传统依然被保留下来。

按照家族主义传统，大、中型企业一般实行以下三项重要的制度（日本人称为“三大神器”）。

1. 终身雇佣制

日本企业实行终身雇佣制，一般不轻易解雇员工，使员工产生成果共享、风险共担的心理。这种制度并不是法律规定的，而是日本企业的传统。

2. 年功序列工资制

日本企业实行年功序列工资制，晋升工资主要凭年资，相应的职务晋升也主要凭年资，资历深、工龄长的员工晋升的机会较多。这种制度是以论资排辈为基础的，员工服务时间长短和对企业的忠诚程度比工作能力更重要。其好处是限制了员工的“跳槽”现象，鼓励员工“从一而终”，在一家企业干到底。

3. 企业工会

日本企业按企业组织工会，把劳资关系改造为家族内部关系，劳资之间的冲突和交涉只限于企业内部，强调“家丑不可外扬”。

这三项制度牢牢地把员工们捆在一起，使他们团结一心，为企业竭尽全力。尽管这三项制度目前在多数企业已经发生了较大变化，但其背后的文化精神一直延续至今。日本企业员工对公司的归属意识很强，不管是管理者还是一般员工，多数人对企业都有很深的“感情和忠诚心”。他们明白只有靠企业，为企业好好干，才能实现个人计划。所以，日本员工的缺勤率很低。在多数企业，员工忠于职守，勤奋工作，下班后并不立即回家，除工作加班、开展质量管理小组活动或学习外，还要以喝酒、下围棋等方式交流思想，以至于很多人，尤其是管理人员，因为工作紧张和疲劳过度而患有“归宅恐惧症”。所以外国评论家称日本人是“只知工作的蜜蜂”“工作中毒”，他们工作从来不止8小时，而是10小时、12小时，甚至更长。

终身雇佣制使员工成为日本企业最稳定的资源，这就使教育对日本企业既必要又可能。另外，由于企业与国家利益的一致性，也使许多企业家把教育作为企业对社会的义务。因此，日本企业家提出了“经营即教育”“造物先树人”的发展观，主张“企业的发展在于人才”“只有培养出优秀的员工，才能生产出优秀的产品”。日本企业内的教育内容非常广泛，包括经营理念、价值观念、行为规范，一直到业务技术。日本企业热心于教育，并不完全从利益出发，也兼顾了员工自我实现的需要，使员工在接受教育中增长才干，满足成就感，把企业作为实现自己理想的场所。

（三）团队主义精神

日本企业的团队主义精神（又称“和”的哲学）来源于家族主义的传统和日本种族与文化的同一性。团队主义精神的实质是讲合作、讲协作，注重集体的智慧和力量。在具体的经营管理活动中，团队主义精神主要表现在以下三个方面。

1. 集体主义管理

在决策中，日本企业上下级之间除进行正式沟通外，还像“兄弟”一样进行各种非正式沟通，自上而下集中多数人的意见，经过反复酝酿，直到取得了较为一致的看法后才拍板定案。这种做法虽然令欧美企业疑惑不解，有时也影响办事效率，但在客观上却能起到群策群力、增强下属参与感、强化团队意识和增进感情的作用。在决策执行中，他们强调合作互助，有意模糊个人的权限和责任，不突出个人，个人把集体看得高于一切，体现着较强的集体责任感、荣誉感和献身精神。例如，在生产方面，日本企业不是只鼓励某个员工提高效率，而是注重整个集体提高效率。如一条生产线出了一件废品，不光直接责任人脸上无光，而且整条生产线上的人都垂头丧气。这种集体主义成了日本企业中个人与团体、个人与个人间行为的基本规范。它要求员工把个人利益置于团体利益之下，做到团体利益第一，团体利益高于个人利益。同时要求把个人利益置于他人利益之后，做到先人后己。

2. 着眼于人的管理方式

日本企业实行着眼于人的管理方式，主要是通过建立全能的生活设施、成立多种社团组织、开展体育比赛及庆祝结婚纪念日等活动，让员工感受到企业的温暖，培养员工的团队意识。尤其值得一提的是日本企业开展的质量管理小组活动和合理化建议活动。这两项活动更加充分体现了企业对人的重视和员工对企业的高度责任感。20 世纪八九十年代，日本企业的质量管理小组已超过 100 万个，每年发布成果 100 多万项，创造价值几十亿美元。21 世纪初，日本企业在剧变中又诞生了第二代 QC 小组——e-QCC，它从生产、销售现场“破壳”，发展到设计、经营、管理、服务等领域，使质量管理活动更加深入。与此相联系的合理化建议活动也盛行不衰。有些企业为推动这类活动还专门设有创造发明委员会和合理化建议委员会。日本企业员工热衷于这项活动，主要并不是在于能从中得到多少物质奖励，每次合理化建议被采纳，奖金不过几百、几千日元，高的也只不过几万、十几万日元。实际上员工想通过这类活动为团队贡献自己的力量，得到集体的承认和集体给予的荣誉。

3. 团体激励制度

团体激励制度，即主要着眼于团体，而不是个人的激励制度。日本企业认为太突出个人，不利于集体的合作。在管理中，“和”最为宝贵，只有把团队激励与终身雇佣制结合，才能使整体效率最高。与之相应，人事管理也以整体效率为出发点，多采取论资排辈的做法，避免因完全量化方法的使用，在一般雇员中产生不安全感，降低团队士气。松下公司一贯坚持企业内部管理公开透明，信息共享，达到了极佳的团体激励效果。

案例 8-3

玻璃式经营法

被誉为“经营之神”的松下幸之助创造的玻璃式经营法，本意就是在管理上要像玻璃那样透明。目标公开，经营实况公开，财务状况也公开。

松下幸之助在公司只有七八名员工的时候，就开始公开公司的盈亏：他每个月都和公司的会计结算盈亏，然后把结果向员工公开发表。

对于松下幸之助公开盈亏的做法，刚开始员工们都半信半疑。因为当时没有人这么做，何况大多数的老板都迷迷糊糊，每个月都不知道自己做多少生意。因此，他们认为松下幸之助不过是摆摆谱，做做样子罢了。

不久，员工们发现松下幸之助是真诚的，他们都非常兴奋，因为他们看到了自己努力工作的成果。同时，员工们还产生了一种可贵的共识：下个月非加倍努力不可。

松下幸之助公开盈亏的做法，激励了员工的士气，公司的业绩愈来愈高。而且，当松下电器因业务扩大而设立分厂时，松下幸之助把分厂负责人视为事业的经营者，让该分厂独立经营，也采取公开盈亏的做法。

当经营好的时候，松下幸之助把喜讯带给员工，请大家分享成功的欢乐；坏的时候，他也如实地把所有的一切都讲出来，依靠大家的力量共渡难关。这种传统在松下幸之助去世后延续至今，公司负责人把公司的账目向松下产业工会的负责人公开。工会的负责人看过账目，彻底了解公司的营运状况之后，自然不会提出无理要求。如此一来，劳资双方互相信任，从而建立了和谐的关系。可以说，松下幸之助之所以能一次次渡过这样那样的难关，能够在别的公司员工罢工的时候获得员工的请愿支持，其个中缘由是和他向员工公开经营实况分不开的。

案例讨论

1. 玻璃式经营法反映了松下公司什么样的企业文化？
2. 试说明实施玻璃式经营法的文化意义。

案例 8-4

阿米巴经营

稻盛和夫在京瓷公司成立 5 年后的 1964 年，为了保持公司的发展活力，独创“阿米巴经营”方式。

“阿米巴”（Amoeba）在拉丁语中是“单个原生体”的意思，属原生动物变形虫科，其身体赤裸而柔软，可以向各个方向伸出伪足，使形体变化不定，故而得名“变形虫”。它最大的特性是能够随外界环境的变化而变化，不断地进行自我调整以适应所面临的生存环境。

“阿米巴经营”是指将组织分成小的集团，通过与市场直接联系的独立核算制运营，培养具有管理意识的领导，让全体员工参与经营管理，从而实现“全员参与”的经营方式。例如，某陶瓷产品有混合、成型、烧结、精加工四道工序，就将这四道工序分成四个“阿米巴”. 每个“阿米巴”都像一个小企业，都有经营者，都有销售额、成本和利润。“阿米巴经营”不仅考核每个“阿米巴”的领导人，而且考核每个“阿米巴”人员每小时产生的附加价值。这样就可以真正落实“全员经营”的方针，就是发挥企业每一位员工的积极性和潜在的创造力，把企业经营得有声有色。另外，“阿米巴”可以随环境变化而“变形”，即具有适应环境的灵活性。

“阿米巴经营”能够提高员工参与经营的积极性，增强员工的动力，而这些正是京瓷集团优势的根源所在。另外，“阿米巴经营”的小集体是一种使效率得到彻底检验的系统。同时，由于责任明确，能够确保各个细节的透明度。

对于企业来说，实施“阿米巴经营”有两个前提条件：一是企业经营者的人格魅力；二是所谓“哲学共有”。

案例讨论

1. 阿米巴经营的内涵是什么？
2. 试评价阿米巴经营与海尔实施的“人单合一”的异同。
3. 试说明实施阿米巴经营与企业文化建设的关系。

（四）“综合即创造”的经营哲学

日本企业重视创新，更重视“综合”。“综合即创造”是日本的一句格言，也是日本企业的经营哲学。在汉语中，“综合”有两层含义：一是指把分析获得的对象和现象的各部分、各属性连接成一个统一整体；二是指把不同种类、不同性质的事物组合在一起。日本人一方面把“综合”的内涵延伸了，即把“综合”与嫁接、模仿、借鉴、拿来等概念联系在一起；另一方面把“综合”也视为一种创造性思维和创造性行为。

第二次世界大战后，日本企业从这句格言中受益，成功地在世界范围内对各种优势资源进行“综合”，以最少的投入（360 亿美元），获得了世界上 39 000 多项最新技术，用嫁接、模仿的方法创造了大量具有竞争力的新产品。值得注意的是，日本企业不光重视引进，更重视的是消化吸收。日本引进费和消化吸收费投入比例为 1∶7～1∶10。在“综合”中创新，在“综合”中提高，这种技术综合使他们受益匪浅。同时，如饥似渴地学习、“综合”中国的文化、西方的管理，以极小的代价，实现了企业文化和管理方法的变革。日本人酷爱学习是有传统的，他们从唐宋开始师承中国文化，直到现在还在坚持“《论语》＋算盘”，即一手拿着中国《论语》，一手拿着中国“算盘”做生意。

与“综合即创造”这一经营哲学相联系，日本人还有一个“和魂洋才”的说法。什么是“和魂”？英语将其解释为“Digest”，意思是消化；日语将其解释为“乌次瓦”，意思是容器。这就是说，日本人对外来文化有很强的容受力和消化力，有很强的饥饿感和危机感，这正是推动他们积极吸收、学习国外先进管理与技术的文化动力。

上述日本企业文化，尤其是家族主义经营意识和团队主义精神，具有发挥整体力量、强化雇员集体意识的作用。但是，也有压制个人、妨碍竞争和自由发表反对意见、不利于发挥个人能力、不利于创新的消极作用，甚至也存在文山会海、办事效率低下等不良现象。

进入 21 世纪以来，越来越多的日本青年人不满于现行制度和传统，尤其是对年功序列工资制和论资排辈的晋升制度表示不满。东京和大阪地区的调查显示，有 60%的员工和经营管理人员表示不满，他们主张要突出个人能力。尤其是 20 世纪 90 年代以后，美国企业文化以极大的活力和创造力向日本企业文化提出挑战，不少企业迫于企业内部反传统倾向的出现和来自企业外部的压力，在管理上做了一些变通，开始重视在强化团队意识的同时，突出一些个人的能力因素，突出创新的作用，用工更灵活，晋升也要考核业绩等。

三、美国企业文化的特点

美国是一个年轻的国家，从 1492 年哥伦布发现新大陆到现在（2024 年）有 532 年历史，从 1776 年建国到现在只有 248 年历史，文化根基很浅，没有僵化传统。但它是一个移民国家，各国移民所带来的各国文化以个体的方式加入美国社会，经过优胜劣汰的选择和不同民族文化的相互融合，形成了具有鲜明特征的美利坚民族文化和民族性格。

在美国发展史上，当各国移民单枪匹马举家迁徙到北美大陆后，凭着强烈的站稳脚跟、寻求发展的欲望，同大自然斗争，同阻碍他们发展的各种社会行为斗争。他们为寻找更好的工作、更大的发展机会到处流动。正因为如此，美国的民族性格中充满着强烈的冒险和进取精神，他们崇拜的是生活中的强者，鄙视的是懦夫。由于各国移民之间没有血缘关系，在同大自然、人类社会斗争的过程中缺乏可以依赖的群体，因而崇尚个人奋斗，尊重个人价值与尊严，逐渐形成了个人主义的价值观和道德观。

作为一个不受悠久历史文化束缚的年轻国家，美国较早而彻底地进行了资产阶级民主革命。美国民族文化的特点很鲜明：一是个人主义的价值观，作为一个从原野里创造出来的国家，在蛮荒未辟的早期开发中，形成坚信自我、张扬个性、尊重他人的拓殖精神。二是由此衍生出来的冒险、开拓、创新精神。三是崇尚自由、追求平等的精神。四是“有用、有效、有利就是真理”的实用主义哲学。五是以财富为荣的物质主义追求。

美国是现代管理理论的发源地。美国式管理和与其相适应的企业文化从美国民族文化母体中孕育而生，有着鲜明的个性。

（一）个人能力主义的管理哲学

美国企业个人能力主义的文化着眼于个人，鼓励个人奋斗，个人冒尖，把突出个人能力作为其基本管理哲学。

1. 尊重个人价值

尊重个人价值，承认个人的努力和成就。企业对雇员给予充分信任，相信他们的能力和忠诚，在具体工作中更多地采用目标管理法和弹性工作制度，给雇员留有更大程度的工作自由，以利于他们创造性地完成工作，企业鼓励有突出成就的人，人们羡慕有突出成就的人。同时，在企业内部充满自由平等精神，人们不轻易否定他人的意见，却愿意发表自己的意见；革新的行为总是受到鼓励。

2. 个人决策与个人负责

美国企业具有严格的岗位规范和明确的责任、权限。一般决策以个人为主，较少采取集体决策方式。即使决策前允许下级参加讨论，但最终决策权还在于个人。在决策执行过程中，每件事情都有人负责，每个人都能恪尽职守，工作中相互推诿的现象较为少见。

3. 支持个人冒险、创新

美国移民文化中孕育着强烈的冒险精神和创新精神。他们崇尚不断尝试、打破常规，从挫败中学习，从成功中得到鼓励。在美国商界流行一句话：“要么创新，要么灭亡”。创新文化造就了美国在全球科学技术上的领先地位。在 Brand Finance 发布“2023 年全球品牌价值 500 强”中，美国占据 201 席，其中不乏亚马逊、谷歌、苹果、微软、脸书、思科、英特尔、优兔、国际商业机器、惠普、甲骨文等一大批高科技公司。这些公司多数历史不是很长，其快速成长的背后，主要是靠敢于冒险、不怕失败、勇于创新的企业文化支撑。这些公司通常投入高额的研发费用，为员工提供优质的创新平台，并从机制、管理上给创新者提供时间和物质上的保障。美国国际数据集团总裁麦戈文说：“在美国，它鼓励你去尝试做一些事情，即使你失败了，也会因为试过而获得荣誉。”

4. 实施针对个人的奖励制度

美国企业由于信奉个人能力主义，个人职责明确，任务完成情况很好计量，个人创新开发的行为和效果显而易见，所以企业的奖励是针对个人的。谁做出贡献就奖励谁，个人以此为荣。有些公司经理在巡视时，发现某个人成绩突出、创新有效，他可以马上发给他一笔奖金。这种奖励方式在美国是有传统的，自从泰勒提倡“计件工资”开始，一直奉行不误，人们也习以为常，并未因为奖励个人使集体其他成员产生不平衡心理，相反却能产生示范效应，促使企业内部充满竞争活力。由于美国物质主义的传统，其奖励的主要内容也是物质的，通过物质的奖励，起到精神激励的作用。

案例 8-5

金环庆典

国际商业机器公司（IBM）每年都要举行一次规模隆重的庆功会，对那些在一年中做出突出贡献的销售人员进行表彰，这个活动被称为“金环庆典”。在庆典中，IBM 公司的最高层管理人员始终在场，并主持盛大、庄重的颁奖酒宴，然后放映由公司自己制作的展现那些做出了突出贡献的销售人员的工作情况、家庭生活，乃至兴趣爱好的影片。在被邀请参加庆典的人中，不仅有工人代表、股东代表、社会名流，还有那些销售人员的家属和亲友。整个庆典活动的过程被录制成电视（或电影）片，然后拿到 IBM 公司的每一个单位去放映。

“金环庆典”一方面是为了表彰有功人员，另一方面也是联络感情、增进友谊的一种手段。在庆典中，公司的主管同那些常年忙碌、难得一见的销售人员聚集在一起，彼此毫不拘束地谈天说地，在交流中，无形地加深了心灵的沟通。正是在这个过程中，销售人员增强了对企业的亲密感和责任感。

在 IBM 公司，超额完成全年销售指标的明星员工都被吸收到金环俱乐部中，公司常邀请俱乐部成员偕同配偶到夏威夷休假。市场部副经理佛拉西斯基伊·罗杰斯说：我认为 IBM 所拥有的最大财富是人。如果给他们目标、条件及奖励，几乎所有的目标都能够达到。我们吸收销售明星参加金环俱乐部，这也是促成他们不断做出成绩的动力。

案例讨论

1. IBM 公司举办“金环庆典”的意图是什么？
2. “金环庆典”反映了企业文化什么特点？

（二）理性主义的行为方式

理性主义的企业文化根植于美国实用主义和理性主义的民族传统，发端于泰勒的科学管理。这种文化追求明确、直接和效率，生产经营活动以是否符合实际、是否合理、是否符合逻辑为标准。具体表现为以下三个方面。

1. 求实精神

美国企业形式主义和文牍主义较少。企业上下级及同级人员之间的关系多讲求实在和独立性，较少虚假，相互沟通意见直接、明确，不像日本人那样经常借助于暗示、比喻等迂回、委婉的方式表达意见。人们从事各项工作讲实际和有意义。如美国企业的质量管理小组就信奉“爱怎么干就怎么干，只要干得有意义，有效果就好”。企业中开会也唯实，主题明确，有什么说什么，说完就散。奖励也唯实，一切看工作实绩，不太重视学历、资历、地位和职务。由于企业求实精神较强，加上美国人乐于创新和冒险，所以企业宽容人们因创新和冒险所犯的“合理错误”。硅谷有些企业甚至提出“雇员不犯错误将被解雇”。它们的逻辑是，只有犯过“合理”的错误，才说明你是创新能力强、有发展前途的人。美国企业乐于行动，它们既重言，更重实。多数企业主张“干起来、做出来、试试它”，坚信“乱糟糟的行动总比有秩序的停滞好”。当某个雇员提出一条工作意见，主管的回答往往不是“研究研究”，而是“试试看”。从思维方式上，遵循“预备—放—瞄准”的非常规逻辑，而不是“预备—瞄准—放”的常规逻辑。

2. 科学与法制传统

美国企业管理提倡科学和合理，重视组织机构和规章制度的作用。100 多年前，泰勒创立科学管理就是从时间、动作研究及着眼于组织技术合理化开始的。美国企业继承了这种传统，比较重视确定严密的组织系统、合理的管理程序、明确的职责分工、严格的工作标准、科学的规章制度、先进的管理手段和管理方法等“硬性管理”。它们在企业组织结构、管理模式创新上一直引领世界，理性主义管理文化十分明显。受这种文化影响，美国企业中的雇员即使追求同一个目标，在不违背制度的前提下，也愿意寻找一种更合理的途径。在经营管理过程中，没有固定不变的模式，很少有惯例，只要合理，什么都可以打破。

3. 契约关系

美国企业强调企业与员工之间的契约关系，实行“合同雇佣制”。在企业界，它们虽然注意到了雇员，尤其是技术工的稳定性问题，但仍然采取与日本“终身雇佣制”不同的用工制度，经营景气时大量招进工人，经营困难时解聘多余工人，一切从实际需要出发，完全靠合同契约维系与员工之间的关系，较少考虑企业与员工之间的情面。在用工管理上，通常是优胜劣汰。美国通用公司每年对所有的员工打分，选出 20%的最好员工，选出 10%的最差员工，排在前 20%得到奖励，排在末位的 10%员工通常会被解雇。

（三）质量第一、顾客至上的经营理念

美国是个典型的市场经济国家，具有极强的质量意识和顾客意识。在这方面，美国有良好的社会文化氛围，政府鼓励企业提高产品质量，保护消费者利益，依法严惩制假贩假者。20 世纪 60 年代初，美国总统肯尼迪在“总统特别咨文”中提出了著名的消费者“四大权利”，即安全权、知情权、选择权和意见权，要求企业对消费者的权利给予保护。1987 年开始，美国政府设立“国家质量奖”，总统亲自为获奖企业颁发奖杯和证书，而且在政府参与组织的“质量月”大会上向全国发布，以引起更广泛的重视。与奖励相适应的是严厉的惩罚措施，如今的美国，无论任何产品，一旦因质量缺陷给消费者造成伤害或其他财产损失的，法律将给予企业严惩，其赔偿数额之大十分惊人，使生产商、经销商真正受到重罚直至倾家荡产。美国的社会质量监督体系比较健全，主要是通过质量认证、公证检验、产品责任保险三方面的手段实现监督目的。另外，美国政府通过鼓励自由贸易，给企业施加竞争压力，促使企业在提高质量、创造品牌上寻找出路。

当然，质量意识、顾客意识最终是市场经济造就的，是市场竞争不断加剧、消费者运动日益高涨的结果，是企业在生存和发展过程中对眼前利益与长远利益，企业利益和顾客利益、社会利益关系做出的理性选择。

美国企业坚持质量第一、顾客至上经营理念的具体表现为以下两点。

1. 严格的质量保证

在科学的理论指导下，建立严格的质量保证体系。20 世纪 60 年代，美国通用电气公司工程师费根鲍姆提出了“全面质量管理”的概念，这是质量管理理论的一场革命。按照全面质量管理的观点，质量管理是全过程的管理，即包括市场调查、产品设计、产品制造、销售服务等全过程的质量控制，涉及企业每个部门、每个环节、每个岗位，企业中任何部门、环节、岗位出了问题，都会直接或间接地影响质量。因此，企业要想保证产品的质量，必须重视高层领导的质量决策，重视关乎质量的每一个因素，以系统的和事前预防的思想为指导，把质量问题消除在萌芽之中。美国质量管理专家朱兰博士在《质量控制手册》一书中，又明确提出了“适用性”的概念，即产品质量就是产品的适用性。产品质量高，表明用户在使用中满足程度高；产品质量低，即用户在使用中满足程度低。由此可见，是否符合市场需要，对用户是否适用，是衡量质量的最终标志。

这些理论和概念在美国企业实践中得到了比较好的应用，促使企业把质量视为生命。这种质量意识慢慢突破狭隘的民族范畴而成为世界性的质量观，这也正是美国在很多领域能够主宰全球市场、在世界品牌家族中占据大半江山的主要原因。麦当劳只不过是一种快餐，但在美国人的手里，却把它推向极致。麦当劳严格实行质量管理，实行标准化，服务快捷、友善、可靠，环境舒适、优雅，“提供更有价值的高品质的物质给顾客”。规定如果大汉堡包出炉后 10 分钟及薯条炸好后 7 分钟卖不掉，一律废弃；员工接受标准化的培训，确保麦当劳不管开在哪里，都能做到“不走样”。苹果遵循“简单即终极复杂”的逻辑，表面使用最“简捷”的手机，而其设计上做到高度完美和精细，用最先进的技术规避潜在质量问题。

2. 顾客的优先地位

美国比较早地提出“顾客是上帝”等经营口号，坚持“顾客总是对的”，确保顾客在经营中的优先地位，千方百计维护消费者利益。在美国企业看来，顾客是第一位的，利润是副产品，只有更好地服务顾客，利润才能源源不断；在为顾客服务的过程中，顾客总是对的，顾客的需要就是“圣旨”，因此永远不要与顾客争辩。戴尔公司的核心理念是：“直接销售，压缩库存，与客户结盟。”公司要求员工倾听顾客需求，视顾客为老板，满足顾客意愿。IBM 公司就是践行这种理念的楷模，它以良好的顾客服务著称世界，正是有这种不变的理念，加上员工不懈的创新，使得公司在异常激烈的市场竞争中始终保持着优势地位。

案例 8-6

IBM 意味着“最佳服务”

IBM 公司有三大基本信念：尊重每一位顾客；提供最佳服务；追求卓越之作。这三大信念贯穿于 IBM 公司的一切工作规范和经营活动之中。靠最佳服务赢得顾客和占领市场，是 IBM 公司成功的秘诀。

有一次召开经理会议，总裁老沃森先生在座，前排摆着若干叠文件，分别标有“生产问题”“设计问题”等。与会成员讨论了一阵子后，老沃森慢慢走到桌子面前，用手一扫，把文件弄得满地都是，然后说：“这里没有什么这类那类问题，问题只有一个，我们有些人没有充分地关心我们的顾客。”然后走出了房间，其他人都面面相觑。

IBM公司总裁小托马斯·沃森对“服务”曾做了这样的说明：“多年以前，我们登了一则广告，用一目了然的粗笔字体写着：‘IBM就是最佳服务的象征。’我始终认为，这是我们有史以来最好的广告。因为它清楚地表达出了IBM公司真正的经营理念——我们要提供世界上最好的服务。”

一次，一位在菲尼斯工作的服务小姐，驾车前往某地为顾客送一个小零件。然而，因瓢泼大雨导致交通堵塞，原本25分钟的“飞驰”变成4个小时的“爬行”。这位小姐不甘心这样失去整整一个下午的时间，她想到车里有一双旱冰鞋，于是抛下汽车，穿上旱冰鞋，一路滑行，坚持为顾客“雪中送炭”。

还有一次，新泽西州的用户计算机发生故障，向IBM公司总部发出传真。不到12个小时，IBM公司派出8位专家赶到用户那里，其中有3位来自欧洲，1位来自加拿大，4位来自总部，此举使用户感动至极。这个感人故事让员工、业界和用户更深刻地理解了“IBM就是服务”的企业精神。

迎接顾客各种具有挑战性的服务难题已经成了IBM公司活动的重要部分。视顾客为上帝，奠定了IBM公司繁荣兴旺的基础。

案例讨论

1. 为什么IBM公司认为“IBM就是最佳服务的象征”是“有史以来最好的广告”？
2. IBM“最佳服务”的背后蕴含着什么样的价值观？

案例8-7

你今天对顾客微笑了吗

美国著名的“旅馆大王”希尔顿所领导的希尔顿集团之所以能够称雄世界，独具特色的经营手段还在其次，它的首要秘诀就在于微笑服务。

当初希尔顿投资5 000美元开办了他的第一家旅馆，资产在数年后迅速增值到几千万美元。此时希尔顿得意地向母亲讨教现在他该干什么，母亲告诉他：“你现在去把握更有价值的东西，除了对顾客要诚实之外，还要有一种更行之有效的办法，一要简单，二要容易做到，三要不花钱，四要行之长久。”希尔顿找到了符合这四项要求的办法——那就是微笑。

于是，希尔顿要求他的员工不论如何辛苦，都必须对顾客保持微笑。

“对顾客微笑”是希尔顿的座右铭。在50多年中，希尔顿不停地周游世界，巡视各分店，每到一处同员工说得最多的就是这句话。

在美国经济萧条的1930年，80%的旅馆倒闭。在同样难免厄运的情况下，希尔顿还是信念坚定地飞赴各地，鼓舞员工振作起来，共渡难关。即便是借债度日，也要坚持“对顾客微笑”。在最困难的时期，他向员工郑重呼吁：“万万不可把心中的愁云摆在脸上，无论遭到何种困难，‘希尔顿’服务员脸上的微笑永远属于顾客！”

他的信条得到贯彻落实，希尔顿饭店的服务人员始终以其永恒美好的微笑感动着客人。很快，希尔顿饭店就走出低谷，进入了经营的黄金时期，并添加了许多一流设备。当再一次巡视时，希尔顿问他的员工们："你们认为还需要添置什么？"员工们回答不上来。

希尔顿笑了："还要有一流的微笑！"他接着说："如果我是一个旅客，单有一流的设备，没有一流的服务，我宁愿去住那种虽然设施差一些却处处可以见到微笑的旅馆。"

微笑不仅使希尔顿公司率先渡过难关，而且为其带来巨大的经济效益，使公司发展到在世界五大洲拥有70余家旅馆，资产总值达数十亿美元。

曾有一位哲人说过："微笑，它不花费什么，但却创造了许多成果。它丰富了那些接受的人，而又不使给予的人变得贫瘠。它在一刹那间产生，却给人留下永恒的记忆。"希尔顿靠的就是不花任何资本，轻松便可做到的微笑，如清风一缕吹开了顾客的心扉，从而使全世界都知道了"希尔顿"，都记住了"希尔顿"那亲切的微笑。

希尔顿总结说："微笑是最简单、最省钱、最可行，也最容易做到的服务，更重要的是，微笑是成本最低、收益最高的投资。"因此，他要求他的员工不管多么辛苦、多么委屈，都要记住任何时候对任何客户用心真诚地微笑。

没有人能轻易拒绝一个笑脸，因为笑是人类的本能，要人类将笑容从脸上抹去是件很困难的事情。由于人类具有这样的本能，微笑就成了两个人之间最短的距离，具有神奇的魔力。因此，服务人员想让客户接受自己，微笑就是最好的通行证。

案例讨论

1. 希尔顿饭店成功的首要秘诀是什么？
2. 在酒店业，为什么说"微笑"是企业的最佳资产？

美国企业突出个人能力、鼓励创新的传统，激发了个人积极性，强化了人们的竞争、探索和冒险精神，减少了人际摩擦和能量内耗。但也带来了两个问题：一是雇员的合作意识较差，影响整体力量的发挥；二是雇员对企业缺少感情，更多地把企业作为赚钱和实现个人抱负的场所。企业雇员的流动性较强，缺乏"从一而终"、献身企业的归属意识和集体荣誉感。

美国理性主义文化区别于日本感性主义（或灵性主义）文化，重视"法制"，轻情感和面子，企业管理中较少受人情关系干扰。因此，美国企业中的各种规章、标准和制度如同美国法律一样多如牛毛，人们依章办事，走情感路线行不通。

这种理性主义崇尚契约文化，这一方面为提高效率铺平了道路，另一方面又为团队文化的形成设置了障碍。在美国有些企业中，劳资双方缺乏"一体化"追求，不能形成如日本一样和衷共济的"家族"氛围。由于只重理性，不重感情，企业管理刚性过分，柔性不足，压抑人的情感需要和创造力。研究人员发现：美国约3/4的人工作积极性没能得到全面发挥；多数人自称他们贡献给工作的比他们认为可能贡献的以及原则上愿意贡献的要少得多。

近年来，美国企业已意识到传统管理和企业文化的弊端，开始开展自我检查和相互检查，通过"感情投资""协商沟通""大众参与""职务扩大化""工作内容丰富化"

“弹性工作日”“和拢式管理”“走动式管理”等，实现硬管理和软管理的结合，既发挥团队整体优势，又调动和激发员工个体的积极性。

四、欧洲国家企业文化的特点

欧洲大陆有 40 多个国家，讲十几种语言，每个国家都有自己的文化传统。但其文化的来源主要是古希腊文化和基督教文化。古希腊给欧洲留下了科学与民主这一精神遗产，基督教给欧洲提供了理想人格的道德楷模。在古希腊和基督教文明的基础上，欧洲形成了共有的文化传统。

欧洲文化的特点主要表现为：追求精神自由、人文主义、理性和民主的文化传统。

第二次世界大战以后，欧洲国家经历了经济上的重建，得到了迅速发展，出现了很多经济奇迹，出口贸易大量增加，高科技成果层出不穷，众多的高质量产品越来越赢得全球消费者的信赖。这些得益于欧洲企业科学的管理与优良的文化传统。欧洲国家企业文化虽各有特色，但由于大文化背景相近，经济发展过程和体制相近，市场相连，经济交往频繁，尤其是欧盟国家逐渐走向经济政治一体化，所以企业文化具有很多共同性。

（一）理性传统与工匠精神

欧洲企业的理性传统表现在组织机构和制度的建立、人员的配备以及经营管理的很多方面。在欧洲，企业注重建立讲求实效、灵活多样的组织机构和制度。企业组织机构的设置，是随着市场情况和生产技术的变化而变化的，不千篇一律，不相互模仿，不因人设事。即使是同类型的企业，机构设置也不一样。但有其共同特点，即组织严密、管理集中、讲求实效、富于理性。在人员配备上，欧洲企业要求严格，注重精干。企业的总经理、副总经理和各部门的负责人，一般都是从有一定学历和实际经验的人员中，经过考核择优配备的。各部门职责分工明确，一级对一级负责，讲究工作效率。对一些重要部门的管理者要求更高，如研究与发展部、销售部等，均由能力很强的人掌管，甚至由总经理、副总经理直接兼任。作为企业的一个总经理或副总经理，不仅要在生产技术上有专长，在管理上也必须是行家。

在经营及对外交往关系的处理上，欧洲企业也显得理性十足。经营中严守法律，坚守信用；对外谈判往往严肃理性，讲求效率。

欧洲企业在工作作风上一丝不苟，精益求精。不少国家，特别是德国工人同日本工人一样，有着极强的工匠精神。因此，德国也被誉为“工匠国家”。欧洲企业工匠精神的养成，与欧洲国家重视职业教育人才培养分不开，劳动者以掌握职业技能、技艺为荣；而且全社会尊重工匠，企业在分配上也向工匠倾斜，因此，为造就工匠和养成工匠精神提供了肥沃的土壤。

（二）质量意识与创新精神

欧洲企业对产品质量有不懈的追求，对质量管理的投入相当巨大。如大众汽车公司各类质量管理人员就有 1.6 万人。质量管理机构和人员不仅对产品出厂进行质量检查，而且参与到产品的研究设计和生产等每个环节中。奔驰汽车公司每天要从生产线上抽出两辆汽车，对 1 300 个点进行全面检测，对所有协作厂商提供的零部件也同样进行检查，只要发现一箱外协零件不合格，此批产品就要全部退回。正是靠着严格的产品质量管理，欧洲企业在世界上赢得了极高的声誉，创造了大量世界级名牌产品。谈到欧洲产品，人们就会想起奔驰汽车、劳力士手表和香奈儿 No. 5 香水，这些都是欧洲品质文化的象征。

欧洲各国企业和产品竞争力强，是同这些国家和企业十分重视研究开发和产品创新分不开的。政府和企业都把研究开发当作一项生死攸关的战略任务来抓。技术创新是产品创新的前提，产品创新又推动技术的进步，从而使企业不断开发出新的产品，占领和开辟新的市场。在欧洲各国中，不少国家制定相应的政策，支持企业的研究与开发。如法国的技术政策与经济发展政策有密切的联系，政府在人力、物力和财力等方面都能给予企业大量的帮助。

案例 8－8

西门子的发展之路

西门子诞生之初，仿佛就带着创新的基因。西门子每个新员工在进入公司时，均要接受“忆苦思甜”，形式是集体观看一部好莱坞影片，影片以科幻形式让观众们穿越时空回到过去，了解西门子的创业史。影片有这样一幕：1840 年，低级军官维尔纳·冯·西门子先生因参与一次斗殴而被监禁，但即使蹲在牢房冰冷潮湿的地板上，仍在痴迷地捣鼓着他心爱的小发明。这位年轻人在监禁期间的“地下研究”竟让他发明了电镀银和电镀金技术。创始人播下的创新火种，在日后一个多世纪里仍不断地照亮世人的眼睛。

170 多年来，西门子在它创新的纪念碑上，镌刻着像指针式电报机、发电机、第一辆电力机车和高纯硅这样划时代的发明。

西门子早期创业者把创新看作是家常便饭，发明创造似乎跟吃饭、喝水、睡觉一样是人们日常生活的一个环节，个人的创新更多地来自个人的兴趣、灵感和天赋，并不需要花费太多的金钱。对西门子而言，创新是企业主本身与生俱来的一种本能与激情，除灵感外似乎并不消耗什么物质资源。

个人的创新并不需要花费太多的金钱。但随着公司的发展，一两个聪明人的几项技术发明并不足以令企业做强做大，企业面临着如何把少数人的创新能力变成集体创新能力的问题。

西门子遍布全球的研究机构，就像章鱼的触须一样吸取着地球上各国人才的智慧，并把这些智慧成果迅速变成风靡全球的产品。如每一款西门子手机，都曾通过一个全球协同的“虚拟创新链”产生出来。

经过这样的“虚拟创新链”创造出来的产品，凝结着各国设计者的智慧，其风格往往是大胆、前卫而又不失典雅、简约。如西门子曾推出的 Xelibri 系列时尚手机吸收了瑞士 Swatch 手表的设计精神，把手机变成了时尚饰物。

西门子保证创新势头的秘诀是：全面展望未来业务；不断开发新技术，研发与市场紧密结合；吸收顶尖人才搞研发，同时为其创造宽松的多元文化环境以鼓励创新。西门子依靠“科技孵化器”和“西门子科技加速器”计划来为创新输送源源动力。此外，公司还建立了“Top+1”管理模式，它为公司流程管理提供了一系列的管理工具，让全球 190 个国家和地区的分公司在运营时遵循一个相似的流程或系统，以保证创新成果商业化的最终成功。

案例讨论

1. 为什么西门子公司具有很强的创新能力？
2. 试对西门子公司实施的“虚拟创新链”做出评价。

（三）战略眼光与全球视野

欧洲各国自然资源不丰富，出口贸易在经济中占有重要地位，这使欧洲各国的企业特别注重制定着眼于全球市场的长期战略。为了保证企业全球战略计划的实现，很多欧洲企业在确保卓越质量的基础上，非常重视产品在全球的推广与销售。如德国的许多企业在国内外设有庞大的销售网，一些跨国公司还按地区和国家设立销售部。从事多品种生产的国际企业，则按产品设置销售机构。这些企业一般都很重视销售人员的培训，普遍建立了销售人员培训制度，受训者不仅要上销售专业课，还要参加基础课学习和生产实习，经过考试合格后才能担任销售工作。对于企业管理人员，设法派去国外工作或在国外担任一个职务，以学习和掌握国际经营管理的知识与经验。

（四）参与文化

重视参与管理与欧洲文化中的人文精神、追求民主和自由的精神是密切相关的。在欧洲许多国家中，政府用法律形式规定了员工在企业中应该发挥的作用。如德国法律规定，凡 2 000 人以上的企业，必须成立监督委员会（相当于美国企业的董事会），凡 5 人以上的企业必须成立工人委员会，前者要由工人选举产生，后者要有一半工人代表参加。荷兰法律规定，雇用工人超过 100 人以上的企业必须有工人会议。法国和瑞典都规定雇用工人超过 50 人必须有工人会议，以此保证工人参与管理。企业不仅设有由管理人员和雇员代表组成的各级工作委员会，使雇员参与管理企业，解决工作上的问题；同时，企业也尊重为本公司工作的人，雇员对企业也有一定的归属感。有些企业通过建立“经理参与系统”“半自治团体”“工作改善委员会”等，使管理者能站在客观的立场上协助员工解决问题，而不是直接替代他们做具体决策，以此强化员工的责任意识。不少企业实施了轮换工作制和弹性工作制，提出应该使工作适应人，而不是使人去适应工作。在这种环境下，工人参与管理、提工作建议的愿望比较强烈，很多工人从中获得了心理上的满足感，因而劳动积极性也比较高。在德国，很多企业还通过出售给工人股票的办法，使工人对企业产生向心力。德国企业向工人发售股票（一般比证券交易所便宜）已有多年历史，工人持有股票在企业股份中占有相当大的比重。据一项抽样统计显示，在 7 家大型公司中，按照股东总数计算，工人已占 43.9%，工人通过购买股票，更加关心企业的生产经营，参与管理的意识得到加强，企业的向心力、凝聚力自然增强，劳动效率也明显提高。

在欧洲企业文化中，也存在理性有余、灵性不足，重个体作用、轻团队作用的弊端，这是他们需要反思和改进的。

第二节　综合比较与借鉴

一、差异性分析

就文化背景来看，日本同中国一样，其企业文化属于东方文化的产物，美国和欧洲的企业文化可算是西方文化的产物。以下简要分析不同文化背景下企业文化的特点。

（一）东方企业文化的特点

东方文化主要是指以中国为发源地，对亚洲等地区人的思维、价值观、伦理道德及管理思想影响最大、最广的传统文化。东方文化强调以人为本，以德为先；重视群体的合作精神，倡导个人对家庭、社会、国家的责任感；主张和谐，重视人和，注重协调人与人、人与物乃至人与自然之间的关系；主张从总体上去把握事物，强调用个人的直觉和内心的感情去认识世界；重义轻利。

东方文化土壤上形成的管理模式和管理行为，具有不同于西方的显著印记。

1. 集中式管理

集中式管理的特点有三个：一是向心，即在管理思想上，既讲集中，求统一，又有强烈的民族意识和眷恋国土乡邦的情怀，使管理维系在思想感情和向心力基础之上。二是求同，即主张协同、合作，追求和谐境界。三是重人，即强调以伦理关系为基础，以道德和教育为轴心，以“人”为中心进行管理，体现出与民族血缘和宗法关系非常紧密的社会特征。

2. 重社会责任感

强调企业对国家以及整个社会的责任，把企业经营活动与爱国、奉献社会以及解决社会问题联系在一起，对企业员工负有全面责任，强调社会经营的理念。追求天人合一的境界，具有保护自然的意识。

3. 重社会精神力量

重视运用社会精神的力量去形成共同的意识形态，促使人们服从企业的共同目标。

4. 倡导家庭氛围

倡导在组织内形成一种家庭氛围，员工之间沟通密切，十分重视感情和人际关系，员工流动率低，对企业有较强的依附心态。企业因此有相对稳定的员工队伍。

5. 强调整体控制

强调从整体上进行控制，重视协调各种关系和意见，因而倾向于集体决策和对工作的集体负责，并由此而产生相对平均的分配方式。

6. 善用含糊与微妙的沟通

相对于西方企业管理的明确性，东方管理更为艺术地应用含糊和微妙性的沟通方式淡化组织中的冲突，达到和谐一致。

（二）西方企业文化的特点

西方企业文化就其本质而言，以个人为主，崇尚自我以及开放的文化特征一直贯彻始终。它广泛地渗透到西方企业管理，包括组织、领导、决策、用人、经营等各个方面，形成典型的自我与理性的管理风格。

1. 明显的制度化特征

整个企业以及运行构建在条文、规章等一系列制度基础之上，企业每个成员的权利和义务清晰，企业和员工是一种由合同、章程所规定的契约关系。

2. 重科学与理性

讲求效率，强调科学性。“量”的概念贯彻在从作业计划到成本核算等所有的管理过程中。理性观念使得管理者追求条理性，努力去发现最优方案，用最少的时间、最低的成本，获取最好的质量、最高的利润。理性的思维方式甚至使他们对于生产作业中每个动作都会用秒表进行分解，以省去每一个细小多余的动作。

3. 讲求明确性

讲求明确的目标与指标、明确的操作程序，一切都有明确标准可依。通过严密的分工、可操作的评估系统进行明确的控制。

4. 情感淡化

将人与物视为同样的生产要素进行科学的配置和使用。淡漠人际关系，反对在工作中结成人与人之间的亲密关系，认为人与人之间的亲密关系只能存在于家庭、教堂、俱乐部和邻里之间的狭小范围内。

5. 主张能力至上

工作中表现为个人的决策过程及个人负责精神；高度尊重个性和个人价值；企业是一个松散的结合体，人员流动率较高。

6. 较强的创新性与进取性

在市场开拓、技术创新、产品改进等方面有一种无限的扩展欲和“侵略性”。

二、比较与借鉴

（一）东、西方企业文化的差异及相互借鉴

东、西方企业文化都是一定社会环境下的产物，社会环境改变了，企业文化也面临着改变。随着全球化进程的加速、科学技术的发展，地球“变得越来越小”，企业经营冲破国界，跨文化管理问题越来越突出；同时，随着人类征服自然能力的增强和大自然报复次数的增多，如何协调人与自然的关系成为人类考虑的另一重大问题。在这种新的社会环境背景下，审视东、西方企业文化，应该说各有利弊，为适应环境的变化，两者之间越来越需要相互借鉴和相互融合。

1. 对人与自然关系的两种态度

西方以新教伦理为思想基础形成的企业文化，对自然界采取一种进取、征服、使用的价值取向。这种伦理曾经是创造近代工业文明的一个重要原因。但是，现在却越来越显示出其严重的负面后果，诸如自然生态系统的破坏、能源的枯竭等，致使人类的生存

环境越来越差。

因此，现代社会的发展需要一种新的发展观，这种发展观建立在人与自然和谐共生的基础上。以儒家伦理为主要思想基础的东方企业文化正好与这一要求相一致。当代新儒学的代表人物杜维明指出，儒学是一种涵盖性极强的人文主义，它既不排斥人与自然的关系，也不排斥人与人之间的关系。它提倡天人合一、万物一体等。显然儒学中的这些内容蕴含着支撑现代社会继续发展的合理内核，根植于儒学的东方企业文化蕴藏着巨大的现代文化价值。

但必须看到，工业文明是一个不可逾越的历史阶段。东方国家的企业在处理与自然环境的关系时，一方面要善待自然，吸收西方工业化过程中的教训；另一方面，也要学习并创造更先进的技术，减少污染，提高能源利用效率，创造人与自然更为和谐的工业文明。

2. 个人本位与整体本位两种价值取向

西方企业文化坚持个人本位价值观，认为每个人都以自我利益为动机，凭着理性趋利避害。尽管亚当·斯密等人提倡利己不害他，但在现实世界中，这是很难做到的。哈佛大学商学院以前培养的目标是能够帮助公司提高利润的人才，后来发现这样的想法也许对某个特定的公司有好处，但与为社会培养人才的目标追求是相矛盾的；现在哈佛提出的办学理念是为企业界培养领袖人才，而不是那种唯利是图、没有道德感和文化意识的技术专家。

东方企业文化强调“家族”和整体本位价值观，它所倡导的不是对个人而是对更大团体的责任感，集团利益、集体荣誉重于个人利益、个人荣誉；倡导人与人之间要和谐、合作，反对对抗性的竞争。西方企业文化强调的自我利益、抗衡关系、放任主义以及由此衍生的过度专业化等，也导致了极端个人主义的弊端。所以，它们不得不提出向东方企业学习合作精神。当然，东方企业整体主义的文化也有局限性，过于强调整体利益和整体价值，容易抹杀个人价值，泯灭个性和创新精神。在实践中也需要正确处理好个体与整体的关系，在整体目标的指导下，为个体发展创造条件，使个体价值与整体价值相互依存、相互促进，形成良性循环。

3. 理性与非理性两种思维方式

西方企业文化中蕴含着较多的理性思维，强调直接、明确、实用、科学、效率，重视标准、制度的作用，表现出一种非常理性的思维方式。这种思维方式放大了人与物之间的关系，看淡了人与人之间的关系，增强了组织的创造性，提高了管理效率。这种文化暴露出来的主要问题是缺乏有效的人际沟通，组织像一架冰冷冷的机器，没有人情味。

东方企业文化重礼仪，重人际关系，重人情和“面子”，到处充满着灵性化和人情化，具有明显的非理性思维特征。依照马克斯·韦伯的观点，中国传统的非理性因素主要来源于儒教人格化的道德，它趋向于不断把个人与亲属联结在一起，表现出对外人的不信任。非理性思维方式追求办企业就像经营一个家族一样，重伦理关系，讲究人和与亲情。这种文化的局限性表现在：微妙的人际关系造成的面子效应，人为地把事情复杂化，既降低了效率，使人际关系变得复杂和表面化，还容易产生小团体主义，影响个性发挥和创新精神的形成。同时，由于人治观念较强，经营中缺乏法律意识和信用意识；在处理内部管理问题时，也往往把个人感情、关系置于规章制度和规范之上，管理灵活有余，刚性不够。因此，东方的企业需要正视这种文化缺陷，善于吸收和借鉴西方企业文化中理性精神，创造软硬结合的有效管理模式。

（二）相同文化背景下不同国家企业文化的差异

即使同一文化背景下的国家和地区，由于不同地域亚文化的影响，各国企业文化也存在着不少差别。

1. 中日企业文化的差异

在同属东方文化背景、讲究团体主义的中国和日本，企业文化也有较大差异。日本公司同事间的和谐情谊是难以形容的，大家把公司看得比家庭还重要。对他们而言，最大的耻辱莫过于被排除在群体之外。在这种文化背景下，丰田汽车公司全体员工的90%左右都同居一地，不分职别，膳宿在同一环境内，有着共同的生活方式。多数员工不仅是同事，而且是近邻，因而在不知不觉之间产生了一种连带感、亲切感，这不仅减少了劳资间不必要的摩擦，而且增进了员工的团结和爱社精神。

中国人的传统观念往往会把一个团体内的员工分为自己人和外人两大类别，并按系谱的亲疏远近，分为家人、族亲、姻亲、近亲、远亲、同宗、同乡、同学及其他次要派别。至于自己人和外人的界线则依情况而定，并无绝对的标准。费孝通先生曾用“差序格局”来形容这种如一轮轮波纹状，以自己为中心向外推，愈推愈远，关系也愈薄的人际网络。在这种文化影响下，中国企业员工虽工作在一起，甚至同住一地，也是有亲疏远近的，加上等级观念掺杂其中，使得人际关系变得较为复杂。

2. 欧美企业文化的差异

同属西方文化背景，美国企业文化和欧洲企业文化也有一定差别。1992 年 4 月，美国迪士尼公司在法国巴黎开办了欧洲分公司，公司雄心勃勃、意气风发，认为迪士尼即将再添新章。然而不到两年，欧洲迪士尼即陷入困境，如果没有母公司紧急调度，已无现金可供周转的欧洲迪士尼可能宣布倒闭。

人们在分析欧洲迪士尼严重亏损的原因时指出，经济不景气是造成被动的原因之一。然而，从文化习性角度缺乏对欧洲市场谨慎评估，才是它亏损的主要原因。在美国人的心目中，标榜纯真、梦幻的欧洲迪士尼一定要禁酒，然而这却是纯粹的美国观点。吃饭时饮酒是欧洲人的饮食习惯，跟纯真、堕落与否根本无关。当失望的欧洲人发现无酒可喝，连啤酒也没有供应时，再度光临的兴致大减。迪士尼公司有一本 13 页的员工仪容手册，即“迪士尼配方”，要求员工全盘迪士尼化。其中的规定包括禁止染发、禁止化妆、禁止抽烟、禁止嚼口香糖；耳环直径不可超过 2 厘米；要穿着合适的内衣，一定要使用身体芳香剂；更重要的是一定要不停地微笑。看着这些精细的工作守则，崇尚个人自由的法国人难以忍受。法国劳工联盟已经为迪士尼员工争取公道，抗议“迪士尼配方”不尽合理。然而，同样施以“迪士尼配方”，日本迪士尼公司的员工却毫无怨言，他们认同迪士尼文化，心悦诚服地遵守各项守则，随时随地以笑脸相迎。

以上说明，即使同属于一种文化背景，不同国家的企业文化差别也是不小的，在跨文化管理中需要相互学习和借鉴，以便克服自身文化的不足，适应不同文化主体的需要。

三、结论与启示

通过以上对中、日、美及欧洲各国企业文化特点的概括以及比较研究，可以得出以下几点结论与启示。

（一）相近的价值基点

尽管中、日、美及欧洲各国企业文化有不少差别，但是，异中见同，抽象掉各国企业文化的具体表现形式，可以找到一些共同规律和相近的价值基点。

如对以上中国的人和亲和传统、日本的团队精神、美国的个人能力主义、欧洲的参与管理等企业文化进行总结、提炼，可以发现，价值基点都是强调以人为本，强调发挥人的积极性、主动性和创造精神。

又如，中、日、美及欧洲各国作为经济强国，在企业文化管理上都比较重视先进技术的采用，把产品质量视为生命。各国企业员工都把掌握熟练的技术和生产高质量的产品作为追求目标。与此相联系，各国企业都有比较强烈的市场观念和顾客意识，重视消费者的权益。中国在法律上保护消费者权益，企业在市场经济竞争环境中，为顾客服务、让顾客满意的经营理念也已深入人心并付诸实践。美国企业把顾客视为“上帝”，在经营中一切以顾客为中心，把为顾客提供最优服务看成是企业经营的“最高准则”。欧洲各国企业越来越着眼于世界市场，通过制造高质量的产品来巩固和发展自身在世界市场竞争中的地位。日本企业把为大众服务看成是“社会责任”，在经营中不遗余力地为消费者提供周到的服务。

（二）一致的道德律

中、日、美及欧洲各国企业文化所产生的文化土壤是有差异的，如新教伦理与儒教伦理就有很大不同。但是这些文化土壤中有很多一致的文化因子，直接影响着企业文化的形成与发展。其中，最重要的就是感恩意识与敬畏意识。

感恩意识是人们感激他人恩惠并寻求报答的内在心理要求，是人类最原始、最淳朴、最正直的情感，也是人类文明公认的基本道德律。儒家伦理主张忠、孝、节、义，其最高标准“仁”“忠恕”与报恩思想一脉相承。因此，中国人推崇“滴水之恩，当涌泉相报”，唾弃“忘恩负义之人”。在美国，每年十一月的第四个星期四是感恩节，感恩意识构成美国传统文化的一部分。

感恩是企业的基本道德律。企业自创办，从小到大，从弱到强，每一步都离不开各种力量的支持与帮助。股东给了企业以“筋骨血脉”之躯，顾客给了企业以“衣食”，员工给了企业以精神与能力，合作者给了企业以完成经营活动的帮助，竞争者给了企业以激励，社会给了企业以发展的广阔舞台，国家给了企业以发展的法律保障和政策保障。

优秀企业文化中饱含爱心和社会责任感。实际上，爱心与责任感源于感恩。企业没有感恩之心，在物欲横流的世界，顾客就成为赚钱的对象，员工就成为赚钱的工具。有了感恩之心，才能善待顾客和员工，才能自觉地对顾客、对员工以至于对社会、对环境、对未来负责，在经济利益与社会利益、眼前利益与长远利益的博弈中做出最佳选择。

敬畏意识是企业诚信文化的思想基础。儒家文化以仁为中心，讲“内仁外礼”，鼓励人们向善，虽然没有明确的戒律和惩罚条例，但圣人乃是真理的化身，人们崇敬圣人，畏圣人之言。尤其是儒家以诚信为修身立业、处世待人的根本，这是形成中国企业诚信文化的思想基础。

（三）极强的民族性

企业文化根植于民族文化的沃土，传承演绎着不同的思维方式、行为方式以及传统、习俗与习惯。民族文化传统是数百年甚至上千年来逐渐积淀而成的，具有相当的稳定性，之所以能传承下来，也有它的合理性。因而，传承民族文化基因的企业文化也具有稳定性与合理性。民族性是企业文化最根本的个性，也是其生命力的源泉。

尽管在全球化浪潮下，世界各国企业都在相互交流借鉴，但真正富有民族性的东西是很难照搬照抄的。中国企业要培育优秀企业文化，必须以中国优秀民族文化为根基，善于吸收其中有关人本观念、团体意识、和谐思想等精华，并与现代文明和市场经济伦理相结合，培育特色，增强适应性。

（四）共性部分可以相互借鉴

企业文化作为企业管理的重要组成部分，同样具有两重属性，即一方面具有同社会化大生产及市场经济相联系的一般属性，另一方面具有同生产关系、社会文化相联系的特殊属性。其特殊属性是不能或较难相互借鉴的，而一般属性是可以相互借鉴的。

中国市场经济发展史和工业化历程较短，多数企业经受残酷市场竞争洗礼和工业化历练不足，企业文化不够成熟。“他山之石，可以攻玉”，中国企业要想缩短与发达国家企业管理的距离，建设成熟的企业文化，自然应该发挥后发优势，学习和借鉴发达国家企业管理与文化的精华，如人本管理价值观、诚信道德观、以顾客为本的经营观、以能力和绩效为本的用人观以及重理性的思维方式和创新精神等。

当然，文化的学习与借鉴不同于科学技术，任何简单片面的盲目移植都将因文化环境的变异而遭到失败。因此，必须坚持从实际出发，以我为主，博采众长，交流融合，才能收到较好的效果。

（五）管理与文化不可分割

分析各国企业文化的特点，可以看出，企业文化与企业管理紧密相连，不可分割。从管理方式上看，企业文化管理隶属于广义企业管理的范畴，是企业管理精神层面的体现。管理知识与经验的积累就是一种企业文化积累。但是，企业文化作为相对独立的范畴，既受管理水平的制约，又对管理水平的提高起着重要作用。企业文化为管理提供一种环境和精神导向，任何管理活动都是在一定的文化环境中，接受一种文化引导、暗示而进行的。因而，不同的文化背景会造就不同的管理方式、行为方式和人际交往方式，文化制约和影响着管理的实践模式。采用先进的管理方法和手段，没有文化跟进、文化保障，再先进的管理方法和手段也不会产生良好的效果。当然，企业文化管理也不能脱离管理的现状，过分超前也不会发挥积极作用。因此，企业制度创新、管理现代化的推进，应与文化变革与推进同步进行。

第三节　资本流动与跨文化管理

全球化（Globalization）推动世界各国联系不断增强、全球意识日益崛起，人类生活在全球范围内发展。全球化促使国际资本流动规模加大、速度加快，带动各国企业管理与文化的交流，使跨文化管理问题日益突出。

跨文化管理理论是在20世纪70年代后期的美国逐步形成和发展起来的。研究重点是在跨文化条件下如何克服异质文化的冲突，设计出切实可行的组织结构和管理机制，最合理地配置企业资源，特别是最大限度地挖掘和利用企业人力资源的潜力和价值，从而进行卓有成效的管理。

一、资本流动与文化交流

（一）全球资本流动趋势

从本质上说，资本是无差异的人类一般劳动成果的生成、凝结和积累。资本具有流动性。当一国资本跨出“国界”流入他国时，就成为国际资本。全球化程度越高，国际资本流动的量越大，速度也就越快。全球资本流动虽然由于受各种因素影响具有不确定性，但总趋势是不断上升的。

从16世纪早期殖民扩张开始，世界经济开始了全球化趋势，发达国家由于生产力过剩，开始对外贸易和对外投资，发展到20世纪80年代，全球化成为世界经济发展的潮流。到90年代，全球对外直接投资（Foreign Direct Investment，FDI）进程大大加快，到2000年达到1.4万亿美元。2008年，受金融危机影响，国际FDI总额下降趋势明显，2012年后有所回升，2016年全球FDI达到1.52万亿美元。2020年，新冠疫情在全球大流行，贸易保护主义和逆全球化增长，2022年，国际FDI总额下降到1.3万亿美元。

中国加入WTO，成为全球化进程中的重要力量，资本引进和输出数额巨大。截至2017年年底，中国累计利用外资达到19 043万亿美元。近年来FDI增速迅猛，自2013年首次进入FDI“千亿美元俱乐部”后，“一带一路”倡议进一步激发企业对外投资的热情，2016年，我国FDI创下1 701.1亿美元历史最高值，至2017年年末，中国FDI存量达到11 140.2亿美元。

（二）资本流动带动企业文化交流

资本流动与文化的传播、交流是相辅相成的。单方面讲，国际资本的流动，即资本由一国进入他国市场，就会把资本输出国的企业文化或多或少带入资本输入国。

由国际资本流动带动的企业文化交流，其交流规模及影响是与国际资本流动量相关的。由于经济发展水平、产业结构、开放度等方面的差异，国际资本在世界各国间的流动是不均衡的。有些国家经济相对封闭，基本上不与国际资本发生联系，或只发生少量联系；有些国家经济比较开放，国际资本输出输入的量就比较大；有些国家开放度很高，则国际资本流动频繁，数额巨大。因此，企业文化在世界各国间的交流也是不均衡的。一个国家吸收的国际资本越多，接受外来文化的冲击也就越大。当然，这与国际资本输出国与输入国的文化背景、管理水平有关系，国际资本输出国的文化和管理越有优势，对输入国的冲击也就越大。同时，创新波及理论认为，思想的传播或交流，在文化背景相同的群体内部较容易。中国是世界上吸引外资较多的国家，受国际资本带来的文化影响比较大，由此引起的跨文化管理问题也较多。近年来，中国实施“走出去”战略，迅速成为资本输出大国，中国企业在对外投资中也在输出企业文化，也引发了大量跨文化管理问题。

由于国际资本带动全球企业文化的传播与交流，不管是采取独资、合资与合作，还是并购，不同文化背景下的企业经营管理方式冲突、不同国籍员工之间的价值冲突以及员工与管理者的价值冲突、具有国际资本背景的企业文化与本土文化的冲突时常发生，因此，跨文化管理问题已经成为企业文化研究的重点。

二、跨文化管理

(一)跨文化管理的概念

跨文化管理，也称“交叉文化管理（Cross Cultural Management)”，指在全球化经营中，对不同国家和企业的文化采取包容态度，在跨文化条件下克服异质文化冲突，创造出企业独特的文化，形成卓有成效的管理过程，淡化和规避国际化经营中各种风险。跨文化管理包括跨越国界和跨越民族界限的文化管理。消除文化的差异，即消除可能来自沟通与语言的理解不同、风俗习惯迥异、刚性的企业文化隔阂等诸多因素，是跨文化管理着力解决的核心问题。

(二)跨文化问题的表现

国际资本的流动，加之人才、技术、商品的流动，引发了跨文化管理问题。《世界经理人文摘》对跨国经营管理中的文化困境这样描述：全世界的驻外经理都不约而同地发现他们处于一个两难境地，夹在总公司和当地办事处之间不知所从。跨文化问题几乎在全球跨国企业中普遍存在，而且问题相当复杂。

案例 8-9

丰田的“全球化”

2009 年，丰田汽车“踏板门”“脚垫门”“刹车门”等事件接踵而至，质量问题愈演愈烈。以美国为主，在全球范围内，丰田累计召回问题车已近 900 万辆，超过丰田 2009 年 781.3 万辆的全球总销量。销量下降，股票下跌，亏损加剧，享誉全球的丰田汽车遭遇了“全球化”的严峻挑战。

造成丰田汽车召回事件的原因很多，有“大企业病”问题，也有贪婪扩张问题，但根本原因是未处理好全球化中跨文化管理问题。

丰田的“精益生产方式”的确很好，但不能在“全球化”中简单复制。《纽约时报》评论说，当丰田向着“全球化”进军的时候，却无法要求全球的雇员以不同的文化精神来共同实践丰田爱企业如爱家的理念，这或许是丰田“全球化”风头正劲的几年来，召回事件却呈上升趋势的根本原因。比如，日本本土企业如果发现生产中出现问题，工人就毫不犹豫地拉停板，检查生产过程中的差错。这种停板是整条生产线的责任，而不是叫停生产板的工人的责任。在美国的丰田工厂，美国工人发现生产中出了问题，虽然也会按照规定拉停板，但他认为是由于个人原因导致了生产线出现问题，并担心受到惩罚。因此，在丰田输出管理方法的时候，还要进行文化的融合，否则，美国工人就不愿意拉停板，出问题的风险就加大，质量问题的出现就成为必然。日本丰田的质量是制造出来的，美国丰田的质量是检验出来的，二者差别巨大。丰田精益生产要求把质量隐患消灭在生产过程当中，这就不仅需要技术，更需要人的责任心与整体文化的保证。

案例讨论

1. 丰田汽车“踏板门”“脚垫门”“刹车门”等事件背后的根源是什么？
2. 为什么丰田的“精益生产方式”不能在“全球化”中简单复制？

---

1. 跨文化管理问题的具体表现

参考德国学者帕特里希亚·派尔-舍勒对中外合资企业跨文化问题的研究[①]，归纳起来，跨文化问题主要表现在：

（1）人事管理方面的跨文化问题。包括文化背景各异的中外雇员在合作中存在矛盾、员工提升机制不一致、对“职位基础”理解不一致、中外管理者领导风格不一致、因“裙带关系”和培训中存在“机会主义”引起冲突以及欧洲的“共同管理”原则引致的跨文化冲突等。

（2）积极性管理中的跨文化问题。包括调动积极性的手段差异、重视个人与集体归属需求相矛盾、重视工作质量与重视人际关系相冲突以及工资体制和福利待遇中存在的跨文化问题等。

（3）交际管理中的跨文化问题。包括语言障碍、交际障碍、内部语言规则不同、合作中各行其是、部门之间协调障碍以及意见交流中的文化障碍等。

（4）目标和计划管理中的跨文化问题。包括对计划理解不一致、效率意识与无时间无利润观念相抵触、质量保证与目标认识不同以及衡量行动余地需要的尺度不一样等。

（5）决策管理中的跨文化问题。包括决策标准不一致、决策与决定过程不同以及中外员工在承担责任、工作主动性和参与精神方面的差异等。

（6）组织管理中的跨文化问题。包括在团队组成、合作愿望、革新愿望、冒险精神以及工作岗位设计等方面的差异与冲突等。

（7）监督管理中的跨文化问题。包括习惯接受监督的方式、质量保证与要求、工作任务描述等方面的差异与冲突等。

---

① 叶生．企业灵魂：企业文化管理完全手册．北京：机械工业出版社，2004.

在多元文化的环境中，来自不同文化背景下不同的价值取向和行为方式所产生的上述跨文化问题，带来的直接后果是：决策与决策实施变得困难，经营管理难度加大，组织绩效受到影响。如不能有效克服文化差异所导致的冲突，国际化合作会陷入停滞甚至失败。

2. 跨文化管理问题的原因

（1）目标不一致。合作各方经营者同床异梦。

（2）经营理念不同。合作各方经营者有的着眼于长远，坚持诚信经营，追求“双赢”或“多赢”，有的则只注重短期利益，忽视长期发展，热衷于一次性博弈，较少顾及企业信誉，导致经营决策和策略的差异。

（3）领导风格有差异。中、外方企业家表现出的在决策时的独裁与民主、管理中的讲等级与讲平等、行动中的注重程序化与雷厉风行等作风的冲突是显而易见的。

（4）价值观有冲突。反映在不同国籍、不同文化背景的员工在一起工作时，认识问题、判断事物的标准不一样。

（5）语言文化与行为举止交流障碍。中文的用语习惯、表达方式、语言思维模式以及中国人的行为举止和英、日语等国家存在着巨大的差异，导致较大交流障碍，甚至带来误解和矛盾。

（三）跨文化管理模式与实施

跨文化管理就是在合资企业经营过程中，对来自不同文化的管理冲突与摩擦所进行的沟通、调解、包容与融合。跨文化管理的中心任务是化解文化冲突，共建共享新的企业文化。

1. 跨文化策略选择

跨文化管理的关键是对人的管理，有效解决跨文化冲突和矛盾，应因人而异、因势制宜，采取灵活的策略。

（1）本土化策略。根据“思维全球化和行动当地化”的原则，尽量使用本土员工。

（2）文化相容策略。根据不同文化相容的程度，采取文化平行相容，即文化互补策略或隐去两者主体文化的和平相容策略，求同存异、模糊冲突部分的策略。

（3）文化创新策略。即将外来文化与本土文化有效整合的策略。

（4）文化规避策略。即特别注意规避“敏感地带”文化的策略。

（5）文化渗透策略。即采取潜移默化方式渗透先进文化的策略。

（6）第三方策略。即绕开合作双方文化冲突、用第三方文化来管控公司的策略。

（7）占领式策略。即以强压弱、统一文化的策略。

2. 跨文化管理模式

实施上述策略，所形成的跨文化管理模式主要有：

（1）外资文化主导型。这种模式充分尊重和采纳国外投资方的管理模式与经验，把外方母公司文化移植到合资公司，作为合资公司文化的主脉。这种模式以整个公司崇尚效率为最高原则，强行灌输外方文化理念。推行这种模式经常出现的问题是，由于外方管理者不大理会本土文化及其影响，不够尊重本地员工的行为方式和感情，容易遭到中方管理者和员工的排斥和抵触。

（2）中资文化主导型。这种模式以中国投资方的管理模式与经验为基础，以中国企业文化作为合资企业的主导文化。这种模式注重人际关系，关注员工的社会福利，按员工的资历决定其升迁。推行这种模式，企业文化的适应性强，但往往不能较好地学习与吸收外方的先进文化与管理经验。

（3）中外文化合作型。这种模式对文化差异较大的投资双方均给予充分的尊重，以合作为原则，通过沟通，取长补短，寻找价值共同点。这种模式的管理，其主要手段就是沟通，运行过程中有时效率不高。

（4）中外文化融合创新型。即在充分挖掘中外双方企业文化优点的基础上，以契合文化为导向，结合合资企业的发展特点，创造其独特的企业文化。西安杨森的鹰雁精神就是一个很好的范例。

案例 8-10

鹰雁精神

西安杨森制药有限公司是美国强生公司的全资子公司比利时杨森制药有限公司控股的中国最大的合资制药企业，自 1985 年创办以来，一直秉承着强生公司董事长罗伯特·伍德·强生于 1943 年公司宣布上市时发表的“对客户负责、对员工负责、对社会负责、对股东负责”的信条。在践行信条中，西安杨森积极培养以“鹰雁”为代表形象的企业文化。

在个人方面，公司要求员工尤其是销售人员要具有鹰的果敢和力量，培养他们不怕困难、争强好胜的品质，充分调动他们积极进取、勇往直前的拼搏精神。“鹰是强壮的，鹰是果断的，鹰是敢于向山巅和天空挑战的，它们总是敢于伸出自己的颈项独立作战。在我们的队伍中，鼓励出头鸟，并且不仅要做出头鸟，还要做搏击长空的雄鹰。作为个人，永远争做工作上的雄鹰，作为企业，我们要成为全世界优秀公司中的雄鹰。”

在“鹰文化”的感染和熏陶下，每一位杨森人都充满了斗志，用杨森一位主管的话讲，杨森公司的每一位员工都是优秀的，无论走到什么地方，都能开拓出一片新天地。随着企业的不断发展，团队合作愈来愈重要，以“雁文化”为代表形象，培养团队精神是西安杨森企业文化的又一特征。“……当每只雁展翅高飞时，也为后面的队友提供了向上之风。由于组成 V 字队形，可以增加雁群 71%的飞行范围。”“当某只雁离队时它立即感到孤独飞行的困难和阻力。它会立即飞回队伍，善用前面同伴提供的向上之风继续前进。”“雁文化”的实质就是团队的合作，只要团队内成员齐心协力，互相帮助，就更容易实现团队和个人的目标，团队的成功也就是个人的成功。

“鹰文化”与“雁文化”是美国文化和中国文化的形象写照，二者融合凝练为一种“鹰雁精神”，既体现了鹰的勇敢、斗志品格，又体现了雁的合作、协力品格，使“西安杨森”成为员工心目中“神奇、可爱的大家庭”，凝聚了一大批优秀的人才，同时，又把这些人才培育成一支特别能吃苦、特别能战斗的精英团队。

案例讨论

1. “鹰文化”和“雁文化”各自的特点是什么?

2. 为什么西安杨森制药有限公司创造的“鹰雁精神”成为中外合资企业文化融合创新的成功范列?

3. 跨文化管理实施

对跨文化管理这样一个复杂的问题，英国剑桥大学教授查尔斯·汉普顿·特纳在新加坡南洋理工大学主办的“风云际会对话中国”大师论坛上，简化为三条：同化、规范与融合。

同化，即通过沟通，使外籍员工认同公司的愿景，增强其主人翁意识、归属感以及对公司品牌的自豪感，增进其对公司基本架构和营运情况的了解，帮助他们最大限度地融入公司的日常运作。

规范，即要求企业制定清晰、完整、稳定的公司政策和各种规范，并要求所有中外员工共同遵守，进行规范化管理。

融合，即要发挥中国企业人性化管理的独特优势，在晓之以理的基础上，再动之以情，对外籍员工在工作、学习和生活等各方面，加强人性化的关怀，帮助他们排除陌生感、孤独感。

明基集团全球副总裁洪宜幸主张，跨文化管理要解决好以下问题：一是在确立企业文化时，领导者应该学会用中性词来描述与文化相关的事物，尽力避免或消除文化偏见。二是管理者要学会包容，尊重不同甚至截然相反的各种文化。三是己所不欲，勿施于人，即管理者要有换位意识，避免自视极高、一切以自我为中心。四是注意细节。五是在企业核心价值观的基础上建立一种开放性、兼容性、持久性的双赢文化，达成一种文化平衡。

根据上述观点，对于一个新创办的中外合资企业而言，跨文化管理实施需要做好以下工作：

(1) 跨文化管理前移。在合资谈判中就充分考虑投资各方的文化融合问题，尽早制订跨文化管理计划。

(2) 确定跨文化管理人员。专职从事跨文化管理调研、沟通、协调和新文化导入与管理等工作。

(3) 选择适合的跨文化管理模式。在对投资双方资本和人力资源投入状况、市场竞争力、管理经验、文化背景以及管理者、员工素质等因素进行综合考量基础上，选择并确定适合的跨文化管理模式。多数情况下，以中外文化融合创新型的模式为首选。

(4) 确定新公司文化理念并落地实施。根据选择的跨文化管理模式、公司性质、使命、目标以及企业员工的构成和文化背景等，确定比较先进适用的文化理念，结合制度建设、任务分解、宣传推广等确保文化理念入脑入心、落地生根。

合资企业跨文化管理经验

（5）加强跨文化培训。可以组织文化敏感性训练，通过请专家授课、语言培训、研讨交流和环境模拟等方式解决人力资源管理中文化差异问题，以加强人们对不同文化环境的反应和适应能力，促进不同文化背景之间的人们的沟通和理解；同时将企业新文化传递给员工，增强企业文化凝聚力、理解力和执行力。

本章小结

全球化的发展加速企业文化的国际化。日、美及欧洲国家是世界上经济、科学技术和管理的高地，有着比较成熟的与市场经济相适应的企业文化。在全球化背景下，了解日、美及欧洲国家企业文化的各自特点，可以找到一些共同规律、共同价值基点，便于我们在坚持民族特色的基础上，吸收借鉴世界各国优秀的管理经验与文化理念。

全球化促使资本的国际流动和文化交流，因而带来企业跨文化管理问题日益突出。分析研究中外合资企业的文化冲突现象及原因，选择合理的跨文化管理模式，实施灵活的跨文化管理策略，对于推动中外合资企业管理与文化的融合、创新，具有重要的意义。

复习题

一、单选题

1. 《东亚铭》是近代民族企业家（　　）提出来的。

A. 刘鸿生　　B. 范旭东　　C. 宋棐卿

2. 日本企业文化的特点包括为社会经营的理念、家族主义经营意识、团队主义精神和（　　）的经营哲学。

A. “和魂洋才”　　B. “综合即创造”　　C. “《论语》+算盘”

3. 企业文化具有两重属性，即一方面具有同社会化大生产及市场经济相联系的一般属性，另一方面具有同生产关系、社会文化相联系的特殊属性。其一般属性是（　　）的。

A. 不能相互借鉴　　B. 可以部分相互借鉴　　C. 可以相互借鉴

4. 英国剑桥大学教授特纳把跨文化管理简化为三条：同化、规范与（　　）。

A. 融合　　B. 强制　　C. 合作

二、多选题

1. 日本企业维系家族主义经营的“三大神器”是：（　　）。

A. 终身雇佣制　　B. 年功序列工资制　　C. 团体激励制度

D. 阿米巴经营　　E. 企业工会

2. 美国企业推崇个人能力主义的管理哲学，具体体现在：（　　）。

A. 崇尚个人主义　　B. 尊重个人价值　　C. 个人决策与个人负责

D. 支持个人冒险、创新　　E. 实施针对个人的奖励制度

3. 东方文化土壤上形成的管理模式和管理行为，具有集中式管理、重社会责任感、

重社会精神力量、（　　）等特点。

A. 倡导家庭氛围　　B. 强调整体控制　　C. 重科学与理性
D. 讲求明确性　　E. 善用含糊与微妙的沟通

4. 跨文化管理问题产生的原因包括（　　）和语言文化与行为举止交流障碍。

A. 目标不一致　　B. 经营理念不同　　C. 领导风格有差异
D. 交流方式不一样　　E. 价值观有冲突

三、判断题

1. 欧洲企业文化中，具有理性传统与质量意识、爱国精神与团队精神、战略眼光与全球视野以及普遍的参与文化。（　　）

2. 感恩意识是人们感激他人恩惠并寻求报答的内在心理要求，是人类最原始、最淳朴、最正直的情感，也是人类文明公认的基本道德律。（　　）

3. 企业文化与企业管理紧密相连，不可分割。管理知识与经验的积累就是一种企业文化积累。（　　）

4. 资本流动与文化的传播、交流是相辅相成的。（　　）

四、简答题

1. 简述中国企业文化的特点。

2. 简述东、西方企业文化的差异与相互借鉴。

3. 简述跨文化管理模式及管理实施。

4. 简述从各国企业文化的比较分析中得到的结论与启示。

5. 联系实际，试说明中国企业应从日、美、欧洲国家企业文化中借鉴哪些有益经验。

练习与操作

1. 针对一个虚拟企业，设计一个在员工中倡导开展合理化建议活动的方案。要求方案中包含指导思想、实施范围与对象、时间与流程安排、活动组织要求等要素。

2. 针对一个虚拟合资企业，制定一个员工跨文化培训方案。要求方案中包含培训目标、培训对象、培训内容（专题）、时间安排和培训组织等。

第九章
企业文化的创新与发展

学习目标

知识目标：

1. 了解未来企业经营管理的变化趋势、企业文化理论研究与实践变化趋势、企业文化的创新发展方向。
2. 把握各种外部环境变化对企业文化发展的影响度与影响方向。
3. 理解企业文化与外部环境之间的互动关系。

能力目标：

1. 提升学习能力和工作创新能力。
2. 增强工作责任感，树立契约精神，提升工作胜任力。

素养目标：

1. 养成节约资源、保护环境的意识与习惯。
2. 增强公益精神和社会责任感。

学习导图

- 企业文化的创新与发展
  - 企业文化发展的外部环境
    - 自然资源与生态环境
    - 科学技术环境
    - 经济环境
    - 政治法律环境
    - 社会文化环境
  - 企业经营管理的变化趋势
    - 知识、数字要素与知识所有者地位
    - 企业核心能力与竞争优势
    - 企业资源配置的区域化与全球化
    - 互联网与信息技术的发展
    - 技术创新与自主品牌
    - 合作竞争模式与双赢模式
  - 企业文化的创新趋势
    - 理论研究与实践探索
    - 企业文化的创新发展方向

第一节 企业文化发展的外部环境

企业是一个开放系统，它不能脱离社会环境而存在；自然，企业文化也不能脱离社会环境而生成与发展。因此，要塑造健康并有特色的企业文化，必须认真分析影响企业文化生成与发展的环境因素。

影响企业文化发展的外部环境主要包括社会政治法律制度、社会经济发展状况、行业竞争状况、科技发展水平、民族文化传统、自然地理条件，以及企业所处行业的市场情况和所在地区的地方法规、社区文化、风俗习惯、乡土人情等。

本书把企业文化发展的外部环境概括为自然资源及生态环境、科学技术环境、经济环境、政治法律环境和社会文化环境。

一、自然资源与生态环境

半个多世纪以来，越来越多的学者关注自然资源短缺和生态不断恶化的问题。有人警告说，如果地球上的资源不能保持不断再生，地球有一天将会像缺乏燃料的宇宙飞船一样危险；许多学者对工业污染、生态系统的失衡提出指责和警告；同时，出现了许多环境保护组织，促使一些国家加强了环境保护方面的立法和执法，这些对现代企业都是严重的挑战。

（一）资源短缺

地球上的自然资源可分为三大类：无限供给的、有限但可再生的和有限又不可再生的。无限供给的资源如空气等，总体上是取之不尽、用之不竭的，但污染问题严重，亟待解决。有限但可再生的资源如森林和农产品等，短期内还不会有太大问题，但必须防止过分采伐和侵占耕地。有限又不可再生的资源如石油、煤和各种矿产品，问题最为严重。这迫使人们去大力研究开发新能源，如太阳能、风能、核能、氢能、海洋能、地热能等。这也给企业带来了若干新的机会，即开发这些行业的产品肯定有光明的前景。

资源短缺无疑对企业文化有直接影响。未来，能源危机意识以及节约传统能源、探索新能源，为子孙后代造福的长远发展意识成为现代企业文化的重要内容。

（二）环境污染

现代工业的发展，对自然环境造成了巨大破坏，水源、空气、土壤被大量污染，这已成为当代社会的一个严重问题。公众对自然环境的日益关心，促使许多国家的政府加强了环境保护工作，加强了对自然资源的管理。世界各国在环境保护方面陆续采取了大量措施。如加强环境保护立法，减少能源消耗，开发环保技术，减少碳排放，加快新能源开发，推广可再生能源，保护森林和野生动物保护区，等等。同时，把环境保护提升到国家战略，对碳排放峰值和碳中和目标作出承诺。不少发达国家对限制企业环境污染采取了较严厉的措施，但这种干预往往与经济增长和企业扩大生产产生矛盾，由于许多企业要投资于治理污染，因而不能增加生产设备和就业机会。目前有些国家正在寻找解决这一矛盾的方法，走绿色发展道路。

世界各国政府和社会公众对环境保护的关心，一方面限制了某些行业的发展，另一方面也给某些企业带来了机会，如为节省能源、治理污染的技术和设备提供了一个大市场，为环保包装创造了营销机会。同时，对企业文化的影响也是巨大的，要求企业有环境保护意识和可持续发展意识，要有社会长远利益和整体利益的观念。

（三）绿色营销

与环境保护问题相联系，近年来在世界各地掀起了“绿色营销”新浪潮。绿色营销发端于西方发达国家，由于生态环境日益遭到破坏，影响了人们对高品质生活的追求，因此自 20 世纪 60 年代以来，“保护环境、珍惜地球”的呼声日益高涨。1972 年联合国在瑞典斯德哥尔摩第一次召开人类环境会议，发表了《人类环境宣言》，向世界提出“人类只有一个地球”的强烈呼吁。德国提出“蓝色天使”计划，向达到一定生态环境标准的产品颁发蓝色天使标签。美国和加拿大实行了环境标志制度。日本实行了“生态标志”计划。绿色营销的浪潮从“绿色食品”开始，不断扩展到其他行业，绿色电器、绿色建筑、绿色原料等相继出现，并倡导绿色消费。

绿色营销观念的深入人心，不但要求企业制定相应的绿色营销策略，开发绿色产品、绿色包装，强化绿色分销、绿色物流、绿色促销，实行绿色价格、绿色服务和绿色管理，推行绿色公关、绿色广告，树立绿色形象等，而且要求企业建立绿色文化，关注社会环境，讲究商业道德，追求人类社会的长期利益，与消费者共创安全优质的生活方式。

总之，在全球资源紧缺、自然生态环境不断恶化的情况下，企业文化必须适应与自然环境的协调，改变企业以自我为中心、以眼前经济利益为中心的文化，树立注重社会利益、关爱人类生存环境、谋求长期发展的现代企业文化。

二、科学技术环境

科学技术影响人类的前途和命运，是最强大的生产力。科学技术的进步对企业发展的影响更是直接而显著。第二次世界大战后，科学技术迅猛发展，尤其是包括原子能、电子计算机、信息技术、空间技术和生物技术在内的新的技术革命，造就许多新的行业、新的市场机会，同时也给某些行业带来威胁。特别是互联网、大数据和人工智能等新技术的发展，给企业经营和管理带来的影响更为深远。所以，有人把这种科学技术称为“创新性的破坏力”。

（一）技术变革步伐加快

以信息技术、生物技术、互联网和人工智能为标志的第四次技术革命不断深化，许多今天我们认为很普通的技术性产品，如笔记本电脑、智能手机、智能电视机等，在 40 多年前是不可想象的；20 多年前人们对 3D 打印技术、互联网、电商还知之甚少；5 年前，人们对无人驾驶汽车技术、虚拟与增强现实（VR/AR）、人脸识别、区块链的认识还不清楚；两年前，人们认为 AI 的广泛使用还很遥远。许多新技术、新发明的迅速普及推广，为人们所始料不及，尤其是互联网和人工智能等新技术给人类生产生活带来颠覆性影响。科技的迅猛发展，人们工作方式和消费方式的变化，对现代企业文化都产生了直接的影响，如人们要求更加自主，有更宽松的工作环境，更重视自我价值的实现等。

（二）创新的机会增多

由于第四次技术革命迅速发展，现代市场上创新的机会无穷无尽，凡是人们所需要的新产品或服务，总有源源不断的新构思出现，而且在技术上能很快有所进展。各国科学家们正在加大对诸如二氧化碳循环利用技术、绿色能源技术、基因技术、生成式人工智能、防治癌症和艾滋病的新药、海水淡化、智能机器人、柔性电池等相关技术和产品的研发，不断给人们带来惊喜。企业可以在顾客购买力允许的范围内，将新技术产品导入目标市场。这种变化不仅要求企业树立强烈的创新意识和冒险意识，有敏锐的市场眼光，而且要有面向全球和面向未来的文化理念。

（三）研发费用提高

随着新技术的不断涌现，产品的生命周期不断缩短，50 年前产品的生命周期平均约为 8 年，30 年前是 5 年，20 年前缩短到 2～3 年，到今天，技术创新加速，加上新生的 Z 时代群体消费观的驱动，不少产品仅有一年甚至几个月的生命力。各国企业为了在新产品的竞争中占据制高点，纷纷加大研发投入，研发费用在销售收入中比重越来越大。例如，华为在全球设有 16 个研发中心，研发投入占营收的比例高达 22.7%，在近 20 万员工中，研发人员超过半数，2022 年专利申请数 7 689 件，连续六年全球第一。企业除自己投入巨资进行技术研发、取得专利外，还通过购买专利等多种途径取得新技术。这种变化要求企业树立强烈的科技兴企意识，树立尊重知识、尊重人才，善于博采众长、借力发展等文化理念。

2022 年全球 20 个著名公司研发投入情况

（四）技术革新的法规增多

近年来，新技术的迅速发展和新产品的大量涌现，导致一些不良后果的出现，因而一些国家的政府对新产品的检查和管理日益加强，对安全与卫生的要求越来越高。除了政府的管制外，社会上还有些人反对科学技术的随意商业化和对自然的过度开发，要求政府在新科技用于商业之前进行严格评估。他们认为，大规模的科技创新，会对大自然、个人生活、环境卫生以至整个人类社会造成威胁，因而主张以自行车代替汽车，以天然食品代替合成食品，以天然纤维织物代替化学纤维织物。这些变化对企业决策、经营方向、产品开发以及与此相适应的文化观念都会产生影响。

2020 年全球企业专利 TOP10

不容忽视的是，科学技术的迅速发展及对经济发展的巨大促进作用，使得科技人员在企业员工中比重日益增多，其地位也越来越重要。这不仅要求企业必须树立科学技术是第一生产力的理念，千方百计在企业内部营造重视科技的文化氛围，而且还要看到脑力劳动与体力劳动者比例关系的变化给企业文化带来的重大影响，企业必须重视教育的投入，重视管理方式的变革，正确处理好科技人员与一线劳动者的关系，承认差别，建立有效的激励机制，为科技人员实现自我发展、实现自我价值创造良好的条件。

三、经济环境

经济环境包括社会生产力发展水平以及由此决定的居民生活水平和生活方式，经济体制以及与此相联系的国家管制、企业制度等。全球化和信息化推动着市场竞争的加剧，日益提高的消费层次和消费需求的多样化，使得企业之间的竞争不断升级。经济环境的巨大变化，使企业经营方式、管理方式与企业文化面临新的挑战。

（一）社会生产力迅速发展

在全球化发展的大背景中，中国已经融入世界，创造了持续的经济繁荣，社会生产力以前所未有的速度得到发展，GDP总量跃居世界第二位，2023年人均GDP已经达到1.27万美元，正在向全面建成小康社会的目标迈进。

作为消费者，他们会对产品从品种到质量，从商标到品牌，从文化内涵、艺术价值到社会价值等方面都提出更高的要求。人们更看重产品的独特性、时尚性，更看重消费体验，更看重服务的便捷性和附加值。面对人们的生活水平提高以后消费需求的高质化、多样化和个性化，一个企业若不能满足消费者的需求，消费者就会用货币选票，把企业赶出市场舞台。

作为企业员工，随着物质生活条件的巨大改善和文化环境的改变，他们越来越追求精神生活的满足和提高。这时，他们不仅重视眼前的工资福利，更重视企业长远的发展前景；不仅重视工作环境的安全性、稳定性，而且对企业的人际环境、文化氛围、自我实现的机会、发展的机会等精神方面的因素越来越注重，提出了更多的民主要求，希望有更多的参与企业创新活动和经营管理的机会。同时，他们还对企业领导者的素质提出了更高要求，希望他们更有预见力，更有人情味和人格魅力，更有社会责任感。今天，对于很多白领而言，他们跳槽已不单单是为了工资待遇，更重要的是考虑有无实现自我价值和谋求发展的机会。

因此，社会生产力迅速发展带来的人们生活水平、生活方式、工作方式等的重大变化，要求企业彻底改变以企业为中心的传统经营管理理念，对外塑造以顾客为中心的经营文化，对内塑造以员工为中心的管理文化。

（二）市场经济体制逐步完善

市场经济体制是在价值规律作用的基础上由市场配置资源的经济体制。与自然经济相比，市场经济体制最突出的特点有两个，一是生产要素的自由流动与交换，二是经营主体之间的自由竞争。

中国目前正在完善社会主义市场经济体制，紧紧围绕使“市场在资源配置中起决定性作用”而进行深化改革，以完善产权制度和要素市场化配置为重点，实现产权有效激励、要素自由流动、价格反应灵活、竞争公平有序、企业优胜劣汰。企业面临的外部环境将更加开放，生存和发展的空间更大，经营机会与风险同时增加，竞争也更加激烈并趋于理性。特别是近些年来，中国实施高质量发展和创新驱动战略，产业加速转型升级。这种经济环境要求企业有更加开阔的经营视野，更强烈的创新意识，更高的经营智慧以及更加灵活高效的管理系统，同时要求企业推进企业文化的全面创新，培植顾客意识、质量意识、创新意识、品牌意识、社会责任意识、竞争与冒险精神等市场文化基因；在管理上坚持以人为本，把企业与员工之间单纯的合同契约关系，提升为价值共创、利益共享的命运共同体关系。

四、政治法律环境

政治法律环境是指国家的政治制度和国家制定的有关法律和政策，是企业文化发展中的上层建筑环境。

（一）政治制度

政治制度对企业文化的影响，主要表现在社会制度、政治原则和核心价值观等对企业行为的引领和规范上。

当前世界各国实行的社会制度，主要是资本主义制度和社会主义制度。资本主义制度代表资本所有者利益，刺激资本追逐利润最大化，造成劳资关系和利益对立与冲突。尽管现在的资本家已经从“海盗”变成绅士，管理中也充满了人性与温情，但因制度所限，企业文化本性不会改变。社会主义制度体现全体人民利益，保证人民当家做主的权利，劳资之间没有根本冲突。管理中充分体现以人为本，注重员工参与经营管理，企业文化具有根本利益一致性基础。

我国实行社会主义制度，坚持中国共产党的领导，企业文化建设具有良好的政治制度环境。习近平新时代中国特色社会主义思想、社会主义核心价值观、中国式现代化的宏伟目标对企业文化起到积极的引导作用。企业文化管理与企业思想政治工作相结合，体现明确的政治方向、政治原则和社会责任感；社会主义精神文明建设、爱国主义、集体主义教育，有利于提高劳动者道德素质，培育有理想、有道德、有文化、有纪律的社会主义劳动者；在企业管理中坚持以人为本，体现劳动者的民主权利，有利于建设和谐共享文化；尊重劳动、尊重知识、尊重人才、尊重创造，有利于充分发挥劳动者的积极性和首创精神；在经营上强调经济原则与道德原则相结合、经济效益与社会效益相统一，有利于企业的长远发展。

（二）法律制度

法律制度对企业文化的影响主要表现在：界定企业文化发展的法律边界；为企业文化提供处理利益关系的基本依据和准则。

第二次世界大战以来，各国法律制度愈来愈多地影响着企业经营、管理与文化。法律制度的变化有三个明显趋势：

（1）管制企业的立法增多。主要是强化了保护企业间公平竞争、限制垄断的立法；增加了保护消费者权益、制止企业非法牟利的立法；制定了保护全社会的整体利益和长远利益，防止对环境的污染和破坏的立法。

（2）政府机构执法更严。在增加立法的基础上，建立了严明的官方执法机构。如美国有联邦贸易委员会、联邦食品和药物管理局、联邦动力委员会、消费品安全委员会、环境保护局等执行机构，这些机构对企业的经营决策和经营行为有愈来愈大的制约力。

（3）公众利益团体力量增强。在发达国家，公众利益团体对立法、执法和舆论有很大影响力。对企业经营有直接影响的，主要是消费者保护和环境保护方面的团体。

中国改革开放以来，与企业经营行为相关的法律日益完善。为了建立现代企业制度，保护公平竞争，保护消费者和企业员工利益，规范经营者行为，出台了各种有关的法律法规，尤其是产品安全、环境保护等方面的法律建设日益健全。中国的“公众利益团体”——消费者协会也得到很快发展，在维护消费者权益方面发挥着显著的作用。法律制度的日趋完善，要求企业不仅有很强的法治观念，在法律许可的范围内从事经营活动，同时要善于应对消费者保护和环境保护力量的挑战，坚持以顾客为中心的经营理念，树立环保意识和社会责任意识，建立起在依法经营、维护社会整体利益条件下的与顾客、员工、股东共同分享价值、共同成长的新型企业文化。

五、社会文化环境

（一）社会文化对企业文化的影响

社会文化环境是指一个国家、地区或民族的传统文化，如风俗习惯、伦理道德观念、价值观念等。社会文化具有持续性，世代沿袭传承，并且不断得到丰富和发展，它影响着人们的思维方式和行为方式，对人们的工作、生活以及社会交往都会产生直接的影响。在一定的历史时期形成的企业文化是社会文化的一种亚文化，与社会文化相互呼应、相互推动，是一般与个别的关系。一方面，企业文化从社会文化肥沃的土壤中吸收营养；另一方面企业文化又因循自身规律创新发展，向社会不断输送新的文化因子。

世界各国的企业文化无一不成长于社会文化的摇篮之中，其特质无一不打上民族文化的烙印。中国历史悠久，民族文化博大精深，特别是儒家文化中的人本思想、和谐思想、团体意识等均具有现代价值，对于维系市场经济利益主体之间的平衡，克服盲目竞争、肆无忌惮地向大自然索取带来的弊端，对于创造和谐的、带有人情味的管理模式具有重要的实践意义。当代中国的社会文化中蕴含着中国共产党的理论精髓与优良传统、社会主义精神文明以及时代精神和市场伦理，这些都直接影响或决定着企业文化的发展。只有坚定文化自信，善于从社会文化中吸收营养，中国企业的文化建设才能找到根脉，形成特色，保持持久的生命力。

（二）地域文化对企业文化的影响

1. 地域经济文化发达状况对企业文化的影响

地域经济文化发达程度不同，对企业愿景、价值观和风气的形成有直接的影响。中国地域性经济文化差异明显，有经济文化发达的东南部地区，其中上海、广州、深圳、珠海、宁波、杭州、厦门、福州、台北、高雄、香港、澳门、南京、苏州、无锡、合肥、南昌、长沙、武汉、南宁等若干城市经济文化很繁荣；也有受地理环境、交通条件、经济政策等方面的影响和制约，经济文化发展相对较慢的内陆，尤其是西部地区。因此，处于不同地区的企业，因营商环境不同以及需求差异、信息差异、竞争性差异以及员工素质差异等，企业的文化导向及风格差异性较大。经济文化发达地区的企业，其文化表现得更加市场化，开放意识、创新和竞争精神、时效观念更强；经济文化欠发达地区的企业，其文化表现得相对保守，更加凸现艰苦奋斗和无私奉献精神，更加朴实无华。

2. 地域文化传统对企业文化的影响

地域文化传统给企业文化打上鲜明烙印。比如，北京与上海目前在企业文化上的差异，明显地与“京派文化”和“海派文化”对这两个地区企业长期不同的影响有关。“京派文化”讲正义、讲政治、讲道德，也有重等级、关系、面子的传统。这些有助于企业诚信文化与和谐文化的建设，也易形成任人唯亲、消极保守和不重实际等陋习。“海派文化”中蕴含着创新、冒险、竞争精神以及重市场、重时效和精明算计的传统，与市场经济有很强的亲和力，但容易滋生功利性和崇洋思维模式。因此，处于不同地域的企业，要研究本地区文化的特点和风格，吸收其精华，摒弃其糟粕，有效地利用本地区的文化优势。

3. 地域商帮文化对企业文化的影响

中国明清时期形成了“十大商帮”，其文化传统与经营理念各有特色。例如，晋商帮学而优则“贾”，义中取利，信誉第一；徽商帮贾而好儒，诚信为本，财自道生；龙游商帮敢为天下先，海纳百川，宽以待人；洞庭商帮审时度势，把握时机，稳中求胜；江右商帮贾德质朴，广泛从业，小本经营；福建商帮自强不息，爱拼会赢；广东商帮追求厚利，既和且平；山东商帮质朴单纯，重土安命，豪爽诚实；宁波商帮灵活善变，卓尔不群，开拓创新；陕西商帮追逐厚利，生财有道。这些商帮虽然有些已经没落，其经营招数已时过境迁，但作为一种文化精神，仍然对当地企业文化产生着持续性影响。近些年也有不少企业在深入挖掘商帮文化的优秀基因为今所用、为我所用。

利用地域文化既要善于挖掘、利用，又要善于分析、比较，弃弊兴利，激浊扬清，同时也要善于借鉴其他商帮的文化精华，从而创造出一种既传统又现代，既有个性又有共性的优秀企业文化。

第二节　企业经营管理的变化趋势

伴随全球化的深入，创新成为经济增长的引擎，市场竞争越来越理性化、规范化，包括互联网、信息技术、人工智能、生物技术和清洁能源等在内的技术革命正在催化着企业经营、管理组织和文化的深刻变革。

一、知识、数字要素与知识所有者地位

（一）知识与数字成为稀缺资源

在传统企业，稀缺的资源是资本，其生产过程主要是资本与劳动者结合的过程，资本所有者在企业权利关系中处于主导地位。随着生产力的进步，资本的极大丰富，科技

水平的提高以及劳动分工的细化，知识与数字的重要性凸现出来，知识与数字成为生产要素，稀缺资源逐渐由资本转向知识与数字，或者说知识、数字与资本同等重要，其生产过程是资本、知识、数字与劳动的结合过程，因此导致知识所有者和参与者的权利加大。知识经济与大数据、人工智能、区块链等新一代信息技术，正在改变着传统企业的价值观、核心流程和制度特征。

（二）知识所有者地位提高

在知识经济环境里，企业制度最大的特征是知识所有者和资本所有者共同治理企业。资本所有者以其投入的资本数量在企业权利关系中获得应有的发言权，知识所有者以其技术创新能力和管理创新能力在企业权利关系中获得应有的地位。从发展趋势来看，随着知识所有者的地位不断提高，未来不是资本所有者而是知识所有者，尤其是拥有管理创新能力的知识所有者决定企业的命运。因此，在未来企业的治理结构中，其主要矛盾逐渐由处理所有者和经营者的关系转向处理资本和知识两类所有者之间的关系。知识所有者不仅要占有越来越多的股权，在企业决策中发挥主要作用，而且将由这些人决定企业文化的主脉和方向。企业董事会职能可能因此发生变化，其部分重大决策职能要转交给知识所有者的代表，如首席执行官及其经营团队等，董事会的职能将集中在特别重大的投资事项和高级管理人员的聘任及年薪待遇等问题。

二、企业核心能力与竞争优势

（一）企业核心能力的概念

随着知识经济、数字经济的发展和全球化的加速，信息共享，科技成果日新月异，市场无界，需求变化莫测，眼前拥有的市场会悄然变化，企业的盈利能力也会突然下降。企业唯一的选择是制造差别优势，培育核心能力。因此，企业战略的重点将从提高市场扩张能力转向培育企业核心能力。

按照国际著名战略学家哈默尔和普哈拉的说法，企业核心能力指组织中的积累性学识，特别是关于如何协调不同生产技能有机结合的各种技术交流的学识。如今看来，企业核心能力应该包括企业特有的技术体系、数字能力以及与之相适应的管理模式和文化，即包括技术力、数字力、管理力和文化力，四者处于不同层面，有机组合、动态平衡，使企业在一定时期内保持优势地位。

（二）核心能力决定竞争优势

企业核心能力不能从市场交易中获得，它是一个企业不断学习、创造、积累的结果，是独一无二、很难被其他企业模仿的，也是不能被其他资源和能力所替代的。企业培育核心能力的目的是向顾客提供比竞争对手更大的利益，即通过拉开与竞争对手的差距获得竞争优势，同时也使企业形成持续盈利的能力。企业的寿命长短并不在于企业规模大小，或者说并不在于市场占有率，而在于赢得未来的竞争：能给客户提供多种新形式的利益，并掌握提供给客户利益不可或缺的新能力。

企业战略重点转向培育核心能力这一重大变化，促使企业理智地在眼前利益与未来发展能力之间找到最佳结合点，注重特有技术的保护、使用与创新，注重通过数字赋能、业务流程再造和管理变革，创造高效的管理模式，实现虚拟经营和盈利模式的创新，尤其注重构塑能够适应并推动上述技术与管理实现最佳组合、产生最大效率的企业文化。

三、企业资源配置的区域化与全球化

（一）企业国际化的大趋势

新冠疫情以来，尽管贸易保护主义抬头，但世界各国经济相互依存度、相互渗透度仍不断提高，经济区域化和全球化是不可阻挡的潮流，企业的国际化范围不断扩大，从资源与市场的国际化，到管理与技术的国际化，再到生产国际化、人才国际化，全方位国际化态势已经形成。从跨国公司的发展轨迹看，经过“国内国际化”“销售国际化”“生产国际化”“研究开发国际化”四次浪潮的洗礼，其数量越来越多、规模越来越大。第五次浪潮——无国籍公司出现，它直面全球市场配置资源，生产经营活动享有更充分的自由，其生产的产品也将成为名副其实的“全球产品”。

案例 9-1

波音的全球化

波音飞机是美国产品，但波音飞机的零部件却在全球 70 多个国家生产，最后在西雅图组装，这就是生产全球化。70 多个国家成千上万的中小企业参与了波音飞机的制造，中国西安、上海、成都的工厂就给波音飞机生产尾翼，全世界天空上飞的 3 000 多架波音飞机的尾翼都源自中国；同时，沈阳的工厂为波音飞机生产舱门，重庆的工厂提供锻造件。

波音公司在全球的生产和投资，形成了很长的波音飞机的生产链。有人问波音总裁：“你们美国完全可以自己生产波音飞机，为什么要把这么多的利益让 70 多个国家分享？”他说，美国虽然科学技术很发达，但不是在所有的零部件生产方面都具有比较优势。比如说像舱门这些部件，放在中国生产，比在美国生产成本要低得多；还有飞机的仪表仪器，德国和瑞士造的比美国造的质量还好。这样做还可以避免汇率风险。

案例讨论

1. 波音飞机为什么要在全球 70 多个国家生产零部件？生产全球化给波音带来哪些好处？

2. 试举出一至两个在全球化方面做得比较成功的品牌实例，并进行简要评价。

（二）中国企业的国际化

伴随着中国经济的稳步发展和“一带一路”倡议的实施，中国企业全球化趋势不可逆转。一方面，世界 500 强公司中已有 490 家在中国投资，中国企业在国内市场直接与两万多亿美元规模的外资直面竞争。这种在国内市场进行的国际竞争，既对中国企业是个冲击，也给中国企业带来了先进的技术与管理，使中国企业得到了锻炼，加速了中国市场的成熟。另一方面，中国一大批企业也冲破市场阻隔，不仅把产品推向国际市场，而且在境外上市，筹措国际资本，在境外直接投资，建立研发机构，在国际市场上招聘人才，利用世界先进技术，并且把生产基地建在国外，实现生产国际化。伴随中国逐渐成为资本净输出国，截至2022年年底，中国对外直接投资存量达2.75万亿美元。资源配置、研发、生产和销售市场的国际化，带来企业经营理念、组织机构、人员结构和管理方式等方面的一系列变化，跨文化管理问题日益突出，企业文化的发展必须与之相适应。

四、互联网与信息技术的发展

（一）互联网、大数据改写企业经营

经济学上有一个“梅特凯因定律”，认为“互联网的价格等于其外延的平方”。说明网络经济的价值远远超越传统经济的价值，互联网带来的经济增长不是以算术级数来计算，而是以几何级数来计算的。以互联网和大数据技术全球化普及为重要标志的信息革命，可以说是人类历史上继农业革命、工业革命之后发生的又一次新的技术革命，前两次技术革命其本质都是提高生产效率，新的技术革命把计算机、互联网与现代通信技术结合，突破时空概念，加上大数据、云计算、物联网、人工智能等技术的采用，不仅为人类提供了新的生产手段，而且带来了生产力的大发展和组织管理方式的变化，改变着企业的生产经营理念与商业模式，改变着人们的价值观、思维方式与生活方式。

（二）互联网和大数据技术对企业营销的冲击

互联网和大数据技术对企业营销的冲击是全方位的。今天，人们借助互联网和大数据技术，既可以在短时间甚至瞬间掌握消费者的各样需求，又可以在短时间实现各种资源的整合，组织或开发出新的商品，满足消费者瞬息万变和个性化的需求。

最有说服力的莫过于小米手机。小米在发展过程中，把高规格的硬件配置、MIUI操作系统、米聊等要素整合在一起，创造了一种神奇的力量。小米与金山软件、优视科技、拉卡拉、凡客诚品、乐淘等公司实现服务对接，实现了低成本、高效率、整合速度快和双向推动的优势。数十万“米粉”成为口碑营销的主要力量，它没有靠硬件盈利，而是把价格压到最低、配置做到最高，靠的是足够多的用户和用户的反馈。

五、技术创新与自主品牌

（一）面向未来的技术创新

技术创新是新技术研究、开发、生产到首次实现商业化全过程的经济技术活动，这种经济技术活动的本质是实现企业的科技创造与市场高新技术需求的结合。未来企业的竞争力从一定意义上讲取决于技术创新的能力大小和技术管理水平的优劣。因此，有竞争意识的企业，都在努力增加自己的研发费用，面向现实的，尤其是潜在的市场需求开发新技术、新产品。世界上知名公司的研发费用已经超过净销售10%，不少公司一年创新产品已经达到50%以上。微软公司把“不断淘汰自己的产品”作为公司口号。不少企业还通过征取“风险资金”来加大技术创新的力度。

（二）技术创新是永恒主题

在创新驱动经济增长时代，企业技术创新居于国家技术创新体系的核心地位，这对企业文化具有持久性影响。企业只有树立持续创新理念，完善技术创新机制，加大研发力度，推动技术合作与交流，并善于借鉴与“综合”，才能用较小代价实现技术不断创

新；只有树立产业化和商品化意识，面向市场需要，明确重点，才能逐渐形成独特技术和核心技术。同时，把技术创新作为永恒主题，也要求企业树立正确的人才观，视人才为最佳资产、最大投资，坚守能力本位的用人文化，建立完善的人才招聘、选拔、培养、使用与激励机制，形成技术创新的人才高地。

（三）创造自主品牌

在品牌经济时代，只有加大科技投入与自主创新，把技术创新的成果应用于品牌建设当中，创造具有独立知识产权的自主品牌，企业才能赢得持久的竞争力和附加利益。就中国企业来讲，创造自主品牌是分享全球化成果的重要砝码，是未来经营战略的必然选择。

六、合作竞争模式与双赢模式

（一）从对立竞争到合作竞争

企业自从诞生那一天起，就注定是在市场竞争中谋求生存和发展的。竞争最原始的规则是优胜劣汰、你死我活。时至今日，企业的竞争环境出现了根本变化，市场已经呈现战争与和平共有的状态。科学技术高度发展，产业分工协作日益密切，市场需求变得神秘莫测，在这种情形下，一家公司不管有多大规模与实力，也不能做到掌握生产上所需要的所有技术，生产与提供现实和潜在市场所需要的所有产品与服务，一个企业可能只是处在一个庞大供应链的一个环节上。每个企业在造就市场时均为互补者，在瓜分市场时才有相互之间的竞争。因此“合作竞争”、协同发展的概念应运而生。尼尔·瑞克曼所著《合作竞争大未来》深刻揭示了一个道理：“真正的企业变革，指的是组织之间应以团结合作、合力创造价值的方法来产生变化；公司开发出新的合作经营方法，协助企业取得前所未有的获利和竞争力。”因此企业竞争的游戏规则在改变：竞争是合作的一种方式，竞争压不倒别人时，就与别人共谋繁荣。这种游戏规则不仅体现在生产上下游之间，也体现在直接的竞争对手之间。通过合作竞争，寻找到自身最合适的市场定位和服务定位，与对手相得益彰，这是一种竞合文化。

（二）从单赢模式走向多赢模式

人类对赖以生存的自然环境和社会文化进步的重视，带来企业盈利模式的变化。企业与竞争者分享利益的“双赢模式”，特别是企业与竞争者、消费者乃至社会共同分享利益的“多赢模式”，取代了企业追求自身利益的“单赢模式”。到了互联网时代，竞争条件更加透明，竞争规则更加公平，竞争砝码更趋向于消费者和社会公众。关起门来把企业办成像一个制造利润的机器的那个时代已经过去。未来的企业必须面向消费者，面向社会，在与竞争对手竞合中，把自身的目标与消费者目标、社会目标相融合，不仅致力于向消费者提供高质量的产品、服务，与消费者分享所创造的价值，而且要关心社会发展，关心生态环境的改善，促进社会价值观念和社会风气向好的方面转化。因此，多赢模式将成为企业未来主要的盈利模式。

多赢模式的形成，给企业文化带来巨大影响，它要求企业必须做好经营战略和管理战略的调整，处理好企业眼前利益同长期利益，企业利益同竞争者利益、顾客利益以及社会利益的关系，改组管理流程和营销方式，使企业真正成为“社会化的企业”。当然，这只是从竞争角度看盈利模式变化，从企业运作的商业模式角度看，金融创新与资本运作、互联网和大数据技术的运用将推动企业盈利模式的革命性变革。

第三节 企业文化的创新趋势

一、理论研究与实践探索

伴随企业环境的变化以及相关学科的发展，企业文化理论研究日益繁荣、内容日益成熟，企业文化实践更为活跃，并成为企业竞争制胜的第一利器。

（一）理论研究

中国企业文化的理论研究经历了近 40 年时间，取得了不少有价值的成果。伴随中国特色社会主义进入新时代，企业文化理论研究也出现一些新的趋势。

1. 研究基点突破

企业文化理论研究突破了企业经济属性的单一基点，不但把企业看作是营利性经济组织和物质财富的创造者，而且从全新视野，把企业视为一个生命体，即视为一个如人一样有灵魂、有情感、有理想，追求快乐、创造幸福的生命体。这样，赋予企业物质与精神双重性质，使企业文化理论研究找到一个新的基点，因而有关企业生命周期、文化基因、文化生态等方面的研究将会不断深化。

2. 研究领域拓宽

企业文化理论研究将进一步突破狭义文化范畴，从单纯的管理领域延伸至技术开发、生产营销和服务领域，从企业内部延伸至外部，形成综合的“文化力”研究，即以更大的视野研究人本化与市场化、文化与经济、企业与社会的互动关系。企业文化理论与相关实用学科，如企业战略管理、投资管理、人力资源管理、组织设计、技术管理、市场营销、环境保护、社会责任、公共关系、客户管理、服务管理、品牌管理、实用产品美学、形象设计、广告、新媒体、企业伦理、管理心理学、企业党建和企业思想政治工作等学科的联系越来越紧密。一方面，企业文化理论对这些学科发展的影响越来越明显；另一方面，企业文化理论研究也受益于这些学科，在与这些实用科学的相互融合与渗透中不断得到丰富和发展。

3. 研究参照系扩大

企业文化理论研究不仅注重把握时代脉搏，从时代精神中吸收营养，而且注重传统文化对企业文化的滋养，注重党建和社会主义精神文明对企业文化的影响，以此找到中国企业文化生长的根脉和价值源泉。不仅如此，未来的企业文化理论研究将更多关注各国比较和跨文化管理，从更大的参照系上借鉴他国经验，在比较研究中坚定文化自信，实现文化交流互鉴和创新发展。

4. 研究内容深化

企业文化理论研究的重点将从目前更多地回答“是什么”“为什么”向更深层次发展。如，对企业文化本质的研究，在说明为什么要坚持以人为本的基础上，将进一步研究实现以人为本的途径：尊重和保护人的尊严和生命价值，开发人的知识和能力价值，创造人的自我价值和企业价值的新模式；处理好以人为本、全员参与管理与强调服从、忠诚和专家决策的关系；面对市场，做到以客户为本，尊重与保护客户的价值，处理好企业利润与客户价值的关系；面对投资者，面对社会，真正把“大写的人”写好，充分体现企业的人性面。又如，对企业文化规律的研究，将在大量实证分析基础之上，回答企业文化是否有生命周期，受什么因素影响，一个企业如何克服企业文化周期的限制，传承、改造、变革、创新企业文化，如何突破体制束缚实现企业文化转型，使企业进入健康成长的轨道。再如，对企业文化与企业效益关系的研究以及企业文化投入与产出关系的研究，也将有所突破，有望打开企业文化促进生产力发展的神秘“黑箱”，发现文化与经济增长的传导机制，建立科学的企业文化评估模式和企业文化贡献率模型，找到企业文化评估和贡献率计算可操作性的方法和技巧。

5. 研究新课题难度加大

在互联网背景下，企业文化研究的最大课题就是网络对文化的影响及如何利用互联网思维以及网络技术和信息技术，提升与变革企业文化。

麻省理工学院的高级研究员大卫·克拉克（David Clark）说：“把网络看成是电脑之间的连接是不对的。相反，网络把使用电脑的人连接起来了。互联网的最大成功不在于技术层面，而在于对人的影响。”在开放的社会环境中，互联网和移动互联网的普及应用，以其系统开放性、内容共享性、成本低廉性、传播交互性、竞争公平性、沟通有效性和速度快捷性的优势，大大推动了企业文化的社会化、民主化进程，彻底改变了企业文化生态。

在逐渐改变了的企业文化生态中，企业文化研究的重点方向是企业组织与管理方式的再造、文化网络的重构、文化形成与共享机制的建立，以及如何确立消费者在企业文化建设中的主体作用等。

（二）实践探索

近 40 年来，企业文化管理在中国经历了一个由不自觉到比较自觉、由片面到全面、由肤浅到深刻的实践过程，它已逐渐成为推动企业提高管理层次、提升品牌价值、提振员工士气、满足员工精神需要和打造核心竞争力的战略举措。但企业文化管理普及率和事件质量还有待提高，实施企业文化管理的，主要集中在绩优企业和大中型企业；即使已经实施企业文化管理的企业，有些认识与实践也未能到位，或把文化当成标签和装饰品，或仅局限于表层文化活动和狭义的思想工作领域，未能把握企业文化本质，从根本上改造和创新企业文化。

在今后一二十年里，企业文化理论将对企业产生更大的诱惑力和吸引力，企业文化管理方式将得到企业普遍采纳，并逐渐走出认识与实践误区，步入健康发展轨道。企业文化实践探索的主要趋势是：

1. 企业文化战略的核心地位凸显

企业文化战略成为企业发展战略的重要的、核心的部分。企业文化管理，不再只是企业内宣部门的职能或调动员工积极性的一种手段，其发展的趋势是将与企业经营和管理创新密切结合，成为企业决策层主抓、全员参与的战略行动。企业文化管理得好坏，不光影响员工士气和精神，而且决定企业决策行为，影响经营发展和品牌发展，影响整个企业效率和兴衰成败。因此，企业在制定发展战略时，宜优先制定文化战略，明确自身的使命、愿景、价值观和经营理念，以此指导企业投资战略、营销战略以及人才战略、管理战略的制定。

2. 企业家在企业文化创新中具有不可替代的作用

企业家作为企业文化的倡导者、培育者、示范者和文化管理的旗手，在企业文化创新中作用举足轻重、不可替代。企业家是最稀有的市场资源和市场主角，他们将以强烈的创新进取精神影响企业文化，以卓越的工作作风感染企业文化，凭着他们对企业、市场的深刻理解，引导企业文化健康发展。可以预见，中国企业家阶层和企业家精神的成长，将成为推动中国企业文化创新发展的关键因素。

3. 企业文化生态发生较大变化

企业文化将由一元化发展为多样化，即围绕核心价值观形成众星捧月式的多彩文化。传统工业社会由等级制度和标准化作业方式所决定的一元化价值观得以改变；个性、个人价值观逐渐受到重视，富有活力的企业文化生态逐渐形成。伴随员工民主意识的觉醒、生产方式和作业方式的改变，特别是全球化过程中产生的日益增多的跨文化差异和矛盾，企业在确定和倡导主导价值观时，更多采取“多样化容忍”态度，尊重不同文化传统、个人价值，发展个性，为不同背景与需求的员工创造发展条件。建设以主导价值观为基础的多样化企业文化，成为未来企业文化管理的主要模式。

4. 企业文化的民族性和独特性日益突出

世界上不同的社会制度、民族文化与市场经济结合，孕育了不同的企业文化。中国在经济崛起中形成的企业文化，表现出很强的民族性和影响力，连发达国家企业在跨文化管理中也不断向中国企业寻找和谐思想和亲和力。因此，中国企业坚定民族文化自信，找准企业文化价值支点，可以走出一条以我为主、博采众长、融合提炼、自成一家的企业文化民族化之路。同时，不同企业会更加重视个性文化的培育，制定差别化文化战略，继而形成企业的核心能力。可以预见，未来反映不同特色、不同风采的企业文化案例将大量涌现。

5. 母子公司文化共建模式逐步成熟

企业规模的大小与企业文化管理的复杂性成正比。有些集团性公司，人数多，组织层次多，经营多元化，面对的市场也非常复杂，企业文化管理难度较大。有些集团公司在设计与推行文化理念和行为规范时，强调文化的统一性、权威性，因而阻碍了下属企业文化的发展。集团公司有资本、权力、业务和文化等纽带维系所属企业，其中文化纽带是精神纽带，起着维系集团整体价值的作用。但文化维系不是文化强制。集团文化管理应具有总体规定性、导向性和包容性，主要在企业使命、基本价值观和企业哲学层面有统一要求，不能替代所属企业文化建设。所属企业文化具有服从性、创新性和多样性。目前，一批集团公司正在对母子公司文化共建模式进行探索。特别是有些经资产重组诞生的集团公司，在确定集团文化主旋律的同时，充分尊重所属企业的历史，鼓励其继承传统，发挥优势，张扬个性，集团文化呈现百花齐放、争奇斗艳的局面。可以预见，伴随着集团公司的成长与成熟，母子公司文化共建模式会更加成熟，集团公司文化会更有生机与活力。

6. 品牌文化快速成长

品牌是企业的理想目标。不少企业家把自己一生的追求与梦想都集中在一种品牌上。品牌具有很高的文化含量，或者说品牌就是一种文化的象征。未来企业文化建设的重点将围绕创建品牌、塑造品牌文化进行，既着眼于用品牌凝聚内在力量，更注重增加品牌文化附加值，提高企业外在知名度、美誉度和顾客忠诚度。从方法层次上，企业文化管理与CI、CS结合更为紧密。快速成长的品牌文化，将推动品牌价值与顾客价值的一体化、品牌审美观与顾客审美趋势的一体化、企业文化追求与顾客文化追求的一体化。

7. 企业文化管理与制度建设相互推动

以往，企业文化是作为企业制度的衍生物或副产品出现的，是一种“积累”型文化。随之产生的文化管理只能是简单的文化“提炼”与“传播”，其文化优劣主要取决于企业制度优劣和管理者个人素质。未来企业的管理方式逐渐由制度管理过渡为文化管理。企业文化管理的任务不完全是文化“积累”，而是在积累基础上的文化学习与创造。这种基于学习与创造的新文化富于先进性与引导性，它不排斥制度，既对制度形成起导向作用，又以制度为载体践行与传播。企业文化管理不会取代制度管理，它是与制度管理相互推动、共同发挥作用的。同时，目前企业文化管理实践中文化与制度两张皮的现象有望得到解决。

8. 企业文化管理更加强化落地实践

企业文化不是一件漂亮的外衣。企业整合一套文化理念，设计一本文化手册，开展一系列文化活动，打出一个形象广告，无疑是必要的。但企业文化说到底是一种执行文化，不是一种装饰文化。企业文化管理作为一个系统，包含确立理念、明确规范和操作执行几个要素，是一个完整的体系和过程。企业文化“落地”，才有价值和意义。从发展趋势看，企业文化理念的定格会更具引导性、可行性和可操作性。防止文化传递失真的机制将更加完善。文化管理与经营战略制定、实施，与体制创新、管理变革的结合将更加紧密。文化评估指标体系、机制与方法逐渐走向科学化、实用化。企业文化管理向更加注重实效的方向发展。

9. 企业更加重视精神家园建设

企业文化管理的根本目的一方面是推动生产经营，另一方面是满足员工日益增长的精神生活需求，建设企业全员共享的精神家园。精神家园是一个人内心深处的精神支柱和精神寄托，它能给人以心灵慰藉，给人以前进动力和方向。寻找精神家园，就是寻找理想，寻找真理和幸福。精神家园的表层是兴趣、爱好，内核是审美观和价值观。精神家园是动态的、发展的，其建设不是一朝一夕之事，也不是一劳永逸的事情；精神家园不是个体的，是整体的，只有在合作、协作中才能更好实现，使人找到心灵共鸣和集体归属感，享受精神大家庭的快乐。员工精神家园的物质载体就是企业。各国企业的根本差异不在技术、设备、管理，而在于有不同的精神家园。在中国，企业不仅是员工的工作场所，而且是其满足精神追求、精神依托、精神归属感，化解精神压力，以及实现成就感、分享团队生活乐趣的地方。建设企业精神家园，是中国企业文化管理的特殊职能。可以预见，企业越来越重视通过建立企业的精神信仰和理想、善于发现并满足人的精神需要、吸收员工参与管理、发挥人的首创精神、改善文化环境、丰富员工精神文化生活等有效措施，积极建设人人共享的精神家园。

10. 企业文化因网络冲击越来越开放

互联网给企业文化管理带来极大冲击。其一，互联网延伸了人们的生活空间，网络平台提供的各种服务也已成为人们的一种生活必需品。对企业员工而言，一方面提高了生活丰富度，他们在虚拟空间找到很多新的角色、新的自我价值和生活意义，缓解了正式工作的压力，释放了不平衡感和不满意感；另一方面也使有些人淡化了对事业的追求，容易对企业产生新的不满。其二，互联网推动着企业组织结构从集中式纵向结构向扁平化、柔性化网络结构转变；企业非正式组织也从单一有形的单位拓展到大量无形的朋友圈等非正式网络组织。由于文化沟通渠道增多，部分人与人的交流被人与机器的交流所取代，企业内部人与人之间的关系出现淡化趋势。与此相适应，员工的视野更加开阔，更加关注如环保、公益事业等社会问题。其三，互联网使企业信息对称性和共享性得到优化。过去，企业领导者、管理者与员工因地位和工作性质差异，所获得的信息质与量差距很大，呈现严重不对称性，很多信息被领导者和管理者独享。互联网大大降低了领导者信息的独享性，提高了信息的对称性，加上在网络空间里没有级别，大家地位平等，人们运用自媒体自由发表意见，这种平等诉求直接延伸到组织内部，导致员工层级观念和服从意识淡化，民主意识和参与意识得以增强。其四，互联网带来海量的信息，使员工视野更宽，想法更多，思想更开放，价值追求更加多样化；由于信息刺激加大，员工物质要求更高，企业激励难度更大，同时工作、薪酬可比较的对象增多，工作选择余地大了，员工忠诚观发生变化，流动率提高。其五，互联网改变了员工的思维方式，人们逐渐形成“我助人人、人人助我”的互联网思维；互联网把媒介垄断打破了，员工成为媒介信息的生产者、传播者和受益者，每个人都能享受网络带来的大量“消费者剩余”，因此也愿意帮助别人，给别人带来价值，这就强化了员工的服务意识和社会责任感。其六，互联网大大缩短了员工获取文献、资料和各种有用信息的时间，提高了人们的学习能力和分析能力，因此也促进了员工创新力和创造力的提升。

以上分析表明，互联网正在快速改变企业文化网络和文化生态，开放型的企业文化正在形成。只有因时而变，顺势而为，才能推进网络时代企业文化的全面创新。

11. 互联网＋文化将推动管理深刻变革

互联网＋文化，对企业文化管理具有革命意义。其一，传统企业整体价值至上、压抑个性、限制自我价值的文化受到空前挑战，企业文化“去中心化”，以人为中心，以个体为中心，崇尚自由、张扬个性、实现自我的价值观受到推崇。人人成为文化创造、创新主体，也同时成为文化消费、享受主体。企业文化管理中的民主意识空前高涨，追求平等、互动、互利、共赢的文化成为不可逆转的趋势。其二，企业文化中的理性因素在上升，传统企业价值观和道德标准面临重塑与再造。其三，企业文化的社会化程度大幅提高，企业因此改变相对封闭状态，与社会文化交流沟通更加紧密，受到社会文化的影响更大。企业处于动态竞争状态，文化也处于不断的动态调整中；企业经营开始跨界，文化也在跨界。社会先进文化的标准逐渐成为企业文化的评估标准，企业社会责任感与员工社会责任感，逐渐由“外加”文化，变为演变为“内生”文化。其四，传统企业文化建设目的受到质疑，单纯把建设企业文化作为管理“工具”的看法，已不能适应新时代企业文化发展的需要，提高职工道德素质，满足职工精神需要，成为企业文化建设的重要目的。

互联网＋文化，是企业文化管理方式一次脱胎换骨的变革。其探索方向：一是打破单一自上而下的企业文化建设架构和路径，建立上下互通、互动文化发展机制。适应企业组织扁平化的变革趋势，为个体文化、小群体文化成长留下充足的空间。二是改变企业文化管理单一“工具属性”，建设“精神家园”式的体验型文化。设计有吸引力又能使人们乐在其中、触动情感又能回味无穷的企业文化现场礼仪、活动；把现实体验活动与健康的网络体验活动结合起来，虚实互动，推动体验性文化的创新，全方位满足职工体验性精神需要。三是在发展企业利益共同体基础上，建设员工价值共同体。创造更多平台和机会，有效发挥个体价值，并善于找到个体价值的契合点，以此为基础建立企业价值体系和价值共同体。四是要推动管理方式由传统的金字塔式组织结构和自上而下的集中式管理与生产方式向扁平化组织结构和柔性生产方式改变，改变层级结构和部门分割的状况，以使更多的实体贴近广泛的市场，更加敏捷、灵活地满足市场快速多变个性化的需求。同时，改变传统的层级管理和制度管理等刚性管理模式，建立起适应知识型职工参与管理、参与创新的柔性管理模式。

互联网：改变生活、创造价值

五是伴随着互联网对生产流程的颠覆和消费者主体地位的提高，企业将开门建设企业文化，将传统企业文化创新的物理空间延伸至整个供应链、价值链的各个环节，吸收消费者、供应商乃至社会参与企业文化创新，并直接分享企业文化创新的成果。互联网＋文化所带来的影响，不亚于企业文化理论的创建；它的破解，将颠覆部分传统管理理论、理念与方法，将企业管理和企业文化推向一个全新的境界。

二、企业文化的创新发展方向

企业文化具有延续性。当然，这种延续不是简单地传承，而是扬弃、演绎、创新和发展。在这个过程中，有些先进文化可能被继承，有些落后文化可能被淘汰，有些文化经过演绎会发生转型。同时，新环境也会造就一些全新的文化。可以预见，未来企业文化的内容将更加丰富多彩，主流文化将更加突出。

（一）创新与容错文化

全球化、数字化和互联网的加速发展对企业创新提出挑战。不创新即倒退，不创新即死亡，已经成为企业经营的第一定律。创新文化是企业危机意识、生存意识和发展意识的集中体现。企业创新包括丰富的内涵，既包括技术、产品、市场及经营、服务方式的创新，也包括管理组织、制度、手段和方法的创新。企业文化的传承与创新均是推动企业文化进步不可或缺的，但就中国经济向创新驱动和高质量发展转型阶段而言，创新应是主旋律。在企业资本重组与并购中，不仅应注意资本、技术、业务与管理的改革与重组，更要注意文化的整合与创新。

企业创新文化的形成，一般表现出以下几个方面的文化风格：

（1）具有强烈的危机感，战战兢兢，如履薄冰。

（2）敢于挑战自我，视今天为落后，志在追求更高的目标。

（3）敢于打破旧有平衡，创造新的平衡，使企业永远处于动态的探索中。

（4）不怕冒风险，善于在各种风险中寻找机会。

（5）容忍过错，宽容失败。为了鼓励人们创新，能够宽容在创新中出现的“合理”失误，乃至错误。

（6）善于行动，鼓励尝试，千方百计把好的想法变成现实。

案例9-2

《华为的冬天》

任正非所写的《华为的冬天》，在IT界广泛流传，备受推崇。此文诞生在华为事业兴旺的2001年。2000年华为销售额达220亿元，利润达29亿元，位居全国电子企业百强首位。在这种背景下，任正非大谈危机和失败，发人深省。任正非写道：

“公司所有员工是否考虑过，如果有一天，公司销售额下滑、利润下滑甚至会破产，我们怎么办？我们公司的太平时间太长了，在和平时期升的官太多了，这也许就是我们的灾难。泰坦尼克号也是在一片欢呼声中出的海。而且我相信，这一天一定会到来。面对这样的未来，我们怎样来处理，我们是不是思考过。我们好多员工盲目自豪，盲目乐观，如果想过的人太少，也许就快来临了。居安思危，不是危言耸听。

“十年来我天天思考的都是失败，对成功视而不见，也没有什么荣誉感、自豪感，而是危机感。也许是这样才存活了十年。我们大家要一起来想，怎样才能活下去，也许才能存活得久一些。失败这一天一定会到来，大家要准备迎接，这是我从不动摇的看法，这是历史规律。

“华为公司老喊狼来了，喊多了，大家有些不信了。但狼真的会来了。今年我们要广泛展开对危机的讨论，讨论华为有什么危机，你的部门有什么危机，你的科室有什么危机，你的流程的哪一点有什么危机。还能改进吗？还能提高人均效益吗？如果讨论清楚了，那我们可能就不死，就延续了我们的生命。怎样提高管理效率，我们每年都写了一些管理要点，这些要点能不能对你的工作有些改进，如果改进一点，我们就前进了。

“均衡发展，就是抓短的一块木板。

“对事负责制与对人负责制是有本质区别的，一个是扩张体系，一个是收敛体系。

“在本职工作中，我们一定要敢于负责任，使流程速度加快，对明哲保身的人一定要清除。华为给了员工很好的利益，于是有人说千万不要丢了这个位子，千万不要丢掉这个利益。凡是要保自己利益的人，要免除他的职务，他已经是变革的绊脚石。在去年的一年里，如果没有改进行为的，甚至一次错误也没犯过，工作也没有改进的，是不是可以就地免除他的职务。他的部门的人均效益没提高，他这个科长就不能当了。他说他也没有犯错啊，没犯错就可以当干部吗？有些人没犯过一次错误，因为他一件事情都没做。而有些人在工作中犯了一些错误，但他管理的部门人均效益提升很大，我认为这种干部就要用。对既没犯过错误，又没有改进的干部可以就地免职。

“我们一定要推行以自我批判为中心的组织改造和优化活动。自我批判不是为批判而批判，也不是为全面否定而批判，而是为优化和建设而批判。总的目标是要提升公司整体核心竞争力。

“我们要坚定不移地继续推行任职资格管理制度。只有这样才能改变过去的评估盲估状态，才会使有贡献、有责任心的人尽快成长起来。激励机制要有利于公司核心竞争力战略的全面展开，也要有利于近期核心竞争力的不断增长。

“面对变革要有一颗平常心，要有承受变革的心理素质。

“现在是春天吧，但冬天已经不远了，我们在春天与夏天要念着冬天的问题。IT 业的冬天对别的公司来说不一定是冬天，而对华为可能是冬天。华为的冬天可能来得更冷，更冷一些。我们还太嫩，我们公司经过十年的顺利发展没有经历过挫折，不经过挫折，就不知道如何走向正确道路。磨难是一笔财富，而我们没有经过磨难，这是我们最大的弱点。我们完全没有适应不发展的心理准备与技能准备。

“沉舟侧畔千帆过，病树前头万木春。网络股的暴跌，必将对二三年后的建设预期产生影响，那时制造业就惯性进入了收缩。眼前的繁荣是前几年网络股大涨的惯性结果。记住一句话：‘物极必反’，这一场网络设备供应的冬天，也会像它热得人们不理解一样，冷得出奇。没有预见，没有预防，就会冻死。那时，谁有棉衣，谁就活下来了。”

案例讨论

1. 任正非是在什么背景下写下《华为的冬天》一文的？
2. 为什么任正非具有强烈的危机感？
3. 试说明树立危机意识与企业创新、变革的关系。

案例 9-3

微软的 18 个月

“微软公司距离破产只有 18 个月”，这句话绝非危言耸听，而是比尔·盖茨根据摩尔定律所阐述的微软的“摩尔定律”。

比尔·盖茨是一个天才，13 岁开始编程，并预言自己将在 25 岁成为百万富翁；他是一个商业奇才，独特的眼光使他总是能准确看到 IT 业的未来，独特的管理手段使得不断壮大的微软能够保持活力；他的财富更是一个神话，39 岁便成为世界首富，并连续 13 年登上福布斯富豪榜榜首的位置。他是微软公司主席和首席软件设计师。微软公司是为个人计算和商业计算提供软件、服务和网络技术的世界范围内的领导者。曾经有好事者根据比尔·盖茨财富增长的速度计算得出：让他弯腰白捡 500 美元，实际上是一件亏本的事情。就是这样的一个世界首富原来也会为倒闭、破产而担心。

英特尔公司名誉董事长戈登·摩尔经过长期观察发现：集成电路芯片上可容纳的晶

体管数目，约每隔18个月便会增加一倍，性能提升一倍，而价格下降一半，用一美元所能买到的电脑性能，每隔18个月翻两番。这就是摩尔定律。它从技术的角度归纳了信息技术进步的速度，从经济的角度说明了竞争的惨烈。同时，它也是人类信念的定律，当人们相信某件事情一定能做到时，就会努力去实现它。

摩尔定律

正是基于此，比尔·盖茨提出微软的“摩尔定律”，意在告诫微软员工：面对快速发展的IT技术，必须有强烈的危机感和必胜信念，勇于创新，勇于竞争，超越自己，领先于人，使企业跨越一个又一个巅峰，充满活力，基业长青。

案例讨论

1. 比尔·盖茨为什么提出“微软公司距离破产只有18个月”？
2. 试分析“摩尔定律”对企业创新的意义。

（二）人本与能本文化

人本价值观仍然是未来企业文化的主旨和主旋律。人本价值观就是坚持以人为中心，以文化人。具体内涵是：

（1）树立人的生命本位意识。尊重生命，热爱生命，崇拜生命，珍视和放大生命价值。创造有安全保障的工作环境，保护人的生命，提高人的生命质量。

（2）尊重人的人格与尊严。从管理制度到管理方法，摆脱封建家长制和官僚科层制的束缚，张扬个性，满足人的自尊需求，使人活得有尊严。

（3）重视人的自我价值。秉承人人是胜者的理念，为实现和提升人的自我价值搭建事业平台，为员工的晋升和发展创造更好的条件，寻找员工价值与企业价值的契合点。

（4）体现人的主体地位。保障人的参与与分享权利，使员工成为企业文化的创造者、实践者和共享者。

（5）促进人的全面发展。加强对员工的培训，提高人的整体素质，一方面追求人力资本的最大回报，另一方面为社会培养合格乃至高素质的社会公民。

市场经济和信息技术的发展，使人本价值观的内涵进一步得到发展，即更加关注“人的能力”，重视“人的能力”的培养、开发和利用，即由人本逐渐扩展到“人的能力本位”。

云南割胶工

能力本位价值观包括丰富的内涵，一方面旨在使每个人把最大限度地发挥能力作为价值追求的主导目标，既充分发挥现有能力，又充分发挥人本身未曾使用过的能力，同时还要通过学习提高能力，具备专长，力求成为解决某一方面问题的专家。另一方面，对企业来讲，要把合理使用人的能力、开发人的潜能、科学配置人力、积极培养人的能力作为工作重心，最大限度地发挥个人价值，并把它与企业价值统一起来。在人本价值观基础上形成的能力本位价值观，是对传统“权力本位”“金钱本位”“关系本位”价值观的超越，倡导这种新的文化价值观，有助于增强企业的整体创造力，提高整体效率与效益，并形成竞争优势。

案例9-4

王永庆“五顾茅庐”

早年王永庆在创业过程中，计划投资设立一个化学纤维公司，但台塑资金比较紧张，需要向银行贷款。以王永庆当时的声望和财力，还不足以得到巨额贷款，最好的办法就是找一位有银行背景的人来领衔承办此事。就在此时，王永庆的老朋友、台湾中小企业银行董事长陈逢源向他推荐了在金融圈内很有地位的丁瑞铁，并说：“你若能得到丁瑞铁的帮助，一定能如愿以偿。”

丁瑞铁早年毕业于东京商科大学，后赴美国斯坦福大学深造。曾任职省府与生产力中心董事长兼总经理，在企业界及金融界都很有声望，是一位难得的人才。

王永庆听了陈逢源的介绍后，心中暗喜，便亲自到丁瑞铁家拜访，并诚恳地聘请他到台塑公司任职。丁瑞铁当时已是大同公司的董事及大同工学院教授，觉得自己既在大同公司工作，再到台塑似乎不妥，因而婉拒了王永庆的邀请。

王永庆无计可施，只好又向陈逢源求助。

陈逢源谈到刘备“三顾茅庐”的例子，并说丁瑞铁也是一位“淡泊以明志”的“诸葛亮”。王永庆心领神会，决心仿效刘备“三顾茅庐”。

没想到，丁瑞铁比诸葛亮还难请，王永庆去了三次，还是未能让他点头。无奈，王永庆又向陈逢源问计。

陈逢源笑曰：“精诚所至，金石为开。”

王永庆顿然开悟，于是再度前去拜访丁瑞铁。

这一次，王永庆没有提及金钱、待遇等问题，而是和丁瑞铁畅谈台湾的工业前景以及自己发展台塑的计划和设想，同时也表达了自己求贤若渴之情。

这一次，两人聊得比前几次投机，丁瑞铁非常赞同王永庆的想法，在一些问题上也提出了与王永庆不同的观点。两人畅所欲言，不觉已是深夜。王永庆告辞出来时，虽然未得到丁瑞铁的承诺，但已有七分把握。

事隔数日，王永庆又敲开了丁瑞铁的家门。这一回，他们俨然是一对老朋友了。

谈了一会儿，王永庆又旧事重提。

丁瑞铁摇头道：“丁某才疏学浅，而且年过花甲，只宜在庭院里摆弄花草，其他的事情实难胜任。”

王永庆诚恳地说：“丁先生的学识才能，我一直甚为仰慕，如能得到丁先生相助，台塑定能称雄塑胶行业。”

丁瑞铁终于被王永庆的诚意所感动，很快就答应加盟台塑。王永庆考虑到丁瑞铁对石化行业的业务较为生疏，在职位安排上，如果让他当总经理，不一定合适。于是，有意让丁瑞铁出任副总经理，却担心丁先生对这个职位不满意。

事有凑巧，丁瑞铁就职前夕，他在庭院里亲手种植的昙花居然在两三天里陆续绽放，共计300余朵，蔚为壮观。丁瑞铁拍了许多照片留念，心里不禁想：这满院昙花种植了很长时间，一直没有开放，现在，在我加盟台塑之时却竞相开放，莫非预示我事业生涯会有一番新的作为？他觉得加盟台塑可能是“天意”，并不计较职位高低，而且工作热情很高。

丁瑞铁进入台塑后，经他筹划与奔走，使台塑企业创下民营企业直接向国外银行取得长期低息贷款的先河。台化所需的资金，也在他的努力之下顺利解决。台化 1984 年度每股税前纯利为 2.74 元，获利颇丰。

案例讨论

1. 从王永庆创业中“五顾茅庐”聘用丁瑞铁的案例中，你受到哪些启发？
2. 如何理解人是最宝贵的资源？

（三）信用与责任文化

市场经济是信用经济。没有信用，不讲信誉，缺少游戏规则，市场经济就没有良好的秩序，也不会产生比其他经济体制更高的效率。因为在买方市场上，商业竞争同质化，消费者对商家的识别最终转移到商家的第四种生存状态——信用上来。企业的生存和发展需要一个健康的企业心态和形象，这种心态和形象的建立与企业信用实践密切相关，也就是取决于消费者对于企业的信任度以及社会对企业的认可度。信用是企业的立业之本、兴业之道，是企业贡献社会和取得效益的平衡点；信用也是企业文化的底线；信誉是信用的积累，构成企业的无形资产。

信用文化机制的构成有三个层次：一是建立在人格和特殊感情关系基础上的特殊主义的信用文化机制，依靠道德约束；二是建立在法律和契约基础上的普遍主义的信用文化机制，依靠法律约束；三是建立在价值观基础上的体现终极价值理性和信仰的神圣信用文化机制，依靠文化约束。毫无疑问，企业通过文化管理，目标是建设依靠文化约束的神圣信用文化机制。

提高企业信用文化层次，实际上是提升和完善企业的“人格”。企业如人，有智商（IQ）、情商（EQ）、财商（FQ）和健商（HQ）。企业健商主要指诚信精神、环境意识和社会责任感，提升信用文化层次，主要指弥补企业健商。弥补企业健商，一方面要补法律意识和契约理念这一课，弥补信用缺失，严格按合同、契约办事；另一方面还要强化人格信用，加强信用文化建设和信用积累，把践约守信当成一种信仰、一种价值追求，最终形成一种习惯。在坚守信用中，不断提高信誉，在与社会信用机制建设的互动中，不断提高信用管理水平，实现信用的道德和法律约束向文化约束的提升。

在恪守信用的基础上承担社会责任，是企业文化管理的基本要求。诺贝尔经济学奖获得者西蒙提出：生存得最好的生物是对周围环境最有利的生物。同理，发展得最好的企业是对社会公众最有利的企业。也就是说，企业承担社会责任既是其社会性的体现，也是市场经济伦理的基本要求。企业承担社会责任既有外在压力，又有内在动力。因为，守信尽责，从长远来说，不是付出，而是获取，是企业基业长青的基本文化律。当代企业的社会责任，包括经济责任、政治责任、社会道德责任、发展人的责任、文化进步责任、环境保护责任等内容。

案例9-5

三鹿“奶粉门”

三鹿集团曾连续13年产销量位居全国第一，酸牛奶、液体奶产销量分别居全国第三名、第四名，三鹿商标是中国驰名商标，三鹿奶粉、灭菌奶被认定为国家免检产品，并双双荣获中国名牌产品称号。但是从2008年3月开始，问题不断暴露，各地出现“结石宝宝”。面对消费者的投诉，三鹿开始坚称产品没有问题，后来在事实面前被迫承认奶粉有污染。

这件事产生了巨大连锁反应，全国奶制品企业纷纷被查出问题，引起一片恐慌，蒙牛、伊利等著名的品牌也深陷困境。中央对这个事件反应非常迅速。中央领导人连续多次做出批示要处理好这个问题；国家质检总局发布公告，决定停止所有食品生产企业获得的国家免检产品资格；中国政府及时向世界卫生组织、香港及澳门特别行政区、台湾地区等通报了情况。这件事影响非常之大，以至于人们对所有食品的安全产生了怀疑，中国食品在全球受到冷遇。一位网友写道：“中国人在食品中完成了化学扫盲，从大米里认识了石蜡，从火腿里认识了敌敌畏，从咸鸭蛋、辣椒酱里认识了苏丹红，从火锅里认识了福尔马林，从银耳、蜜枣里认识了硫黄，从木耳里认识了硫酸铜，今天三鹿又让同胞知道了三聚氰胺的化学作用。”

三鹿集团已于2009年年初破产，其核心资产被北京三元集团有限责任公司收购。

案例讨论

1. 如何评价“三鹿‘奶粉门’”事件？
2. 试从文化角度分析市场上假冒伪劣商品屡禁不止的原因。

（四）竞争与卓越文化

竞争是企业发展的动力，卓越是企业的内在精神。竞争与卓越文化是与能力本位文化相适应的。众所周知，人与人之间的能力差别是客观的。由于每个人的天赋不同、受教育的程度不同、经历与经验不同、成长的环境不同，因此知识结构、思维能力和行为能力都有差别。在企业中，员工的能力有差别决定了分工有差别，不同能力的人就做不同性质、不同专业、不同能级的工作；从事不同性质、专业和能级的工作，就有不同的收入方式，如企业高级管理人员拿年薪和股票期权，一般员工拿工资；因为收入方式不同，收入水平就有很大的差别。近年来，一个不争的事实是，一般劳动收入增长缓慢，而知识劳动收入增长迅速；资本的回报没有太大变化，而企业家的风险收入大大提高。

因为能力差别造成的收入差别，与尊重人权与人格没有关系。竞争与卓越文化代表了企业文化创新的一个重要方向，只有不断培植这种文化，通过启动收入分配杠杆，在管理中引进竞争机制，才能真正适应市场经济的需要，更好地体现以人为本、尊重知识、尊重人才的理念，在企业中使能力强、贡献大的人受到充分激励，使能力弱、贡献小的人受到鞭策，从而激活人们的进取性、竞争精神、卓越精神和学习精神，使企业富有朝气与活力。

案例 9-6

本田妙用“鲶鱼效应”

如何才能使自己的企业充满活力，永葆青春呢？日本本田公司总经理本田陷入了沉思。欧美许多企业的人员基本上由三类组成：一是不可缺少的干才，约占两成；二是以公司为家的勤劳人才，约占六成；三是终日东游西荡，拖企业后腿的蠢材，约占两成。而本田员工中，缺乏进取心和敬业精神的人员也许还要多些。如何使前两种人增多，使其更具有敬业精神，使第三种人减少呢？如果对第三种类型的人员实行完全的淘汰，一方面会受到工会方面的压力，另一方面又会使企业蒙受损失，这显然行不通。

于是他找来了得力助手、副总裁宫泽。宫泽认为，企业的活力根本上取决于企业全体员工的进取心和敬业精神，取决于全体员工的活力，特别是企业各级管理人员的活力。公司必须想办法使各级管理人员充满活力，即让他们有敬业精神和进取心。

宫泽给本田讲了一个挪威人捕沙丁鱼的故事，引起了本田极大的兴趣。故事讲的是：挪威渔民出海捕沙丁鱼，如果抵港时鱼仍活着，卖价要比死鱼高出许多倍。因此，渔民们千方百计让鱼活着返港，但种种努力都失败了。只有一艘渔船却总能带着活鱼回到港内，船长收入丰厚，但原因一直未明，直到这艘船的船长死后，人们才揭开了这个谜。原来这艘船捕了沙丁鱼之后，每次都要在鱼槽里放一条大鲶鱼，放鲶鱼有什么用呢？原来鲶鱼进入鱼槽后由于环境陌生，自然向四处游动，到处挑起摩擦，而沙丁鱼发现多了一个“异己分子”，自然也会紧张起来，加速游动。这样一来，一条条鱼活蹦乱跳地回到了渔港。本田听完了宫泽的故事后，豁然开朗，连声称赞这是个好办法。

宫泽说道：“其实人也一样，一个公司如果人员长期固定不变，就会缺乏新鲜感和活力，容易养成惰性，缺乏竞争力。只有存在压力，存在竞争气氛，员工才会有紧迫感，才能激发进取心，企业才有活力。”这时本田接着说：“那我们就找一些外来的‘鲶鱼’加入公司的员工队伍，制造一种紧张气氛，发挥鲶鱼效应。”

于是，本田进行了人事方面的改革，公司销售部经理的观念守旧，已经严重影响了他的下属，必须找一条“鲶鱼”来，尽早打破销售部的沉闷气氛，否则公司的发展将会受到严重影响。经过周密的计划和努力，本田先生终于把松和公司销售部副经理、年仅35岁的武太郎挖了过来。武太郎接任本田公司销售部经理后，凭着自己丰富的市场营销经验和过人的学识，以及惊人的毅力和工作热情，受到了销售部全体员工的好评，员工的工作热情被极大地调动起来，活力大为增强。公司的销售出现了转机，月销售额直线上升，公司在欧美及欧洲市场的知名度不断提高。本田对武太郎上任以来的工作非常满意，这不仅在于他的工作表现，而且作为企业的龙头部门，销售部带动了其他部门经理人员的工作热情和活力。本田深为自己有效地利用“鲶鱼效应”的作用而得意。

从此，本田每年重点从外部“中途聘用”一些精干利索、思维敏捷的30岁左右的生力军，有时甚至聘请常务董事一级的“大鲶鱼”，这样一来，公司上下的“沙丁鱼”都有了触电式的感觉。本田巧妙地运用了“鲶鱼效应”，牵一发而动全身，使公司上下形成了百舸争流、万马奔腾的局面。

案例讨论

1. 本田公司是怎样进行人事改革的？
2. 试谈运用鲶鱼效应对企业发展的意义。

（五）学习与借力文化

成功的企业一定是一个“学习型组织”。按照彼得·圣吉的观点，学习型组织具有五种新技术：自我超越、改善心智模式、建立共同愿景、团队学习和系统思考。可见学习型组织在共同的愿景下，有着崇高的信念与使命，具有实现梦想的共同力量，并且人们勇于挑战过去的成功模式及力量极限，充分发挥生命潜能，创造超乎寻常的成果，每个人从学习中体验工作的意义，追求心灵的成长和自我价值的实现。

与这种学习型组织相适应的是学习文化。在这种文化导向引领下，人们追求通过学习提高素质，开发能力与智慧。尤其是团队通过共同学习，提高整体的适应能力和创造能力，从而超越自我，超越平庸。在这类组织中，领导者不怕别人超越自己，鼓励组织成员竞相发展。彼得·圣吉认为：当世界更息息相关、复杂多变时，学习的能力也更要增强。壳牌石油公司企划主任德格指出：唯一持久的竞争优势，或许是具备比你的竞争对手学习更快的能力。从此能推导出一个结论：学习作为未来企业最重要的价值观之一，对企业能否适应世界变局，跟上时代前进的步伐，创造竞争优势具有决定性意义。

案例 9-7

王选人生中的一次重大抉择

1993 年春节前夕，王选像往年一样，闭门搞设计。他的一位硕士研究生过完年回来，王选把设计给他看。

“王老师，你设计的这些都没有用。”25 岁的学生刘志红看过后对导师说，“IBM 的 PC 机主线上有一条线，你可以检测这个信号。”

王选顿时愣住。因为他明白了，自己苦苦钻研了两个星期的设计，被学生一句话否定了。

王选做出了一生中极其重要的一个选择：让年轻人来干！

“本来，我以为自己做一线的工作可以做到 60 岁……可是今天我看到，在我自己最熟悉的领域，我已经不如年轻人了。在我不那么熟悉的领域，岂不是更差！”王选认为，今后可由自己多出思想，并扶植年轻人去干出成绩，而且，应该创造一种能让年轻人出新思想新方案的氛围，努力使年轻人有“主人的感觉”，才有利于他们积极地思考。

就在这一年，王选把三位不同年龄段的年轻人同时推上研究室主任的位子，他的这一抉择开始迈出大步。36 岁的肖建国任彩色系统研究室主任，27 岁的阳振坤任栅格图像研究室主任，27 岁的汤帜任文字处理研究室主任。

肖建国 30 岁时毕业于北大计算机系研究生班，1988 年，他先后主持完成了世界上

第一个大屏幕中文报纸组版系统及彩色排版系统，在世界上首次实现彩色照排与中文合一的编排和输出，在海内外产生重大影响，随后引发了中文报业的一场彩色革命。1994年他又主持完成了彩色调频挂网算法并实现高保真彩色印刷，从而实现了彩色技术的又一重大突破。后来肖建国成为博士生导师、方正技术研究院院长。

阳振坤24岁成为王选的博士生，王选把研制新一代栅格图像处理器的博士论文题目交给了他。这使阳振坤很惊讶。前五代栅格图像处理器都是王选老师亲自主持研制的，作为照排系统的核心，它们就是我国照排系统取得辉煌成功的关键。现在，阳振坤是个刚刚进门的博士生，王选为他选择的课题就是要他超越王选，这可能吗？

阳振坤成功了。1994年的某一天，阳振坤的大脑里突然萌生出奇想：彻底抛弃栅格图像处理器里的硬件，完全由软件来支撑，这不啻是个非常大胆的奇想，意味着对王选“欧洲专利”的彻底超越。

1995年6月，一个叫邹维的年轻人来投奔王选。他曾经获国家科技进步二等奖，由于研究成果无法转化为社会化的产品，他从中国科学院辞职去了外企，从事美国产品的汉化工作。换句话说，是替美国产品搞“转化”，由此将美国产品打入中国市场，并将中国的同类产品打垮。不久，他感到这样的工作虽然工资很高，但心里太难受。

王选收下了邹维。同年9月，王选交给他一个选题：用计算机制作动画。历时一年半，卡通动画制作系统终于开发成功，取名“点睛”，整体性能一举超过了美国同类软件。中央电视台、上海东方台、北京电影学院等影视部门率先使用这套系统，并开始为西班牙的动画片制作所用。这是邹维第一次看到自己主持完成的科研成果直接变成了社会产品，中间根本没有“转化”一说。后来，邹维当上了方正技术研究院副院长兼数字媒体研究所长。

作为教授，王选已是中国科学院院士（1991年），第三世界科学院院士（1993年），中国工程院院士（1994年）。他说：“我忽然成为计算机界的权威。一年戴一顶院士桂冠，一下子成了三院士。这时我57岁了。可惜，在我最需要的时候，没有得到承认。在高新技术领域，年轻人有明显的优势，55岁以上的专家绝对是创造的高峰期已经过去，哪里有57岁的权威呢？”

王选做出的人生的这次抉择，是他人生中最灿烂的抉择。

案例讨论

1. 谈谈王选为什么做出一生中一个重要选择：“让年轻人来干”。
2. 你从王选主动让贤的案例中受到哪些启发？

虚拟经营是全球化和互联网时代企业无形资产增值和品牌效应放大的产物，其本质是借用外力，在较大的市场范围内利用高新信息技术，进行经营资源的组合与配置，企业尽量在“微笑曲线”中寻找到附加值较高的环节，如设计开发和供应链管理等，其他环节通过国际分工体系完成，以扬其所长，避其所短，从而突破企业自身的能力极限，实现快速增长。与此相适应形成的借力文化，大大改变了企业的经营理念，它使企业在经营中更加重视研发，注重培育品牌，开发无形资产价值。在实践中树立大市场观和大

资源观，利用自身的商誉优势，从全球的视野去捕捉市场机会，组合资源，寻找合作伙伴，善用金融手段、网络技术和大数据技术，提高灵活、柔性、合作、共享、快速反应、高效输出的素质和能力。未来的企业是没有市场边界、没有资源限制的企业，只有培育借力文化，才能实现经营创新、市场创新和商业模式的创新，最终获得超乎寻常的发展。

倡导借力文化，从更深层次讲，就是倡导企业专注于核心能力的培养，集中精力和资源，精准市场定位，做自己最有优势、最有发展潜力的产品或服务，并把它做精做深做透，做出市场，做出竞争力与影响力，避免经营中的过分多样化与多元化，从“大而全”“小而全”式的“产供销一条龙”“科工贸一体化”“集团化”的陷阱中走出来，在专注与借力中实现企业价值的最大化。

（六）质量与效率文化

质量与效率是企业的生命。

质量文化是工业社会最根本的追求。从某种意义上讲，中国工业化过程较短，目前质量文化还处于发育阶段，企业应大力倡导质量文化建设。强调质量文化，在以下几点上取得共识是至关重要的：市场是衡量质量的最终标准；质量的最高目标是零缺陷与无差异；顾客满意是质量管理永恒的追求；质量管理是全过程全员的管理；质量管理是面向全社会的管理。

质量，是企业的永恒追求，也是优秀员工的职业信仰。与倡导质量文化相适应，应大力倡导“工匠精神”。工匠精神的本质是精益求精、一丝不苟、专注坚持、专业敬业、追求产品完美和质量极致。大国工匠精神是中国工业化最宝贵的财富。世界上工匠精神较强的国家如德国、瑞士、意大利、英国、日本都是现代化强国。

质量文化中蕴含着“工匠精神”，在员工层面发扬工匠精神，就是践行质量文化。工匠精神、质量文化与品牌文化，环环相扣。锻造工匠精神，推动质量革命，造就知名品牌，这是中国企业增强竞争力的基本逻辑，也是企业文化创新的重要使命。

（七）和谐与共享文化

企业是一个系统，是一个由若干人靠契约结合的团队，和谐与共享是企业的本质属性，也是企业制胜的根本。市场经济无疑要倡导差异与竞争，但不能忽视和谐与共享。

企业通过经营所创造的物质成果与精神成果，不仅要与员工、顾客共享，而且要与社会共享。一个企业的生存目的不光是获得自身的价值增长，好的企业大大超越传统经济学有关利润最大化是唯一驱动力的理论，而去追求员工价值最大化和企业价值最大化。尤其在考虑社会价值时，企业除了维护社会公共利益外，特别要关注自然生态价值，通过保护并合理使用自然资源，通过开发绿色技术、绿色产品，推行绿色营销、绿色包装、绿色服务等，促进社会经济的可持续发展；同时也关注社会文化价值，努力通过自身的经营行为和公益活动，向社会传播先进的价值观和生活方式。管理大师彼得·德鲁克指出：企业的目的在于企业之外。和谐与共享文化真正使企业面向社会，在谋求自身和谐的基础上，与

鱼与渔竿

投资者、竞争者、供应商、经销商、顾客、金融机构以及其他社会成员取得和谐，与自然环境取得和谐，在和谐中实现价值的共同增长。

本章小结

企业文化受到外部自然资源与生态环境、科学技术环境、经济环境、政治法律环境和社会文化环境的影响；推动企业文化的创新发展，既要寻找内生动力，又要从外部环境中吸收新鲜养分，与时俱进，顺势而为。

企业经营国际化、数字化、智能化，正在促进企业文化推陈出新。唯一不变的是，未来企业文化仍然沿着两条既有联系又相对独立的脉络发展：一条脉络是人本化，另一条脉络是市场化。卓越的企业文化既重人，也重市场。人本化和市场化相互交叉，相互推动，共同发展。

复习题

一、单选题

1. 在知识经济环境里，企业制度最大的特征是（　　）和资本所有者共同治理企业。

A. 企业管理者　　B. 知识所有者　　C. 企业家

2. 企业核心能力应该包括企业特有的技术体系、（　　）以及与之相适应的管理模式和文化。

A. 应变能力　　B. 整合能力　　C. 数字能力

3. 企业未来的主要营利模式是（　　）。

A. 单赢模式　　B. 双赢模式　　C. 多赢模式

4. 互联网推动着企业组织结构从集中式纵向结构向扁平化、（　　）网络结构转变。

A. 柔性化　　B. 刚性化　　C. 一体化

5. 树立人的生命本位意识，即尊重生命，热爱生命，崇拜生命，珍视和放大（　　）。

A. 生存价值　　B. 个人价值　　C. 生命价值

二、多选题

1. 中国明清时期形成了“十大商帮”，指晋商帮、徽商帮、龙游商帮、洞庭商帮、江右商帮、福建商帮、（　　）。

A. 广东商帮　　B. 山东商帮　　C. 宁波商帮

D. 陕西商帮　　E. 京商帮

2. 在母子公司文化共建模式下，集团文化管理应具有（　　）。

A. 总体规定性　　B. 导向性　　C. 创新性

D. 多样性　　E. 包容性

3. 企业文化管理与制度建设是（　　）的关系。

A. 相互制约　　B. 相互推动　　C. 并行

D. 相互排斥　　E. 相互替代

4. 信用文化机制的构成有三个层次，相应形成三种约束，即（　　）。

A. 自我约束　　B. 道德约束　　C. 法律约束

D. 制度约束　　E. 文化约束

5. 当代企业的社会责任，包括经济责任、政治责任、（　　）等内容。

A. 社会道德责任　　B. 发展人的责任　　C. 文化进步责任

D. 环境保护责任　　E. 公用设施建设责任

三、判断题

1. 全球资源紧缺、自然生态环境不断恶化与企业文化发展没有直接关系。（　　）

2. “梅特凯因定律”证明“互联网的价格等于其外延的平方”，说明互联网带来的经济增长不是以算术级数来计算，而是以几何级数来计算的。（　　）

3. 企业文化管理的根本目的，一方面是推动生产经营，另一方面是满足员工日益增长的精神生活需求，建设企业全体成员共享的精神家园。（　　）

4. 不创新即倒退、不创新即死亡，已经成为企业经营的第一定律。（　　）

5. 诺贝尔经济学奖获得者西蒙提出：生存得最好的生物是对周围环境最有害的生物。（　　）

四、简答题

1. 简述影响企业文化发展的外部环境。

2. 简述企业经营管理的变化趋势。

3. 简述企业文化理论研究和实践探索的新趋势。

4. 简述企业文化创新发展方向。

练习与操作

1. 根据企业文化规律和发展趋势，试对一个成功企业的案例（或失败企业的案例）进行分析，找出文化方面的原因。要求分析客观、全面。

2. 根据所学企业文化知识和本人的期待，构想一个理想的“企业精神家园”。要求发挥想象力，文体不限。

参考书目

1. 温铁军，刘健芝，黄钰书，等．全球化与国家竞争．北京：东方出版社，2021.

2. 丹尼尔·A. 雷恩，阿瑟·贝德安．管理思想史．北京：中国人民大学出版社，2022.

3. 托马斯·彼得斯，罗伯特·沃特曼．追求卓越：美国优秀企业的管理．北京：中央编译出版社，2004.

4. 威廉·大内．Z理论．北京：机械工业出版社，2021.

5. 特伦斯·迪尔，艾伦·肯尼迪．企业文化：企业生活中的礼仪与仪式．北京：中国人民大学出版社，2022.

6. 埃德加·沙因．组织文化与领导力．北京：中国人民大学出版社，2022.

7. 金·卡梅隆，罗伯特·奎因．组织文化诊断与变革．北京：中国人民大学出版社，2022.

8. 于佳佳，陈荣华，齐兴龙，等．CIS企业形象设计．2版．北京：清华大学出版社，2022.

9. 彼得·德鲁克．创新与企业家精神．北京：机械工业出版社，2023.

10. 王吉鹏．企业文化建设．6版．北京：中国人民大学出版社，2022.

11. 马文杰，苏勇．跨文化管理沟通．上海：复旦大学出版社，2022.

12. 姚前，陈永伟．Web 3.0：下一代互联网的变革与挑战．北京：中信出版社，2022.

13. 王成荣，韩凝春，于继超．老字号非遗研究．北京：九州出版社，2021.

14. 王旭东，孙科柳．企业文化落地：路径、方法与标杆实践．北京：电子工业出版社，2020.

15. 西蒙·施德明．企业文化设计：用文化图谱构建企业文化．北京：电子工业出版社，2020.